21世纪网络传播丛书（第二辑）

詹新惠 著

网络与新媒体编辑运营实务

中国传媒大学出版社
·北京·

目录

扫一扫，获取
在线数字资源

绪论

一

自互联网诞生以来，新闻资讯业务一直居于重要地位。无论是在互联网发展缓慢、形式单调、无影响力的阶段，还是在现如今互联网改变生活、改变社会、改变未来之际，无论是在早期的PC端互联网中，还是在当下火热的移动端互联网中，新闻资讯业务都扮演着多种角色，承担着多种使命，是网络与新媒体的主要业务之一，满足着用户的需求，是运营商的主要盈利手段之一，更是构建网络舆论环境的主要载体。

1998年5月，时任联合国秘书长安南在联合国新闻委员会上提出，在加强传统的文字和声像传播手段的同时，应利用最先进的第四媒体——互联网。自此，互联网作为继报刊、广播、电视之后的“第四媒体”的身份正式得到承认。20年过去了，互联网的功能不断发展和丰富，其业务分属六大平台——交流平台、娱乐平台、内容平台、商务平台、政务平台和工具平台。内容平台中的新闻资讯业务一直是互联网的核心业务。早期有新闻组、电子邮件杂志，随后有门户网站、新闻网站、垂直网站、手机新闻客户端，直至今日发展出人人皆可写作、编辑的博客、播客、微博和微信订阅号等自媒体。互联网被比喻为信息高速公路，但仅有路而没有车，那这条信息高速公路是残缺且无价值的。新闻信息内容因其天然具有的传播特性和广告价值，成为最早跑在这条高速路上的车，也是直到今天仍然在跑的车。

在中国互联网络信息中心每半年公布一次、共计42次的发展报告里，网络新闻信息浏览一直居前五位。尤其是最近五年，随着移动互联网的出现，尽管网民的上网工具逐渐转变为手机和iPad等移动终端，但网民在移动端上网的目的仍主要是浏览新闻、信息。围绕着新闻资讯，用户不仅是浏览者、接收者、收藏者、下载者，更是转发者、分享者、点赞者、评论者。用户全面、主动、深入地参与到新闻资讯的传收之中，以至于各类互联网公司都或多或少地开展了新闻资讯业务——浏览器首页有新闻，搜索引擎中有新闻频道，播放器里有滚动新闻，即时通讯工具中有迷你新闻，甚至网络游戏中都有弹窗新闻。可以说，新闻资讯是用户的日常消费品，占据用户的每一个登录页面和浏览终端。

有新闻资讯就有用户，有用户就有创造效益的空间，因此，网络与新媒体的一种典型盈利模式产生了：做新闻——获流量——聚用户——登广告，这成为一条合乎逻辑的网络与新媒体运营价值链。无论是在最早开拓互联网业务的美国，还是在作为后起之秀的中国，拓展网络与新媒体业务都成为互联网公司挖掘网络财富的业务方向之一。1995年美国网络广告市场规模不足6 000万美元，2010年则达到260.4亿美元，复合增长率达到50.8%。根据媒体购买公司IPG Mediabrands的调研分支Magna所提拱的数据，2017年全球网络广告支出达到2 090亿美元，占广告市场的41%；同时，电视广告支出达到1 780亿美元，占广告市场的35%。网络广告支出首次超过电视广告。根据艾瑞咨询提供的数据，2017年中国网络广告规模近4 000亿人民币，在中国广告市场中占比超过50%。

当下，新闻资讯的价值影响更多体现在构建网络舆论生态上。2008年，微软首席执行官史蒂夫·鲍尔默接受美国《华盛顿邮报》采访时说："今后10年内，所有媒体消费都将通过互联网渠道进行。届时，传统意义上的印刷版报纸、杂志将不复存在，所有东西都将以电子版的形式发行。"当纸质媒体影响力弱化、消退后，网络与新媒体自然就成为舆论监督、舆论引导的主要载体，快速、海量、可互动、多媒体的传播优势使得新闻资讯传播范围更大，影响面更广。因此，当所有的内容都在网络与新媒体上发布与推送时，传播什么样的新闻资讯、如何传播新闻资讯、设置什么样的资讯功能就成为构建网络生态环境、引导网络舆论的关键和重点。2008年的汶川地震报道是网络与新媒体构建舆论生态环境的典型案例。新华网于2008年5月12日14点46分发布了有关地震的第一条快讯——《12日14时35分左右，北京地区明显感觉到有地震发生》。随后，新闻网站、门户网站、专业网站以及各类Web2.0网站（博客、播客、SNS等），都在最短时间内调动各种资源投入抗震救灾的报道。这次整体报道，行动之迅速、手段之丰富、规模之宏大、创新之多样、配合之紧密，均达到前所未有的水平，为抗震救灾行动赢得了全民支持。同时，门户网站、新闻网站和网络论坛等利用互联网独特的功能，开设网上捐款、网上义捐拍卖、寻亲、网民哀悼、网络公祭、关爱孤儿等诸多平台，让广大网民便捷地表达哀思和奉献爱心。最令人难忘的是，在全国哀悼日(2008年5月19日至21日)，中国网络媒体的页面颜色全部改换成黑灰色，游戏及各类娱乐频道停止了服务。在重大突发事件报道中，借助传播正能量的新闻资讯，网络舆论呈现积极向上的发展态势。正是网络媒体的快速反应和全方位报道，使互联网上快速形成了一种正向网络舆情，让新闻管理部门改变了过去灾难报道"统一口径"的管理模式，甚至催动了相关法规条例的出台。

二

我们意识到新闻资讯之于网络与新媒体的意义和价值后，就自然会意识到对新闻资讯进行编辑与运营的重要性与必要性。

时至今日，互联网行业已经成为整个社会生态的重要构成部分，网络与新媒体的内容业务也是互联网行业中重要的构成板块，对内容和新闻资讯的编辑与运营在一定程度上决定着网站的生存与发展，影响着每个人的阅读取向，关系到社会整体的舆论生态。因此，网络与新媒体的编辑与运营从互联网诞生伊始就是互联网公司的基础业务，编辑运营岗位也是其基本岗位。只要是从事互联网行业，无论是大型门户网站，还是运营团队只有一两人的微信公众号、微博账号，都少不了编辑运营和编辑运营人员。

此外，对新闻资讯业务进行必要的编辑运营更关乎网络与新媒体自身的生存与发展。

当前，网络与新媒体网站、手机新闻客户端尽管拥有庞大的用户数和广泛的覆盖面，拥有其他媒体不可比拟的传播力和影响力，但其主流媒体的地位一直未被确定。这不是因为社会的偏见，也不是因为其他媒体的排挤，而是因为现实情况是网络与新媒体网站自身的公信力至今未能真正建立，新闻资讯中经常存在各种传言、流言和谣言，多方面存在的信任危机很大程度上减损了网络与新媒体机构的信誉度与美誉度。

为何经营20多年的网络与新媒体机构居于如此尴尬的位置呢？这里面既有历史的原因，也有现实的困境。网络与新媒体机构在诞生之初处于无序与野蛮生长状态，一方面，互联网公司追逐利益的行为驱动力压过了其作为新闻发布类网站应该承担的社会责任，以至于它们为了点击率和浏览量不惜成为“标题党”，不惜违规发布“三俗”新闻，甚至炮制假新闻来博取眼球；另一方面，互联网是新事物，其发展没有经验可以借鉴，没有成文的规律可以遵循，一切都在摸索之中。经过多年的发展，虽然网络与新媒体中存在的积弊有所改善，但人们对于网络与新媒体的责任是什么、如何进行内容把关和舆论引导、如何在互动中设置议程等问题依然是不清楚的。现在，各种类型的自媒体的加入以及单一广告模式的盈利压力的增大，使得各种内容运营者游走在规则与底线之间。这就对编辑与运营提出了更多的要求和更大的挑战。

网络与新媒体新闻历经10多年的探索与磨砺，正在形成不同的风格和特色，也有了各自转载和发布新闻的态度与价值观，但编辑运营的根本原则不能违背，编辑运营的基本规范不能缺失，编辑运营的责任与使命更需要强调。

三

其实，网络与新媒体业务发展至今，已经发生了巨大的变化。早期以整合海量信息为特征的大容量、大平台的门户模式已然式微，代之而起的是简约、精练的新闻深度整合、创意策划和兴趣推送。今天的网络与新媒体的编辑运营已经不再是简单地改改错别字、删减或添加内容、整合串编多篇文章、制作专题，也不再是简单地推送文章、发发互动跟帖来吸引用户。虽然这些基础编辑业务和运营手段还是编辑运营人员必须要学习和掌握的，但仅有这些已经不够，需要将编辑与运营密切结合，编辑时要考虑到运营的目的、效果等问题，运营时要借助编辑的手段、渠道等。随着移动终端阅读个性化和兴趣偏好模式的兴起，抓取技术、大数据挖掘及基于浏览习惯和行为的各种算法部分取代了编辑的工作，编辑的作用和价值似乎在弱化。如何认识新媒体环境下编辑的职责和使命？如何在技术算法的辅助下更好地体现编辑的意图、进行议程设置？如何将编辑与运营在坚守底线的前提下有机结合？这些问题都需要新的思考。

其实，随着技术的发展与进步，网络与新媒体运营对编辑运营人员的要求越来越高，需要其有各方面的综合素养。“今日头条”是以大数据和兴趣算法为内核的手机新闻客户端，在其设置的导航条上，排在第一位的是“推荐”，这就是将编辑与运营结合考虑的一种设置。这一方面需要编辑运营人员对部分内容进行过滤、筛选，借助自己的新闻敏感度进行必要的议程设置，另一方面也需要编辑运营人员在筛选、推荐时对内容与品牌营销进行整合操作。

因此，根据编辑运营业务的发展和当前业界的现实，笔者从实用、易操作的角度出发，不再拘泥于单纯的编辑实务，而是致力于结合网络与新媒体的编辑与运营，从不同类型的新闻、不同平台的新闻、不同性质的新闻三个方面分别介绍编辑运营的手段和方式。本书分为四个部分：第一部分为基础认知，阐述当前网络与新媒体的编辑与运营的关系；第二部分为不同类型新闻的编辑运营，包括文本新闻的编辑运营、多媒体新闻的编辑运营、互动新闻的编辑运营；第三部分为不同性质新闻的编辑运营，包括重大突发事件的编辑运营、重要与主要新闻的编辑运营和社会热点事件的编辑运营；第四部分为不同平台终端新闻的编辑运营，包括PC端新闻的编辑运营、客户端新闻的编辑运营、微信订阅号新闻的编辑运营和微博新闻的编辑运营。

目前能够登载和发布新闻的终端与平台很多，发布的方式和形式也五花八门，因此相关工作者需要面对现实情况，有针对性地处理各类新闻在网络与新媒体端的发布与扩散。本书从实操性、易用性出发，摒弃单一编辑的思维和逻辑，从编辑与运营的协同、融合出发，从内容运营与传播效果的最优化出发，设置各章节的内容，试图扩大传统新闻编辑的视域，创设一个新的编辑运营项目。

2010年教育部开展“新媒体与信息网络”专业申报工作，2012年教育部调整专业目录，不再设“新媒体与信息网络”专业 ，而是在新闻传播类专业中特设“网络与新媒体”专业和“数字出版”专业。自此，网络与新媒体、数字出版成为与新闻学、传播学、广播电视学、广告学、编辑出版学并列的二级专业，凸显了互联网时代国家对网络传播人才培养的重视。根据教育部公开的文件及各高校新闻传播类院系专业设置情况统计，截至2018年9月，全国约有207所院校开设此专业。

2015年11月，国家互联网信息办公室、国家新闻出版广电总局在京联合举行首批新闻网站记者证发证仪式，为人民网、新华网、中国网络电视台等14家中央主要新闻网站的首批594名记者发放新闻记者证。这一方面意味着网络与新媒体机构享受到了作为新闻媒体应有的尊重和待遇，体现出其真正的社会作用和价值，另一方面更意味着网络与新媒体应承担起作为新闻媒体的责任和使命，同时也意味着网络与新媒体从业者的素养与水平需要提高和精进。

无论是学界开设专业，还是业界给网络与新媒体正名，都表明网络与新媒体成为新闻或者说信息的生产、加工、传播、创新、流通、消费的主要平台，网络与新媒体的编辑运营业务是互联网时代网络与新媒体从业者必须掌握的基本技能。

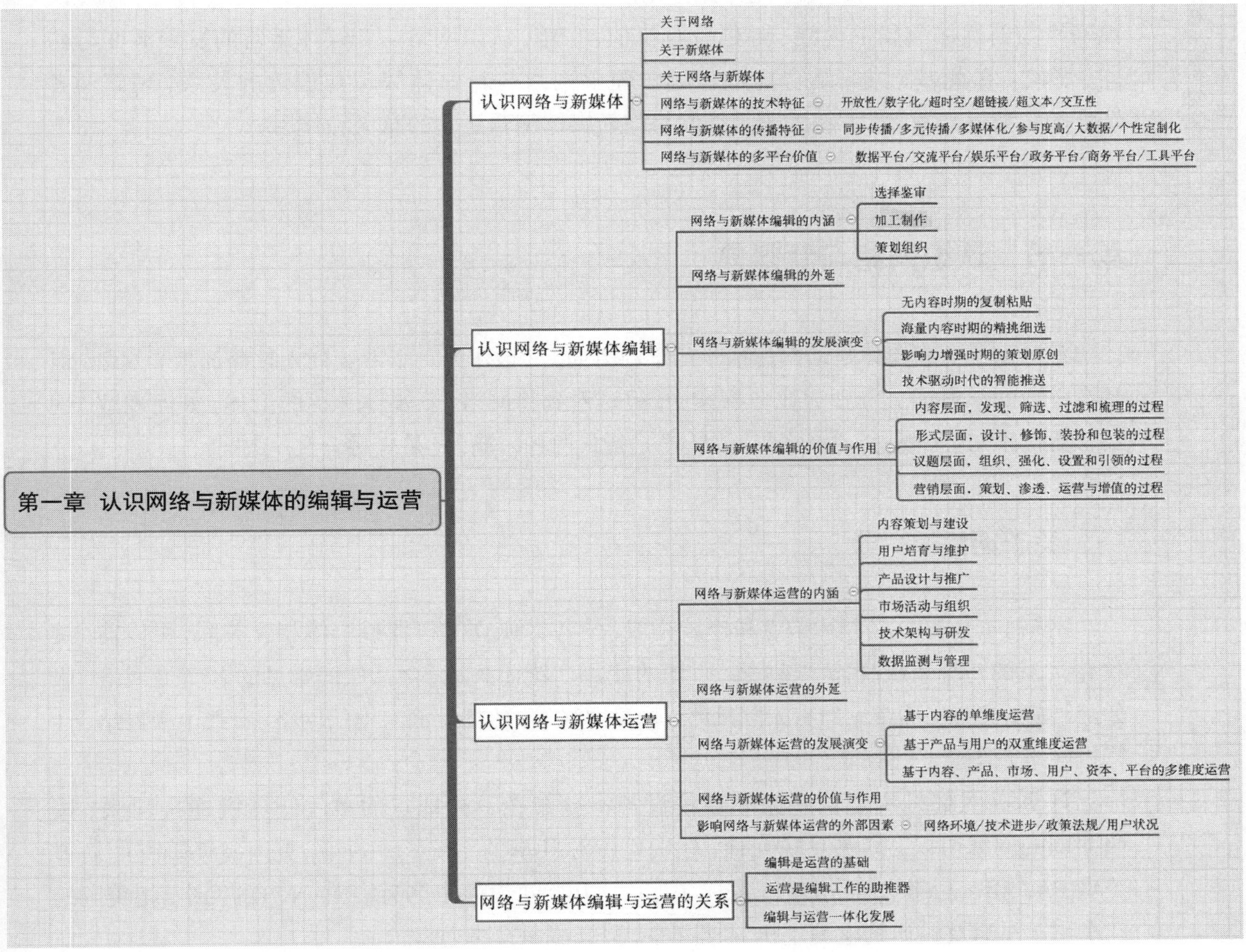
第一章 认识网络与新媒体的编辑与运营
认识网络与新媒体
关于网络
关于新媒体
关于网络与新媒体
网络与新媒体的技术特征
开放性/数字化/超时空/超链接/超文本/交互性
网络与新媒体的传播特征
同步传播/多元传播/多媒体化/参与度高/大数据/个性定制化
网络与新媒体的多平台价值
数据平台/交流平台/娱乐平台/政务平台/商务平台/工具平台
认识网络与新媒体编辑
网络与新媒体编辑的内涵
选择鉴审
加工制作
策划组织
网络与新媒体编辑的外延
网络与新媒体编辑的发展演变
无内容时期的复制粘贴
海量内容时期的精挑细选
影响力增强时期的策划原创
技术驱动时代的智能推送
网络与新媒体编辑的价值与作用
内容层面，发现、筛选、过滤和梳理的过程
形式层面，设计、修饰、装扮和包装的过程
议题层面，组织、强化、设置和引领的过程
营销层面，策划、渗透、运营与增值的过程
认识网络与新媒体运营
网络与新媒体运营的内涵
内容策划与建设
用户培育与维护
产品设计与推广
市场活动与组织
技术架构与研发
数据监测与管理
网络与新媒体运营的外延
网络与新媒体运营的发展演变
基于内容的单维度运营
基于产品与用户的双重维度运营
基于内容、产品、市场、用户、资本、平台的多维度运营
网络与新媒体运营的价值与作用
影响网络与新媒体运营的外部因素
网络环境/技术进步/政策法规/用户状况
网络与新媒体编辑与运营的关系
编辑是运营的基础
运营是编辑工作的助推器
编辑与运营一体化发展

第一章思维导图

第一章
认识网络与新媒体的编辑与运营

认识网络与新媒体的编辑运营，首先需要认识网络与新媒体的技术特性与传播特征，认识网络与新媒体编辑的内涵、外延及其价值、作用，认识网络与新媒体运营的发展演变与功能、影响。在此基础上，结合具体案例来理解网络与新媒体编辑与运营的关系，理解两者结合的必要性与重要性，有助于观照网络与新媒体编辑运营的意义和作用。

第一节 认识网络与新媒体

虽然网络与新媒体是新闻传播学的学科方向，并被作为一个专业列入教育部教学规划，但是在实际的学科研究和业界业务探索中，很难看到将网络、新媒体并提的论述。如何理解“网络与新媒体”这一概念？“网络与新媒体”是指代两种内涵，还是应融合在一起呢？

一、关于网络

网络（network）是指由节点和连线构成，使各类孤立的机器或个体相互关联，可传输、接收并共享的一种系统样态。“网络”一词的使用广泛而久远，生活层面常见的有交通网络、服务网络等，社会层面常见的有人际网络、政治网络等，传播层面有电信网络、有线电视网络、计算机网络（俗称“三网”）。

计算机网络是用通信线路和通信设备将分布在不同地点的多台计算机连接起来，按照共同的网络协议，实现互联互通、软硬件资源共享的系统。1969年，美国高级研究计划署（ARPA，Advanced Research Project Agency）开始建设一个名为ARPANET的网络，把美国的几个用于军事及科研的电脑主机连接起来，以备战争军事之需。

从硬件技术层面看，网络的发展经历了四个阶段。

第一阶段：20世纪60年代早期出现的第一代远程网络，只能做到连接终端与主机，终端与终端之间无法通信。

第二阶段：20世纪60年代中期，进入局域网阶段，电路交换和分组交换已经实现，多个主机可以互联，计算机与计算机之间也可以联通，终端用户可以访问主机和其他计算机上的软硬件资源。

第三阶段：随着万维网、TCP/IP协议的诞生，计算机进入广域的互联网阶段，不同类型、不同规模、不同样式、不同地理位置的计算机可以连接为一个整体，进行通信和信息交换与共享。

第四阶段：以高速、多业务、大数据量为核心的高速互联网时代到来，拥有有线网络和无线网络以及通过传感器连接的物联网出现。正在发展的还有车联网、语义网、智能互联网等。

网络是一种架构，也是一个系统。要想构建起一个网络，需要无数个节点以及运行于系统中的各种应用。节点就是我们现在看到的各类终端，传统的有台式电脑、笔记本电脑、上网本、平板PC二合一电脑、手机、平板电脑、电视屏等，新兴、时尚的有各种可穿戴设备，包括眼镜、手表、手环、项链、运动鞋等。应用则是五花八门，有传统PC端的网站、论坛、博客、微博、电商、游戏，也有移动端的各类应用产品，以及开放平台上的上百万插件。今天的互联网络似乎是一个筐，什么都能往里装。因此，新媒体只是这个筐里的一个产品。

二、关于新媒体

一直以来，对于新媒体这一概念众说纷纭，业界和学界各执一词，都尚未给出一个标准化的定义。下面简单罗列一些曾有的“新媒体”定义。

“新媒体这一概念可以从内涵和外延两个方面进行界定。就其内涵而言，新媒体是指在20世纪世界科学技术获得巨大进步的背景下，在社会信息传播领域出现的建立在数字技术基础上的能使传播的信息大大增加、传播速度大大加快、传播方式大大丰富的，与传统媒体迥然相异的新型媒体。就其外延而言，新媒体主要包括光纤电缆通信网、都市型双向传播有线电视网、图文电视、电子计算机通信网、大型电脑数据库通信系统、通信卫星和卫星直播电视系统、高清晰度电视、互联网、手机短信和多媒体信息的互动平台、多媒体技术以及利用数字技术播放的广播网等。”①

“新媒体（New Media）是一个相对的概念，是在报刊、广播、电视等传统媒体以后发展起来的新的媒体形态，包括网络媒体、手机媒体、数字电视等。新媒体亦是一个宽泛的概念，是利用数字技术、网络技术，通过互联网、宽带局域网、无线通信网、卫星等渠道，以及电脑、手机、数字电视机等终端，向用户提供信息和娱乐服务的传播形态。严格地说，新媒体应该被称为数字化新媒体。”②

“新媒体是基于计算机技术、通信技术、数字广播技术等，通过互联网、无线通信网、数字广播电视网和卫星等渠道，以电脑、电视、手机、IPTV、MP3、MP4等设备为终端，能够实现个性化、互动化、细分化的传播。部分新媒体能够实现精准投放、点对点的传播。基于互联网的有电子书、电子杂志等，基于数字广播的有数字电视、车载电视等，基于无线网络的有手机短信，还有跨网络的IPTV等。”③

---

① 蒋宏,徐剑.新媒体导论[M].上海:上海交通大学出版社,2006:14.

② 匡文波.“新媒体”概念辨析[J].国际新闻界，2008（6）：66.

③ 互联网实验室.中国新媒体发展研究报告（2006—2007）[EB/OL].(2016-12-30)[2017-05-10].https://www.douban.com/group/topic/1358321/.

美国《连线》杂志对新媒体的定义为："所有人对所有人的传播。"

联合国教科文组织对新媒体的定义为："以数字技术为基础，以网络为载体进行信息传播的媒介。"

除了上述定义，还有各种关于新媒体的"论"说，如功能论、应用论、数字论等。

其实，无论是定义还是"论"说，都是在互联网发展早期出现的论争。人们现在已不再强调一定要对"新媒体"进行清晰的界定。因为技术在不断发展，人们过去理解的新媒体包括网站、社区、DVD和CD-ROM媒体等媒介形态，现在DVD和CD-ROM几乎绝迹，而各种新的应用层出不穷：基于互联网的有网站、论坛、社交媒体、电子书、电子杂志等；基于无线网络的有手机短信、手机报、移动音视频、移动生活应用；基于跨网络的有互联网电视、IPTV等；还有新出现的智能应用，如智能音箱、智能媒体。关于新媒体，一个基本的共识是其有两个显著特征：其一是技术的特征，包括网络技术、数字技术、移动技术、云计算技术、智能技术等已经出现或未来会出现的技术，其二是媒体的属性，无论是网站、客户端还是其他应用，必须具备媒体的功能、价值、传播链和传播效果等。

三、关于网络与新媒体

分别认识和理解了网络与新媒体后，对于教育部设置的"网络与新媒体"专业，就可以从以下两个方面认识。

第一，网络是基础设施，新媒体是建立在基础设施之上的一类应用。如果说把网络比喻为信息高速公路，那么新媒体就是跑在高速公路上的车。在这条高速公路上，除了新媒体这类车，还有电子商务、游戏、搜索引擎等各类车辆。从技术角度看，网络这一基础的信息高速公路在不断翻修、升级，路面越来越宽，条件越来越好，因而跑在高速路上的新媒体这种车也就越来越多，样式也越来越新，并且越来越需要适应这条路的发展。

第二，网络被认为是基于有线网络的、以PC计算机为终端的Web网上的各类网站及社交媒体，新媒体被认为是基于移动网络的、以手机或Pad为终端的Wap网及各类应用。网络与新媒体被认为是分属两个阶段的不同的互联网网站或应用，都属于以互联网技术、数字技术作为支撑的新传播平台或新媒介形态。

总之，对网络与新媒体的认识，要用动态的思维，从网络与数字技术动态发展的逻辑出发，理解网络与新媒体的内涵与外延。因此，不需要拘泥于其一定要有个固定不变的含义。其实，把握住网络与新媒体的技术特征、传播特性更为重要和有意义。

四、网络与新媒体的传播特征

互联网是计算机技术、网络技术和数字通信技术相结合的产物。了解网络与新媒体的传播特性，一方面，需要了解互联网的技术特征以及这些技术特征赋予互联网的多重功能；另一方面，需要审视基于这些功能构建起的互联网多平台，而新闻传播平台只是其中的一种。但是，网络与新媒体的技术特性与新闻传播的要求几乎是无缝对接的，其在新闻传播层面得到了最大化的发挥和呈现；开放性、超文本、超链接、超时空、交互性、大数据的特征体现出新闻资讯传播快速及时、大范围覆盖、实时互动等要求。

（一）互联网的技术特性

自互联网诞生之日起，网络与新媒体就被贴上了“自由、平等、开放、共享”的标签，这些标签成为人们认识和发掘其特性的钥匙。从目前对网络技术、计算机技术和数字通信技术的开发上看，我们认为互联网具有六大技术特性。

第一，开放性。这是互联网最本质的特性，也是其他一切技术特性的基础。网络的开放性表现在系统开放、传播开放、用户开放三个层面。系统开放包括不同硬件共存、不同软件系统共存、不同网络共存；传播开放包括时空开放、信源开放、信道开放、内容开放和反馈开放；用户开放包括进入无限制、退出无限制、表达无限制、互动无限制。

第二，数字化。这是互联网实现互联互通的前提。所有复杂多变的信息都能转变为可以计算的数字、数据，之后可以这些数字、数据为基础编写二进制代码、建立起数字化模型。这样所有的声音、文字、图像都可转化为数字化的形式，进行数字化的记录、传输与处理，因而有了多种形式融为一体的超媒体的表现。互联网的数字性带来了网络与新媒体信息存储的海量性。在服务器可以无限量增加的前提下，所有内容压缩为数字或数据后，就能无限存储。如果没有数字化的特性，今天的大数据技术是无法实现的。

第三，超时空。互联网不受时间和空间的限制，只要有一根网线、一台计算机，人们就可以在世界上任何一个角落，通过互联网接收和传播任何信息。随着无线网络技术、3G及4G技术的应用，我们甚至可以抛弃网线，在一个有无线网络覆盖的区域中随意进入网络世界。曾经的“地球村”构想在今天已经成为现实，互联网构成了一个跨地域、跨国界、跨文化、全球一体的传播空间。

第四，超链接。超链接是网络与新媒体中两个元素、对象之间借助网络技术实现连接的一种最基础的技术。超链接可以用于网站与网站之间，一般采用绝对URL的超链接方式；也可以用于在同一个网站内由一个目标指向另一个目标，目标可以是一页文本、一张图片、一个视频文件、一个电子邮件地址，甚至是一个应用程序，此时一般采用相对URL的超链接方式。网站与网站之间建立连接才能形成互联网，网页与网页之间建立连接才能构成网站。超链接需要借助一些计算机的语言符号来实现。

第五，超文本。超文本是一种按照信息之间的关系，非线性地存储、组织、管理和浏览信息的计算机技术，它的本质是在文本内部和文本之间建立关系，然后采用超链接的方式，实现不同空间的信息间的快速访问、实时交互，从而将原先单一的文本变成可以无限延伸、扩展的超级文本、立体文本。原先的线性文本会变成可以通向四面八方的非线性文本，最终构成一个庞大的文本网络。读者可以在任何一个节点上停下来，进入另一个文本，然后再点击，进入又一个文本，理论上说，这个过程是无穷无尽的。

第六，交互性。网络的交互性体现在两个方面：一方面是人与机器的互动，另一方面是人通过机器与他人交流互动。在人机交互的过程里，用户不仅是网络信息资源的消费者，同时也是网络信息资源的生产者和传播者。网络技术的发展为网民提供了便利的交互手段，如电子邮件、社区论坛、网络聊天、即时通讯、留言评论、贴吧、博客、播客、维客、掘客等，手段越来越丰富，形式越来越简单，使用越来越便利。

（二）互联网的多平台价值

在互联网诞生之初，一个被反复提及的问题是：互联网是什么？有人说是媒体，有人说是工具，有人说是交易渠道。通过几十年来人们对互联网的运用可以看到，互联网的功能不是单一的，它是多功能的综合体，具有多平台的价值。

第一，数据平台，指利用互联网的海量空间来满足用户浏览信息，查阅资料，存储各类文档，发布各类信息、作品等与数据相关的多方面的需求。PC端的主要产品有网络新闻、电子报纸、电子杂志、网络广播、网络视频、网络文学作品、网上图书馆、网络数据库等；移动端的主要产品有手机报、手机网、手机电视、手机电台、手机阅读器、手机图书馆、手机新闻客户端等；还有以公共平台为依托的微博账号、微信公众号等。这些都是数据平台的常规产品。互联网上的信息到底有多少，没有人能给出一个准确的数字，仅一个维基百科的容量就是《大英百科全书》的十几倍。包罗万象的网络中，各种信息可谓应有尽有，只要你有足够的时间，就可以访问网络中的任何一个网站，根据你的兴趣浏览网上的所有内容，而浏览信息也能让你做到“独坐家中环行八万里，足不出户尽知天下事”。

第二，交流平台，指利用互联网的互动特性构建的个人与个人、个人与群体、群体与群体之间沟通、分享、传播信息的交流空间。跨PC端和移动端的交流类产品有电子邮件、即时通信软件、BBS论坛、贴吧、博客、播客、微博等。移动端还新增了微信、视频直播等软件以及“摇一摇”等功能。微信实现了用语音和视频进行即时通信，“摇一摇”可以让用户基于地理位置与附近的人进行对话，视频直播可以让用户通过视频的方式与粉丝实时互动。

电子邮件是互联网交流平台上出现最早、使用最广泛的应用。1972年，世界上的第一封电子邮件发出，1987年中国发出了第一封电子邮件。电子邮件不仅缩短了人与人之间的时空距离，而且极大地改变了人们的生活方式。论坛、博客、SNS社区都是网络环境中费用低廉（几乎没有成本）、快捷方便的交流应用，使不论是同处一地还是远隔重洋的人们都能实时地传递信息、交流思想，真正做到了“天涯若比邻”。微博是具有大众传播特性的互动工具，简短的文本降低了网络写作的门槛，使每一个人都具有一对多的信息发布能力。目前，交流平台不再是单一的交流工具，电子邮件、微博、SNS社区、手机即时通信软件等都具备了多种功能，特别是手机即时通信软件，已从单纯的聊天工具向综合化平台方向发展，集成了社交、娱乐等多种功能和电商、广告等多种服务，成为移动互联网的重要入口。

第三，商务平台，指利用互联网开放、超时空的特性来实现个人与个人、个人与企业、企业与企业的在线异地交易、远程交易、网络营销等，主要包括B2B、C2C、B2C、O2O、在线支付、网上和手机银行、在线招聘、订票、团购等平台。特别是移动端的商务功能更加便利、强大，如微信支付、手机二维码支付、手机股票买卖等，打破了传统购物地点的限制，可以让交易随时随地发生，用户的操作体验也得到了提升。

商务平台利用数字技术、网络技术，以商务为核心，把原来传统的销售、购物渠道移植到互联网上来，打破国家与地区间有形或无形的壁垒，使生产全球化、网络化、无形化、个性化。与购物、消费等相关的商务交易站点建立在虚拟的数字化空间里，借助网站或应用来展示商品，利用多媒体特性来强化商品的可视性、可选择性。在线交易已成为网络生活的重要组成部分。

第四，娱乐平台，指利用互联网的海量特性、多媒体特性满足用户音乐、影视、游戏等方面的娱乐需求。网络游戏、网络音乐、网络影视剧、网络文学作品等娱乐产品成为PC端和移动端用户的常用产品。根据中国互联网络信息中心发布的第41次《中国互联网络发展状况统计报告》，在排前十位的网络应用中，娱乐应用占有四席，视频、音乐、游戏、文学分别排在第四、第五、第八和第十的位置。在线娱乐应用是中国网民所使用的主要网络应用。

2015年，以知识产权为核心的网络娱乐产业链展现出巨大商业价值。不仅由热门网络文学作品改编的影视作品屡创收视新高，由其改编的游戏也能迅速获得忠实粉丝的关注，而影视和游戏的成功改编又反哺了网络文学本身的发展，促使其商业模式由单纯向用户收费转变为利用免费模式扩大受众群体进而培养优质IP（Intellectual Property，知识产权）。与此同时，随着视频直播业务的发展，网络音乐节目的视频直播成为一种正在被探索的新商业模式，在吸引用户的同时，为音乐从业者提供了新的发展机会。①

第五，工具平台，指利用互联网的开放性提供各类软件、各种工具及相关网络服务，主要包括搜索引擎、Tag社会化标签、收藏、分享、Widget个性化定制、BT下载、FTP文件传输等。就移动终端而言，还有更多的工具和功能，如通话、视频通话、手机短信、拍照及照片上传、拍视频及视频上传、通讯录的云存储、手机搜索、手机定位、手机地图、手机上网、蓝牙共享、二维码等。从1969年互联网诞生至今，网络技术一直是互联网各种应用的出发点和立足点，而随着网络的普及和网民人数的增加，人们对网络技术的研发已经从纯技术领域向大众生活延伸，使网络技术成为一个重要工具。

第六，政务平台，指利用互联网的交互性、信息海量性、超时空性为政府搭建的政务新闻发布、社会职能服务和政民沟通交互的网络空间。PC端的主要产品有各级政府网站、部委网站、社会团体网站和政务微博，移动端的主要产品有政务微信公众号、政务服务客户端等。随着2007年1月1日中国政府网的上线开通，各级政府都加快了电子政务平台的建设。目前已经建成中央、省、市、县四级政务网站，各部委、厅、局等行业信息服务网站等。这些网站是各级政府和行业管理部门以信息化建设为基础，通过网络公共平台，面向社会提供各种政务信息、职能服务并实现网络办公、与社会公众互动交流的通道。从2009年开始，连续3年，时任国务院总理温家宝在两会前夕通过中国政府网与网民交流互动2个多小时，在线回答网民的问题。2016年元宵节前夕，习近平总书记到中央媒体调研，在人民日报社的微信平台上，通过语音方式向全国人民致以元宵节的问候和祝福。2016年2月，"你身边的中央人民政府"国务院客户端正式上线。

① 中国互联网络信息中心. 第37次《中国互联网络发展状况统计报告》[EB/OL].(2016-01-22)[2017-05-10].http://www.cnnic.cn/hlwfzyj/hlwxzbg/201601/P020160122469130059846.pdf.

（三）网络与新媒体的传播特性

互联网的媒体功能是其诸多功能之一，互联网的技术特性在与新闻传播规律结合后形成了网络与新媒体的新闻传播特性，其主要表现在以下几个方面。

第一，快速及时，同步传播。互联网的开放性与超时空性决定了网络与新媒体的新闻传播具有及时快速的5A（anyone，anytime，anywhere，anyway，anything）特征，即任何一个人都可以在任何时间、任何地点通过任何方式向外传播任何事实。而且，由于光纤通讯线路传递数字信号的速度能达到30万公里/秒，所以所有的文字和图片传播几乎可以做到“秒杀”，用户只要联网，就可在第一时间知晓发生的新闻事件。近期，5G正在试点商用，未来实现“秒杀”的还有视频。

第二，多元传播，并存交融。互联网将人际传播、群体传播、组织传播、大众传播等各种传播形态集于一身，人们不仅可以借助它向全社会进行开放性的大众传播，而且可以实现“点对点”的人际传播（如电子邮件、即时通信、私信）、小范围的群体传播（如论坛、贴吧、朋友圈、微信群等）、组织机构或单位的组织传播（如微博账号、微信服务号等）。

第三，多样手段，多媒体化。互联网集电脑、电视、录音机、电话机、游戏机、传真机等的功能于一体，或者说是各种传统媒介的大熔炉，它将以往各自独立的、单一的传播手段，如文字、口语、声音、图表、图片、图像等融为一体，并根据需要自如地从一种手段转换到另一种手段，或者几种形式并举，做到图、文、声、像并茂，真正实现多媒体的传播。现在的传播手段，除了常见的文字、图片、音视频外，还有可视化图表、H5动新闻、GIF动图、短视频、直播专题等。

第四，交互性强，参与度高。网络与新媒体传播与传统的印刷传播、电讯传播的最大不同之处就在于交互性。一方面，互联网上的新闻留言区、论坛、博客、微博、社区等可以让用户方便地发表意见、提交看法、反馈信息，实现传统媒体很难达到的高度互动；另一方面，网络传播中传受双方的角色位置可以方便、频繁地变换，传受者之间界限模糊。

第五，大数据，云存储。互联网将全世界的计算机连为一体，由技术创造的电脑网络时空几乎可以将全世界的新闻信息全部揽入其中，构建起一个巨大无比的在线数据库。进入Web2.0时代，传播主体多元化，“人人皆为信息源”的态势更使得网络信息如江河入海，生生不息。另外，云计算技术的出现让网络与新媒体的海量大数据可以实现云端存储，减轻了媒体机构的服务器存储负担。对大数据进行挖掘和分析，将新闻资讯与用户的行为、习惯、偏好结合，就可以实现智能、精准的新闻资讯推送。

第六，个性化，定制化。随着技术的发展和功能的强化，网络与新媒体在满足用户个性化需求方面所具备的条件和优势越来越明显。我们过去将新闻传播称为大众传播，这种一对多的模式无法照顾用户的个性化需求，也没有条件让用户自由定制新闻资讯。目前，虽然在PC端满足用户个性化需求的自定义内容还不是很多，但在移动端，基于“人手一机”的手机普及率现状以及移动终端的高度贴身性，用户更希望能进行个性化定制，阅读自己喜欢的内容，预约想看的视频，随时互动反馈等。

以上六个特性，在PC端和移动端都有体现，但由于两种终端特征不同，所以表现出的程度仍有差异。比如，在快速同步传播上，显然移动端的速度要快于PC端，这种快不是指发布快，而是指用户能更快地接收到新闻资讯，能更快地进行交互。但是，在手段的多样化方面，PC端与移动端各有优势，PC端手段更多，展现出的效果更好，易于优化用户体验；移动端手段较少，但可以更多地加入与用户的互动，呈现出另一种沉浸式传播效果。

此外，国内手机的普及率已经高于90%，用户正在形成利用碎片化时间、在场景化地点浏览新闻资讯的习惯，因此，移动新闻传播的覆盖面将越来越广，到达率也会越来越高，与用户的关联度也会越来越高，产生的传播效果也会越来越好。

第二节　认识网络与新媒体编辑

编辑业务是网络与新媒体诞生之后，其中的最基础的业务，无论是在PC时代做门户网站、新闻网站、垂直网站，还是在移动时代做客户端、公众号，都离不了编辑。但是，编辑业务并非一成不变，而是随着网络技术的进步、业务形态的增加和用户行为习惯的改变，发生着相应的变化，同时，编辑的作用与价值也较过去有了更突出的体现。

一、网络与新媒体编辑的内涵与外延

编辑，有两层含义：一是指工作、活动，是“根据社会文化需要，按照指导方针，使用物质载体和技术手段，对精神产品进行组织、采集、鉴审、选择和编序加工，并缔构成一定的文化符号模式作为社会传播媒介的活动”；二是指岗位、职业、人员，是“组织、采录、收集、整理、纂修、审定各式精神产品，使之传播展示于社会公众的工作和从事这项工作的人员”。

网络与新媒体编辑当然也有两层含义，一是指网络与新媒体机构运用各种在线传播手段，对在线新闻报道和评论的内容、形式进行选择、鉴审、加工、制作、设计、策划、组织，并通过各种在线传播渠道将其呈现出来的活动；二是指从事网络与新媒体编辑工作的人员及与其相对应的岗位。

关于网络与新媒体的编辑工作、活动，我们将之划分为三个层次、十个方面。三个层次是指基础层——选择鉴审、重点层——加工制作、核心层——策划组织；十个方面包括判断稿件、选推稿件、修改稿件、制作标题、加工正文、整合编写、组织管理互动、策划报道活动、规划创设产品、编辑运营融合。

判断稿件：当机器自动抓取稿件后，编辑对稿件价值进行判断是推选稿件的前提。判断稿件时要从新闻价值要素、网络传播特点、网站性质和要求等多方面来审定。判断的结果直接影响到用户的阅读取向和媒体机构的议程设置。判断稿件考查的是编辑的新闻感、网络感和互动感及其对网民阅读兴趣、爱好和习惯的整体把握。

选推稿件：就是在判断稿件的基础上，针对不同渠道、不同终端、不同平台进行有目的的稿件选择及推送。网络与新媒体平台渠道众多，特性、容量、发布时间、用户对象各异，因此，要从传播效果的角度反向确定不同的选推标准和方式，从用户接受角度处理稿件的编排和

发布。

修改稿件：这是编辑加工制作的第一环，包括修改错别字、语法错误、知识性错误、标点错误、事实性错误。如果稿件来自传统媒体，那么修改的内容会少一些；如果稿件来自网民投稿或者论坛、博客，那修改的压力会大一些。修改稿件考查的是编辑的基本功，无论是传统媒体的编辑还是网络媒体的编辑，也不管其是何种级别的编辑，改稿都是其最基础的工作。

制作标题：这里的标题主要是指那些需要发布在以新闻列表为呈现形式的网页上的标题。标题的制作有严格的规范和要求，比如要求单行题，一行控制在一定的字数内；应是实题，要有具体内容，突出亮点和兴奋点；题文一致，不能为了增加访问量和点击率而成为"标题党"，等等。

加工正文：指对新闻文本进行删减、增加和改写。删除冗余信息和新闻价值小的部分；增加提要或摘要、图片、视频、超链接、背景资料、调查等可扩展、延伸阅读的内容；在特殊的情况下对新闻正文进行改写，便于受众阅读和理解文章的内容。

整合编写：互联网拥有海量的空间，能够存储无限的内容，但网络与新媒体中的内容多以碎片化的形式呈现。对于过剩的、碎片化的、意义价值有限的内容，可以通过有创意、有策划、有思想的整合编写来获得整体的增值效果。因此，小到单篇文本新闻、数据新闻，大到一个事件的专题报道、H5产品，都有必要进行有目的、有意识的整合编写，在整合编写中融入编辑的立场、观点和态度。

组织管理互动：包括设计互动环节、组织与用户互动的活动、监测与编辑用户分享的互动内容、制定互动管理规章制度等。随着Web2.0的发展，网络与新媒体拥有了多样化的互动方式，论坛发言、微博发帖、新闻跟帖、问答、访谈、网络调查、分享、转发等互动不仅能聚集人气、留住用户，而且能带来内容、增加议题。组织管理好互动是网络与新媒体获得用户资源的核心工作。

策划报道活动：网络与新媒体已经拥有新闻采访权，但采访力量还不是很强。编辑需要参与到新闻报道策划中，针对已经发生或将要发生的新闻事件，进行设计与规划，并利用网络与新媒体的各种表现手段更好地将其呈现、发布出来，以达到设置议程的目的。策划报道活动是网络与新媒体编辑工作的高级阶段，是网络与新媒体编辑发挥主观能动性的直接体现，也是避免同质化内容、提供差异化内容的必然选择。

规划创设产品：包括PC端的网站规划创建、页面设计编排、后台系统设计、网络技术支持，移动端的产品研发、频道栏目架构、页面编排布局等。规划创设产品一般需要编辑和其他部门人员共同完成，编辑提出思路、方案和设想，然后就编辑思想、内容需求和完成要求与相关人员沟通以不断修改、完善，并在完成后由编辑对产品进行测试。

编辑运营融合：即将编辑作为运营的重要一环，在编辑的过程中融入运营的理念，考虑运营的目的和效果，从单纯的编辑内容、策划报道深入到提出创意想法、参与产品开发、直接面对用户和创造经济效益等方面。今天的编辑面对的不再是简单的受众，而是应用网络与新媒体的用户，编辑工作不再是将新闻、资讯单向传递给受众就结束了，而是要满足用户的需求，提升用户体验，树立以用户为核心的互联网思维并提供相应服务。

如果对以上十个方面进行定性，那么判断稿件、选推稿件是网络与新媒体编辑工作的基础，修改稿件、制作标题、加工正文、整合编写是网络与新媒体编辑工作的重点，组织管理互动、策划报道活动、规划创设产品和编辑运营融合是网络与新媒体编辑工作的核心。总体而言，这十个方面基本囊括了网络与新媒体编辑工作的全部内容。

对于网络与新媒体编辑的外延，需要站在不同的角度进行分类认识。

按编辑终端分，有网站新闻编辑、手机媒体编辑、社交媒体编辑、新闻客户端编辑、公众账号编辑。

按编辑形式分，有文字编辑、图片编辑、音视频编辑、3D编辑、H5编辑、数据新闻编辑、互动编辑。

按编辑对象分，有主页编辑、频道编辑、栏目编辑、专题编辑。

按语种分，有中文编辑、外文编辑、少数民族语编辑。

按类型分，有新闻网站编辑、门户网站编辑、电子商务网站编辑、政务网站编辑、企业网站编辑、校园网站编辑等。

类别不同，编辑的要求、方式和重点也有很大差异。如网页新闻编辑注重标题制作、文本修改、专题策划，论坛社区编辑注重互动组织，主页编辑注重新闻稿件的价值判断，专题编辑注重稿件的组织、新闻的策划，文字编辑注重稿件的修改、加工，H5编辑注重整体的策划、包装和效果呈现。

随着网络与新媒体技术的发展、各种互联网应用的普及，网络与新媒体编辑的内涵会不断丰富、发展，其外延也会不断扩展，比如现在已经出现无人机新闻编辑、VR新闻编辑、智能机器人新闻编辑等。

二、网络与新媒体编辑的发展演变

1994年4月20日，中国正式接入国际互联网。1995年，中国第一家网站“瀛海威时空”的广告牌出现在北京中关村白颐路南端的街角处。广告牌上写着：“中国人离信息高速公路有多远？——向北1 500米。”作为中国第一家网站，“瀛海威时空”并不是以新闻资讯为主体的内容网站。1995年，传统媒体开始涉足互联网，《神州学人》杂志和《中国贸易报》创建的电子版，成为国内最早登载内容的网络与新媒体平台，网络与新媒体编辑业务也由此展开。

网络与新媒体已发展了20多年，编辑业务也在不断发生变化，大致经历了四个阶段：无内容时期的复制粘贴、海量内容时期的精挑细选、影响力增强时期的策划原创和技术驱动时代的智能推送。

第一阶段的背景是网络与新媒体上的网站数量有限，内容稀缺，用户稀少，编辑的工作比较简单，就是将非数字化、非网络化的内容搬移到网上，由此出现了大量刊登传统报纸电子版内容的网站。从1997年开始，以人民网为代表的新闻网站和以新浪为代表的门户网站开始逐步创立并发展。但是，无论是新闻网站还是门户网站，发展的第一步都是充实内容，满足用户对信息的需求。“复制粘贴”成为这一时期编辑的主要工作，“搬运工”是这一时期编辑的代名词。在1997年1月1日《人民日报》的电子版中，页面内容与纸质报纸的内容一样，开设的栏目也与纸质报纸一致，编辑在这样的页面上鲜有作为。

第二阶段的背景是网络与新媒体上的网站数量众多，内容逐渐丰富，Web2.0技术降低了用户创造内容的门槛。海量的碎片化内容虽然解决了信息匮乏的问题，但同时也给用户增加了阅读障碍和困扰。网络与新媒体编辑的工作重心转变为筛选、过滤，从海量信息里精挑细选出有价值、有意义的内容并将其呈现给用户。在精挑细选的过程中，选择稿件、加工制作、整合编写、专题制作等各项编辑业务逐一展开，网络与新媒体机构开始有了自己的编辑思路和理念。

第三阶段的背景是网络与新媒体的影响力提升，政府、社会日渐关注并重视网络与新媒体的发展。编辑工作的重点从过去"二次传播"的传声筒向主动掌控话语权的原创策划转变。尤其需要指出的是，门户网站策划了多类栏目，如新浪的《冷热事》《时论堂》《今评媒》《重头戏》、搜狐的《点击今日》《搜狐快评》、网易的《另一面》《发现者》、凤凰网的《大学问》《时局观》《自由谈》《热追踪》、腾讯的《今日话题》《新闻未知数》《事实说》等，它们紧跟时政热点话题，挖掘新闻背后的社会现象，通过对已有资料的梳理、整合、分析，整理出注入网站自身思想和新闻价值观的话题、评论。除常态化的栏目以外，各网站还在重大时政新闻报道中进行各种原创策划。2016年两会报道中，新浪策划了"目击中国""全景现场""快慢之间"等重磅报道，腾讯推出了"习近平这三年""卓见访谈""90后代表"等原创内容。网络与新媒体不仅在PC端加强原创策划能力，而且在移动端针对移动媒体的特性和客户端的特点推送原创新闻和栏目，通过创新的产品内容和形式提升新闻影响力，吸引用户、留住用户。

第四阶段的背景是进入移动与大数据时代，用户的个性化需求凸显。以编辑为核心的大众传播模式只有与以用户为核心的个性化、定制化的传播模式结合，才能收到更好的传播效果。社交媒体的火爆、微信传播链的构建为技术驱动下的智能分发提供了大量的用户数据。这些用户数据被挖掘、分析后，与机器的智能、深度学习结合，在一定程度上改变了传统的网络与新媒体编辑业务。"今日头条"新闻客户端曾提出"你关心的才是头条"，打破了传统移动客户端烦琐的分类和一成不变的栏目，以算法、大数据和机器学习为技术保障，观察用户对某一条内容的评论及收藏、分享等行为，根据用户阅读的停留时间、点击刷新频率等要素来分析用户对某类话题的兴趣度，判断并记忆用户的兴趣点，甚至有时还结合用户的地理位置进行个性化推送。"今日头条"在推送时还会根据兴趣度或用户所处位置来调整提供的信息。在这一过程中，人工智能成为主导，编辑的作用在一定程度上被削弱了。

虽然目前人工智能的编辑模式在不断改进，但站在新闻影响、议题设置和舆论引导的角度看，网络与新媒体依然需要编辑，特别是面对社会重大报道、热点话题时，编辑的作用和价值是无可替代的。

三、网络与新媒体编辑的价值与作用

互联网从Web1.0的窄带环境和门户时代，发展到Web2.0的宽带环境和UGC社交媒体时代，再到当前的移动环境和人工智能时代。在这一过程中，尽管新终端、新传播方式和新应用、新平台不断涌现，但是编辑业务一直都是所有平台、终端和应用的基础业务。换句话说，编辑业务在内容、形式、议题和营销的各个层面上对于网络与新媒体来说，都有核心作用与价值。

在内容层面，编辑是一个发现、筛选、过滤和梳理的过程。众所周知，互联网上产生的内容要以分钟计算：Snapchat 用户1分钟会发布 284 722 张照片，推特（Twitter）用户1分钟可以发布 347 222 条推文，YouTube 用户每分钟会上传 300 个小时的新视频，谷歌每分钟的搜索量可达 2 780 000次，脸书（Facebook）用户每分钟点赞 4 166 667 次。随着大数据时代的到来，我们开始充分利用数据分析和挖掘工具发现、筛选和梳理内容，这看似是机器深度学习和应用工具的结果，但其实离不开编辑发挥的作用。编辑要对内容进行标记、定义和分类，要在智能算法的基础上进行深度编辑。通过智能技术实现精准的个性化推荐，用优质内容引导用户沉淀，才有可能满足用户对新闻资讯“千人千面”的需求。

在形式层面，编辑是一个设计、修饰、装扮和包装的过程。网络与新媒体的多媒体属性为形式的编辑提供了条件，同时，多平台、多终端和多渠道的传播又要求对网络与新媒体的内容在形式上进行多样化的编辑，以满足不同的输出要求。与传统媒体较为注重内容生产不同，网络与新媒体更强调内容与形式的一体化，更注重形式对内容的增值效用，更认同形式与内容具有同等作用。应用需要设计、文章需要修饰、内容需要装扮、产品需要包装，这些外在的编辑形式对于网络与新媒体来说不是可有可无的操作，而是能够让用户接受内容和参与互动的必要手段。

在议题层面，编辑是一个组织、强化、设置和引领的过程。新媒体的崛起削弱了“把关人”的作用，人人皆可传“信”，人人皆可发“声”。在如此状况下，编辑的议程设置能力似乎下降了、削弱了，甚至没有了，但在实际的编辑业务中，编辑依然可以用各种方式掌控话语权，可以用各种手段控制议题和设置话题，可以通过各种渠道获取舆情数据进而引领舆论方向。在某些热点事件或重大新闻发生时，网络与新媒体的组织、强化、引导舆论的作用比传统媒体还要大，因为网络与新媒体更易于获取用户的浏览取向和评论行为，也更易于掌握用户的实时态度、情绪和心态等多方面的数据。依据这些数据进行调控必然更具针对性和科学性，也更能有效调控网络情绪和舆论。

在营销层面，编辑是一个策划、渗透、运营与增值的过程。今天的网络与新媒体环境下的编辑活动，不仅要完成关于内容、形式和舆论的纯粹新闻、报道层面的工作，还需要和产品、市场营销、品牌形象进行对接，在编辑中融入运营的理念和思维，要从内容运营、内容营销的角度开展编辑活动，要综合考虑内容、渠道、市场、平台、终端、技术、用户等多种要素。在编辑内容时要考虑适宜的输出渠道，在包装形式时要运用前沿技术，在选择终端时要考虑不同的市场和用户等。虽然编辑的对象还是内容，但编辑的目的却不再只是获得传播效果，还要兼顾经济效益和产品增值效益等。

第三节　认识网络与新媒体运营

运营是网络与新媒体领域谈及最多、涉及面最广但难度最大的工作，几乎所有的互联网公司都设置有“首席运营官”（COO，Chief Operating Officer）这一职位，且该职位拥有仅次于CEO的决策和管理权力。由此可见，运营在网络与新媒体公司中具有举足轻重的地位与极高的价值。

一、网络与新媒体运营的内涵与外延

“运营”一词运用广泛，但人们对于运营的认识和理解却不尽相同。有人认为它是指生产经营，即对企业的有形产品进行规划、设计、生产和销售，有人认为它是对产品从售前到售后的整个服务过程的经营管理，还有人将运营描述为涉及企业产品、市场、品牌、用户等方面的管理工作。根据目前企业的实际状况来看，运营确实是一项系统性、完整性工作，涵盖企业运作过程中的方方面面，包括规划和设计、采购和生产、经营和销售、品牌和形象、用户和服务、安全与健康以及环保等。

因此，网络与新媒体的运营也是对网络与新媒体的内容、产品、用户、市场等所有工作的统称，它以PC、手机、平板电脑等不同终端为营销平台或产品本身，通过对网络与新媒体资源的配置、优化和组合，进行网络与新媒体规划、前后期策划、运行、推广和管理，达到推介产品和获取用户的目标。运营的具体环节包括内容策划与建设、用户培育与维护、产品设计与推广、市场活动与管理、技术架构与研发、数据监测与管理。

网络与新媒体的运营包括两个阶段。第一阶段为规划与创建阶段，即完成网络与新媒体的网站或产品设计、规划和初步建设，具体工作包括：从市场竞品、发展前景、市场规模、资源优势等方面进行前期调研，从内容策划、技术架构、页面设计等方面进行全面规划，从建设资金、网络技术、人员团队等方面进行筹备（见图1–1）。

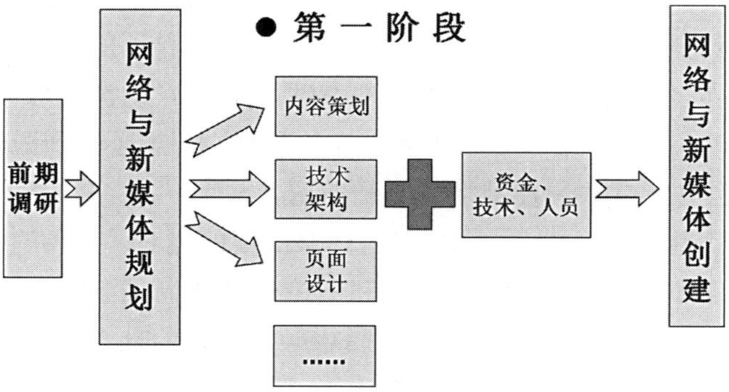

图1–1　网络与新媒体运营第一阶段流程图

第二阶段为运营执行阶段，即网络与新媒体网站或产品完成后的运行、推广、经营、管理阶段。具体工作包括：从内容获取、内容规划、内容编排、内容输出等方面进行内容运营，从产品目标、研发设计、迭代优化、产品推广等方面进行产品运营，从网络硬广、社群推广、合作推广、活动公关等方面进行市场运营，从用户调研、用户获取、用户转化、用户数据等方面进行用户运营（见图1–2）。

认识网络与新媒体运营，还可以从与之相近的另一概念——网络与新媒体营销来对比理解。

网络与新媒体营销是企业或机构整体营销战略的一个组成部分，是众多销售、推广手段中的一种，是为实现总体经营目标、以网络与新媒体为工具进行产品与企业形象宣传推介的一种营销方式。网络与新媒体营销的手段有搜索引擎营销、E-mail许可营销、广告促销、网上销售、社区营销、微博营销、微信营销、自媒体软文营销等。

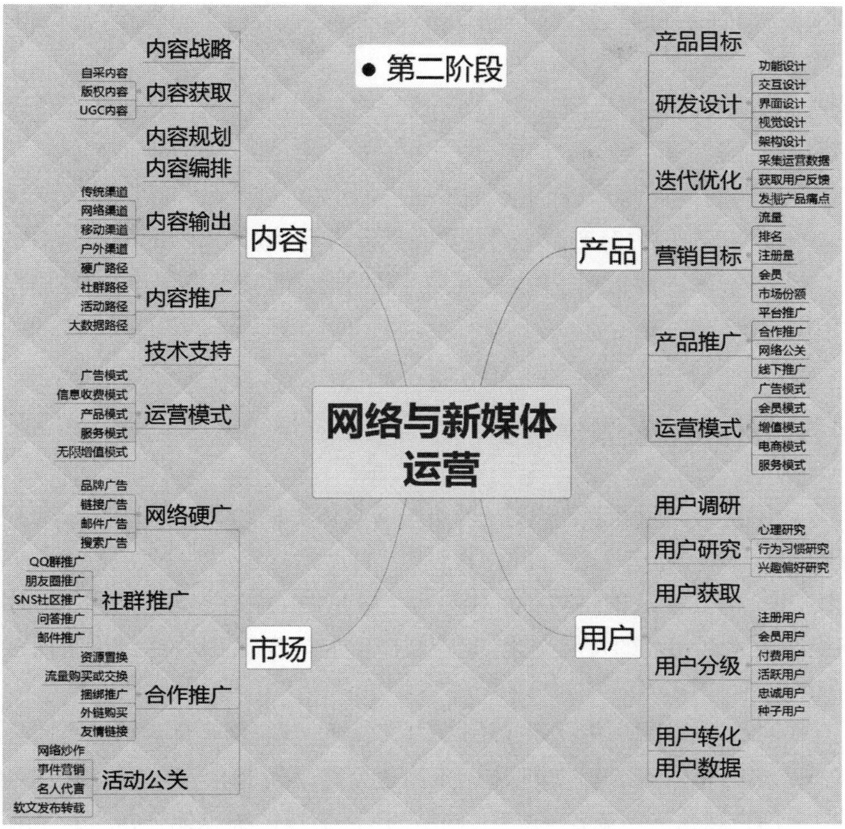

图1-2　网络与新媒体运营第二阶段流程图

从主体看，运营的主体是网络与新媒体公司，营销的主体是所有公司；从目的看，运营的目的是让网络与新媒体公司基于各种运营模式实现盈利，营销的目的是让公司获得更多推广和销售手段；从性质看，运营是为了推进网络与新媒体公司的全面发展，营销是将网络与新媒体作为一种新的传播渠道、手段和平台；从内容看，运营包括产品策划开发管理、内容更新和维护、市场推广、网络营销、客户服务等，营销包括搜索引擎营销、E-mail许可营销、广告促销、微博营销、微信营销和自媒体软文营销等；从执行者看，运营的执行者是网络与新媒体公司的首席运营官及其下属，营销的执行者主要是公司的市场部或销售部。

通过以上比较可以看到，网络与新媒体运营是关乎网络与新媒体公司生存与发展的根本，是在有力融合网络与新媒体的内容、产品、用户、市场等资源的基础上，确定运营模式、获得盈利的核心环节。

随着网络与新媒体的发展，网络与新媒体运营的外延在不断扩大，需要从不同的角度了解：

从网络属性看，有基于PC的桌面互联网运营和基于手机的移动互联网运营；

从运营对象看，有媒体运营、产品运营、内容运营、电商运营、资本运营、用户运营、活动运营等；

从运营级别看，有初级运营、中级运营、高级运营；

从运营平台看，有Web网运营、手机网运营、社交网络运营、客户端运营、微博平台运营、微信平台运营等；

从运营产品看，有内容产品运营、游戏产品运营、搜索引擎运营、社区产品运营、自媒体产品运营、数据产品运营等。

类别不同，运营的要求、方式和重点也不一样。比如内容产品和互动产品，虽然都是要将流量和用户量转化变现，但内容产品的运营重在获取内容、编排多样的形式、将内容输出到更多的平台上、将用户反馈的数据用于内容，互动产品的运营重在获取用户、留住用户、增强用户的黏性、对用户进行分级。

二、网络与新媒体运营的发展演变

自1994年中国接入国际互联网以来，网络与新媒体发展壮大的每一步都离不开运营。在互联网发展之初并没有“运营”这一岗位，也没有“首席运营官”这一角色，人们似乎也没有所谓的“运营”意识，但其实从网络与新媒体诞生之日起，运营就是无处不在、无时不在的。随着网络与新媒体技术和市场的发展变化，运营从简单走向繁杂，从单一维度走向多元维度，从内容产品走向跨平台应用。

早期，互联网上内容稀缺，运营主要围绕内容展开。互联网被称为信息高速公路，但公路开通后并没有太多的车辆，因此，如何让这条高速公路运转起来，成为早期互联网运营的焦点。无论是三大门户网站——新浪、搜狐、网易，还是依托传统媒体开办的人民网、新华网、央视网，都是围绕内容原创和内容整合进行运作的。以新浪为例，其最初只是在BBS论坛上简单播报足球甲级联赛的资讯，随着用户对体育比赛内容的关注度不断提高，其开通了体育频道，专门报道各类体育赛事。在报道2004年雅典奥运会时，为了让体育报道更专业、体育内容更丰富，新浪体育频道进行了全方位的内容运营。一是组织原创队伍，奔赴奥运赛事现场，直接获得第一手赛事资讯；二是集聚各类专业体育记者和评论员，请他们为体育频道提供稿件；三是与国内有采访报道权的机构合作，整合赛事的文字、图片和视频新闻。及时、快速、准确地提供海量信息成为互联网早期运营的主要业务。

中期，随着互联网进入Web2.0时代，运营主要围绕用户展开。Web2.0时代的特征是用户创造内容。专业机构与普通用户一起生产、发布内容，这大大丰富了互联网上的信息，随之而来的问题是专业机构应如何留住用户，让其在自己的平台上浏览信息、参与互动。因此，吸引用户、黏住用户进而留住用户，成为网络与新媒体运营的核心。腾讯提出“一切以用户价值为依归”，旗下产品设计了多种吸引用户的方式。以腾讯QQ为例，其最开始只是一个即时聊天工具，功能单一，用户黏性不高；为了留住用户，腾讯不断扩展QQ的应用功能：从给在线的朋友发送信息到给不在线的朋友发送信息，从文字交流到表情包、语音交流，从聊天交流到图文传输、远程协助，从单一的即时通讯工具到集成电子邮件、新闻发布、游戏等业务。其功能越来越强大，用户也越来越依赖它。不仅如此，为了更好地留住用户，QQ还对用户进行分级，如将用户分为注册用户、会员用户、付费用户、超级用户等，不同用户享受不同等级的服务。

当前，进入移动互联网和智能时代，运营模式变得多维度、多元化，内容、市场、用户、平台、资本等运营要素既协同合作又相互制约。虽然内容已经进入一种过剩状态，但高质量的独家、原创内容依然稀缺，围绕内容的运营依然是以内容为主的网络与新媒体着力的方向；对网络与新媒体公司而言，虽然互联网用户已经超过7亿，网络普及率超过50%，但为了让用户留在自己的网站上、下载自己的客户端并关注自己的订阅号，依然需要进行用户运营；虽然现在有网站、客户端、浏览器、搜索引擎等多种传播渠道和出口，但抢占有传播力的渠道、有价值的出口依然需要网络与新媒体公司进行市场运营。单一的运营依然有存在的必要，不过还是需要更多的协同。比如一篇新闻报道，在内容稀缺时代，只要文章有一点价值，不需要做更多的渠道推送，只需门户网站登载，就能获得相应的访问量和用户反馈。但今天，我们不仅需要新闻报道有价值，而且要面向用户进行精准推送，要选择合适的渠道和平台进行市场推广，还需要有强力的资本支撑所有的运营。一旦某一要素成为短板，运营就会陷入困境。

门户网站搜狐的发展历程基本上可以反映网络与新媒体运营的不同阶段和演变过程。诞生于1996年的搜狐最早打算模仿美国的网站雅虎，甚至取名为“搜虎”，目标为搜索引擎网站。但互联网发展早期内容匮乏，搜索引擎并无用武之地。互联网市场的现实情况迫使搜狐转向内容运营，整合各方面内容资源，组织庞大的编辑报道队伍，确立“内容为王”的运营模式，当时公司大部分的收入来自以内容为导向的广告。特别是在2008年北京奥运会报道中，搜狐花费巨额资金成为北京2008年奥运会互联网内容赞助商，让内容资源最大化、最优化。但是，进入Web2.0时代后，搜狐开始使用以用户为导向的运营模式，创建搜狐博客、搜狐白社会、搜狐微博，推出搜狐输入法、搜狐游戏等产品，用产品吸引用户，建立用户分级、分类体系。但由于搜狐对用户运营的专注度不够，用户维系手段有限，加之社区产品市场竞争激烈，同类竞品腾讯QQ和新浪微博已经成为用户首选对象，所以搜狐在用户运营阶段没有建立成熟的盈利模式。进入移动互联网时代，搜狐最早开发新闻客户端，并在客户端产品上搭建开放平台，让用户和机构入驻并生产内容，可谓同时开展内容运营和用户运营，但相关运营手段没能同步跟进，缺少技术支持，未做到精准推送，缺少市场推介平台，因此基础产品的用户黏性不高，客户端产品也陷入了一个尴尬的境地。

三、网络与新媒体运营的价值与作用

网络与新媒体运营的价值和作用从对一个互联网公司COO（首席运营官）能力的要求就可见一斑。一个COO需要具备网站建构能力、技术研发能力、产品包装能力、市场推广能力、战略布局能力和团队管理能力。如果说CEO（首席执行官）是战略规划师，那么COO就是战术运行者；如果说CEO是战略决策者，那么COO就是战术执行者。可以说，网络与新媒体运营具有“战略”“战术”和“战役”等多个层面的价值与作用。

在“战略”层面上，运营是互联网公司生存与发展的基石，是对战略方向和定位的践行、检验。很多互联网公司起步于一个简单的想法，要将这个想法变成现实，既需要创建与规划阶段的运营，也需要执行阶段的运营。相关人员要在运营中发现想法的可行性，发现用户的需求，发现存在的问题。手机客户端是典型的需要通过运营不断修复问题、明确定位与方向的网络与新媒体产品。用户在使用手机客户端时会发现其经常更新版本，并会告知自己哪些问题修复了、哪些组件删除了、又增加了哪些功能。每一次的版本更新都是产品和用户运营的结果。平台商就是在不断调整和完善中达到战略目标、实现战略意图的。

在“战术”层面上，运营是互联网公司为推介产品、引爆市场、留存用户、获取盈利而实施的各种策略与方法，互联网公司为达成运营目标而研发一个个产品、开展一项项活动、启动一个个项目、设计一个个互动。运营是一个实现从无到有、从少到多、从小到大的过程，在这个过程中，产品、项目、活动、策略、方法、手段都关乎运营“战术”层面的成败。比如手机应用“小红书”最初的定位为“海外购物分享社区”，运营的策略就是鼓励用户多发帖文，多分享交流各种海外购物的经验和体验。随着社区发展、分享内容增多，一类帖文提到的问题成为用户的痛点，即境外购物难——品牌繁杂，难选择；支付方式复杂，难购买；售后安全难保证。解决用户的痛点成为“小红书”新的运营策略，其制订了新的运营方案，由此转型为“社区型跨境电商”。

在“战役”层面上，运营是互联网公司内外部资源优化、匹配和组合的全面展示，是每一个产品、每一次报道成功以及赢得每一个用户的前提，是互联网公司执行力的完整体现。运营力就是执行力，每一次运营都是一次任务的执行，在执行过程中，需要调配一个公司的所有资源，包括资金、技术、市场、内容、公关甚至后勤等。比如一款互联网新产品的发布会，需要内容部门进行新闻资讯报道或现场直播，需要技术部门提供页面设计和技术支持，需要市场部门对外推介和宣传，需要产品部门设计出有品质的产品，甚至需要公司高管出面请重量级嘉宾做形象代言人等。只有有效地运营、合理地调动公司的内外部资源并优化配置，才能让产品发布会的传播效果最大化。

总之，网络与新媒体运营的价值和作用在“战略”层面上体现为方向正确，在“战术”层面上体现为方法有效，在“战役”层面上体现为执行有力。因此，经常有人说：“没有不好的产品，只有不好的运营；没有不来的用户，只有因不运营而离开的用户。”

四、影响网络与新媒体运营的外部因素

运营对网络与新媒体来说具有根本性的、决定性的价值和作用。运营不是孤立的、静止的，而是关联的、动态的，会受到多种因素影响。网络环境、技术、政策法规、用户状况等诸多外部因素都会直接影响到运营状况。

第一，来自网络环境的影响。网络基础设施建设状况、网络安全、网络伦理、网络暴力等都属于网络环境范畴，健康、良好、有序、安全的网络环境是网络与新媒体运营的基本条件和保障，网络环境的变化也自然会影响到运营的状况。2002年手机端就有了Wap网，但受到网速、资费、手机终端等诸多限制，移动互联网几乎没有发展空间，更谈不上成长和壮大。2010年3G牌照发放，三家电信运营商在一个竞争的环境中加快移动互联网基础设施建设，移动基站发展迅猛，不仅使上网速度提升、资费下降，而且使3G用户迅猛增长。随着智能手机的普及，移动互联网快速进入4G时代，围绕智能手机的各类移动互联网业务遍地开花，内容运营、

产品运营和用户运营都转移到手机端，运营的手段、策略和模式随之改变，而且还衍生出二维码、“摇一摇”、移动支付等新业务。2018年，中国移动将进行5G试商用。据介绍，5G是专门为万物互联、高速上网组建的一套新的体系，其接入速度快，5G时延只有1毫秒，4G是20毫秒，3G是10毫秒—150毫秒；应用范围广，3G解决的是通信问题，4G为上网而设计，5G为万物互联而生。可以肯定的是，5G的出现将再次改变移动互联网端的运营状况和市场格局。

第二，来自技术的影响。计算机技术、互联网技术、软件技术、硬件技术等都是网络与新媒体运营的基础，每一次的技术进步都会带来商业风潮和运营市场的变化。互联网从Web1.0时代进入Web2.0时代，技术层面的一个根本性的变革是，用户创造内容的技术门槛几乎为零。这样就充分释放了用户的能量，使每一个用户都能自由创造内容、编辑内容和发布内容，精英垄断内容和渠道的格局被打破，自下而上的草根采集和原创内容的模式开始出现。博客、微博、SNS社区既是用户的集散地，也是内容和舆论的集散地。内容市场的变化自然会带来内容运营的改变。随着互联网进入智能互联网时代，技术进步再一次改变了Web2.0时代基于用户和内容的运营方式，针对用户的精准内容分发成为运营方向，“今日头条”“天天快报”“一点资讯”都不再生产内容，也不刻意开展各种活动吸引增量用户，而是采用为每一个用户提供个性化内容的方式，使自身既成为内容聚合平台，也成为用户留存之地。因为在这些平台上，内容供应商的新闻资讯能获得有效分发并抵达用户，个人用户能在有限时间里看到更符合自己兴趣的内容。从编辑分发到智能分发，再到用户分发，技术的进步让内容运营发生了改变。

第三，来自政策法规的影响。如果说网络环境、技术对网络与新媒体运营的影响偏隐性，那么政策法规对运营的影响则是显性的、直接的，甚至是决定性的，它直接决定着运营的目标和方向、策略和方法、效果和成败。2015年，李克强总理在政府工作报告中提出，要“制订‘互联网+’行动计划，推动移动互联网、云计算、大数据、物联网等与现代制造业结合，促进电子商务、工业互联网和互联网金融健康发展，引导互联网企业拓展国际市场”。这让2015年成为“互联网+”年，大大小小的网络与新媒体公司开始寻找“互联网+”的新方向。2016年《中华人民共和国网络安全法》通过，对保护个人信息有了明确规定，如“网络运营者不得泄露、篡改、毁损其收集的个人信息”“任何个人和组织不得窃取或者以其他非法方式获取个人信息，不得非法出售或者非法向他人提供个人信息”等。这一法律的出台让网络与新媒体公司不敢再随便泄露用户隐私，不能再用用户隐私数据进行运营并盈利，而且网上聊天记录、往来邮件等都可以作为证据，网络纠纷和安全问题将更易于追究责任，网民可以更放心地进行网上消费，这对电商运营产生了直接影响。《网络安全法》还对企业的安全资质、内部技术、制度等作出了具体规定，这意味着一些不具备经营条件、不符合经营标准的企业将无法开展某些业务。

第四，来自用户状况的影响。根据第42次《中国互联网络发展状况统计报告》的数 据，截至2018年6月，中国网民规模达8.02亿，互联网普及率达到57.7%。我国手机网民规模达7.88亿。庞大的互联网用户基数是国内网络与新媒体产业发展的强大支撑，互联网人口红利滋养出多家数千亿市值的互联网上市公司。用户状况涉及面很广，包括数量、性别、年龄、收入、网络行为、使用习惯、消费水平等，这些都会直接或间接影响运营的结果。互联网发展早期，用户以“低年龄、低收入、低学历”（“三低”）人群为主，用户的这种特征决定了早期的互联网业务主要服务于“三低”人群的游戏、娱乐、聊天等，也决定了早期互联网业务的运营手段与策略。比如，早期的腾讯公司就从这类用户的需求和消费水平出发，研发推出了QQ秀产品，设计出针对不同等级会员的免费和缴费模式，在QQ上提供多样化服务。随着大数据技术的应用，基于用户基本属性和网络行为的用户画像更是成为影响运营的主要因子。

网络与新媒体的运营是一项长期、持续、冗杂的工作，需要针对不同的运营阶段、不同的运营对象采取不同的运营策略和手段，进而体现出不同的运营价值和作用，但归根结底，吸引并留住用户是网络与新媒体运营的终极目标，是一切运营的出发点和落脚点。

第四节　网络与新媒体编辑与运营的关系

在传统媒体时代，媒体机构一般采取采编与经营分离的方式，编辑不需要考虑经营收益，对编辑人员的考核不涉及经营指标，营销人员也不得插手编辑业务。新媒体环境下，编辑的工作性质有了一些改变，尤其是对编辑人员KPI（Key Performance Indicator，关键业绩指标）的考核，以访问量、流量、用户数、留存率等为量化指标，这意味着编辑人员已经在承担一定的运营任务了。当前，网络与新媒体的生产者与传播者边界模糊，内容与渠道相互影响又彼此制约，新闻业务形态多样化，编辑已不再是单纯的编辑，也不是被动地承担运营工作，编辑与运营互为依存、相互作用，趋向一体化。

一、网络与新媒体的编辑是运营的基础

网络与新媒体运营的对象之一是内容，或是内容产品。无论是内容运营还是内容产品运营，都是为了给用户提供有品质、有附加值的信息而进行的一系列与内容有关的工作，包括制定内容战略、获取内容资源、规划编排内容、输出推广内容、为内容生产和传播寻求技术支持、建立以内容为核心的运营模式。

内容运营的目的有两个：一是通过对内容的质量、更新频率、原创等进行运营，留住已有的用户，并提升已有用户的黏度与活跃度，维持住已有用户的忠诚度；二是通过对内容的推送、分发、传输等进行运营，以吸引新的用户。简言之，就是以内容为手段维持存量用户，扩大增量用户规模。

在内容运营各环节中，编辑是内容运营的基础。编辑的维护更新内容、组织原创内容、运用多媒体手段创作内容等工作都与内容运营的第一个目的直接相关，编辑的筛选编发稿件、策划设计互动、监测管理数据等工作与内容运营的第二个目的直接相关。特别是面对内容过剩而又同质化严重的情况，编辑工作的好坏直接影响到内容运营的效果。2016年新华社为纪念中国共产党成立95周年制作的微电影《红色气质》就是一个经典案例。

众所周知，纪念建党的内容很多，已经很难有创新和亮点。但是站在运营角度看，每一次大的新闻事件都是一次吸引用户、留住用户的契机，运营者都应该借助新闻报道实现增加流量、活跃用户的运营目的。而要实现这一目的，就需要发挥编辑的作用，在立意、选题、手段等

方面进行创新编辑。

《红色气质》微电影以新华社中国照片档案馆中的独家图片为基本素材，运用现代技术和手法，将历史照片视频化，采用图视、人物讲述和三维特效相结合的方式进行表现；其叙事方式颇为独特，没有波澜壮阔的宏大场面，而是由新华社驻莫斯科首任记者瞿独伊（瞿秋白唯一的女儿，今年95岁，与中国共产党同龄）这一独特人物引入，用非常生活化的镜头和场景——老人翻阅家庭相册，讲述父辈们的无私无畏，并用俄语再次唱起父亲翻译的《国际歌》——拉开序幕。整个微电影采用各种先进的新媒体手法包装内容。它没有像其他追忆先烈的片子那样，单纯通过旁白和一张张破损泛黄的照片将历史串联起来，而是运用动态影像技术，即2D场景+3D人物的展现形式，将原本老照片中静态的人物融入动态画面中，让人产生一种身临其境的历史感。同时，影片利用数字合成技术合成了一张张“全家福”，实现了英雄人物跨越生死的影像“团圆”。在制作上，该内容产品采用了院线标准，以便能够在电视、网络与移动终端等多平台、多渠道传播。《红色气质》发布后，一周内网络阅读量就超过5 000万，实现了通过编辑获得运营效果的目的。

二、网络与新媒体的运营是编辑工作的助推器

在个性化、数据化时代，编辑好内容并非易事。今天的编辑，不能再以自我为中心，不能再基于以自我认知为中心的思维模式，而是要具备运营思维，用数据、反馈来指导编辑工作、确定编辑方向和思路。近几年，一些主流媒体纷纷设计研发出编辑分析管理系统，这体现出了运营对编辑的助推作用。

路透新闻研究所2016年的*Editorial Analytics: How News Media are Developing and Using Audience Data and Metrics*报告介绍，《卫报》、《华尔街日报》、*BBCNews*、《赫芬顿邮报》等英美主要媒体都有一套编辑分析系统。这些编辑分析系统，无论是各媒体自己研发的，还是利用第三方平台搭建的，都可以运用chartbeat、NewsWhip等软件工具，通过对媒体在不同平台上的受众数据进行抓取、筛选、挖掘，分析受众行为，监测受众量的增减，形成量化的受众数据报告，相关负责人可以此为依据指导内容生产与编辑、改善编辑部工作流程。比如英国《卫报》的“Ophan”编辑分析系统，可以针对单一文章提供实时数据，包括浏览时间、内容、登录设备、浏览器、国家、推荐人、忠诚度、注意时长等；可以从不同终端任意抓取两周以内的页面浏览量、社交分享率、单篇文章阅读时长；可以显示用户登录的频率、登录的轨迹、浏览的去向；还可以与社交媒体结合，显示社交平台上的转发、跟帖、分享等数据。

国内的微信平台、微博平台也开放了部分后台数据，为微信订阅号和微博账号的运营者提供一些数据，比如用户属性数据，包括性别、语言、省份、城市、终端、机型等；文章浏览数据，包括图文页阅读量、原文页阅读量、分享转发数、评论跟帖数、收藏数等；账号关注数据，包括当日关注人数的增减、月度关注人数的增减、关注度增减率等。这些与运营有关的数据都会对改善编辑工作起到积极作用。

传统媒体时代，没有运营的概念和意识，也缺少运营思维和数据，编辑部成为进行内容把控的中心，编辑个人的思想、价值观决定了选题、内容生产和传播。新媒体时代强调内容产

品意识，内容生产者不仅要生产出优质的内容并用与之相适应的形式进行包装，还需要对内容产品进行运营，以实现产品的精准到达和传播。对于一篇报道或一个节目，写作或制作完成仅仅是传播的开始，只有到达用户，并让用户停留和阅读，甚至发表评论，才代表传播的实现和影响力的到达。

三、网络与新媒体的编辑与运营一体化发展

近些年，一些媒体编辑部里增设了一个全新的职位——产品经理。《金融时报》在研发、设计编辑分析系统时，成立了包括内容编辑、互动编辑、数据分析师、市场经理、搜索引擎优化专家、互动策略制定人员等各类人员的团队，让他们协作完成系统的开发和后期的运维。无论是把运营工作中的产品经理这一角色引入编辑部，还是成立综合性的团队，都反映出当前网络与新媒体的编辑与运营相互作用、互为依存、一体化发展的现实。

运营的手段和策略成百上千，编辑只是内容运营的手段之一，但编辑的作用和价值对于运营来说是基础性的，举足轻重，无以替代。抛开那些让人诟病的“标题党”和产生消极、负面影响的三俗标题，对一个平庸的标题进行编辑制作，从而提升用户的点击率和浏览量，这其实可以理解为好的编辑促进了好的运营的产生。因此，运营（尤其是内容运营）的基础是编辑，只有在设计产品、开发项目、解读数据时让编辑介入和参与，才能提升运营效果。正如路透社新闻研究所发布的报告里所言：“数据永远不能解释所有受众行为的秘密，定量分析、编辑经验和其他一切质化判断永远是互补而非互相排斥的。即便是最优秀的编辑分析系统，也不能满足新闻媒体为掌握受众数据而提出的全部或个性化的要求，对数据的掌握也不够全面，其数据抓取和分析的质量也有待提高。它时常在剧变的媒介生态环境中表现出不适用性。”①

编辑强化运营思维和意识，是网络与新媒体的编辑与运营一体化发展的前提。图片是网络与新媒体中最普通、最常见的内容之一，但是如何呈现图片，则关系到用户的停留时间和浏览效果，如可以将一幅幅图片堆放在同一个页面中，让用户通过点击依次观看图片；可以设计为幻灯片自动播放的呈现模式，也可以做成动图、H5图集等。在什么时候、哪种终端上、面对哪类用户采用哪一种呈现方式，要依据图片内容和用户进行匹配。编辑没有运营意识的话，考虑的就是如何挑选出好的图片、如何处理好图片，但如果有了运营意识，要考虑的就是用户用什么样的方式看图片更舒服、什么方式能让用户停留更长时间、什么样的编排能让用户更愿意与人分享自己看到的图片。

因此，编辑与运营一体化发展是当前网络与新媒体发展现实的需要。编辑是运营的基础，运营是编辑的先导；编辑要有运营意识，运营要依托编辑的专业性。编辑人员与运营人员要在实践中强化协同，真正做到融合两种思维方式。

---

① 路透报告：编辑分析系统越来越吃香，《卫报》等众多大佬媒体怎么用？[EB/OL].（2016-03-01）[2017-05-10]. http://www.360doc.com/content/16/0301/02/22998329_538424790.shtml.

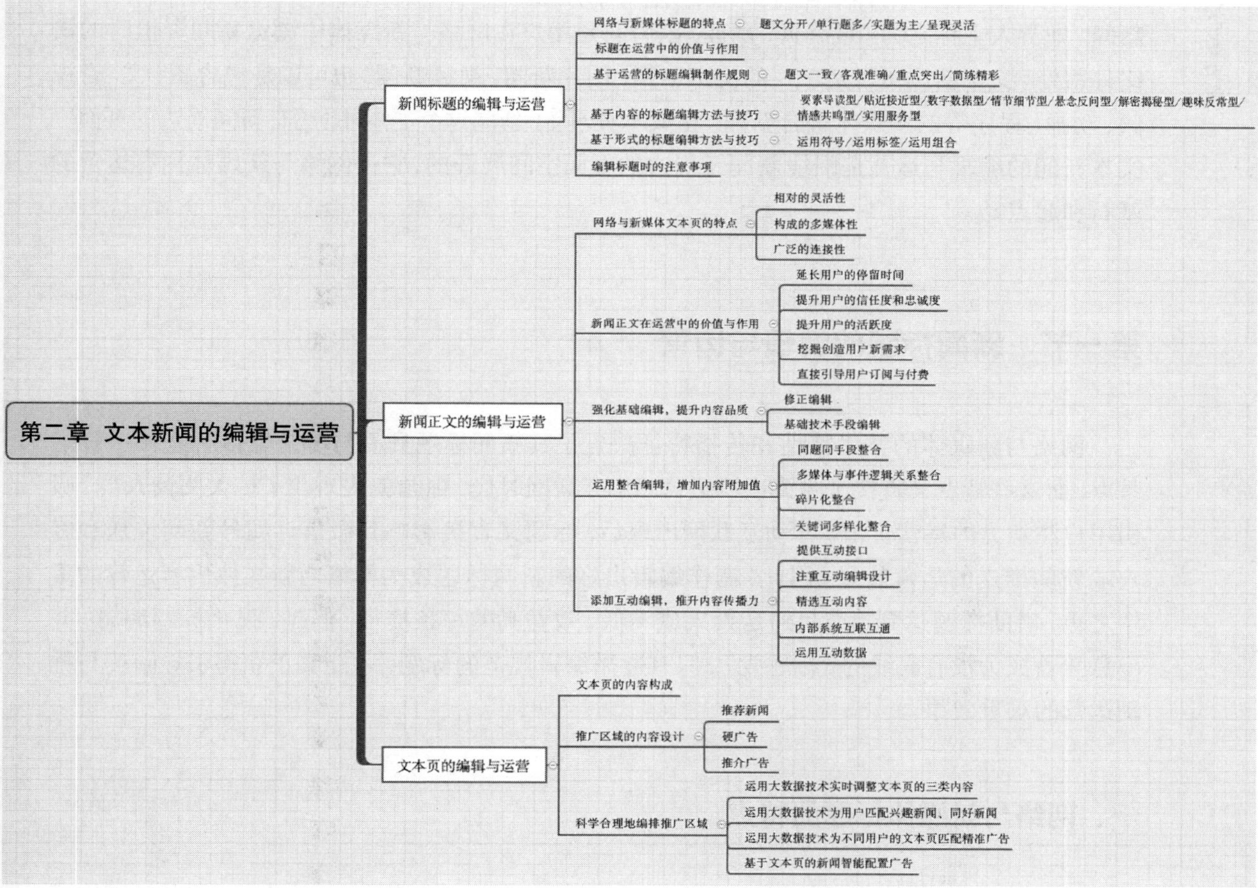
第二章 文本新闻的编辑与运营
新闻标题的编辑与运营
网络与新媒体标题的特点
题文分开/单行题多/实题为主/呈现灵活
标题在运营中的价值与作用
基于运营的标题编辑制作规则
题文一致/客观准确/重点突出/简练精彩
基于内容的标题编辑方法与技巧
要素导读型/贴近接近型/数字数据型/情节细节型/悬念反问型/解密揭秘型/趣味反常型/情感共鸣型/实用服务型
基于形式的标题编辑方法与技巧
运用符号/运用标签/运用组合
编辑标题时的注意事项
新闻正文的编辑与运营
网络与新媒体文本页的特点
相对的灵活性
构成的多媒体性
广泛的连接性
新闻正文在运营中的价值与作用
延长用户的停留时间
提升用户的信任度和忠诚度
提升用户的活跃度
挖掘创造用户新需求
直接引导用户订阅与付费
强化基础编辑，提升内容品质
修正编辑
基础技术手段编辑
运用整合编辑，增加内容附加值
同题同手段整合
多媒体与事件逻辑关系整合
碎片化整合
关键词多样化整合
添加互动编辑，推升内容传播力
提供互动接口
注重互动编辑设计
精选互动内容
内部系统互联互通
运用互动数据
文本页的编辑与运营
文本页的内容构成
推广区域的内容设计
推荐新闻
硬广告
推介广告
科学合理地编排推广区域
运用大数据技术实时调整文本页的三类内容
运用大数据技术为用户匹配兴趣新闻、同好新闻
运用大数据技术为不同用户的文本页匹配精准广告
基于文本页的新闻智能配置广告

第二章思维导图

第二章

文本新闻的编辑与运营

文本新闻，准确地说，应该是文本页新闻，指以网络与新媒体的页面为载体登载的超文本新闻。业界人士称之为“最终页”新闻，因为它是用户在网络与新媒体中浏览新闻资讯时的最终停留处。文本新闻可以是单一的文字新闻、图片新闻、视频新闻，也可以是包含图、文、音视频、动画、程序等的多媒体融合新闻。在文本页，除了新闻这个主体外，还有新闻周边的页面。文本新闻的编辑与运营是围绕新闻及周边的页面空间展开的，它是网络与新媒体内容运营的基石和起点。

第一节　新闻标题的编辑与运营

网络与新媒体的技术特性和传播特征决定了其新闻标题具有与传统媒体标题不一样的特点，而这些特点又直接关系到内容运营。PC互联网时代，标题就表现出了扩大阅读人群、吸引用户注意力的运营价值。移动互联网出现后，标题又直接影响到微信订阅号新闻推送和客户端新闻推送的运营效果。因此，制作编辑出好的新闻标题成为网络与新媒体内容运营的重中之重，借助标题达到运营目的是投入成本低、效益高的一条捷径。但是，强化标题编辑，并不意味着成为没有底线的“标题党”，只有遵循编辑规范的标题，才能真正获得引导阅读与推动运营的双重效果。

一、网络与新媒体标题的特点

一般情况下，传统报纸的新闻标题与正文是同时出现的，即题文一体化。网络与新媒体具有多层级结构，新闻标题一般在两处出现：一是与正文分开，以单条标题或标题加摘要的形式在网站首页、客户端首页、微信订阅号首层及推送新闻中出现；二是与正文同处于一个文本页。因此，网络与新媒体的新闻标题具有以下四个特点。

第一，题文分开。与报纸新闻标题、杂志文章标题受制于载体一样，网络与新媒体的新闻标题也受制于终端页面。众所周知，尽管互联网可以承载海量信息、拥有无限空间，但能够第一时间呈现给用户的有效页面是有限的，如果想在有限的空间中呈现更多的内容，就只能将正文和标题分开。此外，互联网具有超链接特性，快速、便捷和多指向的超链接也为题文分开提供了技术保证。

第二，单行题多。报纸上的新闻标题往往由采用不同的字号、字体的主题、引题（或肩题）、副题组成，多为多行题。有些报纸为了在第一时间吸引读者的注意，甚至采取“厚题薄文”的操作方式，整个版面标题内容丰富，易于形成阅读优势。网络与新媒体采用题文分开的形式，就是为了实现有限空间内的新闻浏览量的最大化。如果与传统新闻标题一样采用多行题，题文分开的意义和效果就无法体现了。因此，网络与新媒体新闻的标题一般采用单行题，字体、字号基本一致，整个页面看上去干净、整洁、清楚。目前，移动客户端上的新闻从手机屏幕特点和标题导读出发，更多地采用单行标题加摘要的模式，这也是从实际出发进行的一种调整和改变。

第三，实题为主。由于网络与新媒体新闻的标题与正文分开，且只能用单行题的形式表现内容，所以为了清楚明了地概括出新闻内容、吸引用户点击阅读正文，在制作标题时要尽可能采用实题，即将更多的新闻要素添加到标题中，更好地发挥标题导读的作用。如果标题采用空洞的、泛泛的虚题，用户则很难判断新闻内容的价值，也就不会点击进入下一级页面了。

第四，呈现灵活。网络与新媒体新闻的标题虽然多是单行题，但却可以利用网络技术手段改造自身形式，让呈现效果多样化，如可以根据内容价值改变标题中的个别字、词、词组的颜色、粗细、大小等，可以利用特殊符号、特殊图形装饰标题，可以将多个单行标题做成标题集群，有时甚至可以用一个词、一个词组代替整个句子作为标题。因此，网络与新媒体新闻的标题具有呈现灵活的特点，可以在一个页面上用不同的呈现形式来缓解用户的阅读疲劳。呈现灵活还体现在可以让在两处出现的新闻标题内容不一致，如文本页的标题有时比网站首页、客户端首页、微信订阅号首层及推送的新闻的标题更全面和完整。

二、标题在运营中的价值与作用

内容运营的最基本目标是增加流量，扩大用户范围，提高用户活跃度。衡量一篇文章、一条新闻的内容运营效果的指标之一即标题质量。微信订阅号中常出现一种现象，即同样一条新闻，标题未进行编辑制作的与经过精心修改的，会获得不同的用户关注度和点击浏览量。辛辛苦苦做原创首发内容的效果有时不及拟一个有吸引力的新闻标题。标题可以说是内容运营的第一抓手，利用标题吸引用户也是成本最低的一种运营手段。标题的价值和作用体现在以下四个方面。

第一，标题关乎用户的点击和进入。消费心理学研究显示，消费者对任何一种商业信息传播的关注、兴趣只有5秒钟的时间，如果传播主体不能在5秒钟内让消费者产生兴趣、吸引其眼球，那么消费者会快速转移视线，进行下一个选择。这就是信息传播的5秒钟法则。在一个快消费、短阅读的时代，5秒钟法则随处可见。在街头报亭，用户选择某一报纸并做出购买决策的时间只有5秒钟，因此报纸的头版设计或头版标题要做到在5秒钟内吸引到用户；在打开一个网站时，用户能接受的等待时间只有5秒钟，超过5秒钟用户就会产生焦虑、烦躁的情绪，会不停滑动鼠标，更可能随时关闭页面。

5秒钟法则同样适用于网络新闻标题。用户每天面对复杂的页面结构和海量的新闻信息，注意力相对不如读报时集中，阅读的跳跃性和选择性也较突出。一条新闻能否在长长的列表中凸显出来，进一步吸引用户点击，取决于其是否能在5秒钟内吸引用户并促使其做出判断。标题的好坏能在瞬间影响用户的行为：在快速扫描标题后是否进一步点击，在收到新闻推送后是否点击进入。

第二，标题关乎用户的停留时长。网络与新媒体新闻的标题不仅指新闻的主标题，还包括文章起始的提要题、文章中的小标题。新闻的主标题能吸引用户点击进入，但为了让用户耐心看完新闻、让用户长时间停留，仅靠主标题还不够，尤其是一些长文章，还需要借助提要题和小标题来留住用户。提要题能在用户面对长文章时打消其犹疑，让其启动阅读；小标题能在用户阅读过程中不断吸引用户，黏住没有耐心的用户。此外，无论是主标题、提要题还是小标题，都具有导读和评价的功能，能在用户阅读之前，给用户一种心理上的暗示，从心理层面留住用户，保证用户的长时间留驻。

第三，标题关乎新闻的扩散与覆盖。用户浏览新闻的途径一是登录各渠道终端，主动、直接浏览；二是通过搜索引擎或新闻推送等接触到新闻；三是在朋友圈、微信群里收看分享、转发的新闻。搜索引擎是否抓取新闻、新闻推送平台是否收录新闻都取决于标题的质量，包括标题的字数、标题中隐含的关键词、标题的叙事结构等。制作的标题符合搜索引擎抓取的规律、新闻推送平台收录的标准，自然就能被用户轻松搜索到、接收到，反之则难以传播。针对PC端的SEO搜索引擎优化和针对移动端的ASO应用引擎优化的第一步都是标题优化。搜索引擎和新闻推送平台借助技术实现新闻扩散，用户的自传播是以人工方式主动实现新闻扩散，而用户是否主动分享、转发新闻也直接受标题的影响。

第四，标题关乎流量与广告效益。内容运营的最终目的是获取收益，借助标题增加的流量和用户都与收益直接相关。在网络与新媒体的内容运营模式中，流量、用户与广告之间存在着紧密的关系。广告主向哪些网站、哪些栏目、哪类文本页投放广告，一方面要考虑网络与新媒体的品牌价值、用户性质和新闻内容，另一方面则要考虑网站的PV（Page View，页面访问量）和UV（Unique Visitor，独立访客/唯一访问者）、客户端的下载量、微博和微信账号的关注用户数量等。用户的长期关注、长时间停留、多点击访问必将提高运营数据指标，成为广告营销的基础。可以说，标题具有直接产生广告效益的运营作用。

三、基于运营的标题编辑制作规则

基于内容运营进行标题制作，很容易出现为了获取点击率、达到某些运营指标而不顾标题制作原则与规范的违规行为。因此，要妥善处理内容运营与标题编辑规则的关系，一方面遵循标题编辑的规则，遵守标题编辑规范，另一方面，要从内容运营的各项指标出发，在编辑时充分考虑运营要求，用编辑来带动运营。遵循规则与要求是基础，是展开运营的前提，题文一致、客观准确、重点突出、简练精彩是标题制作的基本规则。

（一）题文一致

标题编辑的第一原则包括：事实一致，标题中所标出的事实与正文中的事实吻合；细节一致，如人名、单位名、时间、地点、数量、概念、措词等与正文相同；逻辑一致，即标题所作的陈述、判断、推理能从正文中找到对应的依据。

案例1

【原题】北京市防汛办：北京还需不断提高城市建设标准

【修改】北京暴雨情况通报会未发布最新死亡人数

【分析】这是为了获得轰动的新闻效应、吸引网民眼球、赚取点击率而无中生有的一种标题制作类型。原文通报了北京大雨灾情信息，介绍了北京的基础设施总体建设标准与世界级城市仍存在差距，以及农村地区基础设施建设存在薄弱环节。文章中并没有提到"最新伤亡情况"。修改后的标题忽视原文章的主要内容和核心事实，把未涉及的问题作为主要内容制作到标题中，这种纯粹为炒作而凭空捏造信息的新闻标题，会产生严重的误导，让群众以为政府不关心民众的伤亡情况。

案例2

【原题】学会通过网络走群众路线

【修改】人民日报：少数领导不愿与网民沟通，压制网络民意

【分析】2016年8月22日，《人民日报》第7版刊发题为《学会通过网络走群众路线》的评论员文章，但此文的标题之后却被改为《人民日报：少数领导不愿与网民沟通，压制网络民意》，并为众多媒体所采用（见图2-1）。改后的这句话出自原文中的一段表述："当前，大部分领导干部高度重视发挥互联网这个新平台的作用，积极与网民交流，公开征求网民意见和建议。但也有少数领导干部对此不重视，不愿意与网民沟通，甚至压制网络民意，导致矛盾激化。新形势下，领导干部必须从坚持党的群众路线的高度，重视网上社情民意。"标题断章取义，从文章中选择一句脱离原文上下文就会让人误解的话作为标题，曲解了原文的意思，在一定程度上误导了群众。类似的还有2015年9月28日《环球时报》发表的社评文章《社评：对外援助的重要性不须"讲透"》，该文章被搜狐网转载，标题被改为《环球时报：中国如果舍不得对外援助 没法在国际混》，改后的标题出自《环球时报》文章中的原话："中国社会要迅速摆脱对外援助的那些钱能在国内做多少事的简单计算方式，决不可让民粹主义干扰国家的外援计划。我们必须清楚，中国的国力上升到这一步，如果舍不得外援，根本就没法在国际社会混。中国是高度对外开放的国家，我们的发展环境怎么样，有相当一部分取决于世界是否相信我们准备同外部分享自己的成就。"在原文中，这句话是处于一定语境中的，如果单独拿出来、脱离了原来的语境，就会被曲解和产生歧义。

图2-1　《人民日报》文章《学会通过网络走群众路线》的原标题与修改后标题对比

案例3

【原题】中国海监船在钓鱼岛追击日渔船出12海里线

【修改】终于出手！中国在东海狠狠教训日本！

【分析】原标题只是在陈述基本事实，客观描述新闻内容，而修改后的标题却将事实内容夸大了，用了带有煽动性的词语和符号，这不仅偏离了新闻的事实内容，违背了新闻客观、准确的原则，而且产生了新闻舆论导向问题，让用户误以为中国在钓鱼岛出手打击了日本。类似的还有将《运9之谜——我国新型军用运输机初探》（原题）改成《扬眉吐气！我国最新型军机吓退美日！》（修改）、将《四川全省纪检监察机关共立案9 938件》（原题）改成《四川政坛“地震”：2013年近万官员被查》（修改）等，这种使用夸大新闻事实、追求耸动效应的标题的做法是典型的不顾标题准确，一味博取眼球、赚取用户点击量的错误做法。此外，还有一类标题，如《这些食品都致癌，千万别再吃了！》《这是世界上最脏的鱼!千万不要再吃！》《天啊！最常吃的水果竟然比砒霜还要毒！》等，更是打着关心用户健康的旗号，用惊悚夸张的标题吸引流量，严重误导了用户。

（二）客观准确

该准则要求概括新闻事实、展现新闻五要素、在新闻评述和用词用语上保持客观态度，准确表述，不为提高新闻点击率而拟制一些以偏概全、偷梁换柱、耸人听闻甚至无中生有的新闻标题。

案例4

【原题】外交部回应美方就香港“七一游行”发表言论

【修改】美国对香港“七一游行”发表言论

案例5

【原题】专家：车改后每年或可减支1 500亿

【修改】公车改革耗时20年因高层官员抵制

案例6

【原题】国产红旗车担纲APEC礼宾接待

【修改】单价600余万红旗车APEC期间接送国外高官

案例7

【原题】中央巡视组向北京市反馈巡视情况

【修改】巡视组：北京小官巨腐问题严重

案例8

【原题】外媒：中国精心打造最亮眼APEC 展现国力增强

【修改】外媒：为防止领导人看到雾霾 北京APEC期间工地停工

【分析】上述5个案例存在为了追求轰动效应，而以偏概全、偷梁换柱、不进行客观陈述的问题。案例4中的原标题是站在国内的角度，驳斥美国言论，修改后的标题以美方角度做题，看似持客观中立态度，但实际上是篡改了原标题和内容的原意。案例5、案例6的原标题突出新闻中最重要、最有价值的事实或观点，形成了积极的、正面的舆论导向，但两个修改后的标题有意突出高官抵制、单价600万等细节，突出的细节有误导舆论、挑动官民对立、煽动网民仇官仇富情绪等消极、负面作用。案例7、案例8中修改后的标题也都有违客观准确的基本要求，片面、主观地曲解原标题的主旨、内涵。

（三）重点突出

这一准则要求在标题中突出稿件中最有价值的新闻要素，最重要、最新鲜、最生动、最有趣的事实或观点，让用户通过阅读标题即可了解文章的重点、亮点。

案例9

【原题】京沪20省份出台双节高速公路免费细则

【修改】20省份高速路双节免费细则：去机场 不花钱

【分析】改后的标题用突出的生活细节拉近了与百姓的距离，将文件化的叙述变成了新闻语言，更通俗易懂、简洁明了。

案例10

【标题一】吉林村支书横行乡里12载 霸占16岁女孩达10年

【标题二】抢民地掠民财霸民女 吉林村支书横行12载

【分析】前一个标题突出内容中的数字和细节，隐含批评的观点；后一个标题高度概括，但没有突出有价值的信息，冲淡了新闻事实的力量。

案例11

以下关于暴雪的5个标题各有侧重。

【标题一】北京延庆昨晚降下暴雪 今日西部山区有暴雪——突出地点和时间要素

【标题二】北京河北局地将有暴雪或大暴雪——突出地点要素

【标题三】北京雨雪恐持续40小时——突出内容要素

【标题四】山西北中部大部分地区降雪 多条道路交通管制——突出结果要素

【标题五】北京延庆降下暴雪 为今冬初雪——突出评价要素

【分析】一场暴雪降临，网民关注点不同，网站在制作标题时也会根据暴雪的情况突出不同要素。在暴雪来临之前，网民关注时间和地点，即什么地域、什么时间会有暴雪，因此标题一和标题二重点突出这两个要素，将时间和地点置于单行标题句之首；当暴雪降临后，网民关注暴雪的强度、带来的影响等，因此标题三的“恐持续40小时”和标题四的“多条道路交通管制”重在突出内容要素和结果要素；对于暴雪，相关的评议会有很多，标题五则突出“为今冬初雪”。对于同一事件，5个标题分别突出时间、地点、内容、结果和评价要素，能够满足大多数网民的诉求。

案例12

针对同一个新闻事件，6家网站制作的标题如下。

【东北新闻网】水情稳 粮食稳——治淮60年筑起中原粮仓生命线

【新华网】中国“最难治理河流”见证今昔变迁

【东方网】新中国治淮60周年纪念大会举行 温家宝作批示

【中国广播网】治理淮河60年纪念大会召开 水污染等问题依然突出

【中国政府网】在新中国治淮60周年纪念大会上的讲话

【安徽广播网】淮河流域基本建成防洪、除涝及水资源利用体系

【分析】面对“治理淮河60周年纪念大会”这一新闻事件，六家网站使用了不同的标题，除了中国政府网的标题外，其他五家网站都在会议召开的新闻之外，具体点明了会议的重要、

具体内容——“筑起中原粮仓生命线”“见证今昔变迁”“温家宝作批示”“水污染等问题依然突出”“基本建成防洪、除涝及水资源利用体系”，虽然角度各有不同，但都在基本新闻事实之外，在标题中标示出第二新闻点。

（四）简练精彩

网络与新媒体新闻受页面空间限制，在网站页面、手机网、客户端和其他终端上的标题字数都有一定限制，比如网站页面的标题一般为20字左右，客户端一般为15字左右，手机报一般为10字左右。因此，为了满足运营的需要，必须控制标题字数，尽量做到言简意赅，在用词用语上字斟句酌，尽量去掉多余的字词，删除重复的词语，用最为精练的词语表达出准确、丰富、完整的新闻内容。可以适当采用简称，巧用数字、符号等表现手法，以美化标题，吸引用户阅读。

案例13

【标题一】山东1-1惜平青岛延期夺冠

【标题二】重庆2-1北京

【标题三】辽宁1-0送南昌入降级深渊

【标题四】长沙1比2负河南保级不容乐观

【分析】从心理角度分析，关心体育赛事的人，最关心的就是比赛结果。不需繁杂的语言陈述，直接将比赛结果置于标题之中，不仅直观明了、言简意赅，而且能快速吸引用户。将多余的空间留给比分播报之外的述评，更能引发读者的阅读兴趣。

案例14

【搜狐网】科技部公布“三公”经费 有数字无详细说明

【大众网】科技部领跑公开“三公”经费 预算4 018.72万元

【中国新闻网】科技部率先在中央部委中曝“三公”经费逾4 000万

【新华网】科技部公开2011年“三公”经费

【分析】在遵循简练精彩的准则时，要把握好简练与准确、简练与突出的关系，无论是压缩重复性的语言，还是删繁就简、使用简称或数字，都要保证网民能准确理解新闻事实，标题不因删减、精练而失去吸引力，不会产生歧义；也不能为了简练而简练，错误判断新闻价值，将本该在标题中突出的内容、要素忽略了。

单纯从字数来看，新华网的标题最短，但是因为没有将核心内容放入其中，所以标题虽然简练，却缺少吸引力。大众网的“领跑”则不是很明确，忽略了“中央部委”这个范围，有可能引起读者误读。中国新闻网和搜狐网的标题或突出细节，或客观述评，平衡了简练与准确、突出的关系。

目前，标题制作存在六大“标题党”乱象：“正题歪做违反正确导向”“侮辱调侃突破道德底线”“无中生有违背新闻真实”“断章取义歪曲报道原意”“夸大事实引发社会恐慌”“格调低俗败坏社会风俗”。[①]2012年9月，北京网络媒体协会（现首都互联网协会）发出要求：北京地区大型门户网站的新闻要闻频道转载新闻时，必须加注原标题，杜绝“标题党”。2016年12月，国家网信办制定印发了《互联网新闻信息标题规范管理规定(暂行)》，明确要求在报道各类新闻，尤其是涉及重大时政新闻和重大突发事件等重要信息时，要通过标题内容传达正确的立场、观点、态度，确保导向正确，恪守新闻伦理，严禁恶意篡改标题以炒作或蓄意制造舆论“热点”。互联网新闻信息稿件标题的发布应当经过严格的审核校对程序，以确保标题中不会出现以下内容：歪曲原意、断章取义、以偏概全；偷换概念、虚假夸大、无中生有；低俗、媚俗、暴力、血腥、色情；哗众取宠、攻击、侮辱、玩噱头式的语言；法律法规明确禁止和明显违反社会公序良俗的其他内容。

题文一致、客观准确才能发挥出标题的导读功能，才能长效地吸引用户，靠低俗庸俗标题吸引用户的短视做法最终会损害网络与新媒体的品牌价值。“‘标题党’让网络新闻标题走向另一个极端，损害了网络媒体的整体形象。违背新闻真实原则的‘标题党’导致网络媒体公信力下降，不利于网络媒体的健康、持续发展。”[②]标题做到重点突出、简练精彩，才能发挥出引导价值，才能从一堆标题中脱颖而出，真正在第一时间抓住用户的眼球，黏住用户，实现标题的运营价值。

四、基于内容的标题编辑方法与技巧

标题编辑人员在遵循基本的规则和要求的基础上，分析用户阅读习惯和心理时，也可以运用一些方法和技巧，以更好地吸引用户、留住用户，发挥出标题的运营价值。内容层面的方法和技巧主要指掌握新闻、资讯标题的各种类型，并针对其不同的性质有的放矢地运用。

（一）要素导读型

要素导读型标题会尽可能展现多种新闻要素，通过在标题中明示内容达到引导阅读的目的，类似新闻导语的模式。标题包含的要素越多，明示的内容自然就越全面、丰富，其导读的价值也就越大。要素导读型标题适用于时政、国际类新闻。

案例15

【标题一】李克强批示 18部委破除回国留学生创业壁垒

【标题二】中国台湾发生游览车翻车事故致32人遇难 未发现大陆游客

【标题三】朝成功进行中程导弹发射 金正恩现场指导

【标题四】日本福岛核辐射达最高值 中方使馆发布安全提醒

【分析】4个标题都采用“单行实题两句话”的模式，呈现出较为齐全的新闻要素，且前后

---

① 北京市网信办通报六大“标题党”乱象[EB/OL].（2016-12-06）[2017-05-20]. http://legal.people.com.cn/n1/2016/1206/c42510-28927401.html.

② 北京大型门户网站转载新闻须加原标题 遏"标题党"[N].北京日报,2012-09-21（6）.

两句之间有紧密的关联。前后两句可以是两个实题，也可以一实一虚，中间一般用空格或标点符号隔开。前一句概括新闻要素，明示基本内容，后一句或突出重要内容、强调意义和价值，如标题一、标题四，或进行补充、说明，完整表述新闻内容，如标题二、标题三。前后句模式既强调了新闻性和时效性，又突出了重要性和显著性。

（二）贴近、接近型

贴近、接近型标题会尽可能体现贴近、接近用户的要素。接近性是新闻价值的组成要素之一，包括时间的接近、地理位置的接近、心理的接近、利益的接近和兴趣爱好的接近。新闻与受众在时间、地心、心理、利益、兴趣爱好上距离越近，就越容易受到关注，因此，在标题中突出接近性是吸引网民注意力的有效方法。区域性的网络与新媒体内容可以偏重于地域的接近性，将贴近本地网民的区域性内容在标题中体现出来；全国性的网络与新媒体内容可以偏重于心理上的接近性，将引起网民普遍心理共鸣的新闻要素体现在标题中。人物新闻应多考虑名人效应带来的接近，社会民生新闻应多考虑生活利益上的接近，行业新闻应多考虑专业上的接近，日常新闻应多考虑热点上的接近。

案例16

【标题一】17岁留守少年除夕自杀：无人叫吃年夜饭亲属冷漠——时间接近

【标题二】丽江遭打毁容女游客做伤情鉴定 医生：容貌恢复难——地理位置接近

【标题三】女子晒照称“吃穿山甲”吃到流鼻血 深圳警方调查——热点事件接近

【标题四】山西省率先上调电价 发改委同意每度涨2.6分——民生利益接近

【标题五】新华社点评刘士余监管会议讲话：亮明“严监管”决心——人物接近

【分析】纪念日、节假日、重大事件和会议日都是特殊的日子，易于引起网民的关注。把这些特殊的时间点做到标题里，会使用户产生更强的共鸣。标题一中的“除夕”突出的就是时间接近，在阖家团圆的日子里发生的悲剧会让用户产生探求的欲望。标题二把一个著名的旅游地放入标题中，很容易吸引去旅游过、打算去旅游的用户的共同关注。标题三很容易让用户联想到热点事件。标题四中特别标明“每度涨2.6分”，非常贴近百姓的生活，涉及百姓的根本利益，能快速聚焦网民的注意力。标题五意欲突出人物接近，但非专业人士对于“刘士余”这个名字是陌生的，如果改成“证监会主席”这一众所周知的社会角色，也许接近性会更强。

（三）数字、数据型

数字、数据型标题会尽量用数字、数据说话，用数字、数据展现核心内容，或解释、说明、评议新闻事实。在密密麻麻的文字中，简单的数字更显眼，自然也更易被捕捉和关注。从用户心理角度分析，数字、数据相比文字更易被记忆，也便于口头传播。同时，因为标题字数的限制，用数字说话比用长文字表达更好。所以，数字、数据现在被广泛用在标题中，适用于财经新闻、社会新闻、灾难新闻和科技新闻。

案例17

【标题一】微博市值达到113亿美元 超过竞争对手Twitter

【标题二】地方财力比拼：广东破万亿居首 相当于11省份总和

【标题三】夫妇办豪华娱乐场组织卖淫 10个月敛财逾千万

【分析】可以尝试把标题中的数字去掉，看会有怎样的阅读效果。去掉数字，似乎不影响主要事实，但缺少了具体和量化的直观表达。标题一中的市值让用户对微博价值有了更为明确的了解；标题二中的“破万亿”和“11省份总和”，既让用户明白了“居首”的内涵，也评价了“居首”的地位；标题三中“10个月敛财逾千万”用“10个月”让用户一眼就看到了新闻的核心内容，显眼而具有刺激性。

（四）情节、细节型

情节、细节型标题会展现新闻的具体情节或细节，调动用户的情绪，激发用户的阅读欲望。新闻性事件本身就有新闻价值点，只要标题中呈现出新闻要素就能起到导读的作用。非新闻性事件属于软新闻，时间、地点、人物等要素放入标题，很难引发用户的兴趣，而具体的细节与情节恰恰能引起用户的关注，能第一时间吸引用户的眼球。社会新闻中经常出现人与人、人与社会、人与组织、人与环境之间的友爱、仇恨、冲突、矛盾，情节、细节型标题适用于社会新闻、民生新闻。

案例18

【标题一】司机为躲检查车内装睡 3民警轮流敬礼13次后开门

【标题二】环卫工捡包雪中苦等10小时 坚决拒收失主答谢金

【标题三】两儿童被藏后备箱乘车赶庙会 司机涉超载受罚

【标题四】小区石桌断裂压伤老人脚面 物业被判赔近十万元

【分析】这4个标题类似描述性导语，没有提到时间、地点等要素，而是用多个动词突出展现了新闻中的具体细节。标题一中的细节和数字结合，将“司机躲检查车内装睡”和“民警轮流敬礼”做对比，很有戏剧性和冲突性；标题二中“雪中苦等”“10小时”“拒收答谢金”等细节都反映了环卫工的一种精神；标题三和标题四都是对具体新闻情节的描述，这些内容直接出现在标题里，很容易吸引用户的注意力、激发其阅读兴趣。

（五）悬念反问型

悬念反问型标题指运用设置悬念的思维，采用反问的句式制作出的新闻标题。用户阅读网络与新媒体内容时多采用扫描式的快阅读，遇到有深度、冗长、艰涩难读的文章时，若没有探究新闻的心态，就很难坚持把文章读完。为了延长用户停留时间，需要在用户进入阅读前做些引导，在标题上适度增加点悬念、提出问题，让用户带着探究、追寻答案的心态完成阅读。需要注意的是，设置悬念不等于哗众取宠、耸人听闻，也不等于无中生有、随意篡改，要注意区别悬念与猎奇、煽情，不能一味追求效果而忽视网络新闻标题准确、题文一致的基本原则。

案例19

【标题一】降费，为什么总理要求部委带头？

【标题二】因为一纸公文，这300万人面临失业！为什么大家还拍手叫好？

【标题三】失业大学生为何有业不就？

【标题四】短视频行情急转直下，为何媒体还在大举扩张？

【标题五】《纽约时报》公布未来三年发展规划，传媒巨头将如何“凤凰涅槃”？

【标题六】这年头，谁还在为老字号排大队？

【分析】这些标题都运用了悬念思维，把新闻中最核心的事实用疑问、反问的句式表达出来，甚至直接将“为什么”“为何”“如何”等词语及问号用于标题中。提出的问题、设置的悬念要能强有力地刺激用户的阅读欲望，引导用户进一步点击浏览。

（六）解密揭秘型

解密揭秘型标题会直接把问题和答案都呈现出来，重点在解密、揭开答案。解密揭秘型与悬念反问型较为相似，也是从用户的好奇心和求知欲出发，用设置悬念的方式引发用户的关注，但其会在标题中尽可能呈现答案，用答案引导用户进一步点击浏览。选择哪一种类型，需要依据问题和答案的新闻价值来决定，看是问题更吸引人还是答案更有诱惑力。

案例20

【标题一】来，看看上市公司的环境信息公开“成绩单”

【标题二】上万人标记“骚扰电话”，为何还在打给你？运营商竟这样说……

【标题三】国外的《新闻联播》长啥样？看看“别人家”的新闻节目片头

【标题四】婴儿胎死腹中为何故 凶手竟然是新买代步车

【标题五】《人民日报》记者调查揭秘，银行资金竟是这样“虚投空转”

【分析】标题一没有问题只有答案，但这个答案比问题更重要，也能让用户在不了解问题的情况下明白这个答案的意义和价值；标题二看似只有问题没有答案，但用省略号这种方式比直接呈现答案更能勾起用户的兴趣；标题三、标题四则是问题和答案同时出现，但重点是用答案来吸引用户；标题五直接使用了“调查揭秘”这一词语，与之类似的“××真相”“你不知道的……”“独家解密”等也较为常见。

（七）趣味反常型

趣味反常型标题会增加趣味性要素和反常理的内容。趣味性是新闻价值要素之一，包括非常态的事实、有趣的话题、超出一般性常识的信息、戏剧性的情节等。人们对生活中常态性的事物熟视无睹，能引起用户关注的恰恰是那些千奇百怪的、可能有违常理的、超乎平常认知的信息，标题中如果能加入这些要素，自然能满足用户的猎奇心理。趣味反常型标题较多用于生活、健康、科技类新闻。

案例21

【标题一】440斤男子摔倒 20人2小时没扶起

【标题二】最新研究!延寿效果最好的3项运动，居然没有跑步!

【标题三】眼镜布竟然不是用来擦眼镜的，95%的人都用错了

【标题四】70岁大妈操纵股价 两次都亏损还被罚款90万

【分析】四个标题都有明显的趣味性和超乎常识的内容。标题一读起来很有趣，让人欲一探究竟；标题二、标题三呈现的内容显然是一种反常识的认知，易勾起用户的求知与探索欲；标题四读后让人好奇，为何操纵股价却还亏损。制作这类标题时需要把握好度，那种有悖社会道德、有违公序良俗、为反常而反常的内容不能做到标题里面。

（八）情感共鸣型

情感共鸣型标题多利用同理心，把用户与标题内容关联起来，利用情感上的共鸣达到引导阅读的目的。所谓同理心，是一种站在他人角度、站在对方立场思考和处理问题的心态和方式，使人能够体会他人的情绪和想法、理解他人的情感和态度，表现出对他人的尊重。制作标题时运用同理心，就是把标题中的情绪、立场、观点和态度传达给用户，引导用户进入某种场景或情境。情感上的共鸣会带动相关的阅读行动，包括主动转发、分享、评论等。

案例22

【标题一】国家定调！六大利好影响一大群人的权益！有你吗?

【标题二】一图看懂2016空气质量，最差10城你家乡中了吗?

【标题三】八成多北京市民不打算燃放烟花爆竹，今天你放了吗?

【标题四】大突破!中国造出科幻武器，威力堪比核武，国人沸腾!

【分析】把用户直接融入标题，或把与用户有关的事间接融入标题，都是情感共鸣型标题的常规做法。标题一、标题三直接指向用户；标题二、标题四则是与阅读者有密切关系的家乡、国家，类似的还有学校、公司、组织等。找到情感共鸣点是制作此类标题的前提和基础。

（九）实用服务型

实用服务型标题会将新闻中最具实用价值的内容挑选出来，用简洁、直白、平实的语言做到标题中。网络与新媒体新闻中有大量时效性、新闻性不强，但用户阅读量却很大的生活、健康、医疗、旅游类资讯。这些内容与用户生活较为贴近，甚至与用户有直接的利益关联，因此，在为这类资讯制作标题时，不需要太多技巧和策略，最简便、最有效的方法就是以服务为理念，呈现最有用的内容，如知识性内容、生活常识、意见建议、推荐介绍等。

案例23

【标题一】上海“两会时间”步入尾声，关于两会你究竟知道多少？

【标题二】警惕！肉类中多种物质与癌相关

【标题三】陈皮泡水喝的罕见功效

【标题四】一文看清老年性白内障

【标题五】养生须知：红枣润肺健脾 秋冬吃红枣七大好处

【标题六】早晨这样做润肠促代谢

【标题七】赴美留学签证预约困难 提前两至三个月申请

【标题八】2013春节旅游产品上线 游轮产品最受关注

【分析】网络与新媒体的用户是多样化的，用户需求也具有多样性。硬新闻和软新闻都是用户需要的，在软新闻中多加入些知识和服务信息，本就是新闻应做的。阅读以上8个标题，用户能或多或少得到一些知识，感受到一种服务。因此，若标题能一语中的，让用户简易、快速地了解这些知识、这类服务，那么其运营价值自然会得到彰显。从一些网络与新媒体的实际运营数据看，实用服务类资讯是用户浏览最多、停留时间最长、转发分享量最高的一类内容。

五、基于形式的标题编辑方法与技巧

虽然网络与新媒体新闻的标题无法像传统媒体新闻标题那样有主题、副题、引题、提要题等多种形式，但网络与新媒体新闻有自身的技术特色，可以借助互联网技术、计算机技术、网页技术实现标题形式的多样化。

（一）运用符号编辑新闻标题

网络与新媒体具有超文本特性，除文字外，还有颜色、字体、字号、表情、标点符号、图示等多种表达意义、情感的非文字语言。一般情况下，一个页面上标题的字体、字号、颜色基本是统一的，但在遇到特殊情况时，可以对标题的形式做局部或整体的改变。在中华人民共和国成立60周年、建党90周年、十八大等报道中，大多数网站都将标题变成了红色；在汶川地震、玉树地震、舟曲泥石流等灾难性事件报道中，标题的颜色又都变成了黑色。因此，在制作标题时，可以充分发挥不同符号的特殊作用，通过符号与内容的结合，表达出单纯的文字语言难以传达的意义。

符号的运用会直接影响到标题运营效果。当为了突出一堆标题中的某条标题时，可以将这条标题的字号调大，或改变其字体，或突出其颜色；当为了标明一条新闻的多媒体特性时，可以在标题前后加上图片、音频、视频的图示；当想就某条新闻表达立场或情绪时，可以于标题前后添加一些众所周知的表情包。这些做法都有助于吸引用户的注意力。至于问号、省略号、感叹号等标点符号，现在已成为标题制作中的“常规武器”，广泛运用于不同类型的标题。

（二）运用标签编辑新闻标题

网络与新媒体新闻内容庞杂，频道、栏目众多，内容覆盖面广，在标题上加注各类标签以起到类似导航的作用，已成为编辑标题的一种手段。有的标签用于点明新闻所属频道或栏目，既能让用户清楚新闻的内容，也能通过对频道或栏目添加超链接起到宣传、推广的作用；有的标签用于点明出处，体现出新闻的真实性与权威性，使用户建立对新闻的信任度，同时也可对新闻源进行推介，加强与新闻源的合作；有的标题标明新闻的形式，如评论、深度报道、直播，为用户决定是否进一步点击阅读提供便利。

案例24

【标题一】【科技】滴滴涨价引用户司机抱怨：快跟出租车一样贵

【标题二】【财经】楼市将如何调控？住建部方案透露中央层面信号

【标题三】【新华网评】淘宝禁售电话卡,实名制政策起作用了？

【标题四】【今日话题】“孝老假”是否会步“探亲假”后尘

【标题五】【经济日报】奶业振兴靠的不仅是信心

【标题六】【新京报】一元就能夺宝，你们都被骗了

【标题七】【评论】抓住痛点和看点，反腐剧才会精彩

【标题八】【头条】资本寒冬下，互联网金融项目“吸金”能力大排行

【标题九】【直播】教育部2007年第9次例行新闻发布会

【标题十】【综述】10人伊朗胜韩国 澳大利亚迎首胜

【分析】以上10个标题都通过标签的方式体现出导航的功能，标题一、标题二点明了新闻的性质，标题三、标题四点明了新闻所属的栏目，标题五、标题六点明了新闻的出处，标题七至标题十点明了新闻的形式。还可以为这些标签添加超链接，链接到具体的频道或栏目里，这样就实现了对内容的导航、导引。

（三）运用组合编辑新闻标题

网络与新媒体新闻标题的特点之一是呈现形式灵活多样，包括单行题、单行题组合、双实题、标题加新闻摘要和标题集群等多种形式。一般情况下，网络新闻采用单行实题的形式，但标题需要根据不同的新闻内容、不同的位置以及不同的时机和环境进行改变，可借助呈现形式的变化来满足不同的要求。从视觉角度看，一个页面上的多样化的标题形式能调剂单一的新闻列表模式，带来阅读的跳跃感和节奏感。

强调、突出某单条新闻时，可以采用标题加简短摘要的形式，消除题文分开、标题单薄带来的阅读障碍。当前，相当多的西方主流新闻网站在首页采用标题与摘要相结合的编排方式。此外，当新闻量较少、页面更新要求不高时，也可以考虑这种编排方式，因为标题加摘要的组合能充实页面的内容，让网民对网站重要新闻一览无余。

面对重大突发事件时，可以采用标题集群的形式。围绕一个主标题，从不同的角度选择若干条新闻的标题，添加与主标题新闻相关的关键词，以及图片集、视频、微博、互动等超链接，让它们共同构成厚重的、以标题为主打的新闻导读。

案例25

【分析】新浪新闻中心在报道2008年汶川大地震时采用了两组标题集群（见图2-2），其中有“哀悼”“动态”“灾情”“公益”等多角度的新闻，也有“幻灯”“视频”“评论”“博客”等相关内容的超链接，还有“寻亲搜索”“心理救助”“寻亲伤员名单”等关键词，它们共同构成了厚重的、以标题为主打的专题报道导读。

图2-2 新浪新闻中心2008年汶川大地震报道（2008年5月19日首页首屏截图）

案例26

【分析】同样一条新闻，可以采用不同的呈现方式。如图2–3所示，股票新闻在PC端首页上用的是单行题，内容重点在新闻性事实和某一具体内容上；在财经频道里，用的是标题集群，不仅有新闻事实还有不同角度的解读和相关报道；在移动客户端，用的是标题加摘要的形式，用摘要的具体内容补充标题的单一事实。究竟采用哪种方式，要先看新闻的性质与价值，再看新闻在哪个区域出现。

图2–3 一条股票新闻标题在财新网首页、频道页和移动端页面的呈现（截图）

六、编辑标题时的注意事项

编辑标题，除了要掌握基本原则、制作技巧，还要了解应避免的一些常识性错误和问题。

标题涉及重要政治人物(特别是国家领导人或敏感人物等)时，其称呼参考权威媒体如新华社或《人民日报》最新文章的用法。

两国或多国首脑会晤，一般将中国国家领导人名字放到其他国家领导人之前。

涉及基本政治制度、国家主权、领土问题、民族宗教问题时，尽量不改转载文章的标题。

涉及敏感人物、敏感事件时，尽量不改转载文章的标题。

涉及群体性事件、疫情及其他可能引起公众恐慌的事件时，尽量不改转载文章的标题。

重要节日、重要会议（党代会、全国两会等）前后及其期间，标题中避免出现不和谐音符。

涉及台湾当局机构的名称或官员的称谓，需要加引号。

标题中的人名、地名或者事件名称出现两种或两种以上说法时，参考权威媒体如新华社或《人民日报》最新文章的用法。

标题中的中国地名应避免使用简称，如沪、蓉、豫、粤等；市、县地名应考虑网友是否知晓，最好在其前面加上省或自治区的名称；省会、直辖市及知名城市的名称可以直接使用，但要避免歧义，如“吉林省”和“吉林市”要标明。

标题中的国家名称应为国家全称，如“美国”“英国”，尽量不用简称“美”“英”。如因标题所限可使用缩写，如“瓦努阿图”可简称为“瓦国”等。简称不得产生歧义，如“伊拉克”“伊朗”第一次出现时不得简称为“伊”。

文章中有专家观点的，尽量在标题中加上“专家称”。

标题中尽量不要使用副词、形容词等渲染词，以保持标题的客观中立。禁止出现带有强烈主观感情色彩的词语（必须通过主观词汇表达立场的时候除外），如“竟”“竟然”“惊现”“赤裸裸”等词语。

标题中尽量用动词，但若同时出现两个动词，也可能导致歧义和拗口。

标题中避免使用“一”“某”等含混表述。标题不得过于口语化，不得使用“说”“俩”“仨”等词语。

标题中尽可能地省略标点符号，使用标点时要区分全角、半角：破折号、括号用半角，其余(冒号、顿号、引号等)用全角。标题中不要出现逗号、句号，有疑问、加重的语气时可适当使用问号、叹号。在同一个标题里不要出现两个问号。

可适当使用形象化的词语，吸收口语化、大众化的用语，借用古诗词、俗语、名言警句、谚语或流行语来“包装”标题，使标题富有文采，还可以巧用各种修辞手法，这样不仅能使标题言简意丰、通俗易懂，还能增强标题的可读性与感染力。

根据国家网信办规定，严禁在标题中使用“网曝”“网传”等不确定性词语组织报道或者表述基本新闻要素；严禁使用各类夸张、猎奇、不合常理的内容表现手法；严禁通过各类具有暗示或者指向意义的页面编排、标题拼接等不当页面语言，应避免传播错误导向。

第二节　新闻正文的编辑与运营

新闻正文是网络与新媒体用户浏览内容的最终落脚点，也是网络与新媒体编辑与运营的重点。作为网络与新媒体的基础性工作，编辑与运营新闻正文时首先需要了解文本页的特点，并依据特点对正文进行编辑与运营，最终目的是通过基础编辑改善内容质量，运用编辑技巧满足用户阅读需求，增强互动，提升内容传播力。

一、网络与新媒体文本页的特点

文本页，又称Web页、最终页，是网络与新媒体的基本构成单元，是发布新闻、传播信息的载体，类似报纸的版面。但文本页的特点和结构与报纸版面截然不同，具有相对的灵活性、构成的多媒体性和广泛的连接性。

（一）相对的灵活性

文本页根植于网络与新媒体的内容管理系统，一般都设计有一定的模板格式，一旦发布上线，就不会轻易改变整体格局，页面上的区位、新闻条数、字体、字号、颜色、动静态等格式和形式基本固定。模板化的文本页有利于新闻发布、内容归类、广告编排，便于用户形成固定的浏览习惯。

但是，文本页又具有相对的灵活性，一是页面的长短可以变化。不同于报纸的固定尺寸，文本页的可视页面以“屏”为基本单位，可以是一屏，也可以是多屏，页面的长度可以依据内容的多少和媒体的风格来确定。二是可以灵活地发布与改动。报纸、期刊必须完成所有的组版、印刷工作才能出报、出刊，版面可以整体改版，也可以局部改造，而文本页内容可以整体更新，也可以区域变动，色彩、大小、尺寸都可以根据需要随时调整。若要突出某项内容或设置某个话题，还可以用手动的方式改变系统里的模板样式，取得服务于内容、服务于用户的效果。

（二）构成的多媒体性

文本页是基于互联网技术的产物，互联网技术的超文本特性在文本页上的表现即为多媒体性，文本页中可以包含文字、图像、声音、视频、动漫等多媒体元素。HTML5技术的出现赋予了文本页更多的多媒体特质，该技术不仅支持传统的音频、视频，而且支持三维、图形及特效，支持人机互动。HTML5在移动端的运用赋予了文本页新的意义、功能和价值。

随着网络的提速和移动终端设备的改进，用户越来越倾向于接受多媒体文本页。从新闻内容的角度看，文本页的多媒体特性使其承载的内容更加丰富多样、层次更加清晰明了；从传播效果的角度看，由多媒体构成的文本页更接近于电影或电视的艺术呈现方式，也易于用户参与互动，其效果好于维度单一的书籍、报刊、广播等传统媒体；从商业运营的角度看，多媒体的文本页能让用户在欣赏过程中不知不觉地接受广告和营销。

（三）广泛的连接性

超链接性是网络与新媒体最本质的技术特性，用户借助超链接可以浏览任何一个频道、任何一条新闻，在各个网页以及一个网页的各个局部之间跳转。当下的文本页中都有多层级、多指向、多序列的超链接，无论是基于模板的系统固化的超链接，还是为了某种需要而添加的超链接，都让文本页具有了广泛的连接性，即“连接一切”的价值和作用。

但是，广泛的连接性不代表链接的泛滥，不代表无规矩地随意链接。文本页的连接性一般都是建立在合理的浏览路径、科学的页面布局和清晰的导航系统之上的，对内能实现首页面、频道和文本页之间的畅通连接，对外能自由跳转、及时返回。

二、新闻正文在运营中的价值与作用

网络与新媒体业界之所以称文本页为最终页，是因为文本页是用户上网的最后落脚点，是用户眼球的聚焦之地，是用户停留最为频繁之所。文本页的运营价值不言而喻，文本页的核心是其承载的内容——新闻正文。只有了解高品质的新闻正文在运营中的价值与作用，才能采取相应的编辑策略与技巧，实现价值的最大化。

第一，新闻正文能延长用户停留的时间。一个用户点击浏览新闻正文后能否长时间停留于某一页、某一篇，主要取决于以下几点：（1）新闻内容本身的价值，比如对于一些重要的时政新闻、热点新闻，用户愿意花更长的时间去了解全面的事实；（2）新闻内容与用户观点、态度是否趋同，比如对于一些新闻评论、观点性文章，用户会主动进行深度阅读；（3）用户的兴趣、偏好，个人的价值取向决定了选择、订阅的内容，也决定了阅读的时长；（4）阅读的便易性，文章若能让人很轻松地阅读完或能做到让人边看边听，用户停留的时间自然就长了；（5）内容的附加值，能在阅读一篇文章时获得超出内容的益处，用户就会留下来。"'今日头条'用户日平均使用时长达 53 分钟"，远超一般的网站和客户端，就是因为"今日头条"能基于算法为用户推送与其阅读偏好较为一致的内容。

第二，新闻正文能获得用户的信任和忠诚度。用户的忠诚度是网络与新媒体运营的主要考核指标，包括是否每日登录，是否长时间停留，是否主动传播、分发内容，是否积极参与活动，等等。忠诚源于信任，信任则来自用户在与网络与新媒体接触时的体验和感受，而新闻正文则是这种体验和感受的承载体。假新闻、错字连篇的新闻、页面混乱的新闻、文不对题的新闻，等等，都不可能让用户每日登录并长时间停留，也不可能让用户产生信任，用户只会在第一时间关闭和离开。曾有这样一种说法：网络与新媒体新闻是快消品，不需要对新闻中的错字、别字斤斤计较。这种说法没有考虑到用户体验和感受，没有从获得用户的信任和忠诚角度思考长效运营的问题。

第三，新闻正文能提升用户的活跃度。2017年2月《华尔街日报》终止了谷歌搜索的免费阅读功能，但仍然允许人们在社交媒体上免费阅读内容。用户访问《华尔街日报》网站浏览某篇文章时不能看到文章全文，但分享到脸书后则可以看到。在谷歌搜索收费后，《华尔街日报》在社交媒体上的访问量增长了 30%。《华尔街日报》的这种做法让我们看到，新闻正文能提升用户活跃度，实现病毒式传播。《华尔街日报》一方面让存量用户在分享文章的过程中与朋友互动、交流，一方面借助这种分享、转发增加新用户。

第四，新闻正文能挖掘创造新的用户需求。用户需求可以划分为显性需求和潜在需求，基础性需求和深层次需求。满足需求是跟随，创造需求是为用户带来惊喜、为运营创造价值。如果将新闻正文看作内容产品，那么，它首先要满足用户对于信息的显性需求和基础性需求。但是，如果能给内容产品添加更多功能、更多附加值，那么就有可能挖掘出用户不曾意识到的潜在需求、深层次需求，让用户获得深度满足，从而推动网络与新媒体运营进入高级阶段。

第五，新闻正文能直接引导用户订阅与付费。为内容付费正在成为一种趋势，国内"分答""在行""得到""知乎Live"等在2016年尝试了多种内容付费模式，包括单篇内容付费阅读、会员制付费阅读、付费问答、阅读打赏等。企鹅智酷2016年8月的一项调查显示，有55.3%的网民有过为知识付费的行为。尽管人们仍然习惯于免费获取新闻性内容，但《纽约时报》和《华尔街日报》的"付费墙"已经说明，高品质的新闻内容也有付费市场。新闻更容易第一时间获得用户的关注、截留用户的时间。当时间逐渐成为一种稀缺资源时，用户自然愿意花费金钱来获得高品质新闻以减少时间成本。

所以，从新闻正文与运营价值的关系看，强化基础编辑、提升新闻品质、运用编辑技巧增加内容附加值、选择分发模式优化传播效果是延长用户停留时间、提高用户忠诚度和活跃度以及创造效益的基础与关键。

三、强化基础编辑，提升内容品质

基础编辑包括两个方面，一是运用修正编辑手段来保证内容的准确度，二是运用基本技术手段来增强正文阅读的便易性。

（一）修正编辑

稿源不同，网络新闻的编辑重点也有所不同。如果是来自传统媒体的稿件，编辑的重点是改正文章复制、粘贴中的技术性错误、源代码错误和行文格式的差错，文字、事实的订正相对较少；如果是网站原创、翻译和选取自网民投稿的稿件，差错的表现形式就会多种多样，如政治性错误、事实性错误、文字性错误等。

修正政治性错误，包括修正观点错误，常识性错误，民族、宗教问题上的错误，历史问题上的错误。新华社2014年发布第一批禁用词、规范用语，比如在国际活动中介绍我国情况时应称中国或中华人民共和国，不能称“大陆”；使用称谓时，台、港、澳不能与“中”（即中国）并列，不能在新闻报道中使用“中台合资”“中港交流”“中澳合资”等写法；不得将海峡两岸和香港并称为“两岸三地”；“台湾”与“祖国大陆(或‘大陆’)”为对应概念，“香港、澳门”与“内地”为对应概念，不得弄混；台湾当局官方机构和具有官方背景的机构或组织名称，一律要加引号。

修正事实性错误，要注意核实突发事件中的各新闻要素，注意灾情、疫情报道中新闻要素的准确性并及时更正错误。2008年汶川大地震发生后，网络上曾流传北京当天晚上也有可能发生地震的谣言。有些网络媒体在没有核实信息来源和基本事实的情况下，就发布了“传言北京今晚将发生地震”的新闻。虽然标题中用的不是肯定的语气，也用了“传言”两字，但这终究是一条不负责任的报道，多家媒体没有核实清楚新闻事实就匆忙发布了。在灾情、疫情报道中，首先要确保消息来源的权威性和可靠性，不能采用非权威媒体、个人自行发布的消息。当灾情和疫情发生变化时，要随时跟踪、及时更新；如果之前发布了错误信息，要及时更正，确保新闻事实准确无误。对于一些灾难报道中的死亡数字，要注明“截止时间”。

修正技术性错误，包括修正错别字和网页呈现上的错误。按照国家相关规定，出版的报刊、图书都有文字性错误的最高限，图书一般要求文字错误率在万分之一以内。但是，网络媒体从诞生伊始就没有对文字错误率进行严格规定，大多数新媒体编辑对文字性错误缺乏足够的重视，用户对网页新闻中出现的文字性错误也见怪不怪，这终将导致网络与新媒体新闻失去公信力。虽说有些文字性错误是由输入时的疏忽大意造成的，但有时会导致歧义、阻碍阅读，比如将“季度”打成“嫉妒”，将“春节”写成“纯洁”，特别是一些英文缩写，稍有不慎就会成为莫名其妙的中文，如CNN变成“纯牛奶”，BBC变成“本帮菜”等，意思扭曲，引人笑话。

案例1：用词用语不规范——《两会代表委员在驻地学习政府工作报告》

【分析】人大代表是最高国家权力机关—— 全国人民代表大会的组成人员，经过严格的法律程序选举产生，并代表全国人民行使相应的法定权利；政协委员是参政议政机关—— 全国政协的组成人员，在社会上享有较高的声誉，并行使相应的参政议政权利。因此，全国人大代表“审议政府工作报告”，全国政协委员“讨论政府工作报告”，代表、委员同时进行这一活动，可称“代表、委员审议讨论政府工作报告”。

（二）基础技术手段编辑

基础技术手段主要指颜色、字体、字号、底纹、线条、表情包、特殊符号、装饰图、图示、标签，关键词提示、文中链接、图文穿插、音频文字同步播放、视频自动播放、分篇分页等。使用基础技术手段对新闻正文进行编辑，包括对新闻正文的局部性编辑和对新闻正文的整体性编辑。两种编辑的目的都是通过对内容的编排、包装、改造，呈现出新的形式，使内容更易读、用户更悦读。

对新闻正文的局部性编辑主要包括以下几点：

对于冗长的文章，可以采用分篇、分页的方式，也可以对正文进行图文穿插编排，消除用户的阅读疲劳；

对于艰涩的文章，可以选择合适的表情包植入文中，增加文章的可读性和趣味性；

对于文章中的重要内容，可以采用改变文字颜色、字体、字号的方式，也可以使用关键词提示的方式，让用户第一眼就能注意到；

对于文章中的背景内容、延伸内容，可以采用标签加链接的方式，让用户在阅读中感受到增值服务；

对于文章中配置的视频，可以采用自动播放模式，让用户打开页面就进入多媒体浏览环境；

对于文章中添加的调查问卷，可以选择合适的特殊符号与正文区隔，以便用户参与互动调查。

对新闻正文的整体编排和包装是指综合运用互联网的各种技术手段对内容的表现形式进行全面的设计、布局和加工，改变内容原来的样式，但对内容本身并不进行大的修改。

案例2：一条5 000字新闻长文的技术性改写处理

原文长达5 000多字，配有4幅图片，第一家网站在发布时对新闻正文做了局部性编辑，将4幅照片穿插在正文中间，对原文的小标题做加粗、加黑处理，以示区别和突出（见图2–4）。

另一家网站则对文章进行了全面的改写。首先，突出文章标题，将标题单独制作为带有压题图片的大标题，并用美术字装饰个别关键词；其次，分解文章的结构，根据原文的三大部分构建三个大的版块，每一个版块保留原小标题的文字内容，但在形式上用特殊字体凸显标题，用带颜色的底纹显示出版块的分区，又用统一的标志表明三个版块的并列关系；最后，在每一个版块里，用“现象”“分析”“批语”等关键词索引的方式选出文章精华，以引起用户的注意，用摘要结束处的“详细”超链接引导用户深度阅读文章全文，用原文图片和新增添的图片补充、完善内容，装饰、平衡页面（见图2–5）。

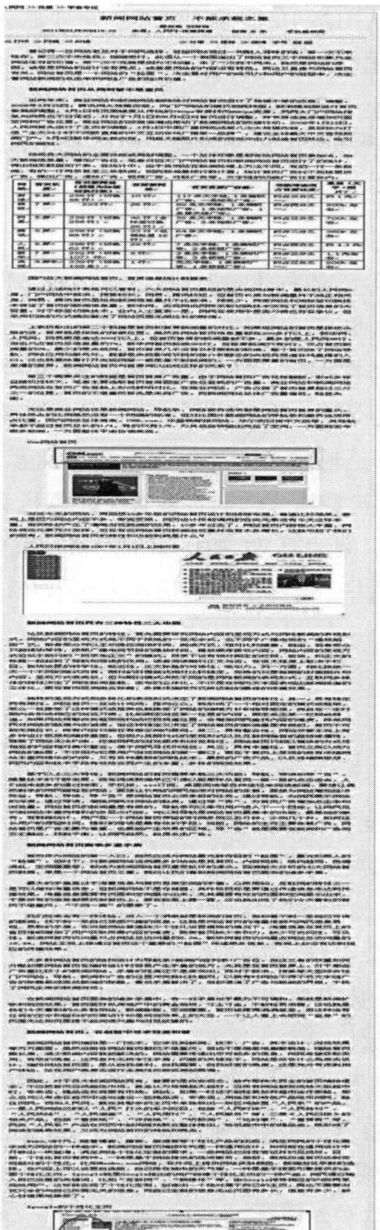

图2-4　局部性编辑的页面截图

图2-5　整体性编辑的页面截图

【分析】网络与新媒体的内容阅读是一种扫描式阅读，也是一种浅层次阅读。用户能否从头至尾完整浏览一条新闻，既取决于新闻内容是否具有价值和可读性，更取决于新闻的呈现形式是否能给用户留下直观印象。

两家网站虽然都对新闻正文进行了编辑处理，但从图2-4的页面截图看，处理后的文章依然冗长，需要滚动五六屏才能看完；内容的重点不突出，用户看不到文章的核心价值和主体思想；整个页面给人以视觉的压力感和阅读的沉重感，让人感觉阅读不是一种享受，而是一种负担。从图2-5的页面截图可以看到，重新编排和包装后的页面样式美观、布局大气，内容层次清晰、脉络明了；用统一、规范的格式处理各部分内容后，重点突出而整体疏朗，用户一下子就能抓住文章的核心。

局部性编辑和整体性编辑都是网络与新媒体运营的必要手段，虽然整体性编辑呈现的效果要优于局部性编辑，但花费的时间成本和人力成本也很高，而且不是每篇新闻正文都必须进行整体性编辑，也不是所有的新闻正文都能进行整体性编辑。因此，编辑需要作出判断和决策：什么时候只需要运用局部性编辑就能取得易读的效果，什么时候采用整体性编辑性价比更高。无论是局部性编辑还是整体性编辑，其目的都是通过形式的包装来提升内容，而不是让内容迁就形式。在基础编辑处理过程中，编辑人员需要熟练掌握各种有关计算机和互联网的技术手段；将这些技术手段与内容相结合，还要认真阅读原文、抓住文章的核心和亮点，只有这样才能做到合理拆分文章结构、提炼摘选文章精华、选择恰当的形式来包装相应的内容，从而达到形式服务于内容、编辑服务于运营的目的。

四、运用整合编辑增加内容附加值

互联网是一个碎片化信息的海洋，站在内容运营角度看，这片“海洋”是把双刃剑：用户要么深陷其中，被信息裹挟而导致内容运营没有价值，要么被引导，在获得有用、有价值的内容的同时也为内容运营带去效益。如何实现对用户的引导？对庞杂的内容、碎片化的内容、无意义的内容进行整合编辑，增加内容附加值，是内容运营的必要手段。

网络与新媒体的整合编辑，是指运用计算机技术、数字技术、网络技术和多媒体技术，通过对内容的深度挖掘、加工及一定方式的集成配置、编排组织，实现新闻正文的整体增值。整合编辑可以帮助用户对新闻进行二次过滤，为用户提供不同介质的报道、不同性质媒体的报道以及同一新闻的差异化报道；可以通过提升报道的广度和深度来满足用户对信息量的需求；可以通过提供客观、全面、公正的报道来满足用户多元认知和平衡的需求。通过整合编辑，可以延长用户的在线停留时间，可以提高用户对网络与新媒体的信任度与忠诚度，也会提升用户的参与度。

整合编辑的手段和方式，从题材角度看，有新闻消息的整合、观点评论的整合、资料材料的整合；从表现形式看，有图片整合、视频整合、互动整合和多媒体整合；从内容性质看，有事件进展整合、事件逻辑整合、同题类比整合、观点提炼整合、常识指南服务整合。以观点评论整合为例，针对来自不同媒体的丰富多样的新闻评论，可以进行同一主题综合列表式的整合，也可以进行针对某一新闻事件的各方观点的整合；可以进行单一主题正反观点的整合，也可以进行针对相同评论的整合，还可以做出专家学者的评论专辑。

以下通过4个案例来分析整合编辑的运用。

案例3：同题同手段整合——《美航母再闯南海 与B1B战机展开汇合攻击演练》

在《美航母再闯南海 与B1B战机展开汇合攻击演练》这条视频新闻中，集纳的16条相关视频新闻组成一个报道群，采用自动联播的方式播出（见图2-6）。

【分析】同题即所有新闻围绕着同一主题，同手段即整合的都是视频内容。针对某一新闻事件，将来自不同新闻源的多条新闻整合在一起，能让用户看到不同媒体对同一事件的报道，不仅方便用户在一个页面上浏览更多相关资讯，扩大其浏览覆盖面，而且可以让用户因此获得认知平衡。这种编辑方式是建立在文本页特性的基础上的，页面的灵活性、多媒体性与连接性为整合编辑创造了条件，传统媒体是很难实现这种整合操作的。

图2-6　凤凰视频单条新闻同题整合联播的截图

这类整合编辑的关键是从数据库中挑选出与某条新闻相关的新闻，可以从看事件的不同角度去选择，可以以时间为线索依序排列相关新闻，可以根据不同人士评述这一事件的角度选择相关新闻。现在一些网站用机器计算的方式自动选择同题新闻，这虽然节省了人力，但必须要保证：第一，选择的同题新闻时间不宜太久远；第二，相关同题新闻与主新闻要有密切的逻辑关系，关联性不能太弱。因此，在进行整合编辑时，需要结合机器选择和人工选择，用人工干预的方式剔除不相干的内容。

案例4：多媒体与事件逻辑关系整合——《中国飞机12天内第3次飞近钓鱼岛 日本战机紧急升空》

在《中国飞机12天内第3次飞近钓鱼岛 日本战机紧急升空》这条新闻所处的页面中，自上而下依次是视频、多图幻灯片、文字报道、相关报道、互动按钮和专题报道。在相关报道中，按照事件起因、背景、结果、影响选择了6条新闻：“早前报道”2条、“背景资料”1条、“相关评论”3条（见图2-7）。

【分析】多媒体整合即将不同报道手段、不同新闻形式综合运用于新闻正文。网络与新媒体的表现形式多达数十种，有文字、视频、图片、图表、音频、Flash、3D、电子杂志、论坛、留言、访谈、调查、微博、博客、滚动新闻、直播、实时报道、评论、深度报道等。这些手段可以单独使用，也可以整合运用，如文字、图片和视频的整合，新闻与调查、留言的整合，新闻与博客、微博的整合等。多媒体整合又被称为立体整合，是当前融合新闻的一种体现，能调动网民的视觉、听觉等多种感觉，取得良好的传播效果。多媒体整合在整合编辑中最常见，也最易为用户所接受。

中国飞机12天内第3次飞近钓鱼岛 日本战机紧急升空

2012年12月25日 07:16
来源：凤凰卫视　　27455人参与 1420条评论 分享到：更多

< 1 2 3 4 5 下一张 >　　高清图集

日本防卫省22日发布消息称，当地时间当天中午时分发现一架隶属于中国国家海洋局的飞机飞行至钓鱼岛上空以北约100公里处。日本航空自卫队的战斗机紧急升空应对。图为日本自卫队拍摄到的中国海监…[详细]

凤凰卫视12月24日《正点新闻》节目播出“日本防卫省称中国公务飞机再次飞近钓鱼岛”，以下为文字实录：

林玮捷：日本防卫省表示中国国家海洋局一架飞机在今天再次飞近钓鱼岛，日本航空自卫队的战斗机紧急升空应对。

日本防卫省统和幕僚监部表示，飞近钓鱼岛的飞机属于Y-12型运输机，在今天中午被日方发现，当时飞机是位在钓鱼岛以北大约100公里的地方，航空自卫队的战斗机紧急升空应对之后，中方的飞机并没有进一步接近钓鱼岛就离开。

防卫省表示，这一架飞机是在东海上空南下时向东转飞近钓鱼岛，这是中国的公务飞机继这个月13以及22号之后12天之内第三次飞近钓鱼岛。

标签：省称　　[责任编辑：PN038]
打印 转发　　27455人参与 1420条评论 分享到：更多

相关专题：钓鱼岛争端再次发酵

早前报道：
· 12月13日：中国海监飞机载7人巡航钓鱼岛领空28分钟
· 12月22日：中国海洋局飞机接近钓鱼岛 日本派F-15战机拦截

中国公务船执法：
· 外交部回应中国公务船维权巡航钓鱼岛海域
· 日媒：中国公务船第19次驶入钓鱼岛附近
· 中国海监编队21日巡航钓鱼岛 取证日方侵权活动

聚焦安倍：
· 安倍拟推迟向钓鱼岛派公务人员 考虑向华派特使
· 安倍最快下月派特使访华 携带给中国领导人的亲笔信

背景资料：
· 中国海监定翼机B3837号简介：配先进监察设备

相关评论：
· 日本评论员：中日首脑应建安全渠道 防止擦枪走火
· 李炜：中国对日主动出手有几个原因
· 李炜：中国巡飞钓鱼岛使日本暴露防空漏洞

图2-7　《中国飞机12天内第3次飞近钓鱼岛　日本战机紧急升空》报道截图

事件逻辑关系整合是指针对某一新闻报道，依据事件的发展脉络或逻辑，对与之相关的不同体裁、不同时间段的报道进行组合，可以是事件起因、发展、结果的组合，可以是消息、综述、评论、背景资料的聚合，也可以是事实、评价、影响的结合，其目的是扩大新闻外延、深化新闻内涵、增加新闻厚度，引导用户进入深度阅读。

运用这类整合编辑，要先从新闻本身出发，发掘与新闻相关的视频、图片，找到背景资料、深度调查、新闻评论、前期报道等不同体裁的内容，实现新闻的多维报道；再从强调新闻的互动性出发，为新闻设置调查问题、摘选新闻留言或微博热评、添加分享按钮，以此丰富、充实新闻报道。

案例5：碎片化整合——“国家发展和改革委员会主任做客新华网 解读当前宏观经济形势”

2016年7月，新华网就中国经济上半年形势对国家发改委主任进行访谈。访谈分为两个部分——主持人采访与网友提问。新华网对整个访谈过程做了文字实录，重点、精彩内容被整合为若干条新闻正文（见图2-8中框内部分）。

图2-8 新华网在线访谈国家发改委主任的碎片化实录和整合成的新闻的对比

【分析】整合编辑通过对已有新闻的二次编辑与传播，“过滤噪音，筛选虚假、重复和无价值的信息，避免片面报道、失实报道”①，可以借助提出议题、设置话题、编排议程来传递网站或编辑的思想意图，在展现多元舆论的同时驾驭多元舆论。

滚动新闻、灾难性报道、突发性新闻报道、实时报道、嘉宾访谈和直播实录等，在新闻发生时大多还属于碎片化新闻，内容量大，但较为分散、凌乱，舆情也混杂无序，用户若不是长时间在线浏览，很难在纷乱的新闻中理出头绪，也难以认清舆情。因此，对一段时间内的新闻、信息进行汇集、整理，将其编排为一篇或多篇文章，不仅能为用户提供清晰的事件发展脉络和完整的新闻报道，方便用户阅读，还能够在整合过程中设置议程，引导用户阅读。

案例6：关键词多样化整合——“一点资讯”的关键词自动聚合内容

如图2-9所示，一条新闻中有用高亮颜色或下划线突出的关键词“暴雪”，点击后直接呈现有关“暴雪”的各方面内容，包括图片、文字、视频、百科、问答等多样化的新闻资讯。

图2-9 “一点资讯”基于关键词的多样化整合截屏

【分析】关键词聚合近似于一种内容营销模式。为文章中出现的某个关键词添加超链接后，用户点击超链接便可直接跳转到基于此关键词聚合而成的内容页面。自动聚合的内容不再是早期单一的新闻，有些是常识指南类内容的整合，比如各类自然灾害、社会突发灾难发生的背景知识、救援常识和交通情况等服务性信息；有些是“新闻+知识”的整合，既有新闻类的

① 蒋晓丽. 网络新闻编辑学[M]. 北京：高等教育出版社，2004：248.

图片、视频，也有知识类的百科和问题；有些是“新闻资讯+信息+服务”的整合，比如汽车关键词背后有“汽车新闻”“汽车车型介绍和参数信息”以及试驾预约、询价、置换等各类信息和服务。

这是由搜索引擎技术、关键词技术主导而实现的信息自动聚合，编辑不再对聚合进行过多的人工操作。有了这种技术，用户的阅读范围就能得到扩大。只要是词库中的关键词，就能在文章中自动显示为可以点击的模样，让用户一键完成各类知识的学习。

五、添加互动编辑，提升内容传播力

从编辑与运营的关系可知，新闻正文能提升用户的活跃度。用户浏览新闻正文，一方面是浏览新闻信息，了解事实或知识，另一方面是与他人分享自己的所知、所看，借助分享的内容传递自己的情感、表达自己的态度。随着社交媒体的发展，这种分享越来越便利，病毒式传播的范围也越来越广，因而，用户分享的意愿也越来越强烈。

站在编辑角度看，要提供各种互动接口，满足不同用户将信息分享到不同社交平台的需求；要通过设计布局鼓励用户更多地分享；要使系统内部互联互通，满足用户在不同频道、栏目间随意跳转的需求；要掌握、分析各类用户互动行为，为网络与新媒体运营提供可靠的数据。总之，要以便利性、易操作性、非干扰性为原则，借助用户的点赞、订阅、评论等行为，实现内容传播范围的最大化。

（一）提供互动接口

在新闻正文周围，应该尽可能多地提供各类互动接口。目前，能够运用的与新闻正文互动的工具有喜欢/不喜欢、转发分享、收藏、扫描、“摇一摇”、订阅、评论、连接第三方平台等。这些互动接口大多数为浅层操作，用户只需简单点击即可完成互动，表达自己的情感和态度；少数则需要用户深度参与，比如上传评论、参与调查等，表达的是用户的思想、观点和立场。需要注意的是，在分享对象方面，应该与互联网上大多数的社交平台或工具应用进行对接，以满足不同用户的各类需求。例如，在小米手机上，通过手机浏览器看新闻正文时，可以将新闻正文的链接发送到个人手机中所有能分享的场景，有的是对外分享，如“QQ”“微信”“推特”“脸书”“有道翻译”“谷歌地图”“美图”“网盘”“云盘”，有的是自己收藏、使用，如“便签”“发送到我的电脑”“蓝牙”“快传”“微信收藏”“QQ收藏”等（见图2-10）。

（二）注重互动编辑设计

互动按钮的编辑设计是提高互动性的一个细节，也是促使用户分享的一个关键。页面上放置多少个互动按钮较为适宜？按钮是放在正文之前还是放在文章结尾处？互动按钮是在固定位置还是随文章的翻动而滚动？是否需要为新闻正文中的图片或视频设置单独的互动工具？上传评论是否需要先注册为用户？互动的相关数据要不要对外公开？总之，互动按钮布局合理、操作方便、互动流程简单，用户分享的可能性就大，反之，用户会因步骤烦琐、麻烦而失去分享的原动力。

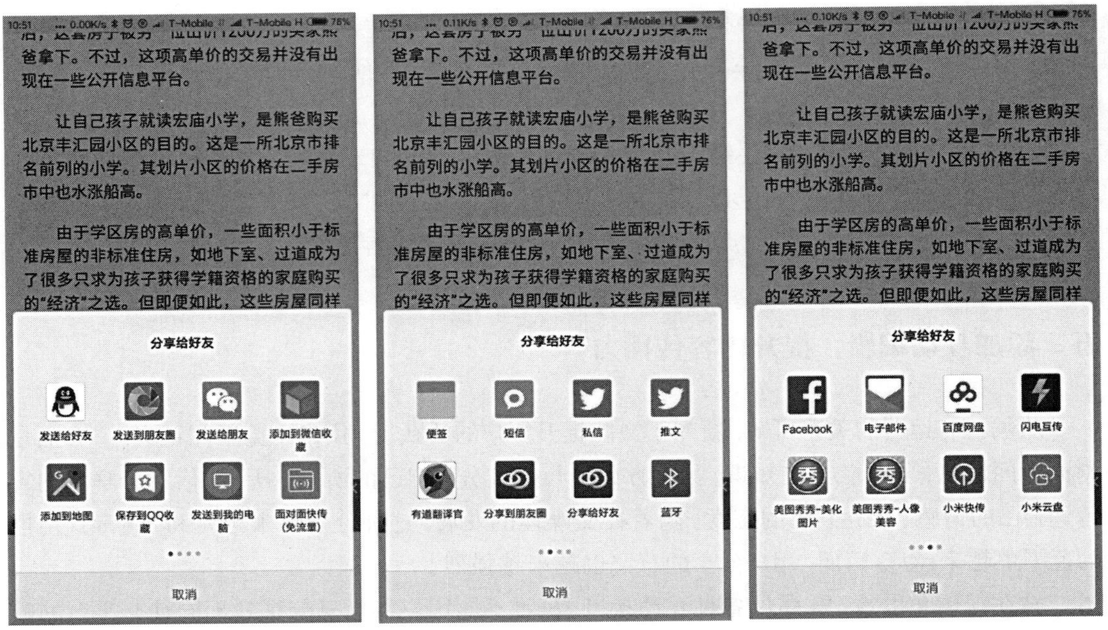

图2-10　小米手机提供的分享接口

在互动按钮的设置方面，以单排5—6个、使用图标加文字的形式最为适宜。有些互动按钮只有图标（或logo）而没有文字，会给用户增加辨识障碍。虽然知名公司、大平台的logo已经为大多数用户所熟知，但还是不能确保所有用户、特别是新用户已熟知。从帮助用户快速识别的角度出发，互动按钮应该做到图文一体。那些成长中的互动平台，更应该提供图文一体的互动标志。

在互动按钮的位置方面，过去都是将按钮设置在正文底部，这种设计的前提是用户会看完整篇文章。现在的网络与新媒体阅读都是扫描式浅阅读，用户有时仅看了标题或摘要就有分享或收藏的意愿，如果按钮设计在底部，不利于用户快速互动。因此，现在大部分的网络与新媒体内容在顶部与底部都设置有按钮，或者在顶部添加核心互动按钮，在底部设置更多的按钮，或者只设计顶部按钮，但位置固定，不随滑屏而变动。评论的表单区域的位置也需要斟酌，一般都是放置在正文底部，但新浪网将评论区放置在正文右侧，用户即时上传点评更为方便。

至于其他一些细节，需要根据各个网站及应用的具体情况而定。如果技术条件允许，可以为图片和视频设置单独的互动按钮，以增加互动的频次；如果没有特别的要求，则不宜限制上传评论的用户类型，若各类用户都能发帖，则有利于提高用户活跃度；如果互动数据有利于文章的转发，那么也可以公开部分数据。总之，无论怎样编辑、设计和安排布局，出发点都是便于用户随时随地互动、有效传播新闻正文。

（三）精选互动内容

一般新闻正文下方都设置有留言窗口，供用户发表观点、意见和评论。对于用户上传的帖文，互动编辑一要及时审核通过，促使用户更深入地浏览；二要精选、精编留言、帖文，以推动用户间进一步交流互评。在精选互动内容时，要以客观、平衡、多元、有内涵为标准，不宜只选择“一边倒”的评论，也尽量少选只言片语、言之无物的评论。用户的留言一般都由后台系统按照时间倒序自动呈现，但对于一些热点话题、敏感话题、重要话题的用户留言，可以适当采用人工干预的方式，使正负面评论穿插呈现，以此引导用户产生多元认知。

随着媒体融合进程的推进，PC端、移动端社交媒体的后台互动系统应该全面打通，在前端实现内容共享，即用户发的帖文能同时出现在三个平台上。对于网络与新媒体而言，这样能形成数量优势，如果汇合而成的帖文数量巨大，就能刺激用户去浏览正文；对用户而言，一次上传能将内容同时发布在不同平台上，既免去了多平台转发的麻烦，又便于多发帖留言、多追评互评。

（四）内部系统互联互通

互动编辑的作用一方面在于对外传播分享，另一方面在于对内互联互通。超链接、二维码扫描、“摇一摇”等都可以实现PC端、移动端系统内及彼此之间的有效连接，让用户更多地了解网络与新媒体产品的功能、频道、栏目，或者推介重点内容、新产品、新应用，达到运营的目的。在人民网的新闻文本页上，设计有点击跳转到知名专栏“强国论坛”的互动按钮（见图2-11），实现了PC端内部的连接；在新华网的新闻文本页上，设计有扫描二维码到移动客户端的互动按钮，实现了PC端与移动端的连接；在虎嗅网的微信订阅号正文结尾，设计有长按二维码图标可下载虎嗅网手机客户端的互动按钮，实现了移动端内部的连接。

图2-11　人民网新闻正文与“强国论坛”的互联互通

（五）运用互动数据

大数据技术可以随时监测新闻正文发布后的各种数据，这些数据一方面被用于了解网络与新媒体舆情，另一方面可以影响正文编辑。英国《卫报》“Ophan”编辑分析系统可以针对单一文章提供清晰度高的实时数据，包括浏览时间、浏览内容、登录设备、浏览器、所处国家、推荐人、忠诚度、注意时长等；人民网旗下的“人民在线”也正在推出一套“大数据融合解决方案”，它可以对突发事件和热点事件进行实时跟踪和分析，收集突发新闻事件发生后的各种互动数据，识别热点新闻和热门话题的敏感度和关注度，以此辅助新闻正文的编辑运营。

新闻正文的互动数据包括点赞数、评论数、转发数、收藏数、订阅数、打赏数等。编辑运营人员根据这些数据的大小以及用户在互动中表现出的态度，决定是否对新闻正文重点推荐，是否对消息或资讯进行深度编辑，是否扩展挖掘更多素材以补充新闻正文。经典的大数据报道案例《雪崩》的选题就是来源于对12名滑雪爱好者遭遇雪崩的报道及推特和脸书用户对这一话题的转发、分享和评论。由于报道量大，话题发酵迅速，《纽约时报》以这些数据为驱动，策划了后来的数据新闻《雪崩》。

第三节　文本页的编辑与运营

文本页的编辑与运营是指对文本页上除新闻正文之外的其他区域进行的编辑与运营。一个文本页上，新闻正文自然是主体，但在正文的上、下、左、右，还有大量的页面空间是需要编辑与运营的。在网络与新媒体的运营模式中，广告模式依然是各类PC端网站、移动网以及移动客户端的主流模式。承载广告的区域除了首页面、开机页面、首屏页面，就是文本页的广告区。合理编排这些“边边角角”，是文本页编辑与运营的重点，也有利于增加流量和收益。

一、文本页的内容构成

一般来说，网络与新媒体的文本页从上往下是三大区域：导航区、新闻区和底部推广区；从左往右是两大区域：新闻区和侧栏推广区。手机端的文本页受屏幕大小限制，没有左右结构，上下结构中也少有导航区，因此一般用新闻路径或有超链接的标签来显示层级的逻辑关系。

文本页的导航区由内容管理系统设定模板，与首页面的导航区基本一致，其所处位置与所占面积都是固定的、统一的，没有编辑运营的操作空间。但如果首页面导航区设置有旗帜（banner）广告，那么文本页导航区的广告有可能是一样的，也有可能根据用户过去的浏览行为匹配相应的广告。加入广告联盟的网络与新媒体的导航区中的旗帜广告是由后台技术根据各类数据综合计算再投放的。

文本页的底部推广区和侧栏推广区是编辑运营的重点。文本页具有相对的灵活性、构成的多媒体性和广泛的连接性，因此这两个区域的推广内容可以无限增加，推广形式可以多种多样，所有的推广内容都可以进行有效的内外部连接。广告主很多时候都会将广告投放到这两个区域，网络与新媒体机构也会将有关新产品的推介内容放置在这两个区域。

从用户体验的角度看，普通用户在浏览网页的时候是自上而下、自左而右的，因此页面中各个区域的重要性关系是：左上>右上>左中>右中>左下>右下。虽然从区位角度看，底部推广区和侧栏推广区不是用户首先注意到的地方，但这两个区域是文本页中最具运营价值的区域，这两个区域的广告收入在网络与新媒体机构的广告收入里占据较大比例。

二、推广区域的内容设计

网络与新媒体机构往往较为重视标题、新闻正文的写作与编辑，对于非新闻性内容、非视觉核心区，缺少关注，更缺少科学的设计和精心的编辑。但是，站在内容运营的角度看，设计与编辑是否合理、得当，直接关乎运营效果和广告营收。在网易文本页的推广区域里，“相关新闻”“为您推荐”所占空间几乎是正文长度的两倍，长长的页面似乎没有尽头。这种设计和编辑方式很难获得好的运营效果。

推广区域的内容主要有三类：推荐新闻、硬广告和推介广告。

推荐新闻一般为当天的热点新闻、精华新闻、最新新闻或一段时间内的重点稿件。PC端的文本页上，热点新闻和精华新闻较为常见；移动端由于受屏幕限制，多以最新新闻为主。还有一些特殊的推荐新闻：一是当天的即时新闻排行榜；二是根据用户的阅读偏好放置的“猜你喜欢”类新闻资讯。

硬广告的规格、尺寸、形式没有一定之规，各种样式的广告都可以放置，但要在遵循基本原则的前提下兼顾广告主的要求。基本原则包括：不干扰用户浏览新闻；不喧宾夺主，不抢占新闻正文地位；总体数量适当，表现形式适宜。比如，过去的显示屏是窄屏，放置对联广告就会影响到正文的阅读，现在的显示屏大多是宽屏，放置的对联广告大多居于空白位置，就不会影响到用户的视线。有些正文页面既有视频弹窗广告，又有侧栏视频广告，同时新闻正文中还有自动播放的视频，如果三者同时出现，就会影响用户的阅读。

推介广告也是软广告、导流广告，其中的大多数被网络与新媒体用来推介自己的原创内容或热点文章、新产品或热门产品、新栏目或重点栏目、近期活动或重要活动。网络与新媒体借助新闻正文的巨大浏览量为产品、栏目和活动导入访问用户。比如，PC端和微信订阅号的新闻正文底部设置有二维码，用户扫描PC端二维码就可以在移动端看到正文全文，并可方便地在移动端转发、分享、传播；长按移动端二维码即可链接到该订阅号的客户端，这成为用户接触客户端的又一渠道。

这三类内容直接关系到网络与新媒体的运营：推荐新闻能直接提高访问流量，能延长用户停留时间，在一定程度上黏住用户；硬广告能直接产生经济效益，特别是智能推荐的广告，能针对用户进行有效的“广而告之”；推介广告能带动用户深度进入网络与新媒体，培育用户的活跃度与忠诚度。

目前，移动端的推广区域有了一个新的类目——“打赏”。移动端有便利的支付功能，因此在文本页设置“打赏”功能，对于自媒体创业者来说是一种激励，也能获得实实在在的收入。“打赏”功能体现出自媒体创业者对自身的一种推广。

三、科学合理地编排推广区域

推广区域的布局、编排没有模式化的设计，网络媒体可以依据具体情况“量体裁衣”。随着大数据、智能时代的到来，布局科学、合理的文本页必然能增强运营的有效性，提高文本页的运营价值。

运用大数据技术实时调整文本页的三类内容。一般情况下，文本页的推荐新闻、硬广告和推介广告都是在固定区域、固定位置的，新闻、广告的条数也基本是固定的。但是，站在运营角度看，这种固定忽视了随时变化的新闻浏览数据和用户需求。比如，推荐新闻区的“精华推荐”“重点推荐”，每一个时段都可能发生变化，每一天也都有不同的“精华”和“重点”，这类推荐就需要运用大数据技术，依据浏览量、评论数等数据，通过技术算法和人工编辑相结合的方式来确定和编排。推介广告也是如此，如果某些推介广告长期没有人点击，就需要适时替换，或者分析为何没有人点击。此外，除了广告主在固定位置、区域投放的广告，推荐新闻、推介广告的区位都应该根据运营的数据实时变换，以实现运营效果的最大化。

运用大数据技术为用户匹配兴趣新闻、同好新闻。推荐新闻中的大部分都是基于编辑判断或系统自动提取的热点新闻、精华新闻或最新新闻。这些新闻究竟有多少是用户愿意看的呢？能否基于用户兴趣推荐新闻？能否推荐一些跟用户有共同爱好的其他用户浏览的新闻呢？“今日头条”已经做到了在首页基于用户的兴趣爱好推荐新闻。其实也可以在文本页的推荐新闻中加入兴趣推荐、同好推荐，就像电商网站的商品推荐一样。

运用大数据技术为不同用户精准匹配广告。目前，一些网络与新媒体机构通过相互参股、互为股东，共享数据，因而能对用户精准细分、精准画像。新浪网拥有用户浏览新闻的行为痕迹，新浪微博拥有用户在线聊天的记录，与新浪有合作关系的阿里巴巴拥有用户的消费购物数据。如果你用同一个ID登录过这三个平台，那么呈现在你所看的新浪网和新浪微博文本页上的广告，就会是你在阿里巴巴电商平台搜索或购买的同类商品的广告。在百度搜索关键词“净化器”，再打开百度新闻中的任一条新闻，顶部广告中都会出现与净化器相关的广告内容（见图2-12）。现在，还不是所有网络与新媒体机构都能做到为不同用户匹配与之相关的广告，但基于数据驱动的编辑与运营是文本页的发展趋势，也是改善运营效果的必由之路。

基于文本页的新闻智能配置广告。智能配置是编辑运营的高级阶段，需要相关的智能技术作为支撑。如果你浏览的新闻是某地的旅游新闻，那么推广区域可以智能匹配该地的旅游信息和服务类广告、出售当地特产的电商、用于旅游的地图导览等，从而实现新闻、广告、服务、场景、电商的多位一体。从心理学角度分析，用户点击某一新闻是出于各种想法和意愿的，

图2-12　百度新闻文本页的顶部广告与用户在百度搜索的关键词匹配

围绕这种想法和意愿进行智能匹配，是文本页未来的运营方向。比如用户看净化器的新闻，可能是想了解产品，或者是有购买的计划，如果能在“雾霾”“净化器”等新闻正文的周边配置净化器的广告、百科知识或问答，则有可能带来用户的直接消费。图2-13中新闻正文为《满满干货！如何挑选空气净化器？》，右侧栏的广告即为“净化器”产品。它虽然还没有直接链接到电商，但已经给了用户必要的引导。

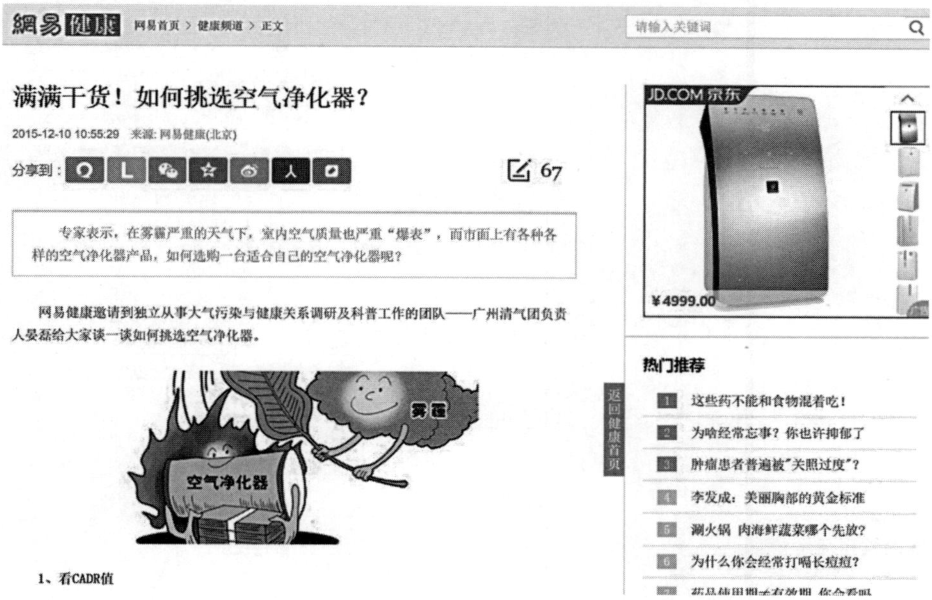

图2-13 网易新闻文本页的侧栏广告与正文内容的匹配

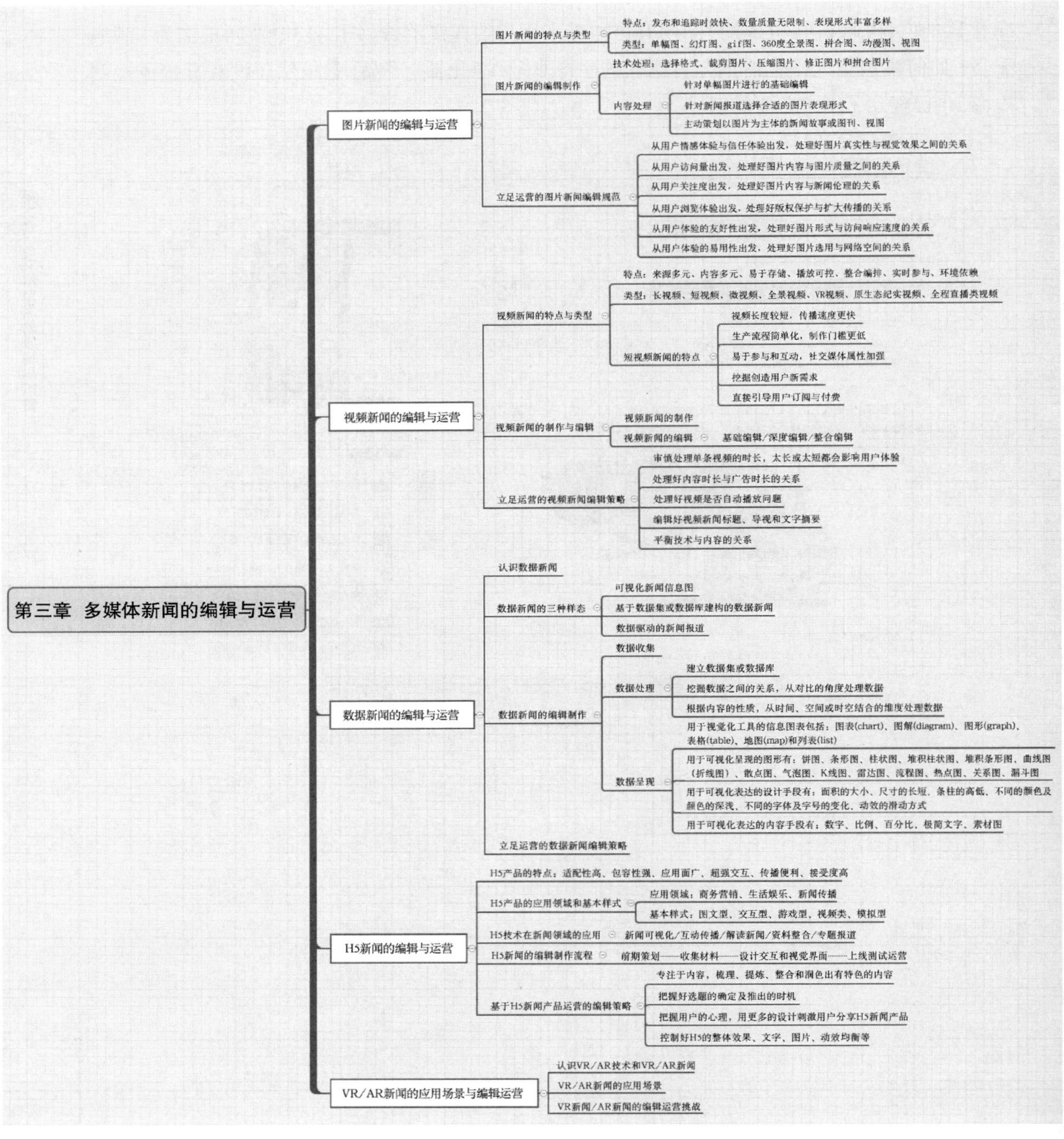
第三章 多媒体新闻的编辑与运营
图片新闻的编辑与运营
图片新闻的特点与类型
特点：发布和追踪时效快、数量质量无限制、表现形式丰富多样
类型：单幅图、幻灯图、gif图、360度全景图、拼合图、动漫图、视图
图片新闻的编辑制作
技术处理：选择格式、裁剪图片、压缩图片、修正图片和拼合图片
内容处理
针对单幅图片进行的基础编辑
针对新闻报道选择合适的图片表现形式
主动策划以图片为主体的新闻故事或图刊、视图
立足运营的图片新闻编辑规范
从用户情感体验与信任体验出发，处理好图片真实性与视觉效果之间的关系
从用户访问量出发，处理好图片内容与图片质量之间的关系
从用户关注度出发，处理好图片内容与新闻伦理的关系
从用户浏览体验出发，处理好版权保护与扩大传播的关系
从用户体验的友好性出发，处理好图片形式与访问响应速度的关系
从用户体验的易用性出发，处理好图片选用与网络空间的关系
视频新闻的编辑与运营
视频新闻的特点与类型
特点：来源多元、内容多元、易于存储、播放可控、整合编排、实时参与、环境依赖
类型：长视频、短视频、微视频、全景视频、VR视频、原生态纪实视频、全程直播类视频
短视频新闻的特点
视频长度较短，传播速度更快
生产流程简单化，制作门槛更低
易于参与和互动，社交媒体属性加强
挖掘创造用户新需求
直接引导用户订阅与付费
视频新闻的制作与编辑
视频新闻的制作
视频新闻的编辑
基础编辑/深度编辑/整合编辑
立足运营的视频新闻编辑策略
审慎处理单条视频的时长，太长或太短都会影响用户体验
处理好内容时长与广告时长的关系
处理好视频是否自动播放问题
编辑好视频新闻标题、导视和文字摘要
平衡技术与内容的关系
数据新闻的编辑与运营
认识数据新闻
数据新闻的三种样态
可视化新闻信息图
基于数据集或数据库建构的数据新闻
数据驱动的新闻报道
数据新闻的编辑制作
数据收集
数据处理
建立数据集或数据库
挖掘数据之间的关系，从对比的角度处理数据
根据内容的性质，从时间、空间或时空结合的维度处理数据
数据呈现
用于视觉化工具的信息图表包括：图表(chart)、图解(diagram)、图形(graph)、表格(table)、地图(map)和列表(list)
用于可视化呈现的图形有：饼图、条形图、柱状图、堆积柱状图、堆积条形图、曲线图（折线图）、散点图、气泡图、K线图、雷达图、流程图、热点图、关系图、漏斗图
用于可视化表达的设计手段有：面积的大小、尺寸的长短、条柱的高低、不同的颜色及颜色的深浅、不同的字体及字号的变化、动效的滑动方式
用于可视化表达的内容手段有：数字、比例、百分比、极简文字、素材图
立足运营的数据新闻编辑策略
H5新闻的编辑与运营
H5产品的特点：适配性高、包容性强、应用面广、超强交互、传播便利、接受度高
H5产品的应用领域和基本样式
应用领域：商务营销、生活娱乐、新闻传播
基本样式：图文型、交互型、游戏型、视频类、模拟型
H5技术在新闻领域的应用
新闻可视化/互动传播/解读新闻/资料整合/专题报道
H5新闻的编辑制作流程
前期策划——收集材料——设计交互和视觉界面——上线测试运营
基于H5新闻产品运营的编辑策略
专注于内容，梳理、提炼、整合和润色出有特色的内容
把握好选题的确定及推出的时机
把握用户的心理，用更多的设计刺激用户分享H5新闻产品
控制好H5的整体效果、文字、图片、动效均衡等
VR/AR新闻的应用场景与编辑运营
认识VR/AR技术和VR/AR新闻
VR/AR新闻的应用场景
VR新闻/AR新闻的编辑运营挑战

第三章思维导图

第三章

多媒体新闻的编辑与运营

自1984年美国苹果公司推出世界上第一台具有多媒体特性的计算机以来，以数字化处理为核心的多媒体技术逐渐得到了广泛应用，多媒体新闻也应运而生。多媒体新闻以超文本、超媒体方式组织新闻内容，包括图片图表新闻、视频新闻、可视化数据新闻、H5新闻、VR新闻、时间轴新闻、新闻+沙画、新闻+游戏、新闻+表情包等多种形态。《娱乐至死》中谈道："假定我们会话的形式对于要表达的思想有着重大影响，容易表达出来的思想自然会成为文化的组成部分。"多媒体新闻是对新闻的"装饰"与再表达，让用户更易读、更悦读，也更易参与、更易沉浸其中。而愉悦感、参与度、留存率是衡量网络与新媒体编辑运营的重要指标。

第一节　图片新闻的编辑与运营

在计算机软硬件技术不断更新、互联网传播手段渐趋多元化的今天，以语言为主要表达方式的文本互联网正在转变为以图片和音视频为呈现方式的多媒体影像互联网。图片是网络与新媒体中最常用的一种报道形式，拥有纪实、直观、形象、简约的特点，既可作为图片新闻单独发布，也可运用于文字报道中，形成图文并茂的新闻报道，还可与其他技术、应用结合，形成新的报道形式。

一、图片新闻的特点与类型

网络与新媒体的图片新闻是指以网络与新媒体为载体，利用数字技术与在线渠道，通过单幅或多幅动、静态图片对新近发生或正在发生的事件进行传播的新闻报道。网络与新媒体的图片新闻包括新闻照片、新闻图表、新闻示意图和动漫图。

（一）图片新闻的特点

图片原本就是一种"世界语言"，网络与新媒体的图片新闻因互联网的承载与传播而更具通俗性与世界性，这主要表现在以下四个方面。

第一，发布及时，追踪即时。2008年奥运会期间，新华社采用带传输功能的专业相机进行新闻照片"现场签发"：摄影记者在赛场拍摄完照片，通过专线系统直接传给看台上的图片编辑，图片编辑选片后，直接签发上网。这一模式确保了奥运照片在第一时间发布，第一张夺金照片于2008年8月9日10时54分08秒签发，比路透社快1分19秒，比法新社快1分32秒，比美联社快5分15秒。[①]

第二，不受发布数量限制。传统报刊有限的版面空间和容量在一定程度上限制了图片新闻的登载数量，互联网无限的容量给了网络与新媒体的图片新闻充分发挥的空间。深圳新闻网在对汶川地震一个多月的报道中，共编辑了超过5 000张地震新闻图片，包括全国各大媒体的报道图片、多组深圳报业集团前方记者第一时间发出的图片，以及网民上传到博客空间的震撼人心的图片。网络与新媒体的图片新闻不仅整体数量不受限制，而且单个主题也不受限制，可以用多幅图片、系列图片甚至图片剧集来充分表现某一主题思想。

第三，不受图片质量限制。相比传统媒体对图片的像素有较高要求，网络与新媒体的图片新闻中的图片可以是高清图片，也可以是家用数码相机、低分辨率手机拍摄的一般图片。质量门槛降低意味着普通网民也可以成为图片新闻的发布者，为突发新闻事件提供第一现场的资料。2010年的“舟曲泥石流”新闻报道中，一名网名叫“Kayne”的网友用自己的手机拍摄了多张现场照片，虽然图片质量不高，但因为是来自现场的原创图片，所以图片质量问题被放在了次要位置。

第四，报道方式丰富多样。早期只有单幅图片、组图、图片集等几种静态的表现形式，后来出现了演示图、卡通动漫图、三维立体图，现在又有了360度全景图片、航拍图、GIF图、表情包等多种动静结合的展现形态，比如组图就有单幅合成图、多幅并列图、图片幻灯、图片集和多图切换等多种形式。有时还可以将几种方式整合处理，比如图文合成图的幻灯播放，三维立体图的360度全景转动等，这极大地增强了图片新闻的表现张力。

（二）图片新闻的类型

在网络与新媒体平台上，图片新闻的类型可谓五花八门。

从数量上看，有单幅图、多幅图、组图、图集和由图片专题构成的图片新闻。

从活动状态上看，有静态的单图、高清图和全屏图，有动静结合的多图、幻灯图，有动态的360度全景图片、亿像素图片、GIF图。

从制作上看，有示意图、自制地图、演绎图、合成图、拼接图、表情包等。

从表现力上看，有用图片合成的视频、有图片嵌入的动漫、用图片制作的H5作品等。

从内容上看，有图片新闻、图解新闻、图表新闻、图片故事、图片系列报道、图片策划报道等。

概言之，网络技术与数字化技术赋予了图片新闻无限的张力。

案例1：一组春运图片新闻报道（见图3-1—图3-4）

【分析】在春运报道中，图片是最能表现场景、情绪和各种氛围的手段，但如果只是单幅图，未免单调而无视觉冲击力。运用多种形式的图片表现春运的场景、画面能丰富内容，触及

---

① 新华社组国家奥林匹克摄影队报道奥运屡战屡胜[EB/OL].（2008-08-28）[2017-06-10]. http://news.sohu.com/20080828/n259257684.shtml.

图3-1　组图——历年春运经典瞬间①

图3-2　单幅高清图——春运首日上海虹桥火车站候车厅场景

图3-3　幻灯音乐图刊：回家的路 驿动的心②

图3-4　航拍图片：无人机视角下的“春运”

用户的情感，“穿透”用户的内心。这些图片中有组图、单幅高清图、音乐图刊、无人机航拍图，再配合文字、音乐等其他手段表现细节、故事，便将春运的点点滴滴展现在人们面前。特别是采用无人机航拍春运场景，体现了形式服务于内容的宗旨，大空间、大画面全面展现了春运的“全民迁徙”的情况。

案例2：一组奥运图片新闻报道（见图3-5—图3-8）

【分析】大型体育赛事报道是产生图片最多的新闻领域，图片也是用户除比赛结果外最愿意看的对象。通过图片能看到运动员的表情、比赛的细节，看到赛场上稍纵即逝的瞬间，因此用户愿意为体育图片长时间停留。但因为大型体育赛事报道的图片数量太多，所以需要对其进行一定的策划和梳理、清理和整合。以上图片中，图文拼合图能囊括更多的图片和文字，表达出编辑的策划意图；360度全景图能让用户如临现场地感受到美国男篮赛前训练的每一个细节；卡通动漫图让激烈的比赛有了一丝轻松感和趣味性，也让用户多了一个了解奥运会的视角；自制图表图融合了数据、图片和相关素材，在提供信息的同时展现图片的张力。将不同的图片形式运用于不同的内容和报道，可以让体育赛事的图片报道更加多维化和多样化。

① 历年春运经典瞬间[EB/OL].（2015-02-05）[2017-06-10]. http://news.xinhuanet.com/photo/2015-02/05/c_127459558.htm.

② 回家的路 驿动的心[EB/OL].（2017-01-06）[2017-06-10]. http://www.xinhuanet.com/photo/zhuanti/hjdl20170106/index.html.

图3-5　图文拼合图——奥运颜值哪家强

图3-6　360度全景图——美国篮球队赛前训练[①]

图3-7　卡通漫画图——里约之漫画合集：表情包掀巨浪 傅园慧独占鳌头[②]

图3-8　自制图表图——林李大战历史数据

---

① 奥运合景——直击美国男篮训练[EB/OL]. [2016-08-23]. http://2016.sohu.com/s2016/2803/s464068419/.

② 里约之漫画合集：表情包掀巨浪 傅园慧独占鳌头[EB/OL]. [2016-08-23]. http://pic.2016.sohu.com/group-751309.shtml#0.

二、图片新闻的编辑制作

图片新闻的编辑制作包括技术处理和内容处理两方面。技术处理是指针对图片自身的格式、像素、尺寸等，运用图片工具进行基本的处理，保证图片适合在网络与新媒体端呈现；内容处理需要做的是编辑单幅图片，为新闻报道选择合适的图片形式，策划以图片为主体的报道和故事。

（一）技术处理

对图片进行的技术处理包括选择格式、裁剪图片、压缩图片、修正图片和拼合图片。

选择格式。图片的格式很多，如BMP、JPG、GIF、PSD、PNG等。文本页上只能使用JPG、GIF和PNG格式的图片。照片类图片一般使用JPG格式，GIF格式适用于需要动画效果或透明效果的图片。PNG格式日常很少用，其相当于升级版的GIF格式。在图片格式不适宜时，要使用图片软件对图片格式进行转换。

裁剪图片。一是根据放置位置裁剪，二是根据内容裁剪。图片在网络与新媒体中的位置决定了图片尺寸，要根据放置位置裁切单幅图片。新闻照片来自现场，往往包含背景、光线、人物、形象等诸多内容。为了使主题更加突出、气氛更加完美、视觉信息更加丰富，就要裁剪图片，通过截取图片中的某一部分来满足新闻报道的需要。

压缩图片。网络与新媒体机构现在都力推高清图片，但还需要对某些位置上的图片进行压缩处理，以使其符合网页的要求。就图片大小而言，一般首页、正文页的400*300像素左右的大图片不超过120k；首页的100*50像素的小图片不超过40k；通栏旗帜图片不超过150k；装饰性小图不超过5k。控制图片大小与保证图片效果会产生一定的冲突，因此可以在压缩过程中选择图片软件的“生成web所用格式图片”功能，以保证压缩后的图片不变形、不失真。

修正图片。这包括为图片添加水印、为图片部分区域加马赛克效果和处理图片中的瑕疵。随着人们的版权意识的增强，越来越多的网络与新媒体运营者选择为自己的原创图片、独家图片添加带有logo的水印。在添加水印时要注意添加位置与照片内容的关系，水印不能遮盖图片的重要内容，一般在右下角、背景透明，不透明度为60%。对于图片中不适宜的内容，还需要添加马赛克或使用其他技术进行覆盖处理。处理的图片中的瑕疵仅限于不影响主题的瑕疵，不得对图片内容进行修改或因为处理瑕疵而影响图片原意。

拼合图片。对图片进行技术处理是为了满足新闻报道的需要。有些新闻报道需要将图文融为一体并添加一定格式的文字标题；有些需要将多张图片合成为一张图，集中展现主题；有些需要从视频或网页上截图并拼合，以便从不同角度说明情况。这就需要利用图片工具完成相应的技术处理。在拼合时要考虑图片与文字、图片与图片之间的相关性、逻辑性，无论是横向拼合还是纵向拼合，都以整体协调、视觉愉悦为原则。

（二）内容处理

图片的内容处理包括三个方面：一是针对单幅图片进行的基础编辑；二是针对新闻报道选择合适的图片表现形式；三是主动策划以图片为主体的新闻故事或图刊、视图等。

单幅图片的基础编辑就是制作一条完整的图片新闻，包括配置图片新闻标题、图片说明、图片来源、作者等基本要素，配置新闻文字稿、更多相关图片、相关图片新闻、图片翻阅工具等其他要素。需要注意的一点是，不能将图片说明与图片新闻文字稿等同。图片说明要在提供五要素信息的前提下做到简明扼要，切忌照搬照抄原文章的文字稿；每张图片都应有对应的说明，多幅图、组图和图集类的报道要有标题和总体说明。组图中的每幅照片都必须有图片说明，但可以用同一个文字稿。组图或多图报道中，首先要精选图片，注意图片内容的搭配，现场图片、关键瞬间、主要人物都要有；其次是注意图片的前后或上下排序，核心事实图片、现场细节图片、背景资料图片等应依次排列。

随着互联网技术、图片影像技术的发展，网络与新媒体中的图片表现形式越来越多。图片新闻编辑的最大工作难点就是要根据新闻的内容和性质，选择适合的报道样态，例如：

组图、图集、图片幻灯一般用于图片数量较多的重大新闻或热点新闻；

GIF动图、动漫图、表情包图多用于娱乐、体育、搞笑等非新闻类的报道；

360度全景图、无人机航拍图将图片报道从二维的平面拓展到三维的立体空间，这类图片真实感强，画面信息丰富，适用于体育赛事、旅游景点、大型活动等大场面、大视野的新闻报道；

自制地图、新闻图表、示意图主要用于战争、自然灾害、交通事故等不易得到现场图片的新闻。

案例3: 热点报道组图、图集

2013年，为纪念张国荣逝世十周年，网易制作了名为《拾周年 张国荣2 013个瞬间》的图片新闻，集成了2 013幅张国荣各个时期的各类照片，采用小图合成大图的技术，制作了图片封面报道（见图3-9）。

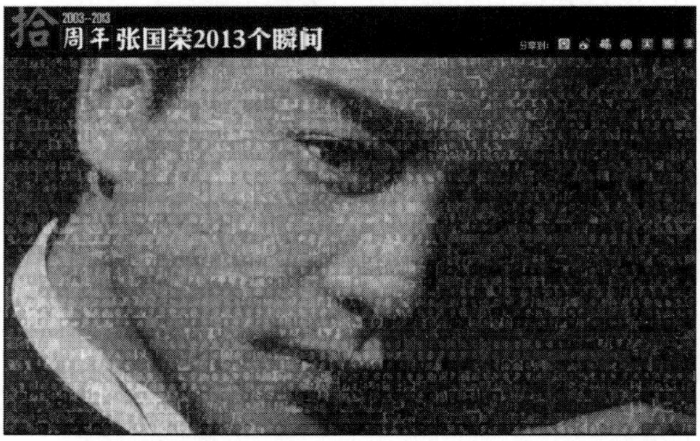

图3-9 网易《拾周年 张国荣2 013个瞬间》合成图片的截图

【分析】组图是图片新闻编辑最常用的手段，有单幅合成图、图片幻灯、图片集、可切换的多图等。单幅合成图利用图片工具将几张图片合为一张图片，集中表达一个主题思想。图片幻灯运用Flash等技术将图片组成一个能连续播放的单元，可以自动播放，也可以手动播放。图片集运用小专题的形式将一个主题下的所有图片集纳在一起，可以是标题列表的形式，可以是小图加文字摘要的形式，也可以是图片加新闻标题的形式。一个完整的图片集更能展现新闻事件的发展始末。可切换的多图将一幅大图和若干小图组成一个整体，利用互联网技术实现大图和小图手动或自动的切换，既能突出重点图片，又能充分利用有限的页面空间。

自张国荣2003年逝世以来，每年都有纪念报道制作推出，想要推陈出新，需要有更好的策划和思路。网易的十周年纪念报道，选择图片新闻的形式，看似简单、常见，但形式富有新意。其采用了图片合成的组图方式，用大量的小图片进行肖像构图，且每个小图都有链接，点击后会弹出详细内容。用2 013幅图片来展现张国荣的一生，可算将图片运用到了极致。

案例4：自制示意图

2014年11月，亚太经合组织领导人非正式会议在北京举行，搜狐网推出题为《奥巴马今抵京 将会见习近平》的新闻，文章中采用了专门制作的示意图来介绍奥巴马的座驾“野兽”（见图3–10）。①

图3–10 搜狐网《奥巴马今抵京 将会见习近平》报道自制示意图的截图

【分析】这是最常见的图片报道方式，用图示配简短文字的方式制作成的示意图，避免了单纯文字报道的烦琐和无序，一图尽现“野兽”的内外规格、功能及安全性能。不仅这类报道能采用精心制作示意图的方式简化文字报道、展示核心内容，而且一些特殊环境里发生的事件也需要自制图片，如用加标注和符号的地图介绍战争的发生和进展，用各类图表反映灾难伤亡情况，用示意图来再现事故发生的环境和过程。

对于一些特殊位置上的图片，也需要考虑其形式。某网站首页图片位置要求图片像素为600×265，如果放置一张单幅图，对图片的要求就非常高，且效果较为单调，而如果将多幅图拼合为一张图，不仅易于挑选图片，而且能传递出更多的新闻资讯（见图3–11）。

基于已有图片素材策划图片故事、整合图片新闻是对图片新闻的深度编辑，需要从新闻内容角度出发，利用图片软件技术、互联网技术和网络技术，发挥编辑人员的主观能动性，寻找新闻与图片、图片与图片之间的逻辑关系，策划选题与活动，制作整合图片等，使新闻可视化、形象化，图片新闻系列化、故事化。

① 奥巴马今抵京 将会见习近平[EB/OL].（2014–11–10）[2017–06–10]. http://comment.news.sohu.com/20141110/n405920821.shtml.

图3-11 新华网首页合成的新闻图片

案例5：同题照片整合制作

2012年伦敦奥运会报道中，多家网站采用了根据同一主题整合图片新闻的方式，制作了各种"囧"事的图片、各种"冤情"的新闻、各种笑容的新闻、各种夺冠庆祝的新闻。

【分析】这种同题整合极大地发挥了网络传播特性与新闻编辑特色，达到了对图片新闻深度挖掘、精耕细作的目的。我们可以进行同类图片的整合，如同一时段图片新闻的整合、同一类别图片新闻的整合、同一主题图片新闻的整合；可以进行不同呈现方式的整合，如图片与图表的整合、拼合图与图片幻灯的整合、组图与图片集的整合；可以进行不同形态的整合，如图片与音频的整合、图片与视频的整合、图片与Flash的整合。2010年青海玉树地震发生后，网易图片制作了"举国哀悼"的图片新闻，将震后灾民悲伤、哀痛、茫然等各种表情的照片放在一起，配以音频和文字说明，整合成一组以图片为主体的多媒体新闻。

案例6：策划图片故事

2012年，新浪网图片栏目《看见》第158期推出图片报道《严寒里的城市群像》[①]，将镜头对准了"数九寒冬北京城里如往常一样起早贪黑的芸芸众生"，策划编辑了一个由16张照片组成的图片故事，照片中有卖早点的夫妻，有送快餐的小伙，有等早市开业的商贩，有看车收费的大妈（见图3-12）。照片真挚细腻，感人至深；文字朴素直白，简约明了。

【分析】策划主题性图片报道，用图片来讲述一个有细节的故事，形成一个完整的剧集，是网络图片新闻编辑中最具创意和思想的方式。与新浪网《看见》栏目类似的还有腾讯网的《中国人的一天》《视界》《图话》、网易网的《看客》《策划》、搜狐网的《独家视野》、新华网的《百态故事》等。图片策划报道重在确定主题，并围绕主题整合各种图片资源，深入某一角度或剖析某一切面，以编辑的独特视角和独家观察来体现整合的价值。在策划中，除主题和图片的选取外，多媒体和交互技术的运用也必不可少。

① 严寒里的城市群像[EB/OL].（2012-12-25）[2017-07-10]. http://news.sina.com.cn/photo/kanjian/45.html#p=3.

图3-12　新浪网图片故事报道《严寒里的城市群像》的页面截图

三、立足运营的图片新闻编辑规范

从用户体验角度看，多媒体报道能够给用户带来愉悦感，提升用户的满意度。网络与新媒体的图片新闻是多媒体新闻报道的一种，如果运用得当、编辑规范，将带来一种积极的用户体验。但建立编辑规范需要运营思维，要考虑用户体验，除了照片本身应给予用户视觉感官上的舒适性，还要考虑用户的浏览体验、交互体验、情感体验和信任体验，编辑操作不规范会直接影响到用户体验和运营效果。

第一，从用户情感体验与信任体验出发，处理好图片真实性与视觉效果之间的关系。遵循新闻真实的原则，在照片的新闻性、真实性与照片的视觉美感发生矛盾冲突时，不能因后者而放弃新闻性、真实性等基本原则。特别是要谨慎运用PS技术。因为图片的真实性直接关乎用户的情感和信任度。在“有图有真相”的共识下，一幅虚假的照片会让用户觉得自己上当受骗了，若再围绕着虚假照片进行点评、交流，会让用户觉得更尴尬。此外，要处理好假照片与适度技术处理的问题。必须在保证真实性、不伪造照片的前提下，对照片进行剪裁、放大或缩小、线条装饰等适度的技术处理。首届中国国际新闻摄影比赛（华赛）获奖照片《广场鸽接种禽流感疫苗》中出现了两只一模一样的鸽子，后来照片被认定为经过PS处理，众多发布照片的网络与新媒体机构虽然说是“躺着中枪”，但用户还是感觉受到了伤害，网络与新媒体的品牌和公信力也受到了影响。

第二，从用户访问量出发，处理好图片内容与图片质量之间的关系。网络与新媒体的图片新闻不受质量制约，因此从发布角度看，低质量的图片可以正常发布且会因内容的特殊性获得不小的访问量。偷拍的明星绯闻图片，质量不高，但如果发布，点击率可能会很高；突发事件的现场新闻图片，质量也可能不高，但访问量也许会比较高。不过，这两种情况是不一样的。偷拍的明星照片模糊不清，让人看不清面庞和表情，甚至每张照片的角度、画面相似，照片的新闻价值并不高，重复发布这样的照片，只能理解为是在骗取用户的点击；在突发事件现场，可能没条件拍摄到清晰的照片，但照片的时效性价值很高，即使质量不高也该发布。图片新闻编辑需要客观判断，一些纯粹为了访问量和点击率而无视图片质量的做法需要摒弃，毕竟用户关注图片内容的同时还是希望获得视觉愉悦。

第三，从用户关注度出发，处理好图片内容与新闻伦理的关系。灾难、血腥、凶杀、爆炸等类型的图片在网络与新媒体中易吸引用户的眼球，但也容易触及新闻伦理问题。比如一些灾难事故中，一些遇难者及其痛苦的家属的照片在网络中流传。从积极方面看，这能换来人们的同情和更多的关注；从消极方面看，反复渲染容易对遇难者及其家属造成二次伤害。是追求用户的关注度还是遵循新闻伦理原则？这需要编辑有基本的规范意识和处理能力，要在准确及时地报道新闻的最新状况的同时，运用一些制作技术对图片进行规范处理，以不伤害当事人、不对受众产生负面影响、不违背新闻伦理为原则。比如，对于负面报道中的未成年人，被性侵的妇女，各类事件中泄漏隐私的细节，缉毒警察、国家安全人员和其他需要隐去身份和面孔的人，或者加马赛克遮挡面部直至无法辨认形象，或者对当事人整体进行遮挡。

第四，从用户浏览体验出发，处理好版权保护与扩大传播范围的关系。充分尊重图片版权机构和版权人的署名权，为照片加注水印已经成为一种通用的做法。但是加注水印的图片会在一定程度上影响视觉效果和用户的浏览体验，进而影响到图片的转发与分享。因此，要慎重对待新闻图片的水印添加，如果确实需要加注水印，就要处理好水印的透明度和水印加注的位置，不宜将水印加注在图片的中心位置，也不要让水印影响图片的视觉效果。

第五，从用户体验的友好性出发，处理好图片形式与访问响应速度的关系。组图、图集、幻灯图等是图片新闻常用的形式，但一组图、一个图集、一套幻灯图放置多少张图片合适，不能由编辑根据个人经验或喜好主观判定，而要从网络环境状况、机构自身的技术水平、用户的一般性浏览习惯出发，考虑到页面响应速度、用户浏览耐心、用户转发和分享的便利性等。总之，要对用户友好，要让用户舒适。还有一些图片形式，如高清全幅图、360度全景图、全幅航拍图、亿像素图等，也需要慎重使用，因为用户等待一个页面打开的耐心是有限的。

第六，从用户体验的易用性出发，处理好图片选用与网络空间的关系。一是对无图片的文字新闻要考虑添加图片，如添加不产生歧义的往期图片或自制图片。在移动端的长文中需要穿插图片，起到缓解视觉疲劳的作用。二是精选图片，注意搭配。网络中虽然有海量空间，但实现成功传播还有赖于技术的支持。当一个文本页无约束地堆砌大量图片，且图片像素又很高时，文本页打开的速度会很慢，从而影响网络图片新闻的传播效果。因此，图片新闻中的图片选用宜有所节制，精选而非无限添加。三是选用照片时要注意图片与文字的色彩、大小搭配，容量平衡等。

第二节 视频新闻的编辑与运营

网络与新媒体视频，是指以网络与新媒体为播放平台和传播渠道，以WMV、RM、RMVB、MPEG、FLV以及MOV等为播放格式，可以通过各种播放器在线直播或点播的声像文件。网络与新媒体视频需要强大的技术支持、独特的文件格式和畅通的网络通道。随着互联网带宽逐步改善，用户对视频内容的需求逐步增加，视频正在成为网络与新媒体新闻频繁使用的手段，网络与新媒体视频新闻（简称视频新闻）的运营价值也日益彰显。

一、视频新闻的特点与类型

视频新闻是以互联网为传播载体和平台，以声像为传播符号，对新近或正在发生的事实进行视觉化传播、动态性发布和交互式传受的一种报道形态。从近几年中国互联网络信息中心发布的《中国互联网络发展状况统计报告》可以看到，视频新闻无论在PC端还是在移动端，都在用户互联网应用前五位之列。随着用户需求的变化，短视频从所有视频形态中脱颖而出，成为用户收看视频新闻的首选。

（一）视频新闻的特点

相比于传统电视节目，视频新闻具有以下七个特点。

来源多样。尽管经营视频新闻需要获得视听许可证及相关部门的授权，但这并不影响互联网一直呈现的开放、自由的本质，视频新闻的来源与文字、图片新闻一样，极其多元，包括报社、电台、通讯社和电视台在内的传统媒体是主流的视频新闻源；综合性商业网站和垂直类视频网站具备直播、点播、互动分享等多重功能，是第二大新闻源；网民生产的内容，既包括播客截取的电视台节目，也包括播客个人创意、采集、制作的内容，还包括播客在新闻事发现场拍摄的内容，数量庞大，题材多样，是第三大新闻源。此外，还有社会文化传播企业、机构、社会团体等自制的视频新闻。

内容多元。来源多样带来的直接结果就是内容的多样化。来自传统媒体的视频内容已经覆盖时事、军事、文化、科技、社会、民生、生活百态等多个领域。来自用户的内容更是五花八门，有突发事件中目击者的现场拍摄，如“汶川地震视频”“央视新址配楼大火”“江西宜黄强拆自焚事件视频”；有网民在公共场所拍摄的新闻事件，如优酷网《我在现场》栏目发布的视频；有网民对身边人和事的真实记录，还有社会上、生活中的奇闻趣事视频。

易于存储。传统电视新闻转瞬即逝，观众重看、回看都不容易，更没法作为素材进行再编辑和再创作。视频新闻，无论是直播节目还是非直播节目，只要网络服务器不出现问题，视频内容就会长期存留，还可以进行云存储。用户可根据需要随时在线收看，还可以下载、离线收看，云存储的视频还能够断点续看，其传播效果要远远好于传统电视新闻。

播放可控。传统电视新闻是线性播放的，用户只能线性收听、收看，无法掌控播放时间、播放顺序和播放内容。视频新闻则有很大的自由度，用户可以选择收看直播或者点播，可以在页面收看或用专门的播放软件收看，可以自己控制播放时间、顺序，可以进行回放、快进、录制、下载等操作，可以打开弹幕发评论。播放可控的特点也为视频新闻创造了一些新的运营空间，比如暂停时的广告、弹幕中的用户交互、播放器中的广告位空间等。

整合编排。不同于传统电视新闻线性编辑的特点，超链接的技术特性赋予了视频新闻加工、组织、整合的特点。它通过对同类新闻、相关新闻、热门新闻等进行高效率的组织编排，借助互联网技术对不同类型的新闻进行整合排列，整合运用3D、动漫、沙画、图片等多媒体手段，与广告、电商、服务等深度整合，能生产出与传统电视不一样的视频新闻。

实时参与。尽管现在的电视节目通过短信、字幕、主持人口播、“摇一摇”、微信等方式与用户进行交流、沟通，但这终究是媒体与用户间建立的浅层次的、形式上的非常态互动。视频新闻在播放内容的同时可以使媒体与用户、用户与用户之间进行常态的、实时的、实质性的对话交流。比如2015年“九三”阅兵报道中，多家网络与新媒体机构开通边看边聊窗口，用户可在线与嘉宾评论员沟通、互动，用户之间也可进行话题探讨和交流。

环境依赖。它包括技术环境依赖和网络环境依赖。流媒体技术、P2P技术在视频新闻的普及中发挥了关键性作用，网络带宽的提升也清除了用户在线收看的障碍。虽然技术条件与网络条件都在改善，但视频新闻依然对环境有很强的依赖性。带宽不够，不仅影响用户的收看体验，也会阻碍用户形成通过网络收看视频的习惯。此外，一些网络与新媒体视频新闻需要专门的播放软件，下载、存储视频文件都会占用服务器的资源空间，增加网站的运营成本，影响用户的使用。

（二）视频新闻的类型

视频新闻的类型与图片新闻一样，也呈现出多种样态：

从播出时间看，有超长视频、长视频、短视频、微视频；

从内容播出方式看，有单条视频、视频专辑、联播视频、系列视频、整合类视频；

从工艺上看，有原生态实拍类视频、后期剪辑制作类视频、原创策划类视频、全程直播类视频；

从表现力上看，有视频、图视、动新闻、动画/动漫视频、3D视频、全景视频、航拍视频、VR视频。

相较传统电视新闻的一元特征和单维度摄制，多元化的视频新闻不仅丰富了网络与新媒体视频新闻的内容和形式，而且有了让用户进行个性化选择的基础。

案例1：后期剪辑整合类视频

2015年9月3日是抗日战争胜利70周年纪念日，新浪网制作的视频专题（见图3-13），汇集了各种视频报道类型，有《全程视频：纪念抗战胜利70周年大阅兵》的直播与回放，有拆分出的多条单视频，有后期剪辑制作的抗战胜利70周年大阅兵13分钟浓缩版视频。

图3-13　新浪网抗日战争胜利70周年纪念日报道后期剪辑整合类视频的截图

【分析】2015年9月3日的大阅兵全程约2小时，全程视频时间长、镜头多、容量大，用户很难全部看完，也不一定对所有的内容感兴趣。网站不仅提供全程视频，还将阅兵全程报道中的精彩镜头剪辑出来，重新编排整合，使内容集中在分列式的方阵和武器装备上、时间控制在网民习惯的时长内，符合视频新闻的播放要求。

操作方式类似的还有凤凰网的视频，其将整个阅兵视频拆分为66个小视频，分为焦点视频、徒步方队、外军方队、装备方队、空军梯队、接见外宾6个板块，另有8个专家解读视频，这些视频来自凤凰视频与东南卫视，以军备解读、外媒评论为主要内容。网易视频将全程视频拆分为47个小视频，分为周边花絮、三军风采、国之利器、空中梯队、参阅外军、阅兵前奏等，它们分布在7个页面中。

对长视频进行后期剪辑制作是视频新闻最常用的编辑手段，也是从用户收看体验出发进行的一种必要的编辑。

案例2：新华网纪念抗战胜利70周年各类视频报道

新华网在抗日战争胜利70周年报道中推出了不同形态的视频报道，有史料与动画结合的3D动新闻（见图3-14），有将静态纪念馆搬到网上做动态化处理的360度全景视频（见图3-15），有制作于演播室的原创策划类视频评论（见图3-16），有让用户在移动端深度参与的交互类视频（见图3-17）。

图3-14　3D动新闻——七七事变开辟东方主战场

图3-15　360度全景视频——抗战全景史料馆

图3-16　新华微视评——九三，人类应该记住的重要符号

图3-17　移动端全景交互视频——阅兵分列式精彩内容

【分析】对于历史事件，在没有现场图片和视频的情况下，怎样让历史回到现实、让现实与历史对接，是新闻报道经常要面对的问题。网络与新媒体丰富的视频表现手段为这类报道提供了创意空间。

3D动新闻以网络、电视为传播载体，以3D新闻模拟场景为主体，融合现场照片、动画、旁白、音效等多媒体元素，以3D视频/动画方式模拟再现了整个新闻事件过程或关键点。它的功能是让“静态”“平面”的新闻“活动”起来，增强新闻的可读性和可视性。可以运用3D动漫技术虚拟还原或再现历史场景，还可以在视频中穿插影像资料或实时视频，带给用户真实、强烈的临场感。

360度全景纪念馆运用了360度全景视频技术，由多个摄像机同时对物体进行多角度拍摄。用户可以上下滚动观看，也可以左右旋转观看。运用这种技术可以把线下的纪念馆立体地搬移到网上，用户就不再是被动观看，而是成为内容的参与者。在旋转、拉动中实现的人机交互，有利于增强用户的沉浸感。

微视评短小精悍，每期只有3—4分钟，选择用户关注的新闻话题与社会现象，邀请富有独立思想的权威人士进行精辟分析与评论。微视评是视频、评论与新闻相结合的一种产物，在视频“家族”中，是一个常规性种类。而原创自制视频新闻、节目或产品，正逐步成为重大报道的一种策划方向。

全景交互与360度全景视频应该属于“同一家族”，不同的是全景交互视频主要在移动端发布。因为移动端用户操作屏幕更便捷，所以他们也更易融入产品之中，积极参与互动。就“全景交互看阅兵”产品而言，用户横屏之后可随意左右滑动屏幕，点击屏幕上的按钮看弹出的文字资料或图片，整个浏览过程是在用户的参与、操作中完成的。

案例3：动漫视频——《新鲜的中央政府》《群众路线动真格了？》

壹读视频在2014年推出《新鲜的中央政府》，用动漫短视频解读中央政府是如何产生的；2015年春节后推出动漫视频《群众路线动真格了？》，用“轻幽默、有情趣”的风格对严肃话题进行传播。两个短视频都在移动端获得了用户的好评（见图3-18）。

图3-18 《新鲜的中央政府》《群众路线动真格了？》视频截图

【分析】提高时政新闻的可读性一直是一个难点，新媒体用动漫视频的方式对严肃话题进行轻松有趣的解读，在一定程度上让“高大上”的时政新闻变得亲民、草根化，让人感到有用、有趣、有料，让知识信息实现快速的传播和到达。每个视频时长不超过4分钟，可以让用户在极短时间里集中注意力接收全部信息。

其实，除了时政类新闻，财经、金融、历史、文学、军事等多个领域的内容都可以用动漫视频解读、演绎。比如以漫画版老子的《道德经》为基础制作的动漫视频《道德经》，在网上获得了超高点击率。

（三）短视频新闻的特点

在视频新闻中，需要单独了解一类备受关注的视频产品——短视频。从用户角度看，其流量消费承受度、收看流畅度和生活节奏等决定了短视频得以风行；从互动角度看，几秒到几分钟的短视频在交互平台上易于传播和分享，用户更青睐这类来自朋友的短视频；从商业角度看，因为用户易接受、产品易传播，所以短视频的运营价值更大。

短视频与微视频的界线目前还不是很清晰，业界有不同的理解和定义。原优酷网总裁古永锵解释说：“微视频是指短则30秒、长则不超过20分钟，内容广泛，视频形态多样，涵盖小电影、纪录短片、DV短片、视频剪辑、广告片段等，可通过PC、手机、摄像头、DV、DC、MP4等多种视频终端摄录或播放的视频短片的统称。‘短、快、精’，大众参与性，随时随地随意性是微视频的最大特点。”第一视频网对微视频的解释是：微视频指播放时长介于3—5分钟的视频，适合于所有终端浏览和展示，尤其是手机。艾瑞咨询对短视频的解释是：“短视频指一种视频长度以秒计数，主要依托于移动智能终端实现快速拍摄和美化编辑，可在社交媒体平台上实时分享和无缝对接的一种新型视频形式。它融合了文字、语音和视频，可以更加直观、立体地满足用户的表达、沟通需求，满足人们之间展示与分享的诉求。”

短视频新闻除了对环境的依赖性较小，还具备视频新闻的所有特点。当然，短视频新闻之所以风行，是因为它的自身特点和产品价值。

其一，视频长度较短，传播速度更快。短视频长度一般控制在5分钟以内，移动客户端成为其传播的主要途径。用户只需几分钟的时间，就可以拍摄一段短视频并发布、分享，供其他用户即时观看并再次传播与分享。即拍即传即看是短视频优于长视频的主要特点。

其二，生产流程简单化，制作门槛更低。相较于专业化的长视频制作，短视频简化了内容生产流程，制作门槛相对较低，依托智能终端设备和相关软件就能实现拍摄、制作与编辑。一些智能手机和短视频制作应用中有现成的滤镜、特效，使内容更加专业化。

其三，易于参与和互动，社交媒体属性增强。因为短视频易于拍摄、制作、收看和传播，所以用户分享、参与短视频话题的便利性提高，互动人数会随之增加，话题探讨的深度也会增加。短视频将过去以图文为符号的交流升级为更高端、更直观的视频互动。

国内的短视频内容目前主要集中在明星、搞笑、美食、萌宠、时尚、二次元等生活娱乐圈，多为UGC产品，新闻资讯类短视频数量不多，用户生产内容的积极性不高，UGC产品以突发现场新闻和生活中的社会新闻居多。2016年，国内一些网络与新媒体机构进入短视频新闻领域，比如今日头条与中国足球超级联赛版权方签署协议，将中超比赛所有内容以短视频形式在今日头条上分发。

短视频新闻信息含量更大，所包含的声画部分可以将文字无法直接描述或者描述有歧义的地方直接表现出来，连续的画面内容也比静态图片更直观和丰富，尤其适合突发事件的现场报道和快速更新发布。短视频新闻适合碎片化消费场景，这意味着用户可以在移动过程中完成新闻的收听或收看。

国外的网络与新媒体公司提供了多个短视频新闻服务工具和发布平台。赫芬顿邮报2012年就创立了名为“Now This News”的专业化短视频新闻生产与传播平台，上面云集了各路媒体机构和媒体从业人员。2013年初土耳其记者利用另一款短视频应用“Vine”记录了美国驻土耳其大使馆外的一次自杀爆炸袭击，这段6秒的视频记录了所有的重要细节。2014年初，英国广播公司（BBC）在Instagram上推出了一项名为“Instafax”的短视频新闻服务，随后几个月美国有线电视新闻网（CNN）也与推特合作推出了一项名为“Your 15 Second Morning”的15秒短新闻视频资讯服务。

二、视频新闻的制作与编辑

相比文字新闻和图片新闻，视频新闻的编辑制作专业性更强，流程、环节更复杂，而视频新闻类型繁多，有些品类的视频新闻运用内容管理系统和专业视频处理编辑软件就能完成，而有些特殊的视频新闻如3D动新闻、动漫视频、全景视频的编辑制作就需要组织各类人员成立项目团队才能完成。

广义上理解的视频新闻的编辑制作，应分为两项工作，一是单个视频新闻产品从素材、选题到完成的编辑制作，制作是核心；二是单个视频新闻产品发布到终端页面上的编辑处理，即运用各种手段对视频产品进行拆解、整合、编排、发布，让编辑后的视频适宜在不同网络与新媒体平台上播放，让用户在收看各类视频时体验感更好、停留的时间更长。

（一）视频新闻的制作

制作一般性的视频新闻时多运用专业视频制作工具对视频素材进行选择、取舍、剪辑，确定风格和基调，添加特效和字幕等，制作流程和工艺基本等同于传统电视新闻。类似动漫视频、全景视频这种表现力和互动性强的视频新闻有一定的技术门槛，制作过程相对复杂，需要编辑、技术、制作、美工、配音等多方人员共同参与，编辑在其中充当类似电视编导、电影导演的角色，带领团队完成选题策划、材料准备、脚本撰写、材料剪辑编辑（或制作动画）、合成发布等流程。只有多方合作才能完成一期视频新闻。我们在此简单介绍一下多方协作类视频新闻的制作。

策划选题有三个方向：一是根据已有的数据或新闻线索确定选题；二是根据用户可能感兴趣的热点话题收集相关材料来确定选题；三是策划系列选题、长线选题、特殊时间节点的选题。

材料准备方面，要做到数量多、全方位、多样化。数量多是为了挑选和整合，全方位是指包括新闻材料、卡通动漫素材和声音素材，多样化是指包括文字、照片、视频、图表等多种形式的内容。可以用自己拍摄的素材，也可以适当采用来自用户的素材；可以从系统的研究报告中寻找材料，也可以从官方发布的权威信息资讯中印证、核实材料等。

脚本撰写就是写出整个创意的剧本文稿，设计台词、人物造型和场景，确定需要哪些照片、文字、视频、卡通图像、素材、音乐、声响；类似电影分镜头，设计在什么时候用动漫卡通图像，什么时候用新闻图片，什么时候配解说或音乐，每一帧要表现的内容是什么，每一帧应该持续的时长，等等。擅长制作科普类动漫视频的壹读视频提出，撰写的脚本中3分钟的视频要有“8个知识点”“5个以上有说服力的数据”。可以说脚本是视频新闻制作的设计大纲。

材料剪辑编辑或制作动画，需要专业人员运用专业技术工具来完成，这是视频新闻制作的核心环节。现在互联网上有各种收费或免费的视频制作工具，一般的视频新闻编辑人员如果能熟练运用制作工具，也能完成简单的制作。对于复杂的视频新闻的制作，编辑和脚本创意人员要随时和制作人员沟通、交流，为图片和文字的搭配、动画和图文的比例、卡通素材与新闻素材的协调提供建议，从整体上监控制作，及时调整视频的表现效果。

合成发布是对视频新闻做最后的修整、调试与测试，并以一定的格式将视频发布出去。动漫类视频需要依照主体内容与相关内容的情况，依据场景、人物和气氛的设计，剪辑、添加音乐、配音或音效，也可以将不同来源的音乐融合在一起，形成一个整体。

（二）视频新闻的编辑

视频新闻的编辑包括对单条视频新闻的基础编辑和深度编辑、对多条视频的整合编辑。

1. 基础编辑

基础编辑如同文本新闻的正文编辑，主要工作有以下几项。

视频转码。视频编辑完成收录电视信号和信源工作后，利用视频转码技术和工具对原视频进行解码，然后再根据网络与新媒体视频的格式要求进行编码处理，以满足不同网络带宽或设备播放速度的需求。

为视频添加标题、文字报道、视频新闻来源、互动分享按钮、相关视频、推荐视频等，类似正文新闻的编辑。有些视频新闻没有文字报道，但应为长视频提供文字摘要或视频导视。

在视频播放窗口里添加基本信息及功能键，如时长、画质选项、全屏扩展键、设置、下载等。原创视频可以添加logo、前后贴片片花等。还可以根据视频新闻的内容性质在播放画面上添加字幕、表情、标签等。

确定播放方式。可以是打开文本页后自动播放、相关视频自动联播，也可以都是手动操作。

确定发布方式。可以做成单条视频单独发布，类似单条文本新闻的发布；可以将文字、图片等融合编排成多媒体新闻进行发布，视频新闻是主体，文字、图片为补充；可以配合文字、图片新闻发布，文字、图片是主体，视频是补充。

2.深度编辑

深度编辑是指把电视新闻节目当作素材，在不改变新闻画面原意的前提下，按照编辑的策划意图、网民的观看习惯和网络媒体的传播特性，对视频新闻进行拆条、切割、分离、剪辑、加工等改造工作，如：运用切割的理念对联播类新闻和长视频节目进行剪切分条，每条控制在几分钟；将文字与画面剥离，剪切精彩镜头、画面，分解有用信息与无用信息；将切割、分离后的单镜头再重新分组、编排、配音；对原视频素材中的广告和片花进行删减；在每条视频前后增加网站广告或栏目片花，在视频播放窗口增加网站标志；为每条视频新闻单独制作标题。

图3-19　央视网2017春节联欢晚会视频报道的截图

案例4：春节联欢晚会视频的深度编辑

央视网在2017春节联欢晚会结束后，对长达4个多小时的春晚视频做了多重拆条、切割的深度编辑（见图3-19）。一是将完整的春晚分成4个部分，每个部分大约1个多小时；二是将春晚里的每一个节目拆条，截取节目图片并配标题，制作成一个单独的短视频；三是将春晚彩排、播出期间的幕后花絮浓缩精编成一条条长度为5分钟左右的视频。

【分析】对于4个多小时的节目，用户看直播时都很难保证从头到尾看完，点播就更不能要求用户连续、完整地看下来。传统电视受条件限制无法拆分整个节目，但网站有充足的条件对长视频、超长视频进行处理，也必须进行这样的编辑处理。

编辑处理时首先要考虑视频对网络带宽的高要求和用户点播收看的体验度。案例4中第一种处理方式避免了用户等待加载时间过长的问题，也方便用户分配收看的时间。第二种处理方式满足了用户点播喜欢的节目的需要。毕竟并非所有节目都是精彩的，每个用户也都有自己的品位和喜好。第三种处理方式满足了用户用碎片化时间消费视频娱乐的需求。幕后花絮量多且杂，必须要精编成一条条有内容、有主题的视频，才能方便用户收看。

3. 整合编辑

整合编辑的手法在网络与新媒体新闻编辑中被普遍采用，视频新闻也不例外。视频新闻的整合编辑工作包括：将同一主题的多条视频新闻集纳联播；将同一事件中的视频报道整合为视频专题；将同类话题的多条视频整合为一条视频新闻；将文字和图片内容整合为视频播报；将电视原始素材剪辑编制整合成新的视频节目。

整合编辑的目的是让用户在有限的时间里获得大量的信息，让用户摒弃杂乱、碎片化的信息，看到有梳理、有逻辑、有策划、有主题的内容，让用户通过整合编辑的内容快速了解和掌握要点、重点或核心内容。

案例5：搜狐网中国足球2017超级联赛报道中的视频整合编辑

搜狐网在一轮中超比赛结束后，对比赛视频做了多个层级的整合编辑（见图3-20）：一是将所有比赛场次的回放整合到一个播放窗口中；二是将比赛中的进球画面从原素材中剪辑出来，再整合到一个区域；三是将单场比赛中的精彩画面剪辑出来，整合为“比赛集锦”，每场比赛的“集锦”又整合到一个区域；四是将比赛中的红牌、点球、最佳球员、赛场冲突、发布会等特殊节点剪辑出来，再整合到一个区域。

【分析】中超一轮比赛共有8场，仅比赛时间就720分钟，加上场前训练、场后发布会、场外花絮等，相关视频共有近千分钟。对于如此大容量的视频信息，必须要进行有条理、有逻辑的整合编辑，摒弃冗余的、无效的视频，才能给用户呈现一轮中超比赛的精彩画面和内容。

搜狐网做的四个层级整合编辑，让用户可以集中看到每一场比赛的完整回放、一轮比赛的所有进球、一轮比赛的精彩画面、一轮比赛的细节和点滴。

还可以进行更多的此类整合编辑，比如一个前锋一赛季进球的整合集锦、一个球队一赛季的精彩进球、一个教练在比赛中的各种表情，等等。在整合时还可以进行视频与图片的结合，因为有些瞬间抓取的比赛照片比视频更有冲击力和感染力；如果有些运动员比赛中的表情和动作在视频中没有慢放细节，也可以通过照片来弥补。

图3-20 搜狐网中国足球2017超级联赛的视频整合截图

三、立足运营的视频新闻编辑策略

根据中国互联网络信息中心（CNNIC）发布的第42次《中国互联网络发展状况统计报告》，截至2018年6月，我国网络视频用户规模达6.09亿，占网民总体的76.0%；手机网络视频用户达5.78亿，95.9%的视频用户分布在手机端。根据艾瑞网提供的2016年视频行业发展情况分析，2016年度中国在线视频市场总规模为609亿元，广告收入占比54.9%，其中移动端广告市场规模已达总体规模的 61.7%，收入206亿元。无论是参考用户行为习惯，还是互联网广告收益，视频都正在成为网络与新媒体运营的主要对象。

在互联网提速、流量资费下降、终端设备品质提升等与视频相关的外部条件改善后，视频及视频新闻的运营价值在快速提升。在当前信息爆炸的时代，用户时间成为新的争夺对象。一方面视频有更多载入广告信息的空间和可能性，另一方面，视频与图文相比，占据了用户更多的时间，具有更高的商业价值。特别是视频家族中的短视频，2016年获得资本市场的青睐，多家公司获得多轮上亿美元的投资，这意味着短视频具备极大的广告运营价值。立足运营制定视频新闻编辑策略很有必要。

第一，要审慎处理单条视频的时长，太长或太短都会影响用户体验。皮尤研究中心早在2012年就开始研究YouTube上的视频观看数据，并得出结论：最受欢迎的视频长度为2.1分钟左右。研究机构ComScore在2014年的一份报告中提出，网络视频的平均时长（不包括网络视频广告）是4.4分钟左右。短视频中稍长的视频内容保持在2.08分钟是最合适的，而稍短的视频则在24秒最合适。因此，对长视频进行拆条，对超短视频进行碎片化整合，都是围绕用户的视频收看体验必须进行的编辑处理。此外，无论是PC端还是移动端，都应给出视频时长的提示，以便用户自主选择是否收看。

第二，要处理好内容时长与广告时长的关系。广告直接体现着视频及视频新闻的运营价值，但视频中的广告是把双刃剑，3分钟的视频内容，1分钟的广告时长，这样的用户体验无疑会被诟病。视频时长与广告时长究竟应怎样平衡？有没有比例和规范？艾瑞网、DCCI和Millward Brown三家权威数据调研机构联合发布的报告显示，15秒前贴广告与45秒前贴广告相比，前者令用户对广告时长的接受度提高17倍，也就是说，一条15秒广告比一条45秒的广告更易为用户所接受。但是，现在有些视频新闻前有多条15秒广告，这无疑是一种涸泽而渔的做法。视频网站选择广告时长时必须要从用户体验出发，主动去满足用户需求，而不是让用户去被动地忍受。事实上，缩短广告时长所带来的广告单价的提升，也可带动平台价值的提高。现在一些网站设置可跳过的前置广告，把是否看广告的选择权交还给用户，看似有广告被跳过的风险，但尊重用户、维护用户体验，是一种赢得长期用户、忠诚用户的明智之选。

第三，处理好视频是否自动播放问题。技术的支持让视频新闻有了多种播放方式：在多个视频构成的页面上点击视频后，在同一页面播放或在弹出的新页面上播放；正在播放的视频在页面滚动时一直保持播放状态；整合到文本页的视频随着文本页的打开自动或手动播放。网络与新媒体运营者自然希望所有的视频都设置为自动播放，特别是带有广告的视频新闻，每一次播放都会获得一份收益。但是，这种强制性的视频播放带来的是一种极差的用户体验，且不说用户会第一时间关闭视频、关闭页面，这更有可能导致用户彻底流失。移动端的自动播放问题更严重，如果不设置“非Wi-Fi环境”的提醒，将直接让用户承受经济损失。因此，要处理好一些编辑细节：文本页若带有视频，应在标题中提示；文本页的视频应提供关闭自动播放按钮，由用户自主选择设置；PC端常用的视频联播方式在移动端慎用。

第四，要编辑好视频新闻标题、导视和文字摘要。视频新闻实现运营价值的前提是用户打开视频新闻，只有用户打开了视频页面，视频新闻才能通过视频内容截留用户的时间，或者因用户看到广告而产生广告收益。因此，需要编辑好引导用户打开视频新闻的内容。按照文本新闻标题的编辑要求制作标题，编写精炼而又能“剧透”视频新闻的导视，在视频页面提供简短、能概括视频内容的摘要等，都是直接而有效的手段。此外，在热门的单条视频新闻页面上推荐同类视频，设立热门视频榜单等类似文本新闻运营的做法，也是一种引导策略。

第五，要平衡技术与内容的关系。手机摄像技术、屏幕成像技术、数据存储技术、视频解码技术、5G技术、云计算技术等提升了视频制作的水准，提高了视频新闻的质量，加快了视频产品的传播，使得结合技术与视频的产品越来越多。动漫视频、全景视频、无人机视频、3D视频等视频产品被频繁运用到新闻报道中。但是，这些新兴视频品类终究是对内容的包装。让技术为内容服务，而非一味追求技术，是需要把握的宗旨。特别是在移动端还存在带宽瓶颈的当下，推向移动端的视频产品应选择更易被用户接受的短视频新闻。

第三节　数据新闻的编辑与运营①

随着互联网和移动媒体的发展，网络与新媒体上的信息越来越多，而用户的时间越来越稀缺。如何在有限的时间里获取量大又易于理解和接受的内容，成为用户需求的新发展方向。数据新闻应运而生。数据新闻通过充分挖掘数据，解构数据背后的意义，以可视化手段呈现数据价值，它正在成为新媒体时代最重要的新闻表现形式和多媒体手段。

一、认识数据新闻

新媒体时代，信息从稀缺变为过剩，内容从整体变为碎片。因此，收集、筛选并呈现出的数据、信息背后的原因与真相的价值越来越高。同时，一个孤立的事件中零散的微内容往往缺少关联度，但如果从正确的角度挖掘、分析相关数据，就能发现极为重要的价值。

新兴的发布平台赋予了每个人数字化地收集和共享数据并把它转化为信息的能力。数据新闻能让人深入到数据源当中，使用各类资源、工具、技术和方法等，去验证、推断并挑战被普遍接受的假设，呈现“故事的轮廓”，或提供“新的视角”。数据新闻为把传统的新闻敏感性和有说服力的叙事能力与海量的数字信息相结合，创造了新的可能。

数据可以是数据新闻的来源，也可以是讲述新闻故事的工具，还可以两者兼具。若新闻媒体机构与新闻工作者运用数据新闻，就可以从数据中找到独特的故事，可以通过信息图表来报道一个复杂的故事，可以借助数据新闻可视化帮助用户认识烦琐的问题。

作为一种运用于新闻叙事的工具、技巧与方法，数据新闻使得记者的工作核心由追求最先报道新闻向讲述某一事态变化背后的真正意义及如何讲述转变，数据新闻“开辟了全媒体、互动性、游戏化、移动式的新闻叙事道路，完成了对传统新闻一元叙事的革新。这既是大

① 学习本节时可同时参考《数据新闻手册》和“财新数据可视化实验室”（vislab.caixin.com）。

数据时代开放理念的必然产物，也契合了新媒体环境下受众的阅听习惯”①。

大数据是数据新闻线索的来源，可视化呈现是数据新闻的传播手段之一，数据新闻的制作重点在于如何更加精彩地讲述数据背后的故事。《数据新闻手册》观点鲜明地提出：“像其他信息源一样，我们应该持怀疑态度对待它；如任何工具一样，我们应该对于随新闻衍生的数据如何影响和左右新闻故事的发展持清醒态度。”

开放的、准确的大数据是数据新闻编辑制作的前提，可协作的、由多种人员构成的数据新闻团队是基础，分析数据和展现数据是数据新闻的一体两翼，三方面结合才能成功地完成一个数据新闻作品。美国数据新闻发展迅猛与2009年奥巴马政府发布的《开放政府令》中的建成数据门户网站（data.gov）直接相关。《卫报》《纽约时报》及buzzfeed网站多次获得GEN数据新闻奖，原因就在于其拥有专门的栏目和专业的团队。分析数据、展现数据是数据新闻价值之所在，能表现出数据新闻的张力和魅力。

二、数据新闻的三种样态

数据新闻又被称为“数据驱动的新闻报道（Data-Driven Journalism）”，丰富的数据来源、结构化的叙事逻辑、可视化的呈现方式是数据新闻的组成部分。但目前，国内媒体机构编辑制作的数据新闻并不都是数据驱动的新闻。从已有的数据新闻看，其有三种样态。

（一）可视化新闻信息图

可视化新闻信息图是数据可视化在新闻报道领域的应用成果。数据可视化（Data Visualization）是一种方法和技术，即运用计算机图形学和图像处理技术，将数据转换为图形或图像并在屏幕上显示出来，可融入交互效果。通过数据可视化技术输出的图像具有交互性、多维性、可视性的特点，能清晰、有效地传达信息。

可视化新闻信息图就是借助图形化的手段，准确、简洁、明晰地解读新闻、传递信息，让用户能快速抓住内容要点，让关键的数据点在可视化图形上清晰呈现。常见的可视化新闻信息表达方式有“一图读懂”“一图解读”“一图速读”等。可视化新闻信息图是数据新闻最基础的表现样态，主要针对单篇文章或单个主题进行可视化解析，不需要对数据进行太多深层次的挖掘和分析。

可视化新闻信息图可以是静态图，也可以是动态图，还可以结合、融入交互手段，特别是可以在移动端设计更多的人机交互方式，如滑动、点击、输入内容等，让用户在参与中一步步进入到信息图展示的内容中。

案例1：2017全国两会新华网图解新闻

【分析】政经类新闻是新闻报道中的重点，也是难点。类似政府工作报告、法律政策条文、一年工作成绩总结这样的新闻，篇幅长、信息量大、内容丰富，用户很难在短时间内读懂，

① 孟迪.美国数据新闻发展的开放与变革[J].编辑之友，2016(2):100.

也不需要像专业人员那样去细细研读报告。因此，将要点、重点、关键点挖掘出来，并运用可视化信息图表呈现，体现了新闻的易读性、可读性。

可视化信息图是数据新闻最基本的样态，主要运用各种图形、图像，包括柱形图、条形图、饼图、散点图或气泡图、面积图、蜘蛛图来表现各类数据和信息。此外，用颜色的深浅和不同字体、字号来表示指标值的强弱和大小，也是数据可视化设计的常用方法（见图3–21）。《让你了解

图3–21　2017全国两会新华网部分图解新闻的截图

民法总则草案有多重要》信息图就是通过对字体和颜色进行区分以凸显信息要点。整个数据新闻排列整齐、有序，格式统一，空间疏朗有致，内容一目了然。

（二）基于数据集或数据库建构的数据新闻

作为一种新型的新闻生产模式，数据新闻不只有单纯的可视化“外表”，它还需要通过对数据的分析和清洗，建构有新闻属性的数据库，来讲述一个新闻事件或展示复杂的现象，让用户在数据库中搜寻、对比，以了解更多的事实和问题。

基于数据库建构的数据新闻，面对的是海量的、碎片化的数据，强调的是改变传统新闻内容的叙事模式，获得的是改善专业新闻的“阐释”效果。要制作数据新闻，先要运用专业工具抓取有效数据并进行结构化、知识化处理，然后由各类专业人员对数据进行意义建构，梳理数据新闻的叙事逻辑，最后再以形象、生动、简单的可视化交互图表或视频呈现。

案例2：财新网的《青岛中石化管道爆炸》①和英国《卫报》关于伊拉克战争的数据地图

2013年11月22日10时25分，位于山东省青岛市黄岛区的斋堂岛街突然发生了一场惊天爆炸，造成62人死亡、136人受伤。财新网记者在事件发生后第一时间赶赴现场，拍摄了大量照片，制作完成交互式数据新闻报道《青岛中石化管道爆炸》（见图3-22）。

图3-22　财新网《青岛中石化管道爆炸》数据新闻的截图

【分析】突发性事件发生时，信息、图片多而杂，碎片化内容涌现，并不利于用户对整个新闻事件进行了解和认识。财新传媒数据可视化实验室在青岛中石化管道爆炸事件中，用前方记者采集的图片组建了图片库，并将其与事件发生后的信息数据结合；将在爆炸现场拍摄的照片按拍摄位置还原到谷歌地图上，用户打开谷歌地图后，随着显示比例尺逐步缩小，一步步“进入”山东、青岛、黄岛乃至发生爆炸的具体位置；用文字记录的事件发生时间、地点、起因等背景信息在侧栏展现。用户放大地图后，会看到用红色小标记标示的该事件的众多小现场，点击一个红色小标记，即可浏览记者在所标记地点上拍摄的新闻图片。“通过引导及交互两个界面，以数据新闻的方式呈现了事态进展，尤其是以卫星定位技术，将前线记者所

① 青岛中石化管道爆炸[EB/OL].（2013-11-24）[2017-07-10]. http://datanews.caixin.com/2013-11-24/100608929.html.

拍照片标注于地图上，让读者更容易理解各爆炸点的地理位置与爆炸时间，帮助用户建立对事件起因、经过、影响等的直观感受，让用户在互动过程中身临其境。”①

对于同样的新闻事件，网易新闻则从知识、安全层面做了另一种方向的深度挖掘：将不同城市的化工厂、危化品等的分布情况制作成数据库，在移动端推出数据新闻《危化品爆炸事件离你有多远》（见图3-23），强化新闻产品与个人的关联性；将地理位置、数据、交互地图有机结合，让用户可以其所在地为中心，在手机中查询周围化工厂分布信息，这实现了用户互动层面的数据新闻可视化。

图3-23　《危化品爆炸事件离你有多远》截图

类似的还有英国《卫报》做的伊拉克战争数据地图（见图3-24）。《卫报》“使用维基解密的数据，借用谷歌地图提供的免费软件Google Fushion制作了一幅点图（dot map），将伊拉克战争中人员伤亡情况标注于地图之上。地图可以缩放大小，数据多达39.1万条。图上的一个红点便代表一次死伤事件，鼠标点击红点后弹出的窗口则有详细的说明：伤亡人数、时间，造成伤亡的具体原因。这里既没有用枯燥的数字作毫无人性的平静描述，也没有采取夸张的文字进行煽情式的叙述，但地图上密布的红点却显得格外触目惊心”。②

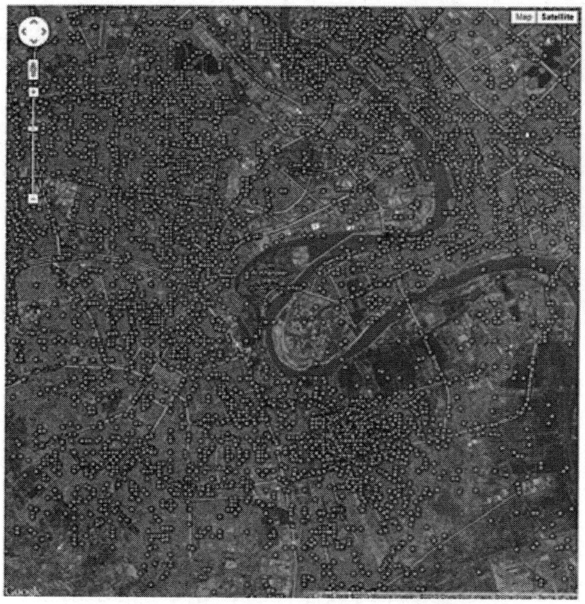

图3-24　英国《卫报》关于伊拉克战争的数据新闻的截图

① 青岛中石化管道爆炸事故——财新记者实拍图集[EB/OL].(2013-11-22)[2017-07-10]. http://vislab.caixin.com/?p=61.

② 作为开放新闻的数据新闻——英国《卫报》的数据新闻实践[EB/OL].(2013-07-11)[2017-07-10]. http://www.docin.com/p-676587416.html.

案例3：2015三公消费龙虎榜①

2015年财新网推出数据新闻《2015三公消费龙虎榜》，榜单以“2010年以来官方公布的90多个中央级单位的三公消费数据”为基础，设计了“概况”“费用榜”“比例榜”“人均榜”“大趋势”“关于三公”六个菜单，既有2010—2015年中央级单位三公消费的总体情况，也有各个部委各自的数据及横向比较数据（见图3–25）。

图3–25　财新网的数据新闻《2015三公消费龙虎榜》的截图

【分析】经济类、财经类新闻本身就是用数字、数据说话，而数字、数据又是枯燥的、繁杂的，需要有效的梳理和清晰明了的呈现。《2015三公消费龙虎榜》是一个相对大型的作品，首先，需要录入90多个中央级单位五年来所有的三公消费数据，制成数据库；其次，需要选择解读三公消费的角度，“费用榜”“比例榜”“人均榜”就是三个不同的角度，使用户了解什么是三公消费、每个部门的支出及支出组成如何、人均支出如何等；最后是可视化和交互式结合的输出与呈现，用饼图、堆积柱状图、对比条形图、比例图等将数据图形化，让用户看到的不再是那些单调的数字、数据。

《2015三公消费龙虎榜》只是纯粹地展现所有数据，媒体机构在报道中没有评价也没有下结论，甚至没有作文字报道、解读与引导，而是让用户自己去发掘和思考这些客观存在的数据的意义。

（三）数据驱动的新闻报道

万维网创始人蒂姆·伯纳斯·李说，数据驱动新闻代表着未来。新闻工作者需要精通数据。过去你可能通过在酒吧和人聊天获取新闻故事素材，尽管这种方式现在有时仍会被采

① 2015三公消费龙虎榜[EB/OL].(2013–08–14)[2017–07–10]. http://datanews.caixin.com/2013/sangong/.

用，但目前你同样要钻研数据并借助数据工具分析和筛选出引人关注的信息，还要对信息进行正确的处理，帮助人们看到它真正反映了什么。

数据驱动新闻，意味着生产的数据新闻不是停留在数据可视化信息图或简单呈现的数据层面，而是要通过对公开、海量的数据进行挖掘、分析，发现一个新现象，得出一个新的思考角度或新评价，预测一个新的可能或趋势，比如：通过手机信号的密集程度来测算旅游人群的走向，通过购买的火车票的起始站和终点站判断旅客的行程，通过汽车发生交通事故的数据来判断最危险的路口、路段，通过GPS记录仪的数据计算出出租车的平均时速以测算车辆运行的高峰时段。

案例4：《金融时报》的《厄尔尼诺对全球粮食产量的影响》数据新闻

《金融时报》利用美国国家海洋和大气管理局（NOAA）的数据制作动图，展现2015—2016年海平面温度的异常变化，以此解释厄尔尼诺现象；根据日本国家农业环境技术研究所的数据，依次以玉米、小麦、水稻、大豆为对象，在地图上标出粮食产区受到的厄尔尼诺现象的影响。红色表示受到严重负面影响，橘黄色表示受到不显著负面影响，淡蓝色代表受到不显著正面影响，深蓝色代表受到显著正面影响。由此可以看出，世界上大部分的玉米生产区多多少少都受到了厄尔尼诺的负面影响。

【分析】从严格意义上说，可视化新闻信息图不能被归为数据新闻，只能被认定为新闻的可视化呈现。基于数据集或数据库制作的数据新闻是数据新闻的“初级阶段”，录入数据、分类数据、呈现数据，一切围绕数据展开，一切还停留在数据层面，并没有向数据的“相关性”层面延伸和拓展。因此，以数据为基础、以相关性为方向生产与制作的新闻，才是真正的数据新闻。

数据驱动新闻是大数据“相关性”特征在新闻报道上的体现。“在大数据时代，我们不必非得知道现象背后的原因，而是要让数据自己发声。”[①]“知道是什么就够了，没必要知道为什么。”[②]因此，数据驱动新闻，就是通过识别有用的关联物建立相关关系，来帮助我们分析一个现象，帮助我们捕捉现在和预测未来，而不是揭示其内部的运作机制。

三、数据新闻的编辑制作

数据新闻是一项长流程工作，涉及从收集到呈现的各个环节。英国伯明翰城市大学教授布拉德·肖基于传统新闻学“倒金字塔”结构理论，提出数据新闻采编流程“双金字塔”结构（见图3-26）。倒金字塔部分自上而

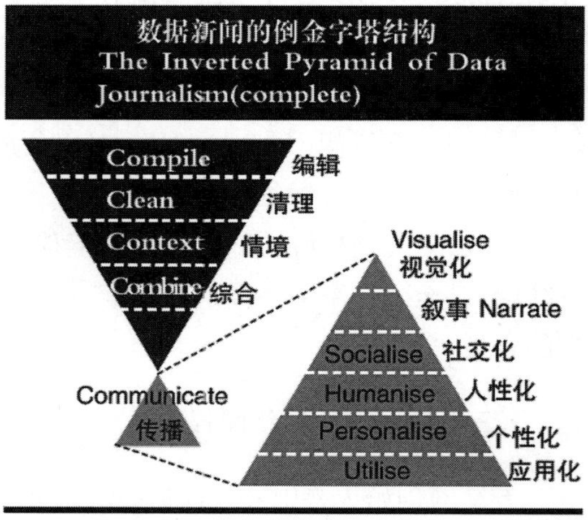

图3-26　数据新闻的倒金字塔结构和正金字塔结构

①② 迈尔-舍恩伯格，库克耶.大数据时代[M].盛杨燕，周涛，译.浙江：浙江人民出版社，2013：45.

下包括编辑、清理、情境、综合等四个环节，以传播为纽带，其可转换为一个自上而下的，包括视觉化、叙事、社交化、人性化、个性化和应用化等六个环节的正金字塔结构。简单来说，倒金字塔结构是数据的收集与挖掘，正金字塔结构是数据的呈现与传播，前者是数据从庞大、海量的信息中被挑选出来到形成数据新闻"半成品"的过程，后者是基于传播的需求，让数据新闻产品满足从视觉化到应用化的要求。因此，可以将数据新闻的编辑制作分为三个层面：数据收集、数据处理、数据呈现。

（一）数据收集

收集数据时首先需要了解数据源，可以从以下几个方面收集。

第一，用户发布到网上的碎片化数据——评论、留言、弹幕、博客、微博、图片、视频、音频、点赞量、转发分享数等，社会化平台上的UGC内容是了解用户态度与立场的重要数据源。

第二，新闻媒体机构登载、刊发、播出的内容，不只是单条新闻，还有同类相关内容或不同时期的同题内容整合、比较后的新闻，它们都可以作为制作数据新闻的"原料"。

第三，政府、企业、行业、社会团体等发布的公开数据，比如《2015三公经费龙虎榜》收集的就是政府机构公开发布的三公经费数据，英国《卫报》2015年6月发布的数据新闻《为何反移民党派在北欧国家势力强大》就使用了来自欧盟统计局的关于北欧四国从1998年到2014年外国移民、难民、反移民公民的人口数据。

第四，物联网、传感器、用户行为痕迹等数据，有的不完全对外公开，但意义和价值非常大。阿里巴巴在"双十一"之后公布的各地网民购物消费情况，就是根据用户的电商消费记录和浏览商品痕迹统计出来的。

第五，网络上其他所有公开的数据，包括搜索引擎中的公共资源，如文库、图书、百科、知道等知识类资源，网络文学、影视剧、音乐、游戏等娱乐化资源，暴风、沙尘、地震、海啸等天气资源，地图、航线、坐标、车辆事故等社会交通资源。

其次是明确收集数据的方法和工具。

第一，可以运用全网搜索引擎或垂直搜索引擎收集数据。谷歌、百度、必应、搜狗都可以进行关键词的全网搜索，但如果要搜索更为精准的专业类数据，可以采用垂直类搜索。比如微信内容，可以用搜狗的微信搜索或微信内搜索；学术内容，可以用百度的学术搜索或知网搜索。

第二，可以用专业爬虫技术收集数据。互联网上有多款免费爬虫工具，如八爪鱼、集搜客、python软件等，它们支持各类网站、网页抓取，甚至还能进行云采集，并能自动生成专门的数据资源库。

第三，可以自主研发专业的数据抓取工具。大型专业机构或互联网公司大多会开发基于自身需求的搜索抓取工具，如人民网舆情监测室、清博舆情，为研究网络舆情、制作舆情数据新闻，专门开发了舆情数据收集工具和平台。

搜索引擎、免费抓取工具收集到的数据相对初级、简单，需要更细致和更全面的清理；自主研发的专业工具抓取的数据精准度、有效性要更高些。

（二）数据处理

《信息之美》的作者大卫·麦克坎德莱斯（David Mccandless）说过：“数据正变得越来越重要，这并不是因为数据的量大，而是我们拥有了工具和能力去分析数据，找出模式、结构并揭示趋势。为此，路透社也正是这么做的。”因此，数据处理是制作数据新闻的核心环节，要根据选题要求、角度设计等对庞杂的数据进行有逻辑的筛选、整理，逐步排查、摒弃无价值、无关的或空缺的数据，然后将数据置于有意义的情境之下，进行多维度整合。

《数据新闻手册》提出，处理数据之前至少需要知道三个关键点：数据需求的提出取决于你想要解决的问题；数据通常是不规范的，在使用之前需要进行清洗；数据可能包含未记录的内容。这也就意味着，处理数据之前要对数据做必要的技术处理，即对抓取的数据中的无效信息、不完整内容、乱码、错误等进行甄别和剔除。

数据处理必须要从建构数据新闻的角度，从讲述一个完整的新闻故事以及更好地呈现这个故事的角度进行意义上的分析、挖掘和提取。因此，数据处理的方式是多样化的，不同的选题、不同的数据类别需要有针对性的处理思维和方法。常用的方法有以下几种。

第一，建立数据集或数据库。为了展现事件发展的全貌、记录事件的全过程，应搜集、整理所有与之相关的数据，分门别类地将其录入数据库。比如制作反腐败的数据新闻，就可以收集媒体报道过的腐败案件，然后按照人物级别、查处时间、所在地域、年龄、性别、贪腐金额、查处部门、个人图片等建立数据库，并长期保留和更新此数据库，以便用户查询和检索。图3-27就是新浪新闻从数据集角度制作的《国家反腐战役》数据新闻。

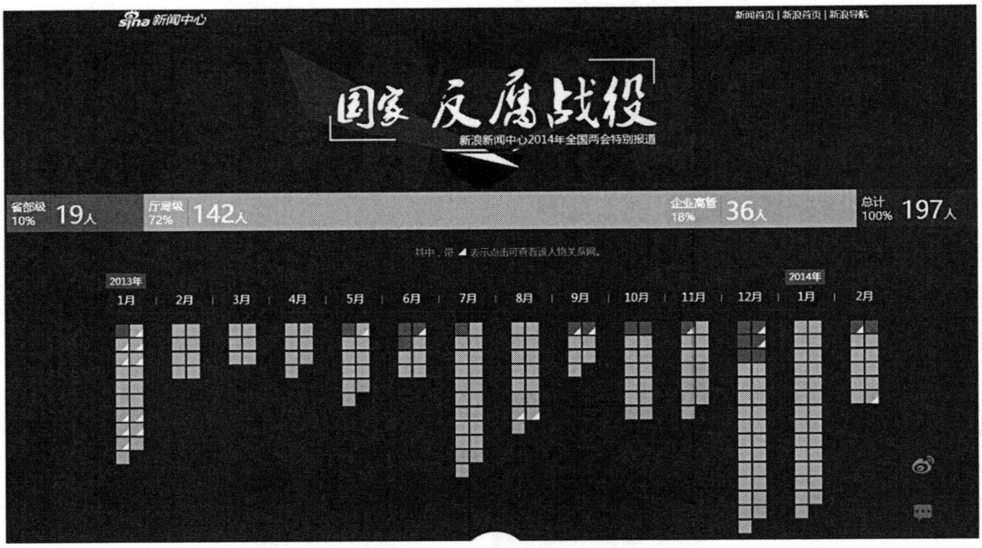

图3-27　新浪新闻中心2014年两会特别报道《国家反腐战役》①

第二，挖掘数据之间的关系，从对比的角度处理数据。比较是凸显数据新闻价值的有效方法。孤立的数字要么显得枯燥，要么显得单薄，让人无法判断其大小、好坏。比如国家经济指数、人均收入、财政预算等经济方面的数据，绝对数字大或者小，都不能给人直观、鲜明

① 国家反腐战役[EB/OL].(2014-03-06)[2017-07-20]. http://news.sina.com.cn/pc/2014-03-06/326/3077.html.

的认识，但如果有了参照物，如与之前年份的对比、与其他国家数据的对比等，那么数据的价值和意义就显现出来了。横向、纵向或横纵交织地挖掘和分析数据，是数据处理的一种方式。财新网推出的《华语电影48年申奥路 提名107部获奖仅1部》采用的就是纵横对比交织的方式，横向比较各个国家的获奖率，纵向比较华语电影申报、提名与获奖的数量，由此表现出华语电影申“奥”的漫漫征程（见图3–28）。

第三，根据内容的性质，从时间、空间或时空结合的维度处理数据。数据总是与某一特定的时间或空间对应，拉长的时间能增加新闻事件的深度，放大的空间能增加新闻事件的广度，而孤立的时间点或空间点的数据只能反映暂时的、局部的现象。因此，以时间和空间为经纬线来梳理庞杂的数据，一方面有利于聚焦内容和主题，让新闻有逻辑地延展，另一方面有助于让用户看到新闻的发展脉络和整体面貌。财新网制作的《楼市十年》就是由一幅幅时空交织的互动信息图构成的数据新闻。时间维度上，以十年的发展为脉络；空间维度上，依托地图展现全国各地楼房价格变化。时空叠加在交互动效上，让用户既能清楚看到同一城市楼市十年的变化，也能清楚看到不同城市同一时间的楼市价格对比。

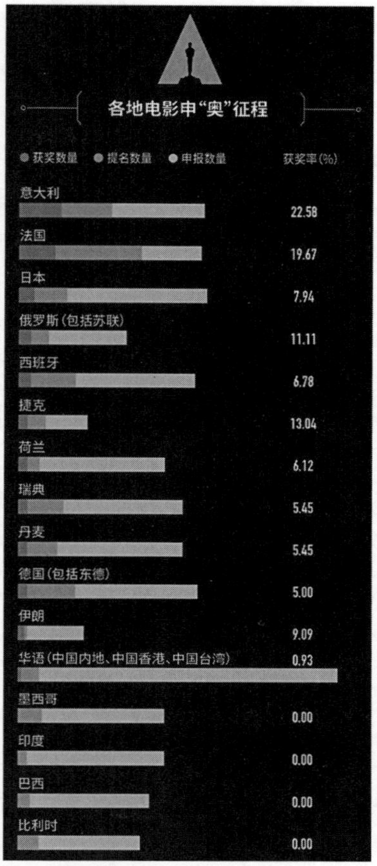

图3–28　财新网《各地电影申“奥”征程》

（三）数据呈现

将处理数据后得到的数据集、数据库、数据关系等转化为直观的图形进行可视化呈现，是数据新闻的必然选择，关系到数据新闻产品能否被认识和接受。目前采用的可视化数据呈现方式有静态可视化信息图、动效可视化信息图、交互式可视化信息图、动效交互结合的可视化信息图、可视化视频、交互式可视化视频等。

用于视觉化工具的信息图表包括：图表、图解、图形、表格、地图和列表等。

用于可视化呈现的图形有：饼图、条形图、柱状图、堆积柱状图、堆积条形图、曲线图（折线图）、散点图、气泡图、K线图、雷达图、流程图、热点图、关系图、漏斗图、象形柱图、桑基图、平行坐标等。

用于可视化表达的设计元素有：面积的大小、尺寸的长短、条柱的高低、不同的颜色及颜色的深浅、不同的字体及字号的变化、带动效的滑动方式等。

用于可视化表达的内容有：数字、比例、比率、百分比、极简文字、素材图等。

了解图表类别、图形、设计元素和内容只是制作、呈现可视化数据新闻的第一步，关键是要学会用最合适的图形表现数据并不断改进，让图形更简洁和准确；要在设计中综合使用各种方式和手段，以丰富图形的内涵。在此介绍一些基本的图形及其适用范围和对象。

柱状图或堆积柱状图

用柱体的长度或高低来表示不同指标对应的指标值之间的对比（见图3–29），可以是同一对象的对比，也可以将不同对象用颜色区分后同时呈现。这种方法会让浏览者对数据及其之间的对比一目了然。制作这类数据可视化图形时，要用数学公式计算，以得到准确的尺度和比例。

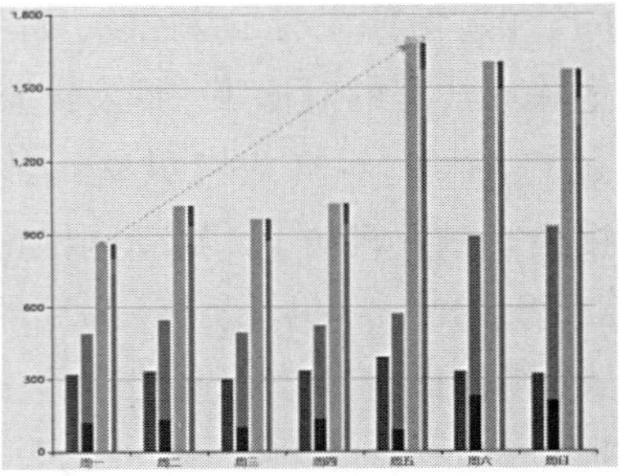

图3–29　柱状图或堆积柱状图

桑基图

主要关注能量、物料或资本等在系统内部的流动和转移情况。在图3–30中，起始流量和结束流量相同；在内部，不同的线条代表着不同的流量分流情况，其宽度成比例地显示此分支占有的流量；节点的不同直径代表了特定状态下的流量大小。

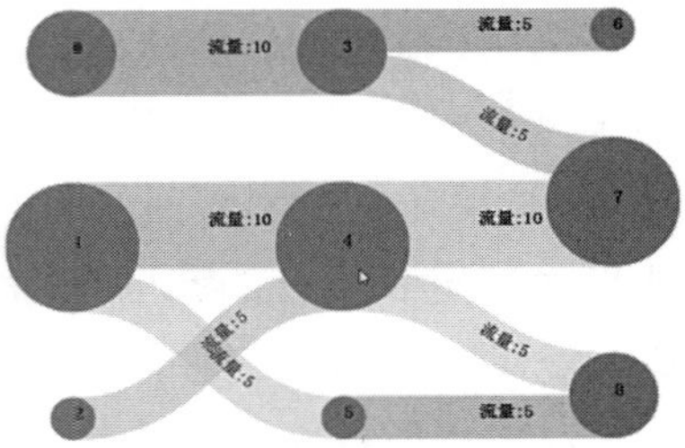

图3–30　桑基图

热点图

通过使用不同的标志将图或页面上的区域按照受关注程度的不同加以标注并呈现的一种分析手段，标注时一般用颜色的深浅、点的疏密以及呈现比重进行区别（见图3–31）。不管使用哪种方式，最终得到的效果是一样的。

图3–31　热点图

雷达图

这是一种以二维形式展示多维数据的图形。从中心点辐射出多条（大于等于三条）坐标轴，每一组多维数据在每一维度上的数值都占用一条坐标轴，将相邻坐标轴上的数据点连接起来，会形成不规则多边形，形似雷达仪表盘（见图3–32）。雷达图主要用于显示对象在各个指标上的强弱，特别适合展示在某个属性上特别突出的对象，比传统的条形图具有更强的视觉冲击力。

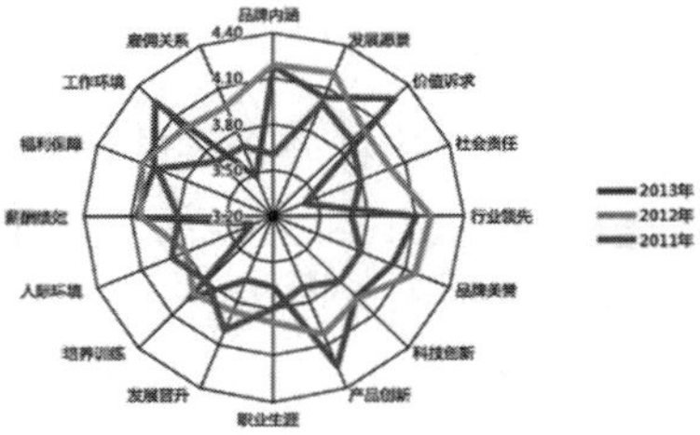

图3–32　雷达图

散点图

用于显示和比较数值（见图3–33），使用数据值作为横纵坐标来绘制点，通过散点的疏密程度和变化趋势，揭示格网上所绘制的值之间的关系。可以给每个点加上文字标示或不同颜色。

散点图的一种变体是气泡图，它通过每个点的面积大小反映三维数据。如果给气泡加上颜色，就能显示四维数据。

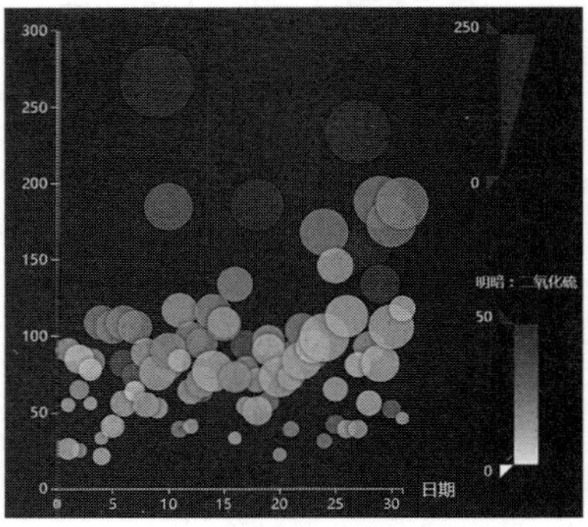

图3–33　散点图

数据地图

将数据与地图结合，可以在地图上直观地展示与位置相关的数据，也可以将一些基本图形与地图结合（见图3–34）。数据地图需要更多的辅助手段，比如用数字简单说明、用颜色标示区别、用动效显示时间等。

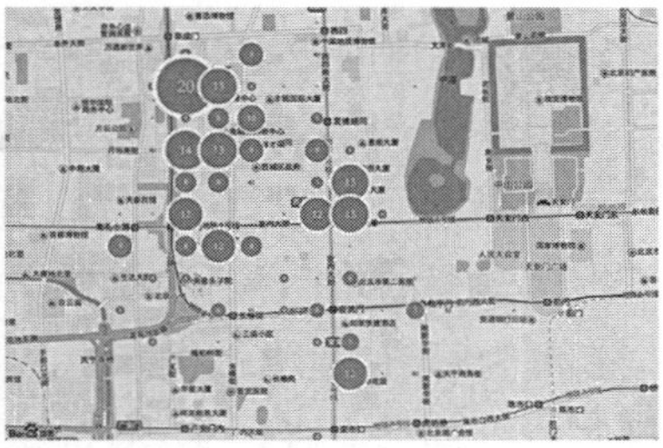

图3–34 数据地图

基本图形有时还需要跟有实际含义或形象化的图形结合，这样可以使数据图表更加生动，更直观地展现信息，用户也更易于理解图表要表达的主题。图3–35中，直接采用代表男性和女性的图形以及“左边蓝色、右边粉色”的代表性颜色，结合面积和尺寸可视化，用不同长度的条形表示不同的比例。多种可视化手段的结合运用让这个信息图清晰明了，提升了数据的可理解性。

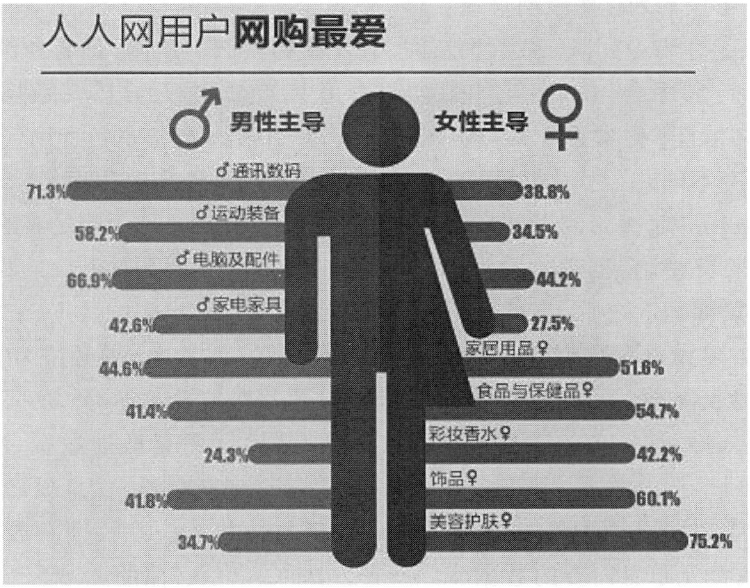

图3–35 基本图形在数据新闻中的应用

除单独或综合运用一些基本图表外，可视化的手段中还会融入互动手段或视频手段。互动图表需要借助HTML5、CSS3和Java Script等计算机语言在页面上呈现，人们制作出的交互式可视化数据新闻，可通过电脑或手机等设备展示，支持用户互动。数据新闻视频需要把影像、声音、背景资料片与图表、图形等结合，可以把虚拟场景、动漫、3D、动效与数据结合，用数据来解释、解读新闻。

此外，数据呈现要做到全局与局部的合理分配。在全局上，要能够展示信息图或交互图轮廓，让用户快速了解图表要表达的整体概念；在局部上，要用详细数据或照片加以呈现，在鼠标滑动或手指触摸弹窗时展现。复杂图形和多维度数据要通过各种方法、手段的混合使用来实现全局与局部的完整设计。

四、立足运营的数据新闻编辑策略

数据新闻是在大数据时代应运而生的一类新闻产品，虽然诞生时间不长，但在新闻报道中已经获得广泛运用。无论是纸媒还是电视媒体，都在强调“用数据说话”。可视化的数据新闻不仅在阐述问题、讲述故事方面有独特效果，而且能让用户的浏览、阅读更简单、直观。

数据新闻的编辑制作专业技术性强，流程较为复杂，涉及人员众多，因此，不可能大规模批量生产数据新闻产品，而且也不是所有新闻都适合被制作成数据新闻。站在网络与新媒体运营的角度看，制作数据新闻首先需要组建专业的编辑制作团队，以生产制作精品数据新闻为原则，建立数据新闻品牌栏目或频道，将数据新闻作为留住用户的手段。同时，运用好数据新闻的三种样态：日常新闻报道多做成可视化信息图，这样可增强新闻的可读性和易读性；重大事件、重要报道适合制作成以数据集、数据库为基础的数据新闻；多策划制作数据驱动的新闻，形成系列化的原创报道。

策略之一，组建专业团队。做数据新闻，理论上需要四类角色：记者和编辑、数据分析师、美术设计师、程序员。其中记者和编辑必不可少，负责内容的组织；数据分析师负责数据搜集、整理与清洗；美术设计师负责图形的设计与优化；程序员负责用代码呈现图形。与传统新闻生产不同，在数据新闻的生产过程中，美术设计师和程序员从讨论选题阶段就要与记者、编辑一起参与到新闻生产中。他们先要判断新闻是否有足够的数据，然后决定用什么形式来表现。根据美术设计师的设计方案，程序员要预估开发的难度和成本，待设计和技术方案都确定之后，有可能还会要求采编人员补充更多的数据。

策略之二，建设自有数据库。从数据新闻的长远发展考虑，要建立立足于媒体机构自身特点的专业的数据库，包括素材库、资源库、图片库与视频库等。数据新闻建立在大数据的基础上，但目前国内的数据资源开放程度有限，无论是政府数据、社会数据还是一些大数据公司掌握的数据，都不会轻易开放、共享，数据割裂、信息孤岛在一定程度上阻碍了数据新闻的发展。因此，有条件的网络与新媒体机构应从长期发展与整体运营的角度考虑，建立满足自身需要的数据库。这是必要的，也是必需的。

策略之三，建立品牌。数据新闻的生产还没有形成规模和批量态势，单篇的数据新闻散落在互联网空间里，很难有高传阅率和影响力。目前，致力于数据新闻报道的媒体机构都为之开辟了栏目、专题或频道，如《纽约时报》开辟有*The upshot*栏目，财新网设置有《数字说》，网易新闻专设有《数读》，搜狐网开设有《数字之道》，新华网的《数据》频道囊括了“信息图”“图文互动”“PC交互”“手机交互”等多种类型的数据新闻。这种编辑策略有利于用户快速检索、查询到制作不易、少而精的数据新闻，让数据新闻导流的价值最大化；有利于数据新闻形成自己的品牌并在用户中传播；有利于网络与新媒体机构持续生产原创内容，培养差异化的竞争优势。

策略之四，建立大传播通道。编辑制作一条数据新闻费时耗力，因此，基于运营的思维，应对数据新闻产品进行最广泛的外部传播，提高单条数据新闻的“性价比”。网络与新媒体机构不仅要在自己旗下的网站、客户端和各类平台账号中推送数据新闻，而且要更多地借助第三方平台和用户互动的力量推介、传播数据新闻。

策略之五，培养数据素养。数据素养是一种消化数据以获取知识、梳理并批判地分析数据的能力。数据素养不仅包括统计素养，而且包括懂得如何处理庞大的数据集，明白这些数据集是怎样产生的，知道怎样把各种数据集联系起来，且能够解释它们。因此，无论是编辑制作团队还是运营团队，都需要培养数据素养，提升对数据的认识、理解和运用能力。

五、常用的数据新闻制作工具

目前，数据新闻的分析与可视化工作大多可以通过开放源代码的软件工具实现，国外的开源互动工具有：

用于互动图表的Google Chart、Google Map、IBM Many Eyes、Tableau、Spotfire；

用于基于时间顺序的时间线类作品的Dipity、Timetoast、Xtimeline、Timeslide；

用于基于地理信息的Google Earth、Quanum GIS；

用于网络分析的Spicynodes、VIDI、NodeXL；

用于社交媒体可视化的Storify；

用于文本可视化即标签云的Wordle、Tagxedo等。

国内也有诸多网站和公司提供开源软件或在线制作工具，如Echarts（在线图表制作工具）、图悦（在线词云生成工具）、大众制图（在线制作数据地图工具）、八爪鱼采集器（在线网页数据采集工具）等。下面简单介绍一些制作数据新闻时常用到的工具。

Excel，最常用的工具，可以进行各种数据的处理、统计分析和辅助决策操作，广泛地应用于管理、统计、财经、金融等众多领域。Excel2010版具有全新的分析和可视化工具，可跟踪和突出显示重要的数据趋势。

Tableau，可分析实际存在的所有结构化数据，可以在几分钟内生成美观的图表、坐标图、仪表盘与报告。利用 Tableau 简便的拖放式界面，可以自定义视图、布局、形状、颜色等，帮助用户展现自己的数据视角。

ECharts，基于Javascript的数据可视化图表库，提供大量常用的数据可视化图表，包括折线图（区域图）、柱状图（条状图）、散点图（气泡图）、饼图（环形图）、K线图、地图、力导向布局图以及和弦图，同时支持任意维度的堆积和多图表混合展现。

Import.io，数据分析服务商，通过API接口和浏览器插件，帮助用户从网页抓取数据，帮助网站开发者获得自己网站的用户使用情况等相关数据。这些数据是结构化、存储在云端的，可以让其他应用程序或可视化软件调用并进行分析。

图悦（http://www.picdata.cn），国内在线词频分析工具，对网络文本中出现频率较高的“关键字”予以视觉上的突出，形成“关键词云层”或进行“关键词渲染”，从而过滤掉大量的文本信息，使浏览网页者只要一眼扫过文本就可以了解文本的主旨。图悦在长文本自动分词、制作词云方面很出众，用户还可以自定义图形模板，如标准、微信、地图等。

Wordle（http://www.wordle.net），可基于文本生成词云图。词云图更能突出话题并频繁地出现在源文本中；可以快速地分析文本或网站的词频，并以多种风格展示，且支持文字字体选择和用户自定义颜色。做完词云图后，生成的图像可以保存在网络之中供用户查看、链接、下载以及与好友分享。

地图慧（http://www.dituhui.com），在线DIY数据地图工具，面向大众及企业用户提供两大类（统计地图、业务地图）的多种地图模板及地图服务，既有常见的分段填色、等级符号、柱状/饼状、脚印地图等统计地图，又有基于点、线、面形式的标记地图、线路地图、区划管理等业务地图；支持用户将制作的地图快速分享至各种社交平台，或将动态地图嵌入自己的网站及PPT、Word中。

第四节　H5 新闻的编辑与运营

H5是HTML5的简称，它是超文本标记语言（HTML）的第五版，是一种标准规范，被认为是最具变革价值的下一代互联网的核心语言，其跨平台性、适配性、连接性、三维特效等前后台性能的全面提升，赋予了网页更好的结构。H5新闻是一种通俗表述，指基于HTML5而编辑制作的新闻报道产品。

一、H5 产品的特点

H5是标准通用标记语言下的一个应用技术规范，在技术层面具备本地存储、设备兼容、性能集成、高效连接等多种特性，这些技术特性映射到具体的H5产品，包括H5新闻产品上，表现为如下特点。

第一，适配性高。基于H5技术的应用和产品可以适应各类移动终端，可以实现低成本的跨平台传播。这种高适配性降低了产品开发成本，产品开发者不仅不需要在初始开发设计阶段过多投入，后期也无须持续升级迭代产品。高适配性、低成本让H5新闻产品的生产规模不断扩大，产品种类、花样越来越多。

第二，包容性强。H5新闻可以包容文字、图表、音频、视频，可以融入音乐、游戏、动漫，可以代入场景、角色、情境，可以运用滑动、触碰、点击、翻转、超链接等。表现形式和应用手段的丰富多样与交叉混合显示出H5产品强大的包容性。这是所有H5产品，包括新闻产品的重要特点。

第三，应用面广。抛开终端和技术的某些限制因素，从理论上说，H5产品能够应用于目前所有领域，如新闻传播、商务营销、生活娱乐、政务管理等。具体到新闻传播方面，经济、政治、民生、娱乐、历史、军事、财经等各种性质的新闻都可以运用H5技术编辑制作出新闻产品。2017年两会报道中，多款H5新闻产品如《央广女主播的朋友圈》《两会喊你加入群聊》《2017两会入场券》《你的政府工作报告关键词》刷屏。

第四，交互性强。交互性强是网络与新媒体的本质特性，而H5技术赋予新闻产品更好的交互设计条件，移动端用户参与的便利性为设计互动创造了更好的条件。无论是简单的内容与人机交互，还是需要深度参与的测试、游戏、问答等互动，都能通过人性化的产品交互设计提升用户的参与意愿，强化用户的参与感。

第五，传播便利。目前有较多的网络与新媒体平台，如微信、客户端、搜索引擎、应用市场、浏览器等都可以作为H5产品的入口，用户转发、分享较为便利。特别是H5产品的趣味性和新鲜感让用户更愿意传播，更愿意在社交媒体中交流、评论。

第六，接受度高。一方面，H5产品降低了用户使用门槛，轻量级的产品无须下载、安装，用户扫描或点击即可浏览；另一方面，H5的多媒体、富媒体特质赋予H5产品视觉冲击力和表现张力，画面感强，好的创意设计让用户有良好的视听感受，他们不仅愿意自己欣赏，而且有分享、转发的意愿，可以带动更多人接受。H5产品所传播的信息在用户的分享、转发中被不知不觉地接受了。

二、H5 产品的应用领域和基本样式

受终端设备影响和网络带宽限制，移动端内容的表现形式单一，在H5产品出现之前，文本与文本列表、图片与图片集是移动端内容的主要形态。窄小的屏幕让用户很容易对单一的文本和图片产生视觉疲劳，H5产品不仅丰富了内容的表现形式，而且其产品应用范围广泛、花样繁多、关注度高。

（一）应用领域

从大的类别看，H5产品目前主要应用在商务营销、生活娱乐、新闻报道三大领域。不同领域的H5产品都能在用途、功能、设计和价值等方面各展其长、各显其能。

商务营销领域的H5产品营销目的明确、实用性强，可以做成企业的微官网，用于品牌宣传；可以做成一个产品的功能、性能介绍，用于推介销售；可以做成一次活动的邀请函、海报和报道，用于活动营销；可以做成庆典、总结中对工作成绩的汇报展示等，用于内部传播。当然，H5产品还可以用于企业招聘、用户问卷调查、专业报告等。阳光人寿客户端的宣传介绍就是一款商务营销类H5产品，虽然介绍的产品是客户端，但实际上是推介阳光人寿的各项业务，通过送红包、答题等互动游戏邀请用户参与App中的各种上线活动，以达到宣传推广阳光人寿各类业务的目的（见图3–36）。

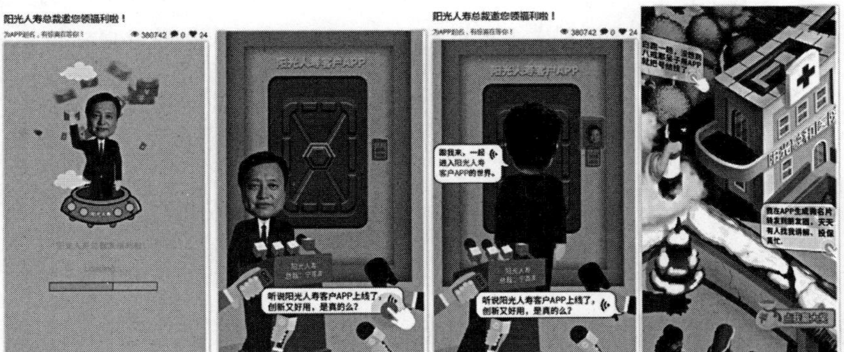

扫描二维码就可分享作品

图3–36　宣传介绍类H5产品——阳光人寿客户端

生活娱乐领域的H5产品整体上让人感到轻松愉悦，强调画面设计感和用户参与度，适用于多种场景，比如年节祝福、时尚公益、城市生活、衣食住行、影视游戏、明星人物等。在移动端，H5产品的用户转发率和分享率都很高。H5产品《测测你是〈芈月传〉里的谁》运用问答、测试的互动模式，将影视剧中的人物角色与用户“匹配”，让用户在轻松的答题后“认识自己”（见图3–37）。

图3–37　H5产品《测测你是〈芈月传〉里的谁》截图

新闻传播领域的H5产品，即H5新闻产品，是网络与新媒体新闻报道队伍中的一支“小快灵”的“轻骑兵”。它“体型”小巧、对新闻报道反应快速、灵活运用各种H5技术，将枯燥、静态、单向的新闻信息以有趣、动态、交互的形式呈现，让新闻资讯变得更加直观、生动、易读。

案例1：中国抗日战争暨世界反法西斯战争胜利70周年H5新闻作品

在纪念中国抗日战争暨世界反法西斯战争胜利70周年的报道中，网络与新媒体平台上出现多款H5新闻作品，腾讯有《化身间谍，改变历史》《寻找身边的抗战老兵》《丈量——抗战的脚步》《“驼峰”航线你敢飞吗？》，网易有《影视里的中国抗日战争：从红色宣传到黄色暴力》《逐年沦丧的国土：1931—1945日军侵华地图》《战争生存大考验》《直播历史：全景再现日本宣布投降》（见表3–1）。

表 3–1 中国抗日战争暨世界反法西斯战争胜利 70 周年 H5 新闻作品

H5新闻作品截图	二维码	内容
		**产品名称：化身间谍，改变历史** **产品介绍：**每一名间谍都是一段传奇，他们获取的某些情报甚至改变了历史，产品巧妙地结合这样一批隐藏的战士，让用户在答题过程中，体验他们的英勇和智慧，并了解他们的故事。
		**产品名称：寻找身边的抗战老兵** **产品介绍：**利用黑白色调，勾起用户的回忆；寻找身边的老兵，让用户走近这些抗战英雄，知道他们其实就在自己的附近，并且还好好地生活着。
		**产品名称：丈量——抗战的脚步** **产品介绍：**借助用户最喜爱的跑步计步器来告诉用户，中国从未停下抗战的脚步，那段历史，需要铭记。利用时间轴和距离两个维度串联起事件与人的关系并使其可视化，让普通人更容易理解错综的历史事件。
		**产品名称：“驼峰”航线你敢飞吗？** **产品介绍：**这款H5产品借用飞行游戏模拟再现当年飞越驼峰的场景，利用移动设备的内置陀螺仪摇晃屏幕，操纵飞机战胜恶劣天气。用户可以抗击日军飞机的袭扰，体验当年驼峰飞行的困难。
		**产品名称：影视里的中国抗日战争：从红色宣传到黄色暴力** **产品介绍：**产品整合了影像、数据和动效，从一开始的红色经典老片，到之后的黄色暴力，用不同以往的表现形式解读了历史。整体画风搞笑幽默但是又不失庄重，提醒用户不可以娱乐我们的抗战英雄和那一段历史。

续表

		**产品名称：逐年沦丧的国土：1931—1945日军侵华地图** **产品介绍：**结合地图、数据、时间、故事等多种元素，使用户在滑动中看到每一个时间节点下的每一段历史事件、每一幅国土沦丧后的地图，就像一部即时的纪录片。
		**产品名称：直播历史：全景再现日本宣布投降** **产品介绍：**通过一个模拟直播回放，多点位、多视角重现历史时刻；记者连线延安、重庆、南京、沈阳、东京、伦敦、纽约等全球各地记者，让用户感觉自己也在现场，见证当年历史。

【分析】围绕一个重大主题，能做出如此多的H5新闻产品，可见H5产品适用范围之广、表现力之强。H5新闻是新闻报道在移动端的主要表现形式。上述案例中，每一款H5产品都深挖了“中国抗日战争暨世界反法西斯战争胜利70周年”的史实，从一个侧面来纪念这一重大事件，切入口小而立意高远，体现了H5产品小巧、轻灵的特点。在形式上，除常用的时间轴、数据信息可视化、图文拼合外，知识问答、音频再现、游戏模拟、角色代入等形式都可融入H5产品，甚至用户常用的计步器也能与漫长的抗战历史无缝对接。

网络与新媒体平台对于重大新闻事件的报道，过去在PC端常用专题形式表现，但在移动端，专题的丰富多样和表现张力无法体现。选择不同的切入点，制作一个个H5产品以形成报道矩阵，不仅能够丰富移动端新闻报道的形式，而且易于用户分享，有利于提升新闻报道的传播力。

（二）基本样式

设计、创意是H5产品的精髓，凭借H5强大的技术内核和包容性，H5产品表现样式很多、创新不断，当前就已经难以罗列所有已出现的样式，而且未来还会有更多更新、更有创意的表现样式出现。但是，笔者通过梳理、归纳H5产品，发现还是存在一些基本样式的。这些基本样式或单独呈现，或互相交融成更有创意的H5产品。

第一，图文型。以图配文为页面主体，图的形式千变万化，可以是照片、插画、GIF、背景图等；通常采用上下滑动或者左右滑动的方式来进行多页切换，每页集中展现一个内容点，有搭配的动效出现，获得类似幻灯片的传播效果。图文展示型是早期H5产品的主要表现样式，简单、直白、易用，制作成本低，常用于招聘、宣传、会议邀请等场景。

第二，交互型。以用户参与交互为触发点启动产品，或将用户互动贯穿于整个H5产品中，交互方式有多种，包括点击、擦除、滑动、长按、手势、摇一摇等，比如《中国之声两会新闻动车组》，需要用户向右滑屏才能启动列车，点击相应的列车才能看到新闻。

第三，游戏型。游戏具有趣味性、沉浸感，易操作。将游戏融入H5产品中，不是提供简单的人机互动，而是让用户深度参与，使其在回答问题、参与测试、挑战纪录等知识型小游戏或射击、棋牌、竞技等娱乐型小游戏中，了解H5产品推送的主题和内容。游戏型H5产品建立在交互的基础之上，用户不仅乐于参与，而且乐于分享。

第四，视频型。又可理解为视频嵌入型，即在H5产品中嵌入几分钟的短视频。可以是整个H5产品都是视频内容，只在开始和结尾提示主题，也可以在H5产品中插入一段或几段短视频，配合其他素材组合构成一个完整的作品。视频所占用空间较大，难以嵌入早期的H5产品，随着互联网技术的发展和H5技术的成熟，视频型H5产品因其更强的表现张力逐渐普及开来。

第五，模拟型。又称拟态型、代入型，通过对现实情境的模拟，将用户代入一个特定的场景，让用户在自己"熟悉的环境"中体验、参与、操作。模拟的场景有手机场景，如未接来电（陌生人来电、名人来电）、手机桌面；微信场景，如视频邀请、朋友圈邀请、红包打开；社会生活场景，如机场、车站等交通出行场景，电梯、办公室、大厦等工作场景，餐厅、酒店、商场等日常生活场景。2015年最火爆的H5作品《吴亦凡入伍》就采用了名人来电的手机模拟场景。未来，只要创意和产品适配，没有什么场景是不可以模拟的。

除了这些基本表现样式，H5产品现在还有快闪、画中画、双屏互动、全景三维等多种新型样式。H5产品属于创意设计产品，因此，在设计制作时仅靠一种样式是不够的，需要综合使用各种样式，如图文+交互、游戏+交互、图文+视频+交互、模拟+交互等。2016年用户热捧的H5产品《穿越故宫来看你》就综合运用了Rap说唱、场景模拟、游戏交互、卡通动漫、短视频等手段，中间甚至还穿插出现了设计方腾讯公司旗下的QQ、微信等应用的界面。

三、H5 技术在新闻领域的应用

H5新闻主要以移动终端为传播载体，将新闻的真实性、时新性、重要性、新鲜性等价值要素，与H5技术的直观、形象、动感、艺术等特色结合，立体化、可视化地表现新闻、解读新闻，从而让用户欣赏和分享新闻。目前，网络与新媒体对H5技术的认识正不断加深，H5技术在新闻传播领域的应用主要体现在五个方面：新闻可视化、互动传播、解读新闻、整合资料和专题报道。

（一）应用于新闻可视化

H5新闻作为一种新的内容展现形式，可以在一定程度上改变传统新闻的叙事方式，类似图解新闻、数据可视化那样，让新闻更直观、更形象、更易读。因此，借助H5技术让新闻可视化是最常见的H5应用方式。H5技术可以让突发事件的进展变成时间轴，让新闻发布会变成可视化的问答，让年终盘点变成炫酷的视频大片。总之，就是让传统的文字和图片动起来，让用户在操控中完成新闻阅读，这些都是传统新闻采编无法实现的。

案例2：搜狐网H5新闻《津门“爆”劫》

2015年8月12日23:30左右，位于天津市滨海新区天津港的瑞海公司危险品仓库发生火灾爆炸事故。13日搜狐网推出H5新闻《津门“爆”劫》，记述了截止到产品推出之前整个爆炸事故的细节及态势的发展（见图3–38）。

图3–38　搜狐网H5新闻《津门“爆”劫》报道的截屏

【分析】天津爆炸案属于突发性事件，发生之时就是新闻信息“爆炸”之始。H5新闻《津门“爆”劫》在一堆信息中挑选重要信息和图片，做出“爆劫”“灾前天津”“惊魂夜”“爆炸威力”“灾后现场”“化工围城”“伤情”七个页面，用爆炸粉尘图加实景图配合简短文字，可视化地呈现了爆炸的基本情况和场景，同时运用地图直观呈现了“天津化工围城”的深度背景。

这条H5新闻是H5技术服务于新闻可视化的典型，整个产品简单、明了，没有太多的动效，也没有设计太多让用户参与的环节，产品的主旨在于精选核心内容，并可视化地呈现出来，让用户在最短的时间里了解到事件的大概情况及重要数据、细节。由于是针对突发事件快速推出的H5产品，所以有些地方可能还很粗糙、表述有误，但其改变了传统新闻的叙事方式，帮助用户实现了速读。

（二）应用于互动传播

互动是网络与新媒体的本质特征，H5技术带来的强大交互性更为网络与新媒体所看重，因此，将H5技术的交互性特征与新闻报道相结合并进行互动传播，已成为网络与新媒体创意、设计H5新闻产品的主要意图和方向。此外，H5产品的基本样式之一就是交互型，基于H5技术的互动传播也成为其在新闻领域最重要的应用方式。

案例3：2017年两会H5新闻互动产品

2017年两会报道中，传统媒体在各自的新媒体平台上推出了多款H5新闻互动产品，如《两会喊你加入群聊》《2017两会入场券》《我的两会秘密花园》《部长请回答》等（见图3–39）。

图3–39　多款2017年两会主题H5新闻互动产品的截屏

【分析】 PC时代人机互动方式较为简单，以发帖、参与讨论、发布图片和视频等UGC为主，终端的固定性限制了用户随时随地进行互动的行为。移动互联网时代，智能终端让用户有条件实时参与互动，基于智能终端的互动方式和手段也趋于多样化，H5产品更是打开了多元交互的方便之门。

《两会喊你加入群聊》以模拟微信群聊场景为设计出发点，用户输入密码0305后可加入两会微信群聊，部委领导现身打招呼，直接被总理@，点开红包后画面转到微信朋友圈，朋友圈里各部委领导围绕所在部门工作建言献策。虽然整个H5产品中让用户参与的操作不多，但它把用户带入了熟悉的互动场景中，让其真正感受到一种接地气的两会氛围。

《我的两会秘密花园》将游戏、交互与新闻交融，用户通过选肥料来了解两会大政方针和国计民生，用养成的方式来完成整个操作。虽然互动有点简单，但H5游戏新闻能够被引入两会报道，也是一种创新。

《2017两会入场券》《部长请回答》两款H5新闻互动产品都发挥了H5交互性强的特性，采用了场景植入、点击选择等互动操作，虽然不是很复杂，但足以让用户有置身其中、操作参与的亲切感。

无论H5技术未来发展前景如何，将H5技术的互动特性应用于新闻报道中，增强新闻的交互性，是提升新闻传播力、影响力和互动力的必要手段。

（三）应用于解读新闻

一个新闻事件发生后，互联网上会涌现出潮水般的信息，海量过剩的内容在淹没有价值信息的同时，也会让网民产生阅读疲劳。运用H5技术，将事件的重要新闻点和有冲击力的图片、视频挑选出来，制作成一个图文型或视频类的H5新闻，能软化新闻的硬度，让新闻更好看、更耐看。在制作H5新闻的过程中，图片一般是“主力”，运用H5技术可以使静态图片产生“推”“拉”“摇”“移”的视频镜头效果；可以结合时间轴展示新闻事件全过程，形成新闻综述；可以结合数据、坐标解读事件的前因后果、来龙去脉，形成深度报道；可以结合关系图、四维图，围绕一个人物、主题综合梳理编排成新闻故事。

案例4：网易新闻的H5新闻《五虎记》

2015年反腐大案不断曝光，反腐新闻数量众多，面对海量的互联网信息，网易新闻制作了H5新闻《五虎记》（见图3-40），重点聚焦“郭伯雄”“令计划”“周永康”“徐才厚”“苏荣”这五件反腐大案。

【分析】《五虎记》是一个严肃的政治新闻，在这个H5产品中，没有花哨的、新潮的、炫酷的H5技术，只有最简单、最常见的图文版式，但创作者对内容精心打磨，通过比较，从海量信息中挖掘出五人的官场轨迹异同和贪腐影响，达到解读新闻的目的。

这一H5产品以五人的“姓”为标签，为每个人物制作了“摸爬岁月”“叱咤政坛”“家族与盟友”“贪腐成绩单”“一朝落马”五个页面，每个页面用个人照片与素材图片合成背景图，再配以精练的文字和重要的关键词。用户左右、上下滑屏可切换页面，在任意切换中进行横向、纵向的比较。

图3-40　网易新闻的H5新闻《五虎记》的截屏

H5新闻用于解读新闻时，需要建立逻辑框架、设计构思脉络、提炼核心内容，再辅以图文、动效等手段。如何解读内容比如何用H5技术进行装饰更重要，也更能体现出编辑的思想和价值。解读新闻的H5产品近似于图片中的图解，但比图解多了动感和艺术性。

（四）应用于整合资料

历史资料和背景材料是新闻报道的重要组成部分。重大事件纪念日的报道需要整合历史资料，重点报道、突发新闻发生时需要同步背景资料，因此，不管是将史料作为报道主体，还是把材料作为辅助背景，都面临如何编辑制作、如何呈现的问题。一般而言，资料、史料比较简单、枯燥、沉重，将H5技术应用于资料整合，不仅能将梳理后的资料有逻辑地展现出来，而且能让用户在阅读精致的页面时获得视觉美感，在动效中沉浸于内容，从而使资料的价值得到提升，传播的效果也将相应提高。

案例5：唐山大地震《四十年的记忆》

为纪念唐山大地震四十年，人民日报中央厨房推出H5新闻《四十年的记忆》，用新媒体技术梳理展示了四十年来唐山的发展和变化（见图3-41）。

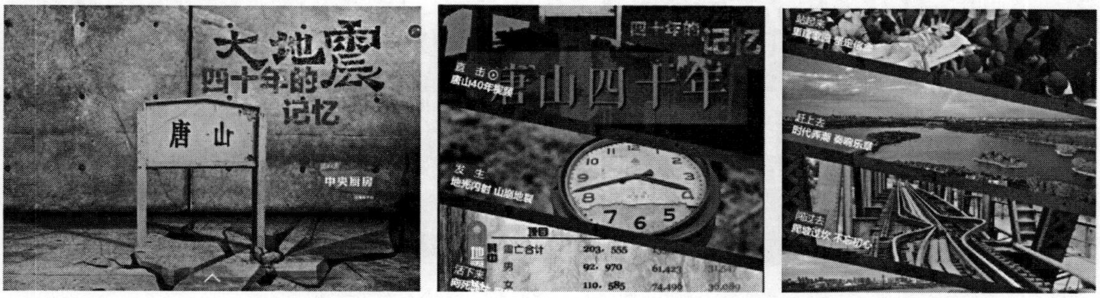

图3-41　人民日报中央厨房的H5新闻《四十年的记忆》的截图

【分析】做纪念性报道，首先面对的是史料，需要考虑如何将史料“盘活”，再与现实进行对接。《四十年的记忆》采用传统报道与新技术相结合的手法，将唐山四十年的变化分为“直播”“发生”“活下来”“站起来”“赶上去”“闯过去”“新生”多个篇章，每一个篇章都整合了历史与现实的照片、视频和滚动文字、数据报道，再现唐山四十年的回忆与重建历程。将运用H5技术模仿的地震晃动场景作为开头，一下子就把用户拉回到那个特殊的历史时间，让用户快速进入历史的记忆。简单的翻页动效不仅能承载丰富的内容，而且能让用户在人机互动中主动浏览新闻。

过去，对于史料、资料的“盘活”大多用图片、视频、Flash等手段实现，现在有了形式更丰富、包容性更强的H5、全景航拍、VR等手段。网络与新媒体机构将H5技术应用于资料整合时，要注重对新闻、资讯、材料等资源的二度开发，结合自身条件、风格特色、受众定位、环境状态，策划出适合自身风格和理念的特别报道。

（五）应用于专题报道

专题是PC端网络媒体常用的、独有的报道手段。进入移动互联网时代，受制于终端设备和带宽速率，专题在移动端的使用率较低，传播效果也较弱。H5技术为移动端专题报道提供了两条新的路径：一是高度整合，运用切换、弹出、滑屏等技术将新闻报道的核心内容汇聚到一个H5新闻产品之中；二是化整为零，将大专题切割为一个个用H5新闻产品来表现的小专题、微专题，形成专题矩阵。需要注意的是，前一种情况下做出的H5新闻产品页面较多，会在一定程度上影响用户的浏览。

案例6：2016年世界智能制造大会

2016年12月，世界智能制造大会在中国江苏举行。人民日报全媒体平台推出了一组H5新闻产品（见图3-42），用H5产品矩阵对整个大会做了全面报道。

图3-42　人民日报全媒体平台对2016年世界智能制造大会报道的截屏

【分析】PC时代，网络与新媒体简单、直接、快速、完整地报道会议新闻的方式就是专题，相关机构甚至会针对某些重要会议制作巨型专题、专题网站，比如两会、党代会等。移动互联网时代，用户在移动状态下浏览新闻，在狭小的屏幕上利用碎片化的时间获取信息，大专题、巨型专题已经不是移动用户之所需。用极少的时间成本快速了解新闻事件的核心要点，才是用户对于新闻传播的要求。

关于世界智能制造大会的4条H5新闻，分别是会议日程、直播报道、专家访谈和炫酷极品造车的动画，在会前、会中和会后逐步推出，把一个大专题里的重要内容提炼、汇聚到一个个H5新闻产品里，做到了主题集中、内容集中，可以有效地引导用户追踪浏览各主题下的内容。

用H5技术制作专题报道，不需要炫耀花哨的动效和炫酷的特效，重点在于精心编辑、提炼精华内容，合理、科学地编排、布局页面，让整个H5产品张弛有度、动静相宜。

四、H5 新闻的编辑制作流程

根据《2016年度H5行业最全报告》，在众多的H5产品中，新闻产品只占6.2%，可见H5新闻在网络与新媒体中还不是一种常用形式。分析已有的H5新闻产品可以看出，H5技术还只是被作为一种时尚、新潮的手段应用在重要报道、热点报道或特殊场景的报道中。这也是因为H5新闻对创意、设计的要求较高，编辑制作专业性强，除了需要专业软件支持，更需要专业人员甚至专业团队合力完成。

H5新闻的编辑制作从确定选题开始，整个流程包括前期策划、收集素材、设计交互和视觉界面、上线测试运营等各项工作。目前有多个网站提供在线H5产品制作工具，一些简单的图文交互类H5产品可以借助这些工具完成。编辑制作H5新闻产品的重点是确定选题、定位功能和收集选择素材。交互复杂的大型H5新闻产品需要单独研发、设计动效、拼接组合，流程更为复杂，要求更为专业。

（一）前期策划

前期策划需要考虑三方面问题：确定选题、定位功能和完成总体架构。理论上，所有的新闻选题都可以运用H5技术进行可视化演绎或解读，但要从效果出发来考量的话，一些抽象、宏观、理论色彩强的选题并不适宜，编辑制作上也有一定的难度。定位功能方面，需要确定H5新闻的大体样式：是以交互为主还是用信息图进行可视化展示？是用游戏新闻模式还是需要嵌入视频？定位和功能决定了H5新闻的框架结构，也对后期的素材收集、选择起到方向性的指导作用。总体架构涉及确定页面数量、栏目设置、起始封面、H5新闻标题或名称及选择风格、音乐音效等。

（二）收集材料

收集材料的原则是数量多、全方位、多样化。数量多是为了后期挑选和整合更从容，全方位是指要全面收集新闻材料、动漫素材、音视频素材、音乐、特效等，多样化是指包括文字、照片、视频、图表、GIF图等多种形式的内容。准备材料时还有一类特殊情况，那就是为得到更好的视觉效果，自制一些材料，包括绘制一些图表，手写一些文字，自采照片和视频等。自制材料的多少取决于前期策划的方向和主题，以及已搜集材料的情况。

（三）设计交互和视觉界面

H5产品在线制作工具会提供多种风格的模板和交互动效，用户可以从中选择，也可以选择自定义页面，根据自己的需要自创风格和模板，确定动效方式（见图3-43）。简单的H5新闻产品可运用开源软件制作完成，复杂的H5新闻产品需要团队协作，特别是在视觉界面设计上，需要有创意和创新。在线制作工具一般都有教程和制作引导，提供用途、风格和功能选项，可以插入文本、背景、音乐、视频、图片、形状、互动、表单、特效、扩展等多项内容，用户只需要按照制作流程逐步完成即可。

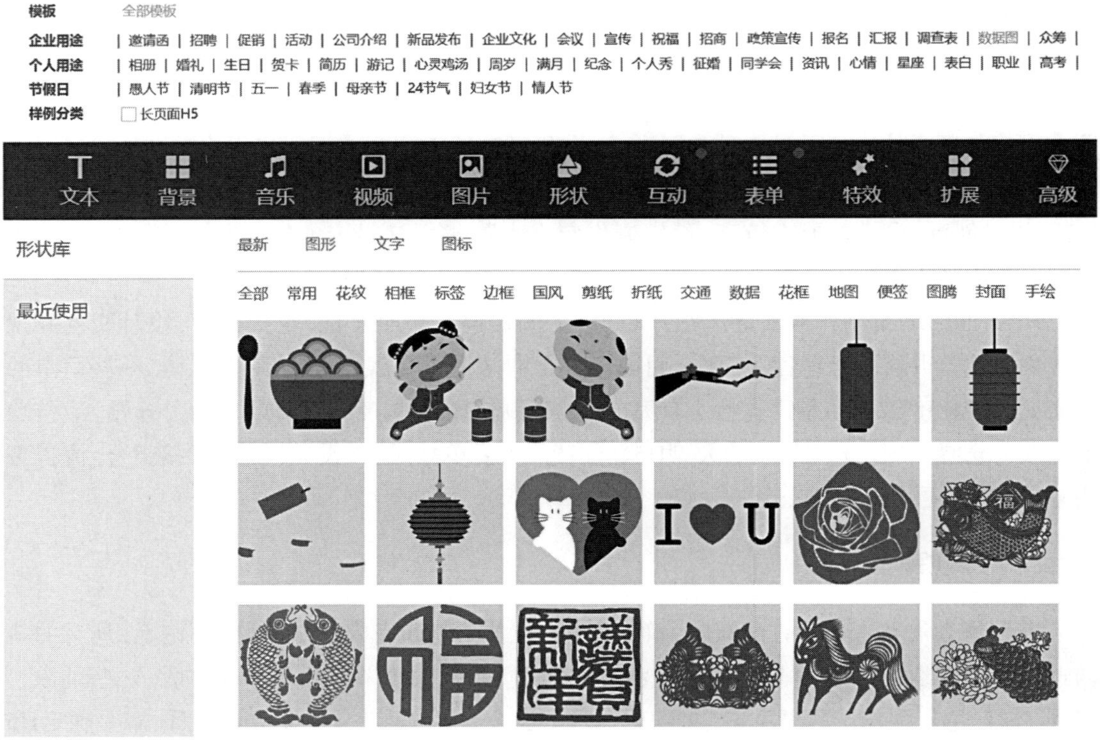

图3-43　易企秀H5免费模板的截图

（四）上线测试运营

运用在线制作工具制作的H5产品是初级产品，还需要对产品的细节和整体进行审核，观察效果，修饰、调整细节，以使整个H5新闻图文适度、画面流畅、动效适宜、主题鲜明。在发布之前，还要进行播放效果的测试，检查是否存在问题。运营的重点在于选择哪个平台输出，还要考虑不同终端的适配问题，确保用户在多个渠道都能正常浏览。

五、基于 H5 新闻产品运营的编辑策略

在应用H5产品的三大领域中，商务营销类与生活服务类本身就是以运营为出发点的，其整体的策划、制作、编辑都是围绕品牌传播、功能推介、产品营销、信息输出来创新和设计的，基本原则就是要让用户在轻松愉悦、游戏娱乐中接受、使用H5产品。新闻报道类则与这两者有不同的出发点，其要在内容、形式、互动、传播和运营多个方面保持平衡：内容要精致，形式要精美，互动要精妙，传播要精细，运营要精巧。要达到这种平衡，自然需要相应的编辑策略。

其一，无论H5新闻有着怎样的“外衣”，其内核依然是内容，专注于内容，梳理、提炼、整合和润色出有特色的内容，是保持H5新闻平衡的前提。标题、主题、思想、观点、材料等都是需要精心编辑并做出精度的方面。要站在用户需求角度思考运营方式，因为用户对于新闻报

道类产品的评判与要求是不同于其他两类H5产品的，用户对有价值、准确、及时的新闻的需要远超无意义的装饰和无沉浸感的交互。

其二，H5新闻产品制作相对专业、复杂，会耗费一定的时间，不可能时时推出，也不可能事事制作。选题的确定及推出的时机是运营H5新闻产品的一个策略方向。突发新闻、热点新闻的关注度高，如果能及时追踪热点、适时快速推出H5新闻产品，会获得较高的传播率和转载率。因此，当突发事件发生时，可以适当牺牲产品质量以保证时效、抢占用户阅读市场。重大事件一般能提前预知，报道持续时间较长，同台竞争的对手也较多。因此，要提前策划和设计，要在创意上下功夫，在内容、形式、交互上均衡用力，做出差异化的H5新闻产品。

其三，把握用户的心理，用更多的设计刺激用户分享H5新闻产品。可以通过场景趣味化让用户感到新颖、有趣从而产生分享的意愿；可以通过动效让用户全程操控，使用户在未知与惊喜中得到乐趣，从而去分享；可以从故事、人文、情怀的角度调动用户的情感，让用户获得沉浸式的体验，促动用户分享。分享传播更能提升H5新闻产品的信任度和美誉度，提升产品的运营效果；可以在H5新闻产品结尾处设计激励机制，利用用户的投机心理来刺激分享和转发。

其四，控制好H5新闻产品的整体效果。文字、图片、动效均衡，页面数量与停留时长平衡，发布时间与发布渠道配合，都是提升H5新闻产品运营效果的细节。文字不宜太多，堆砌文字就失去了做H5新闻产品的意义；对图片进行必要的裁剪和压缩，以控制整个产品的体积，否则用户没有耐心等待打开；动效应简单、易操作，并配以相应的文字提示，因为用户若找不到入口就会提前放弃。《2016年度H5数据报告》显示，通过对访问量最高的1 000个产品进行分析，发现高访问量的H5产品的页数多集中在6—10页，其中9页最多，占比高达21.0%。因此，H5新闻产品的页面不宜太多，不能为了延长用户的停留时间而强行添加一些无意义的页面。上述报告还显示，用户访问高峰集中在11：00—14：00和20：00—23：00，与微信公众号的阅读时间分布曲线相似。是在所有平台同步推出还是在不同平台错峰发布，要结合具体的场景和新闻的时效性考虑。

第五节　VR/AR 新闻的应用场景与编辑运营

早在20世纪90年代初，AR/VR技术就已经出现，但直到21世纪才应用于新闻传播领域。2015年《纽约时报》推出一款名为NYR VR的手机客户端，让用户使用谷歌cardboard设备体验沉浸式的虚拟现实内容，成为VR试水新闻领域的标志性事件。AR新闻至今还没有标志性的应用实验和媒体反馈，但从未来趋势和长远发展看，AR新闻可能比VR新闻更有可能成为媒体的标配性应用。

一、认识 VR/AR 技术和 VR/AR 新闻

VR，英文Virtual Reality的简称，中文译名为虚拟现实，是利用计算机生成一种

模拟环境，创建出一个虚拟世界，用户可以沉浸到这种多源信息融合、交互的三维动态环境中进行体验的计算机仿真系统。其技术的核心特征可以归纳为“3I”，即沉浸（Immersion）、互动（Interaction）和想象（Imagination）。

AR，英文Augmented Reality的简称，中文译名为增强现实，它可以把原本在现实世界的一定时间、空间内很难体验到的实体信息,通过计算机技术等科学技术，模拟仿真后再叠加，使真实的环境与虚拟的物体同处一个画面或空间，实现真实世界和虚拟世界的“无缝”融合。

对比VR和AR，前者是一个完全被创造出来的世界，综合了多种技术，包括实时三维计算机图形技术，广角（宽视野）立体显示技术，对观察者头、眼和手的跟踪技术，以及触觉/力觉反馈、立体声、网络传输、语音输入输出技术等，具有多感知性、存在感、交互性和自主性；后者不是单纯被创造出来的，而是利用三维建模、实时模拟等技术在现实的基础上增加内容，核心支持技术包括多媒体、实时视频显示及控制、多传感器融合、实时跟踪及注册、场景融合等新技术与新手段，具有信息集成、实时交互和定位虚拟物体的特点。

VR展示的是一个虚拟的世界，但能给用户带来真实的感受；AR展示的是真实世界与虚拟信息补充、叠加的视觉效果，用户看到的场景比单纯用眼睛看到的现实场景“增加”了很多信息。

经过十多年的发展和实践，目前VR/AR的应用领域比较广泛，覆盖了医疗、军事、房产、工业仿真、文物古迹、游戏、娱乐、旅游、电影、教育等各行各业的方方面面。VR/AR新闻只是VR/AR技术在新闻传播领域的一种应用和实践。

2010年，美国南加州大学高级研究员罗尼·德拉佩纳首次用“沉浸式新闻”的概念来定义使用虚拟现实技术制作的新闻——“一种使观众能够对新闻中的故事或场景，获得第一人称视角体验的新闻生产方式”。《纽约时报》编辑杰克·西尔沃斯坦认为：“虚拟现实的力量在于，它能在观众与人物和事件之间建立一种独特的移情关系。”

VR/AR新闻将改变新闻的呈现方式，带来全新的讲故事方式，用户从过去的“看新闻”到“被带入新闻现场”，能产生“身临其境”的感觉，这有利于提高用户的参与度。VR/AR新闻与传统报道最大的区别在于：报刊、广播、电视只是拓展视觉和听觉，基于互联网的VR/AR新闻则拓展了包括视觉与听觉在内的更多感觉，让媒体传递的信息更具真实性。

用户通过头盔、眼镜、数据手套等VR/AR设备，借助视觉、听觉及触觉等多种感觉与三维虚拟世界进行逼真的实时交互，这消解了以往用户对于新闻的隔阂感。用户可以从自己的视角出发，直接参与、完全浸入虚拟场景中，就像直接走入新闻现场一样，真实体验世界上正在发生的大事。

二、VR/AR 新闻的应用场景

虚拟现实是让用户浸入完全虚拟的场景（电脑生产的数字化内容）中，体验与现实截然不同的虚幻世界。展示真实世界的“360度全景视频”也多被认为是VR新闻，但两者还是有所不同的。360度全景视频由多个摄像机同时对物体进行多角度拍摄，支持多角度播放。用户可以上下滚动观看，也可以左右旋转观看；不再是被动观看，而是成了观看内容的参与者。360度全景视频之所以被看作VR新闻，一是因为完全意义上的虚拟场景制作周期长、成本高；二是因为新闻媒体的使命是传播真实世界中发生的事件，虚拟场景意义不大，能借助技术带领用户回到现场，让其多视角、多方位感受真实场景，就能够实现技术辅助新闻报道的目的。因此，VR新闻不必强调构建虚拟场景，而应注重丰富内容、吸引用户、提高用户互动性。

尽管VR/AR新闻的实践才刚刚开始，但媒体界已经对VR/AR技术在新闻领域的应用做了多方面的探索。据美国科技新闻网站Engadget报道，美国有线电视新闻网（CNN）设立了一个全新的浸入式新闻部门，名为“CNNVR”，该部门每周推出一期虚拟现实新闻。而《纽约时报》早在2016年就开始推出每日播出的全景视频新闻节目*The Daily* 360。

（一）应用于娱乐和新闻直播

VR直播最先应用于大型综艺晚会、演唱会、体育赛事、娱乐节目，后被一些企业运用于产品发布会、大型活动等，发挥出不同于普通直播的独特价值。

2017年央视春晚采用360度全景拍摄设备首次实现VR直播，用户可选择上下左右的任意角度体验更逼真的现场直播，全视角感受春晚的现场氛围，犹如身在其中。《国民美少女》真人秀节目总决赛中，优酷土豆采用了VR技术对总决赛进行现场直播，大多网友第一次在通过互联网看节目的同时体验到堪比现场观看的震撼视觉效果。芒果TV在2016年3月份对《超级女声》发布会进行了VR直播，并对金球奖、公告牌颁奖礼、MBC“歌谣大祭典”、首尔电视节以及OST演唱会等进行了VR直播的尝试。

2016年里约奥运会期间，主办方在部分场馆架设全景摄像头，首次提供VR直播信号。美国NBC电视网购买了VR版权，推出85小时的VR节目，包括奥运会开幕式和闭幕式，男子篮球、体操、田径、沙滩排球等项目的直播和点播，用户可通过头戴设备观看，也可以通过下载相应手机客户端从不同的拍摄角度观看现场活动。VR的沉浸感让用户即使在家中也能感受到现场的热烈气氛。国内，央视网也在体育赛事方面进行了VR直播的探索，在里约奥运会期间推出了《奥运+》栏目，在PC端用360度视频形式直播奥运会开闭幕式和总计超过100小时的赛事内容；2017年对CBA全明星赛进行了VR直播，让球迷能够多角度、全景观看VR直播画面，全方位享受CBA全明星赛的视觉盛宴。

VR现场直播能拉近用户与新闻事件的距离，使用户得到一种全新的新闻实时“阅读”体验。通过VR报道，用户只要戴上VR设备，就似乎被送到了新闻现场，穿越时空般地同步接收现场新闻报道，更真切地感受现场环境和气氛，真正对新闻留下深刻印象。

（二）应用于重大活动报道和突发事件报道

在重大活动中运用VR/AR技术，丰富了新闻报道手段，开启了新闻报道的新视角和新闻叙事的新方式。新华社在2016年两会报道中，首次采用了VR视频直播和点播的方式，多路新华社记者用VR摄像设备做轻量化、沉浸式报道（见图3-44），并专门在两会专题中设置《VR视角》栏目，不仅让用户看到360度全景视角下的会场内外，拥有身临其境的代入感，而且增强了会议新闻与用户的互动。

图3-44　2016年两会报道中记者和参会人员体验VR报道

2015年九三阅兵报道中，北京电视台设立了基于AR技术的虚拟演播室。观众可以看到，主持人解说时，虚拟的武器装备就会在他身边出现，生动形象地展示了我国军队装备的威武先进，整个节目不再只有干巴巴的文字或者图片描述。

央视在报道2016年CCTV体坛风云人物评选颁奖典礼时，引入了VR/AR技术，借助VR直播让用户“到达”颁奖晚会现场，体验真切的“在场感”；同时在电视端展现了AR虚拟效果，既有虚拟的璀璨星空舞美，又有奖杯的实时虚拟效果，更有所有提名对象的实时支持率，这一方面降低了传统舞美的成本，另一方面极大地丰富了视频的交互效果。

突发事件发生后，新闻记者很难进行全方位的采访和拍摄，也很难使受众感受到现场的环境。VR技术能够使这些缺失得到弥补，使用户在模拟的环境中体验新闻报道，获得听觉、视觉的多重感知，对新闻有更直接、更全面的认识。2015年12月20日深圳发生山体垮塌事故，财新网在这次事故的报道中加入了VR技术，以现场—故事—回眸为顺序推出了《黄金72小时营救》《生死线上的人家》《深圳的伤恸》等4条VR新闻，利用虚拟现实技术为受众还原事故的真实现场及救援过程，增强了新闻的真实性。

（三）应用于科技类新闻报道

如果说将VR/AR技术应用于直播和新闻报道还只停留在对真实现场360度全景呈现的“假虚拟”阶段，那么其应用于科技类报道时就能真正提供三维模拟环境和具备交互体验的虚拟产品。

腾讯网在2016航天年报道中，推出VR产品《了不起的航天梦——首个中国航天VR展馆》[①]。打开产品，用户如同走进一个未来展馆中，抬头便可看到中国长征火箭家族与天宫二号空间实验室的等比例立体模型。点击热点，可以了解长征家族中每一个火箭的“能量密码”与“前世今生”；天宫二号专栏则用一组动画短视频，完整模拟了天宫二号的发射时序；将手机举过头顶，可以实现真正的“仰望星空”，用户可以自由穿梭、遨游于整个太阳系。整个产品包括20张八大行星全景图片与6张航天展馆全景图片以及1组动画短视频，运用CG、3D建模等技术，同时支持裸眼全景和VR观看模式。

① 中国航天VR虚拟展馆[EB/OL].(2016-11-01)[2017-08-10]. http://news.qq.com/zt2016/htvr/main.htm.

古迹报道也是运用VR技术取得极佳效果的科普场景之一。2016年故宫博物院展示了一些来自景德镇的古老陶器。展览还有一部分是虚拟展示。戴上特制的黑色眼镜后，游客可以在1 300平方米的景德镇遗址的虚拟世界里漫步，“看到”各种废墟，同时有音频导览介绍遗址的情况。故宫的工作人员警告游客，不得离开这3.7平方米的虚拟互动区域，要注意蓝色警示灯的提示，否则会撞到墙上。

除VR技术能直观、形象地展现科技行业、古迹领域外，AR技术也能做出类似的效果。神舟十一号载人飞船发射时，央视演播室运用AR技术，让模拟的神舟飞船从屏幕里穿出来，然后主持人对着屏幕进行分析。当介绍到飞行器时，主持人“穿越”到它的内部，用虚拟技术更加直观地为观众展示内部细节。

（四）应用于新闻纪录片和纪实专题片

2015年9月，财新网尝试将VR技术用在了关于乡村教育的调查报道上，推出了第一部VR纪录片《山村里的幼儿园》的预告片。在这部纪录片中，用户不仅可以通过滑动手机屏幕360度观看孩子们生活的环境，更可以借助VR设备观看全景，破旧的房屋和楼梯会真实地展现在用户眼前；随着上下左右摆动，用户可以看到画面的每一个角落。

2015年11月，《纽约时报》推出了首个360度全景新闻《流离失所》，其运用浸入式报道技巧，讲述了三个孩子在难民危机中的生存状态。用户戴上VR眼镜便能与片中难民置身同一时空，仰望时可见飞机呼啸而过、空投供给，环顾时可见人群涌来、哄抢食物，难民的生存状态在第一视角下带来了更强烈的情感冲击。

2016年里约奥运会开始之前，主办方的场馆建设、安全保障和环境污染等方面饱受世界媒体质疑，《金融时报》推出的四分钟VR影片深入观察里约贫民区的社会动态和景象，让用户亲临奥运场馆及其周边社区进行感受和体验。

从传统的新闻纪录片、纪实片中获得的新闻体验都依赖于记者的观察角度和个人职业素养，观众只能置身环境之外，而VR技术能完整还原纪录片的真实场景，用户不再受到记者的影响，也不需要自己想象，而是“亲临现场”感受环境的细节和氛围，理解和体会纪录片反映的事实和真相。AR新闻能在传统新闻纪录片上叠加更多信息、材料、图片和史实，让纪录片信息丰富而有深度、内容全面而具立体感。无论是引导用户进入现场，还是在现场画面上堆贴内容，VR/AR新闻纪录片都改变了传统的纪录片叙事方式，创造出一种新的报道模式。

三、VR/AR新闻的编辑运营挑战

VR/AR技术从诞生到进入新闻媒体行业，走过了近20年，但直至今日，新闻媒体对VR/AR新闻还在探索和研究中。作为前沿技术的VR/AR在新闻领域的实践，还面临着制作、编辑、运营等诸多方面的挑战和考验。

首先是内容制作。无论是哪种类型的应用，从前期策划、拍摄到后期制作，都非常考验人力和财力。一个高质量的VR视频产品需要大量的资金以完成素材拍摄和后期烦琐复杂的拼接编辑，还需要新闻从业者的专业技能和团队的协作。同时，VR新闻的制作难度和周期远高于一般的视频新闻，因此，VR新闻对新闻选题非常挑剔，需要时效性不强、能制造出现场感的一类新闻。而大量新闻报道是时效性强的短平快资讯，VR/AR新闻无法成为具有普适性的常态新闻报道手段。

其次是终端设备问题。市场上低品质的VR设备价格虽低，但质量粗糙，分辨率、显示频率、跟踪精度等方面的技术指标还不够高，用户长期使用此类设备观看VR视频会产生眩晕感；高品质的VR设备价格昂贵，难以普及。终端设备的整体技术水平需要提高。受制于终端设备，网络与新媒体机构在VR/AR新闻方面投入力度不大，没有形成规模化、系列化的新闻生产和输出流程，编辑制作方面也缺少全面的机制建设。

再次是VR/AR新闻内容与技术的关系。VR/AR产品的特点就是利用炫酷的技术追求感官刺激，让内容变得像视频游戏或电影。但新闻有特殊性，其时效性、重要性、显著性等内容价值才是用户的关注点。要让新闻价值借助新技术更好地体现，而不是被新技术掩盖，才是制作VR/AR新闻的宗旨和目的。如果只是拿VR形式来改造既有内容，为了炫耀VR/AR技术而降低新闻品质、分发低质量的内容，就会让VR/AR新闻失去应有的作用和价值。以澎湃网“全景现场”中的醍醐寺珍宝展全景新闻为例，游客和展品、展柜的静态画面清晰度不够，内容中缺乏对用户关心的展览主题和珍稀展品的介绍，这使得新闻报道成为单纯的VR体验素材。

最后是VR/AR新闻面临新闻伦理考验。VR新闻突破传统新闻的叙事方式，对新闻现场全景进行直接“复现”；一些VR产品为了浏览量，不惜将一些血腥、压抑的灾难现场和新闻现场展现给用户。纯粹的感官体验和刺激代替了新闻把关，人们接收信息的思考过程被简化，新闻媒体作为专业“把关人”的角色进一步被削弱，舆论引导更无从谈起。

VR新闻的相关网站和专题报道

新华社2016两会VR视角 http://www.news.cn/politics/2016lh/vr.htm

财新VR实验室 http://video.caixin.com/vr/

新华网VR/AR频道 http://www.news.cn/vr/

百度VR http://ivr.baidu.com/

纽约时报 *The Daily* 360

CNN VR

带你走“长征七号火箭旅途”炫酷虚拟现实技术 http://www.56.com/u29/v_MTQxMjc0NDI2.html.

- 第四章 互动新闻的编辑与运营
  - 互动的价值
    - 认识网络与新媒体的互动
    - 互动的本体价值
      - 满足互动参与者个体的需求
      - 满足组织互动的网络与新媒体机构的需求
    - 互动的现实价值
      - 互动产生内容
      - 互动扩散传播
      - 互动聚集用户
      - 互动搭建桥梁
  - 互动的运用
    - 互动的方式与用户的行为
      - 互动方式
        - 一对一为主的互动方式：电子邮件、即时通信、个人博客、微博和论坛账号的私信、问答平台的答问、个人收藏、@指定对象的转发和分享、内容打赏、AR/VR的沉浸式体验、个性化定制频道
        - 一对多为主的互动方式：个人和机构的博客、微博、微信账号，网络与新媒体中的访谈、调查、投票、意见征集、跟帖留言、弹幕、社交类直播
        - 多对多为主的互动方式：BBS论坛、知识问答、SNS社群、微博好友圈、微信朋友圈、微信自建群、贴吧
      - 用户行为
        - 第一层级——转发、分享、点赞、扫一扫、摇一摇、打赏
        - 第二层级——留言、跟帖、评论、上传内容、自媒体发布
        - 第三层级——参与话题讨论、参与互动活动
        - 第四层级——主动设置话题、主动生产制作内容、主动引导舆论
    - 常用的互动方式及应用场景
      - 跟帖/留言/弹幕
      - 在线访谈
      - 设置议题
      - 在线问答
    - 互动的运用
      - 互动运用于传统媒体
      - 互动运用于新闻传播
      - 互动运用于活动推广
      - 互动运用于个性化定制
  - 互动新闻的编辑
    - 互动新闻的特点
      - 理解互动新闻
      - 特点
        - 数量庞杂，质量良莠不齐
        - 形式以文字，图片为主，音视频、多媒体内容相对较少，表情包成为一种时尚
        - 互动内容与新闻报道的结合度越来越高
        - 互动新闻的价值和影响力与用户的参与度、互动力呈正相关性
    - 用户生产互动内容的编辑
      - 过滤审看互动内容
      - 筛选精选互动内容
      - 编辑处理互动内容
      - 推荐发布互动内容
    - 在线访谈的编辑
      - 确定访谈主题和对象
      - 商定访谈提纲
      - 发布访谈预告
      - 控制访谈过程
      - 编辑发布访谈内容
    - 议题设置的编辑
      - 在线调查和在线投票
      - 热文置顶和话题推荐
      - 组织讨论
    - 在线问答的编辑
      - 邀请答主
      - 开设答主专栏
      - 设置问题
      - 制作问答专页
      - 编辑整合答案
  - 基于互动的用户运营
    - 认识用户运营
    - 用户运营的基础手段和指标
      - 基础手段
        - 口碑式策略
        - 数据式策略
        - 体验式策略
        - 活动式策略
        - 激励式策略
      - 指标：新用户数、种子用户数、活跃用户数、流失用户数、回访用户数、在线时长、浏览量、唯一访问者
    - 运用互动拉入新用户
      - 社群互动拉新
      - KOL互动拉新
      - 邀请分享拉新
      - 捆绑式互动拉新
      - 互动工具拉新
    - 运用互动留存用户
      - 个性化推送留存
      - 反馈式互动留存
      - 激励式互动留存
    - 运用互动活跃用户
      - 常态互动促活用户
      - 等级系统促活用户
      - 满足需求促活用户

第四章思维导图

第四章

互动新闻的编辑与运营

互动性强是互联网的本质特征，也是网络与新媒体相较传统媒体最显著的优势、最具价值之处。截至2018年6月，国内网民规模达8.02亿，手机网民规模达7.88亿，庞大的用户数意味着互动的范围之广、规模之大、程度之深、方式之多样、影响之无法估量。互动的价值不仅仅映射在网络与新媒体领域，也激发了传统媒体的活力，扩大了传统媒体的影响力。运用好互动工具，编辑好互动新闻，最终都是为了实现互动的终极目标——吸引用户、留住用户、活跃用户。

第一节　互动的价值

一、认识网络与新媒体的互动

所谓互动，是指各种因素之间相互影响、相互促进、互为因果的一种关系；也指不同对象之间相互作用而使彼此发生积极改变的过程。基于互动，网络与新媒体世界构建了各种“关系”，既有网络与外部世界的相互作用，又有网络世界内部的网络与网络之间、网络与用户之间、用户与用户之间形成的各种连接。

与大众传媒的传播互动不同，网络与新媒体的互动是传受双方之间以平等为基础、互为牵制和导引的双向甚至多向互动，两者在互动的方向与路径、扩展范围、表现形式和行为特征方面有着显著的差别。

在方向与路径上，大众传播的互动是由媒介主导的牵引式的单向互动，传播者自上而下地集中灌输，接收者自下而上地消极呼应，传播信息在前，反馈信息在后，方向明确，线路清晰。网络与新媒体互动则打破了传播者与受传者之间的界限，传受双方无主次、无先后、无主动与被动，信息流向任意方向，互动也发生在任意方向，整体呈现出无中心的状态。

在扩展范围上，大众传播互动局限于点面之间，信息以媒介为中心进行发散式传播，传播过程是连续的、强大的、主动的，而受众接收到信息后的反馈却是间断的、微弱的、被动的，这是一种窄播式的互动。网络与新媒体互动包括个人对个人的同步或异步互动、多人对多人的同步或异步互动、个人对多人的同步或异步互动，以及多人对个人的同步或异步互动。整个网络与新媒体互动呈现出多层面、多形式、共同参与的特点。

在表现形式上，大众传播互动中的不同媒介有不同的表现形式，报纸以文字、图片为主，电台、电视台以声音、图像为主，每种媒介的表现手段相对单一。网络与新媒体互动的信息组织方式和表现手段丰富而多样，文字、表格、声音、图形、图像等多媒体信息可以超文本形式融为一体，通过互联网的高度链接性实现自由的互动。

在行为特征上，大众传播互动是现实的，报纸通过刊登“读者来信”“读者讨论”来反映读者心声，电台、电视台通过电话、短信让听众、观众参与节目，这些都以媒介为中心，并由媒介主导互动的程度和效果。网络互动赖以生存的环境是一种虚拟的、以符号为中介的行为方式，网络论坛、微博、微信、社区等都不具有现实互动中的实体性结构，一切信息的形态都是数字化、符号化的，因此网络与新媒体互动具有虚拟性、多层次和多维度等特点。

二、互动的本体价值

根据功能学派马林诺夫斯基的研究，一个社会中一种文化特质的功能，就在于满足该群体成员的基本需要或次生需要。网络与新媒体互动作为互联网世界的一种文化特质，其根本价值就在于通过用户或组织的使用满足一种或多种需求。

对互动参与者个体需求的满足。目前，网络与新媒体具有多样化的互动方式，从早期的电子邮件、论坛、跟帖评论到现在的微博、微信、SNS社区、视频主播，不同的应用能满足互动个体的多种需求，包括个体认知和情感的满足，个体获得人际吸引和认同的满足，个体获得自我呈现的机会、自我能力价值得到肯定的心理需要的满足，个体与群体分享知识、资源、乐趣以与社会交流、与社区交往的满足。比如在青少年中应用广泛的QQ空间、捧出众多网红的视频直播、继脸书之后火爆起来的社交媒体Snapchat，它们都满足了用户的一个或多个需求。晒美图、秀才艺、做直播，这些看似普通、寻常的互动行为是用户渴望与其他用户进行在线交流的心理需求的反映。

对组织互动的网络与新媒体机构的需求的满足。组织者可以通过互动达到利用、影响和引导的目的。以新浪微博为例，整个微博是一个开放、分享、互动的平台，每一个微博账号都可以利用这个平台与用户个体进行一对一的沟通、交流，获得用户的反馈、评论、建议，网络与新媒体机构还可以对用户的发帖、留言进行数据挖掘和分析，寻找新闻线索、发掘新闻资源。新浪微博还经常设置热门话题，组织用户参与讨论。其在互动讨论中设置议程，左右网民的认识，驱动他们的传受行为，影响他们的信息诉求，也可以通过对互动过程的观察把握受众的“脉搏”，调整自己的传播内容与传播策略，实现网络与新媒体引导舆论的目标。

三、互动的现实价值

满足需求是互动的本体价值，是从形而上角度来认识和解读互动。站在网络与新媒体环境看业界的具体实践，可以发现，互动拥有四重现实价值。

（一）互动产生内容

互动产生内容，准确地说，是参与互动的用户每时每刻都在生产内容。据媒体报道，

Facebook上每隔10秒就有250 000条即时信息被发送，网友留下85 000条评论，22 666幅图片被上传，54 976 850条内容被发布或者分享，用户点赞520 830次。作为一个社交平台，Facebook的内容都来自用户生产和贡献，早在2012年，Facebook每天就要处理25亿条消息、500多TB的数据。可以说，是用户的互动造就了一个数千亿美元市值的互联网公司。

互动产生的内容不仅体量大，而且形式和传播渠道都呈现出多样化的态势。形式上，总体还是以文字、图片为主，但音频和视频的数量在急剧增加。传播渠道上，从过去主要依赖留言板、论坛、博客、微博的评论、发帖发展到现在主要依赖播客平台、问答平台、SNS平台、调查问卷平台、视频直播平台、百科平台、自媒体公号平台。传播渠道越多样，用户上传内容就会越便捷，这自然就能激发用户贡献内容的意愿，凸显出互动产生内容的价值。

产生内容的场景从另一角度体现出互动的价值。突发事件中用户上传的摄于现场的图片或视频，能让事件报道得到有益的补充；热点新闻报道中，用户参与调查、发表观点和看法，能左右事件报道进度，影响舆论方向；重大事件报道中，用户提问嘉宾、编辑制作音频和短视频，能丰富报道内容。可以看到，用户生产内容的场景越来越贴近新闻现场，也越来越能影响报道方向。

目前，用户生产内容不仅有过去普通用户的UGC（User-generated Content，用户原创内容），还有越来越多的专业用户的PGC（Professionally-generated Content，专业生产内容），以及从传统媒体转型到自媒体的职业用户的OGC（Occupationally-generated Content，职业生产内容）。如果说UGC形式各异，质量参差不齐，那么PGC相对专业且权威，OGC则更有品质保证。

（二）互动扩散传播

美国皮尤研究中心发布的《2016年美国社交媒体新闻使用情况报告》显示，逾六成美国成年人通过社交媒体获取新闻，66%的脸书用户在该平台上获取新闻，59%的推特用户在推特上获取新闻。其他社交媒体平台，如Reddit、Tumblr、Instagram、YouTube、LinkedIn、Snapchat、Vine也都成为分享、转发的新闻源。报告表明，新闻被推至社交平台动态信息页面会提高新闻被转发的概率，直接分享给朋友的页面或个人主页的文章更容易被推送。

知名内容网站BuzzFeed就是利用互动分发传播的典型。其构建了一个强大的内容分销网络，有45个不同的内容分销渠道，包括脸书、Instagram、推特等10个社交网络平台，微博、微信、Line等7个即时通信平台，BuzzFeed Main、BuzzFeed Video等5个手机客户端，YouTube、微软、雅虎等20个视频合作伙伴，以及其他一些硬件合作伙伴。这些互动分享平台为BuzzFeed分发80%的内容，而BuzzFeed通过自己的网站分销出去的内容占比还不到两成。

众多周知，互动平台中的用户既是生产者又是传播者，所有上传发布内容的渠道自然也就是分享传播的渠道，用户能随时随地上传内容，也更易于随时随地转发、分享内容。互联网中有多少内容上传平台，就有多少内容分享、分发渠道。特别是在数据分析和挖掘技术的支持下，病毒传播式的分享让内容覆盖面更广，精准的分发让内容的到达率和接受度更高。BuzzFeed之所以能赢得不同分发平台的用户的青睐，每个月有数千万人分享内容，以及超过2亿的独立访客，主要是因为一项名叫Pound的技术。该技术用于捕捉BuzzFeed内容如何在社交网络上传播，可以分析内容的传播路径和方式，对内容在不同分享者之间的传播进行跟踪，从而帮助网站更好地确定内容投放和传播途径。比如一个用户在脸书上分享了一组图片，有推特用户将其转发到自己的推特主页，又有Pinterest用户将这组图片从推特转发到Pinterest。Pound能对整个过程进行跟踪，并分析其中的关键环节和节点对传播的影响。

（三）互动聚集用户

互动天然具有聚集用户的功效，无论是个人对个人的点对点互动、个人对多人的点对面互动，还是多人对多人的群体互动，都必须有个体或群体的参与。用户的集聚既是互动的结果，也是互动的条件。目前能够聚集大量用户的都是社交互动平台。脸书在全球拥有数十亿用户，微信成为中国拥有用户最多的平台，其核心就在于搭建了强大的互动连接功能，不仅方便人们的交流、沟通和分享，而且能实现个人、多人与机构，机构与机构直接的多维立体互动。

互动能够聚集用户，还在于人群或机构在互动空间中不是静止的、无声的，而是动态的、活动的。互动的种类很多，有基础的围观交流型互动，有生产内容的奉献型互动，有提问求解的索取型互动，有扩大传播的分享型互动，用户在互动过程中会自发或被引导做出各种行为。点赞、转发、评论等互动行为虽然简单，但若达到一定的活跃度，就能使用户进一步聚集，触发互动应用中的“马太效应”。一些社交网站在创始阶段特别重视种子用户的培育就是出于这个原因。人人网最早通过校园内宣传发展核心用户，即学生群体，加强朋友、同学之间的联系，进而扩大用户规模；新浪微博早期通过名人效应，拉近名人与普通人的距离，带动用户量的提升。

另一个作用于用户在互动中的聚集的因素是兴趣，特别是陌生用户的聚集，很大程度上受到彼此认同的价值观、品位、态度及观点的影响。同好者可以不分年龄、不分性别、不分地域地形成社群，并在社群中展开深度的探讨、评议和互动。比如豆瓣中的小组，是“志趣相投的人在一起讨论话题的地方，无论你来自哪里，有什么兴趣爱好，都能在这里找到和你一样特别的人”。用户基于兴趣聚集后，其互动更常态化、更稳定，用户对网络与新媒体的忠诚度、用户彼此之间的黏度都更有保障。

（四）互动搭建桥梁

传统媒体的一大“弱项”即与读者、听众、观众的互动时效性差、渠道单一、交互不便，导致媒体和用户都难以产生互动的积极性和创新性，并形成恶性循环：媒体越没有互动反馈就越疏于设计、策划互动活动和产品；用户越难以零距离接近媒体、难以得到回应，就越不愿主动、积极输送内容、表达诉求。

网络与新媒体的互动技术和多样化互动产品从根本上解决了媒体与用户之间的互动障碍，实时、多样化的一键式互动不仅可以让媒体与用户无缝对接，而且可在突发事件、新闻直播中直接融入互动内容、加入互动声音，第一时间获得双向互动响应。2017年两会期间，中央电视台专门设置《两会有啥事 我们帮你问》小栏目，采用大屏联动小屏的方式，主持人在节目中不断接收网络实时互动信息，对央视网里网友上传的视频提问随来随报、随来随评、随报随问；代表委员与百姓同时在线、实时互动。针对两会期间不能解答和解决的问题，央视新闻客户端还专门开辟“央视帮你问”板块，让用户继续提问，央视继续帮问，形成了一个常态的双向互动服务平台。

互动的桥梁价值还体现在其可以观测网民情绪，了解网络舆情和舆论导向，为传播内容和传播策略的调整提供指导。媒体机构通过监测内容传播的各项指标数据，如文章阅读数、停留时间、互动时间、评论数量、点赞转发数、页面跳转率、到达率等，可以及时把握用户的阅读情绪、态度和观点倾向。特别是热点事件和突发事件，从出现到发酵的过程中，话题的聚集度、参与讨论的人数、文章的传播路径等，都能在第一时间被反馈到媒体机构，为网络与新媒体引导舆论提供决策参考。

第二节　互动的运用

“无跟帖不新闻”“无社交不资讯”，跟帖、提问、点赞等互动方式已经与新闻、资讯融为一体，不仅成为用户个体和媒体机构在网络空间的常态活动行为，而且成为内容传播不可或缺的重要组成部分。运用互动就是要在掌握各种类型的互动方式的基础上，针对相应的场景、对象和内容性质，科学、合理地选择互动方式，设置互动环节，制作互动产品，策划互动活动。

一、互动的方式与用户的行为

了解互动在网络与新媒体中的运用，首先需要了解网络与新媒体中有哪些互动类型和方式、用户在不同互动方式中的行为深浅度及相应的操作难易度。

站在新闻传播学角度看，网络与新媒体的互动包含一对一的双向人际传播、一对多的链式大众传播、多对多的多向群体传播。互联网发展初期，互动的方式相对较少，且互动工具所映射的传播形态也较为单一，比如：电子邮件，主要应用于一对一的人际传播；网络论坛，天然归类为群体传播；跟帖留言，更多地体现为大众传播。

但是，随着互动应用的深度开发，每一种互动工具都具有了融合传播的可能。电子邮件，既能进行点对点的发送，也能成为机构群发信息的点对面营销方式；网络论坛，既是群体集聚喧哗的“大礼堂”，也可以构建发送私信的个人空间，还能作为媒体机构发布热文、推荐文章的大众传播舞台。可以说，每一种互动工具都具有多重传播属性，只是相比较而言侧重点不同而已。

以一对一为主的互动方式有：电子邮件、即时通信、个人博客、微博和论坛账号的私信、问答平台的答问、个人收藏、@指定对象的转发和分享、内容打赏、VR/AR的沉浸式体验、个性化定制频道等。

以一对多为主的互动方式有：个人和机构的博客、微博、微信账号，网络与新媒体中的访谈、调查、投票、意见征集、跟帖留言、弹幕、社交类直播等。

以多对多为主的互动方式有：BBS论坛、知识问答、SNS社群、微博好友圈、微信朋友圈、微信自建群、贴吧等。

其中，跟帖留言、弹幕、社交类直播等由个人发起的面向所有用户的传播一旦形成用户间的群体“搭楼”，就会自然转变为多对多的社群互动；微博、微信、论坛、SNS社群、问答平台等作为综合性的社交平台，整合了互联网上几乎所有的互动手段（包括第三方插件），其多重传播的属性尤为明显，因而成为最大的用户集散地和互动策源地。

虽然互动方式众多，但用户运用这些互动方式的程度各不相同，由浅及深分别为：

第一层级——转发、分享、点赞、扫一扫、摇一摇、打赏。这是最不需要用户投入时间和精力且易于操作的互动层级，成本低，频率高，使用普遍，几乎适用于所有场景。

第二层级——留言、跟帖、评论、上传内容、自媒体发布。在这一层级，用户需要具备一定的生产内容的能力和水平，无论是撰写文字还是拍摄图片或视频，都需要耗费用户的时间和精力，甚至还需要用户投入一定的物质财富，成本相对较高，使用频率适中，限制较多。

第三层级——参与话题讨论、参与互动活动。这一层级需要用户有积极的态度和较强的主动参与性，关注突发事件、关注热点新闻，花费较多的时间投入到话题之中。用户不仅要积极转发、分享相关话题，主动撰写文章在各类平台上发帖，而且要与参与话题的人进行深度探讨，拉动周围的朋友加入到话题之中。

第四层级——主动设置话题、主动生产制作内容、主动引导舆论。用户在这一层级完全成为互动的主宰者，不仅掌控互动的过程和节奏，可随时发帖、跟帖并与参与话题的其他用户互动，而且有明确的目的性和目标方向，可设置各种标签，主动@相关个人或群体，提升话题热度，甚至可能操控互动背后的舆论。当然，这一层级对用户的要求较高，需要用户投入一定的时间和成本，熟悉互动的策略和技巧，熟练运用互联网写作、编辑的手段和其他互动工具。

掌握多样化的互动方式是科学、有效运用好互动的前提和基础，而了解用户对不同互动方式的使用心态和投入状况，才能更好地设计出互动产品和活动，真正发挥出互动效果。

二、常用的互动方式及应用场景

转发、分享、点赞、扫一扫、摇一摇、打赏是最基本、浅层级的互动方式，这些互动只需用户简单操作即可完成，不用耗费太多时间和精力。网络与新媒体机构需要做的是为用户进行这类互动提供便利，如将互动按钮置于显眼的位置，在页面上多处安放按钮，制作大图标、大字号的按钮，将所有互动按钮设计为一键操作、快速转发。在深层次的互动中，跟帖/留言/弹幕、在线访谈、设置议题、在线问答是用户最常用、场景应用较广泛的互动方式。

（一）跟帖 / 留言 / 弹幕

跟帖/留言是最传统的互动方式，最早应用于新闻报道中，一般在文末设置留言板供用户留言“吐槽”，随后广泛应用于所有能发帖的领域，如单篇博客、微博文下的评论，微信朋友圈文章下的评论。视频端的跟帖/留言区早期也与新闻的留言板一样，被置于文末，但用户观看不易，且不能实时查看，后引入“弹幕”形式，大量实时的评论从屏幕上飘过，效果看上去像飞行射击游戏里的子弹，弹幕由此成为视频端跟帖留言的新互动方式。

作为与网络新闻几乎同时诞生的新事物，跟帖与生俱来地带着互联网自由、分享的特质。网易发布的2015年跟帖年终盘点显示，全年网易新闻产生了超过10亿条跟帖，有超过1.42亿网友留下自己的故事或观点。跟帖与新闻相伴相随，内容包罗万象，观点犀利精彩，远远超出"新闻评论"的范畴，跟帖/留言/弹幕有时甚至比新闻更吸引人。因此有人将其称为"中国网民智慧和社会生态的集中反映"。

从本质上看，跟帖/留言/弹幕这种互动形式打破了传统新闻高高在上的姿态，实现了新闻与用户的同在、大众与媒体的实时平等交往。可以说，跟帖/留言/弹幕已经成为新闻、视频的一部分，用户阅读内容的同时也在阅读跟帖，一方面，了解他人对新闻的态度，寻找共鸣，形成更大的力场；另一方面，用户也会受跟帖影响，决定自己的阅读取向，审视自己的新闻态度。跟帖/留言/弹幕甚至成为一种新闻玩法，经典跟帖"元芳你怎么看""挖掘机技术哪家强"成为全网范围内的经典"沙发帖"，网友们在不同平台上以此为"地基"不断"盖楼"成为一种跟帖现象。

伴随跟帖、留言、弹幕而来的大量"吐槽"、评论内容又成为互动新闻的原材料，成为相关机构观测网言网语、舆情民意的重要窗口。

（二）在线访谈

在线访谈最早出现在网络论坛上。为了掌控论坛中的交流内容和话题方向，有意识地引导网络舆论，网络与新媒体平台会主动开展以嘉宾访谈为主的半开放式交流，包括在突发事件、热点事件发生时约请专家、学者或相关人员与网民交流和探讨，在重要政策、举措出台时请相关权威人士或知情人员向用户解读和释疑，在政府制定法规、条例或规章时向民众征询意见。

在线访谈可以看作新闻采访的线上版。不同于线下新闻采访的是，采访者可能是访谈主持人，也可能是广大的参与用户，还可能是主持人与用户的混合体；采访的问题以来自普通用户的各种各样的原生问题为主；采访对象的回答可以不经编辑、实时而完整地呈现在所有用户面前。在线访谈不仅实现了嘉宾与用户零距离的交流与互动，还能引来在线用户的围观和评论。

随着网络与新媒体互动平台的多样化发展，在线访谈的方式也逐渐变得丰富多彩。表现形式上有图文访谈、视频访谈和多媒体访谈；网域空间中有论坛访谈、微博访谈和客户端访谈；访谈内容包括时政、经济、体育、娱乐等，包罗万象，无法一一列举。特别值得关注的是，伴随政务新媒体兴起而涌现的政务访谈，已成为网络问政的主要方式和手段。比如人民网微博访谈里既有关注当前热点和社会问题的"大智汇"系列访谈——说时事、论财经、侃教育、论政务、看世界，也有"微观梅州"系列微访谈，通过与梅州市政府合作，将微访谈作为政府与群众问政的新模式。

案例1：新华网访谈频道

新华网在PC端的网站里专门开设"访谈"频道，下设《最热访》《会客厅》《系列谈》《发布厅》《现场感》等子栏目，除《发布厅》为线下新闻发布会的网上直播外，其他栏目都为嘉宾与用户的在线访谈（见图4-1）。

图4-1　新华网在线访谈频道《会客厅》栏目的截图

【分析】站在网络媒体与新闻网站的角度，在线访谈不只被看作一种与用户互动的方式，还是直接而便捷的生产原创内容的手段。新华网“访谈”频道设计的子栏目，既有根据热点事件和话题及时推出的嘉宾访谈，也有主动策划和设计的长期、系列访谈。每一次的访谈内容整理后即可成为一篇新闻报道。

互动平台原本是用户自由发言、畅所欲言的空间，帖文的内容和舆论的走向很难控制，但网络与新媒体机构又需要适当掌控互动空间的讨论氛围和评论话题，因此，主动设置议题请用户探讨，主动邀请嘉宾在线与用户交流，都能达到设置议题、引导舆论的目的。这也是在线访谈互动的另一层价值。

（三）设置议题

设置议题包括设置调查题、投票题、微博话题、知乎话题、热词标签等，目的是通过参与议题讨论的用户数和用户行为、帖文的内容和汇集的评论观点，及时了解用户的意见和态度，掌握舆情走向。而且，部分议题的调查、讨论结果还能作为新闻报道的资源。设置议题是网络与新媒体机构与用户深度互动的重要手段。

议题、话题可以由网络与新媒体机构设定，如网络调查题和投票题，也可以由用户个人发起，如一些热门微博话题、知乎话题的主持人即为普通用户，还可以根据新闻热议度、转发评论数自动设置，如热词标签即技术与数据结合的产物。

网络与新媒体技术为议题设置提供了便利的入口和快捷的互动路径。比如有专门的在线调查问卷网站，用户简单点击鼠标就可以参与完成在线调查或投票；在线话题有一键式的模板，议题可以按照热度、时间排序，用户可以自己设置话题，也可以通过检索感兴趣的话题，建立自己的话题专页；检索工具为用户快速查询当前热词或热门话题提供了方便。

案例2：《西游记》导演杨洁去世的话题设置

2017年4月15日，1986年版《西游记》总导演、制片人杨洁去世，一名微博名为“小浪花XD”的普通用户第一时间设置“#西游记导演杨洁去世#”话题（见图4–2）。在短短两天内，话题的阅读量达到8 900多万，讨论人数4.4万，关注话题的用户达到2 700多人。

图4–2　新浪微博“#西游记导演杨洁去世#”话题的截图

【分析】突发事件发生后，用户的关注度不仅体现在对信息的大量需求上，也表现在对话题的积极参与和与话题的互动上。微博会员“小浪花XD”利用便利的互动技术，在第一时间创建话题，打破了传统的由媒体机构垄断话语权的模式。

虽然是个人发起的话题，但阅读量、关注人数、参与讨论的人并不少，这一话题也成功登顶当天新浪微博话题排行榜。在话题页面，含有“#西游记导演杨洁去世#”标签的相关微博被自动收录到页面中，新闻报道内容和背景资料被置于页面突出位置，热门微博被推荐置顶，“图片墙”“时评讨论团”等专门版块丰富了话题的内容，“精华”版块自动提炼有一定内容的帖文。

在各种公共平台，如BBS论坛、贴吧、互动问答平台等，网民都可以自由创建话题或提出问题，并由更广泛的网民自主参与、自发讨论和自由交流。这种源自网民又扎根网民的互动方式，是观察和审视网络舆情的重要窗口。

主动设置话题引导舆论的功能也已经被传统媒体所认识和重视。《京华时报》《南方都市报》《中国新闻周刊》《三联周刊》等上百种报纸、杂志通过微博发布新闻作品的内容摘要、关键词并为重要新闻添加链接，利用微博的快速传播通道及时对新闻内容进行推广发布，使新闻裂变式传播，从而提升新闻的阅读量和影响力，实现媒体的议程设置功能。

（四）在线问答

在线问答，又名互动问答，是一类集合自动切分词、智能检索、自动分类的知识问答平台。用户在问答平台发出询问请求，平台或借助数据库资源自动反馈回答，或邀请专业人士、专家学者人工回答特殊问题。在线问答的出现是用户要求提升互动质量、提高互动效率的一种反映，是人机互动、人人互动发展到高层次阶段的必然产物。百度知道、新浪爱问、问答小屋是机器问答的主要平台，澎湃新闻的“问吧”、《人民日报》新闻客户端的“问”等是人工专项问答的典型代表。国外知名社交新闻网站Reddit的 Ask Me Anything（AMA）也是互动问答方面的热门应用。

在线问答平台可分为两大类：免费问答平台和付费问答平台。在免费问答平台里，根据问答设计机制，又分为专属问答平台和公共问答平台。澎湃新闻的“问吧”属于前者，主动设定议题和话题，再邀请诸多学者专家、名人明星、草根达人加入并回答各自专属领域的专业性、知识性问题，满足用户深度探知的需求。后者以知乎为代表，它面向所有注册用户开放提问、回答甚至公共编辑权限。问题和回答都由用户完成，回答内容接受其他用户的评价（点赞、关注、收藏等）。付费问答平台是在“知识经济”的东风之下兴起的一种新型问答平台，主要面向本身具备一定社会知名度和粉丝基础的答主，他们通过付费回答的方式实现个人品牌和粉丝效应的变现，相关平台包括值乎、知乎Live、分答、微博问答等。①

在线问答不同于一般的知识百科，它是借助互动实现用户个性化定制阅读的一种手段。一问一答形式让用户获得了极大的尊重与满足，在提升用户参与度之外，更解决了用户对垂直领域知识进行深层了解和兴趣化阅读的需求。这类互动新闻或称社交新闻为不同层级的用户提供了个性化的资讯解决方案。

三、互动的运用

通过互动的价值、几十种互动工具和用户的互动行为，我们看到，无论是PC互联网还是移动互联网，都正在进入一个“无互动不网络”的时代。互动被广泛运用于各个层面，媒介融合需要互动，新闻报道加入互动，活动推广用互动助力，个性化定制借力互动。其实，互动的运用方式无法一一道尽，技术的发展和进步还将逐步扩展互动的空间，提高互动的频率，提升互动的效用。

① 舆论场：剖解在线问答平台的舆论生态［EB/OL］.（2017-04-10）［2017-08-20］. http://www.sohu.com/a/133020285_114731.

（一）互动运用于传统媒体

传统媒体正处于媒介融合的十字路口，互动是其打通融合通道、实现全媒体运营、聚集用户的必然选择。其实，不仅传统媒体主动运用互动工具加强与用户的联系，将互动内容吸纳到新闻报道中，将互动平台作为分发传播渠道，网络与新媒体上的各类互动平台也提供便利的接口和工具服务于传统媒体，让传统媒体的优质资源进入互动平台。

全球最大的互动平台脸书近几年陆续推出Instant Articles（即时文汇）、Facebook Live（直播功能）及Facebook 360 Video（全景视频）等互动工具；Snapchat上线Discovery频道，精选高质量、有特色的社交媒体、杂志和电视中的精华内容，将其重新设计之后呈现于用户面前；推特推出了服务于媒体的Moments频道；微信开设的订阅号、微博专设的媒体账号也都成为中国传统媒体推进媒介融合的手段。

可以说，互动之于传统媒体有着双向效应，新闻机构倚重社交媒体，依靠互动带来用户、流量和广告分成收益，微博、微信、知乎、脸书、推特、Snapchat、YouTube等国内外社交平台也需要吸引、迎合新闻媒体机构入驻，将媒体的优质流量变现。

案例3：“中国之声”晚高峰的“新闻调查”互动

中央人民广播电台“中国之声”的晚高峰节目中有一个“新闻调查”的小板块，这个小板块在“中国之声”微博账号和微信公众号同步建有“#新闻调查#”标签或栏目。在“中国之声”每晚推出“晚高峰新闻调查”今日话题时，此话题在微博和微信中同步推出。用户在线参与的评论和语音会被电台及时摘选到节目中播出（见图4-3）。

【分析】互动不仅是新媒体的一个重要特征，更是连接媒体机构与用户、用户与用户的重要手段。传统媒体一向与用户互动较少，其劣势即在于没有畅通的交流、沟通渠道。互联网提供的各种互动工具为其打开了一扇扇窗。

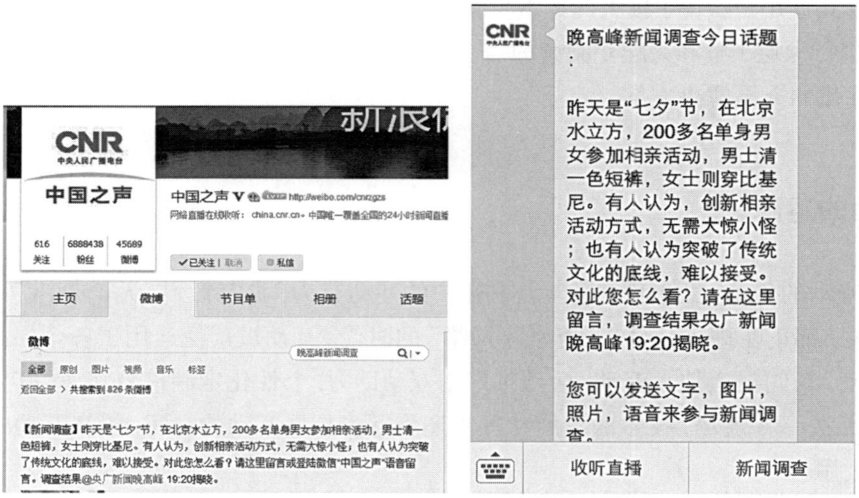

图4-3　“中国之声”微博账号和微信公众号的互动截图

无论是传统媒体还是网络与新媒体，都应该认识到互动的作用，充分发挥出互动的价值，运用互动对突发事件进行不间断报道，运用互动构建“互联网式深度报道”，运用BBS论坛、微博平台开展嘉宾访谈式报道，运用网络调查、网络投票等互动手段进行话题、议题设置和征询，收集用户意见数据，运用新媒体技术实现文字、图片、视频报道一体化等。

（二）互动运用于新闻传播

互动运用于新闻传播已成为一种常态，且被运用于多个层面。一是运用于重大、突发、热点新闻的报道中，如设计、策划互动产品和活动；二是运用于日常报道中，如设计简单、便利、易操作的交互板块；三是运用于网站、客户端或第三方平台的产品，如微博、微信账号中长期设置互动服务窗口；四是针对性地研发、设计系列互动新闻产品，保持与用户的常态联系；五是运用于新闻推送，借助网络与新媒体的互动技术主动推送新闻。

随着互动手段的丰富和多样化，新闻报道中互动的运用呈现出立体化布局，包括设置专门的互动区域方便用户快速进入，PC端与移动端的互动产品一体化从而占据两个平台，浅层互动产品与深度互动产品互补以满足不同层级用户的互动需求，从选题到报道完成进行全程、全方位互动，等等。互动不再被当作新闻报道的辅助形式和点缀，不再是可有可无的手段、工具，而是融入新闻报道之中的“钢架”，甚至能影响新闻报道的方向。

案例4：人民网抗战胜利70周年报道中的互动设计

在2015年抗战胜利70周年报道中，人民网在专题中专门辟出一个区域，放置互动板块。设计的互动产品有常规的嘉宾访谈、借用留言板实现的“向抗日英烈献花留言”、直接投稿的“我家的抗战故事”，还有新颖的“诗祭英烈”“我是和平使者签名接力”以及H5互动游戏《一起打鬼子》等（见图4-4）。

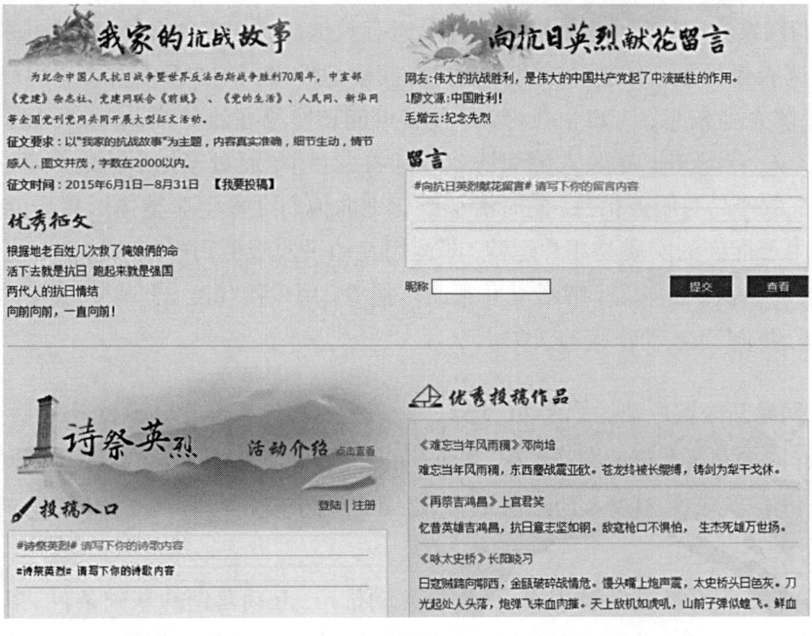

图4-4　人民网抗战胜利70周年报道互动专区截图

【分析】在重大主题性报道中设计互动，其价值不只是丰富报道形态，让严肃的内容多些轻松的表达和呈现，更在于吸引用户参与，让用户融入主题报道之中，借助用户的口碑传播、社交传播扩大主题报道的影响力。因此，设计这类主题性报道的互动时，要兼顾不同人群的习惯和偏好，满足不同年龄、不同兴趣、不同知识水平的人对互动的多样化需求。

除了人民网，其他多家网站也推出了各种形式的互动，比如搜狐网推出的“有奖问答”，让用户在答题中重温历史；腾讯网组织的线下“重新体验二战战场”活动，将用户在线下重走中的点点滴滴全部、真实地制作成视频呈现到互联网上，实现线上线下的联动。此外，腾讯网还制作了多款移动端H5互动游戏产品，如《全民画汉奸》《化身间谍 改变历史》《一颗子弹的故事》《一键搜寻抗战老兵》《高考中的抗日战争》等。在这些互动产品中，有希望用户主动奉献内容的“诗祭英烈”“我家的抗战故事”，有只需单纯参与的“签名接力”“有奖问答”和各种互动游戏，更有线上线下联动的“重走二战路线”的大型互动。多维度的互动传播让用户与新闻同在，让用户在交流反馈中与新闻发生良好的“化学反应”。

（三）互动运用于活动推广

拥有微博、微信账号的用户都有这样的体验：时不时会收到来自微信朋友推送的资讯信息和广告内容，或者是在微信群里看到群友发送的不受欢迎的推广文章，自己的朋友圈里还会时不时出现一些似乎与自己有些关联的广告。其实这些都是互动运用于活动推广的典型表现。

互动运用于活动推广，又被称为互动推广、互动营销，即在用户与用户之间、用户与企业之间运用互动手段进行推广、公关、营销的一种行为。理论上，所有的互动形式都可以运用于推广、营销之中。比如针对特定的主题活动，如教育展、招生说明会、留学问答等，以嘉宾访谈的互动形式与网友实时聊天，借助嘉宾之口快速有效地传递、推介信息；企业可采用图片和文字形式设计调查投票题，通过平台随机抽奖和互动组件吸引用户参与投票。用户在轻松的互动投票中，了解企业信息，认知企业产品，并有可能转发给在线好友，扩大传播；在互动游戏中，将品牌形象、产品知识等融入游戏情节或问答题目中，通过轻松活泼的互动小游戏，让用户在娱乐中获取产品与服务信息，同时潜移默化地向他们灌输企业整体形象与价值观。

互动运用于推广的实质是用户运营，即运用互动手段吸引用户、留住用户，让用户参与互动，使其在互动中认识品牌、了解活动并帮助传播等。用户接受度、忠诚度、活跃度、互动力等指标反映了互动推广、互动营销的效果。

案例5：网易新闻客户端的《活动广场》

在网易新闻客户端专设的频道“我”里面，有一个小栏目《活动广场》，它会不定期推出各种互动推广、营销活动，如吸引新人的红包互动、展示品牌的调查互动、宣介微信产品的二维码互动（见图4–5）。

【分析】拥有千万级或亿级用户，是展开互动推广、互动营销的基础条件。新媒体天然具有聚集用户的优势，移动设备更成为用户停留时间较长、使用频率较高的设备。因此，在移动端展开互动推广和营销，一般都能收到较好的运营效果。

图4-5　网易新闻客户端《活动广场》栏目的各类互动活动截屏

当然，选择怎样的互动手段、设计怎样的互动产品需要根据推广、营销主题进行调查和策划，简单、易操作、有激励机制的互动产品和活动应优先选择。调查类、话题类等较复杂的互动需要有相应的奖励机制来带动。上述网易新闻客户端《活动广场》的几个推广都设计有一定的奖励，迎合了当下用户的互动心理。

（四）互动运用于个性化定制

互动之于用户有两种状况，一是拉入用户，需要用户有主动的互动行为；二是向用户推送，让用户在被动中接受。在网络与新媒体进入信息海量、服务全面、产品庞杂、应用无数的发展阶段之际，用户泛泛的无意识浏览行为在减少，随机性在增强，时间的稀缺性决定了用户更关注自己感兴趣的新闻内容，关注自己偏好的产品和服务。因此，将互动运用于用户的个性化定制，会增强用户的黏度，延长其停留时间，用户的忠诚度会也随之提高。

定制个性化频道，如基于关键词建立自己的频道、基于网民浏览行为主动推送等，都是将互动运用于用户个体，让用户享受到只属于自己的内容、产品和服务。目前，移动端的多数客户端都把频道设置权交给了用户，让用户自己添加、删减、排序频道。谷歌新闻、一点资讯都通过关键词的方式提供个性化频道设置，没有所谓的通用频道和栏目，完全由用户确定要看的内容，用户可随时添加或删除所关注的内容。还有一些客户端在用户注册、登录时就邀请用户选择感兴趣的类别，也是为了在互动中推送出精准的内容。

案例6：谷歌新闻和一点资讯客户端的自定义频道

谷歌新闻和一点资讯客户端分别推出自定义频道的个性化互动服务。用户在登录的状态下，可以将自己输入的关键词设置为频道，所有的订阅都将进入“我的频道”（见图4-6）。

【分析】“关键词频道”被称为“不用搜索的搜索”，用户一次定制，就可每天在登录后看到自己关注内容的最新资讯。文章的内容按时间排序，时时更新，比较准确全面，文章还可被一键分享或一键收藏。用户可以随时编辑、添加或删除订阅的关键词。

图4-6　谷歌新闻和一点资讯客户端的自定义频道的截屏

这种基于搜索技术的用户互动，给予用户更大的选择权和自主权，因而在更高程度上满足了用户的个性化需求。这一关键词订阅方式现在已在多个平台上应用，包括新浪微博的"我的订阅词"、百度新闻的"关键词订阅"等。

第三节　互动新闻的编辑

互动被认为是网络与新媒体最本质、最能体现价值的一种手段和工具。宏观的互动运用泛指人机互动、人人连接、物物互联，微观的互动运用则指向具体的业务实操，包括新闻传播、活动推广、市场营销、生活服务、互动支付等。互动新闻是互动手段与新闻传播、新闻报道相结合的产物，是由用户生产或参与的新闻。

一、互动新闻的特点

（一）理解互动新闻

关于互动新闻，the Interactive News网站[①]给出了四条描述：一是运用多媒体要素进行报道，其作用超出文本叙事的价值；二是读者通过交互性、数据可视化、图表、地图或其他视觉形式增强对新闻的理解；三是大量的互动新闻案例来自主流媒体，但世界各地的小型机构也制作了优秀的互动新闻作品；四是整体设计、写作风格和图表呈现等都要在传递信息、吸引用户和体现美感之间取得平衡。

① 网址为http://www.theinteractivenews.org/.

这四条描述，除第三条与理解互动新闻没有直接关系外，其他三条分别提出了互动新闻的特征、功效和要求。但理解互动新闻，还应从互动以及互动背后的用户出发，为互动新闻划定一个范畴。

互动新闻必须是建立在互动基础上的、带有用户“身影”和作用的新闻。互动或浅或深，“身影”或大或小，作用或强或弱，总之，一定是用户与新闻同在的一种状态。基于此，我们可以从以下几个方面来框定互动新闻。

根据用户提供的选题或通过征集用户意见而确定的选题采集完成的新闻报道。比如两会召开之前，网络与新媒体推出在线调查问卷，然后根据问卷的结果采集、撰写或制作出相应的新闻报道。

部分或完全由用户、专业人员生产、制作的新闻，包括日常热点新闻的跟帖、评论、相关博客文章，突发事件发生后用户发自现场的文字、图片和视频，长期运营的自媒体公号贡献的资讯、评论等，它们是互动新闻的主体。这些内容或单独呈现，或被嵌入职业记者、编辑的新闻写作报道中。

在用户共同参与、讨论、筛选、过滤、争鸣、追踪、发问中完成的，由互动内容构成的新闻。2017年4月发生了一起美国联合航空公司客机机组人员暴力驱赶乘客下机事件，新闻发生后，澎湃新闻在“问吧”中发起“关于美联航将旅客暴力赶下飞机事件，你怎么看?”的讨论，主持人和用户共同就这一话题进行深度探讨，从不同角度、不同立场剖析事件产生的背景、问题、影响等，所有的讨论内容被原汁原味地呈现出来，成为由用户完成的一次互联网式深度报道。

需要用户部分或完全参与才能获得完整信息或推动浏览的新闻。比如在《华尔街日报》推出的互动新闻《你的收入差距是多少》中，用户需要输入自己的职业才能看到相同职业中男性与女性在收入方面的差距；在《纽约每日新闻》的互动新闻《日托中心安全指数》中，用户需要输入邮政编码，才可以查询该地区日托中心的安全情况；还有H5游戏新闻，用户参与到游戏之中才能浏览到全部内容。

利用VR/AR技术把用户带入到一定场景中的体验式和沉浸式新闻。用户借助头盔、眼镜等可穿戴设备“被带入到新闻现场”，从视觉、听觉、触觉、交互和体感等多维度浸入新闻，产生某种真实的感受和体验。2017年NBA明星赛首次进行全球VR直播，用户只要戴上VR设备就能如同身临现场，感受到与现场观众一样的观赛角度和喧嚣气氛，还能比现场观众多看到一些内容，如实时的统计、VR迅速回放和精彩集锦。

（二）互动新闻的特点

互动新闻的生产、制作主体是用户，用户的自发性、随意性和非专业性决定了互动新闻具有与记者采集、编辑的新闻不一样的特点。

数量庞杂，质量良莠不齐。交互便利，工具易用，传播效果实时体现，这些都激发了用户生产、创造内容的欲望，驱使用户全方位地贡献内容。但限于用户水平不一、动机不一、条件不一，来自用户的内容虽然数量庞大，但质量难以保证。普通UGC采用率较低，编辑难度更大；PGC或OGC品质有保障，采用率高，编辑难度稍小。

形式以文字、图片为主，音视频、多媒体内容相对较少，表情包成为一种时尚。尽管现在有了较多的在线音视频制作工具、开源的H5新闻编排系统，但相比文字、图片而言，音视频、多媒体对用户技术水平要求较高，简单的文字、随手拍的图片更易编辑，也更易发布、传播。新兴的表情包成为一种新的表现形式，不仅被用户认可、采用，而且也能在一定程度上准确表达出用户的情绪、态度，构成互动新闻的舆论话题。

互动内容与新闻报道的结合度越来越高。社交媒体管理平台（Social Media Curation Platform）“通过分析全世界100多万个表现突出的新闻网网页，包括《纽约每日新闻》、福克斯新闻网、《福布斯》杂志、CNN以及Vox等，发现23%的新闻报道中嵌有社交媒体内容，Twitter在新闻报道中嵌入的内容最多，超过YouTube、Instagram以及Facebook等社交网站的总和，嵌入内容占总量的59%。社交媒体内容已成为新闻报道的重要组成部分，不仅对新闻报道产生巨大影响，而且对新闻的传播和分享也极为有价值。”①

互动新闻的价值和影响力与用户的参与度、互动力呈正相关关系。2017年两会前夕，《人民日报》客户端出品《全国两会喊你加入群聊》H5产品，用户被虚拟地拉入群聊，围观两会动态。这一产品推出不到24小时，点击量就突破600万。该产品之所以能在如此短的时间里获得巨大的影响力，是因为把握住了社交传播的特性，以@用户、发红包、朋友圈点赞评论等形式增强用户的参与感，吸引用户在社交媒体上分享转发，所实现的“刷屏”效果就是用户参与传播的“马太效应”的体现。

二、用户生产互动内容的编辑

用户生产互动内容是指发布在所有互动空间和平台上，以留言、跟帖、弹幕、评论、微博、博客、自媒体公号等方式上传的文字、图片、音频、视频、H5产品、表情包等。这些内容中，有用户主动投稿、上传的，有网络与新媒体机构特约的，有与网络与新媒体机构签订内容供稿协议后不定期生产的，有开设专栏或公号的自媒体有计划、有组织撰写的。所有内容经过一定的编辑流程处理后，被推荐到相应平台或作为新闻内容发布。这类互动新闻的编辑流程包括过滤审看、筛选精选、编辑处理、推荐发布。

过滤审看互动内容。这是编辑UGC和PGC的先决环节，需要根据网络与新媒体制定的内容上传原则和标准，对用户的所有上传内容进行审看。无论是先审后发，还是先发后审，无论是机器过滤，还是人工审核，都应秉承尊重用户的原创行为、保证内容及时发布的宗旨。不同性质的网络与新媒体平台审核的把关尺度不一，相比较而言，新闻类的网络与新媒体审核较为严格，商业类的审核较为宽松；新闻时事类的帖文审核严格，非新闻类、非知识类的帖文审核较为宽松。过滤审看一方面是对内容本身的审读与管理，另一方面也是对帖文进行初步筛选。

筛选精选互动内容。选择内容的方法有两种，一是人工判断。其依赖于编辑的从业经验和知识阅历，需要编辑快速通读文章，判断文章的质量，把控文章与平台的契合度。要从文章的新闻价值和网络价值两方面进行评判，有些文章有新闻价值，但不一定适宜在自己的网络平台发布，即使再好也可能需要舍弃。要从热点性与多元化两个角度均衡把握，既要考虑所选

① 社交媒体报告:100万个网页,1/4新闻嵌有社交内容[EB/OL].(2016-10-20)[2017-08-30].http://news.163.com/college/16/1020/15/C3R4J6S9000181KO.html.

内容的热度、敏感度和话题度，又要考虑来源的多元化、思想的多维度、观点的多样化，不能集中在某一群作者、某一类话题上，要体现出内容、话题的广度和深度。二是数据判断。通过点击量、点击率、评论数等诸多数据指标判断文章质量。首先看自己内部的帖文排行榜，如半小时流量排行榜、五分钟流量排行榜，然后看外部的数据，看各大客户端上有哪些热点新闻，有哪些阅读数、评论数较高的新闻，根据百度风云榜、新浪微博热点话题榜等其他网站的榜单数据选择出精彩帖文。人工判断和数据判断不是割裂的，更多时候需要将两者结合。

编辑处理互动内容。首先应对精选出的帖文进行分类，UGC包罗万象，杂乱无章，需要分门别类地将其分到相应PC端或移动端的频道、栏目、专题中。其次进行文本处理。大多数用户的跟帖、留言都是率性而发的，写得自由、仓促，难免出现基本的文字、语法错误，因此要按照选用的标准进行第一道“把关”，按照文字编辑的要求改正、删减或增添相关内容，修改帖文标题，对于内容或格式影响用户正常浏览的帖文，还需要进行技术性的调整。最后进行内容处理，将精彩的、有观点的、有价值的跟帖、留言单独制作为单条新闻，将碎片化的观点、评论整合罗列，或者是将有对立观点的互动内容对比编排。此外，还可以将跟帖、留言、评论、博文等编辑制作成“新闻跟帖热榜”“每日跟帖排行榜”“微博评论排行榜”等榜单，方便用户从榜单上了解当前热门新闻和热门话题。

推荐发布互动内容。经过选择、编辑的文章可以利用多种渠道向外推荐、发布：可以在互动空间或平台的显著位置推荐精选的帖文，可以推荐互动内容到相关的新闻频道或首页、首屏，可以将编辑制作的新闻运用CMS系统单独发布，可以在网络与新媒体的相关页面中嵌入原汁原味的互动内容，可以将有观点、有价值的互动帖文截图融入传统的新闻报道，还可以将精华内容单独制作成专题或电子杂志直接发送到网民邮箱。有传统媒体背景的网络与新媒体，可以将摘选的精彩跟帖、留言、博文等内容发布到传统媒体上。推荐发布互动内容是对用户原创内容的尊重和肯定，也是网络与新媒体加强互动引导、设置议程的必要路径。

案例1：CBA比赛微博式的新闻报道

2012年3月23日，CBA总决赛进行第二场比赛，新浪网在进行报道时，一改往常由网站编辑编写新闻、报道比赛的模式，采用编辑微博内容的方式，制作出微新闻《CBA总决赛第二场北京再胜》（见图4-7）。

图4-7　新浪微博《CBA总决赛第二场北京再胜》的微新闻的截图

【分析】在《CBA总决赛第二场北京再胜》的页面上，最前面的是媒体微博“新浪体育”发布的一条图文新闻综述，接下来依次是“球员声音”“各界热议”“新浪报道”和“网友关注”，在“网友关注”中又设有“原创”“认证”“热门”“图片”“视频”等子版块。所有内容都是微博博主发布或转发的内容。从这个页面可以看到，将球员赛后所发微博、体育评论员和社会知名人士针对本场比赛的点评汇集成“球员声音”和“各界热议”，并把新浪网上滚动的图文视频报道、网民在微博上的评述集中到一个页面上，构成对比赛的全面报道，这种“微新闻+微评论”的方式是对微博内容生产最直接的利用和编辑。

微新闻的优势在于能第一时间播报新闻，与用户进行互动，也能在第一时间获得原汁原味的专业评论，虽然没有一般网络新闻规范化的报道和写作，却是对新闻报道充分的补充和有效的延伸。类似的做法还有选取新闻跟帖和微博评论中的内容，进行过滤筛选和二次编辑，从用户反馈的角度与新闻形成呼应与互补。

三、在线访谈的编辑

在线访谈以网络与新媒体的互动平台为访谈场所，邀请社会各界人士在线与用户实时交流沟通，或回答问题、解疑释惑，或探讨问题、寻求真理，或宣传推广、树立形象。政策出台解释、新闻热点评议、影视剧上映、股票IPO路演、企业新品推介等新闻或非新闻的活动都可以通过在线访谈开展。

在线访谈是网络与新媒体最“古老”的互动交流方式，但也是最实用、最易用，用户参与最广泛的一类常态互动。互动平台早期以网络论坛为主，后出现演播室访谈、微博访谈、客户端访谈、微信访谈，访谈的形式从文字到图文再到视频、多媒体。访谈的编辑流程包括：确定访谈主题和对象、商定访谈提纲、发布访谈预告、控制访谈过程、编辑发布访谈内容。

确定访谈主题和对象。新闻类访谈的主题主要有四种：一是突发类的当前热点新闻事件或热门话题，二是针对重大新闻、重要时事提前策划确定的主题，三是网络与新媒体平台根据社会、经济、政治的发展、变革确定的单个或系列主题，四是随机确定的其他主题。确定主题需要从新闻性、时效性、重要性、显著性等新闻价值维度考虑，也需要从用户关注热度、网络讨论强度、舆论引导效度等网络价值维度统筹。访谈对象与主题自然密切相关，但是，编辑选择访谈对象时不能只考虑其社会知名度，更应看重其专业知识水准和话题适宜度。

商定访谈提纲。与用户直接对话的论坛、微博等在线访谈提问源自用户，编辑一般不需要准备完备的提纲和过多问题，但也应未雨绸缪，有所准备。演播室里采访者和嘉宾一对一的图文、视频访谈需要与嘉宾提前沟通，或者共同商定访谈提纲，或者提前准备好提纲并告知嘉宾。这一环节类似传统电视媒体的采访，为了保证采访的顺畅，提前沟通是演播室访谈最基础的工作。

发布访谈预告。网络与新媒体访谈预告的内容不仅仅包括时间、访谈主题和嘉宾对象，还应同时发布访谈缘由、主题背景和相关资料、已有报道、嘉宾个人资料及其专业研究成果等，此外，还可以发布针对主题征集的用户问题、用户先期讨论的内容。预告的形式可以是图文版，也可以做成视频版、H5版。选择后者作为访谈预告的形式一般是针对重要主题或重量级嘉宾的。

控制访谈过程。网络与新媒体访谈的要求相比电视中的新闻访谈、对话要宽松，但比媒体机构的线下采访要多一些约束。访谈过程涉及整个访谈时间、一问一答的时间控制、对用户问题的选择、回答用户问题（或主持人问题）的数量、多个嘉宾在线访谈时的平衡调控等。若为演播室直播的视频访谈，还要考虑镜头的切换、嘉宾与主持人的位置、现场声音的处理等。总之，编辑或导播要与主持人配合，控制好整个访谈的进程。

编辑发布访谈内容。无论是图文内容还是视频内容，访谈结束后都需要做进一步的编辑处理，让访谈获得二次传播的价值。就图文内容而言，可以呈现文字版的全文实录，也可以做内容的精华摘编，还可以就访谈主题编写单条的图文报道；就视频内容而言，可以呈现视频访谈的全程影像，也可以摘选精彩观点制作为3—5分钟的短视频供用户点播。至于发布，需要根据内容的特点选择合适的发布渠道。精彩观点评论、图片和短视频以微博、微信平台为主，全文实录和全程视频适合在PC端发布。整个访谈还可以做成独立的页面、专题，单独设计、发布。

案例2：2014“两会e客厅”

2014年两会期间，《人民日报》推出全媒体高端访谈项目“两会e客厅”（见图4-8、图4-9）。访谈由《人民日报》策划统筹，邀请国家工商总局、国家卫计委、农业部、国家税务总局、银监会、人社部、教育部、保监会、中国驻美国大使馆、国家统计局等10个部门的10位政府官员及来自基层的7位全国人大代表、来自不同界别的3位全国政协委员、10位专家参与访谈，同台对话。

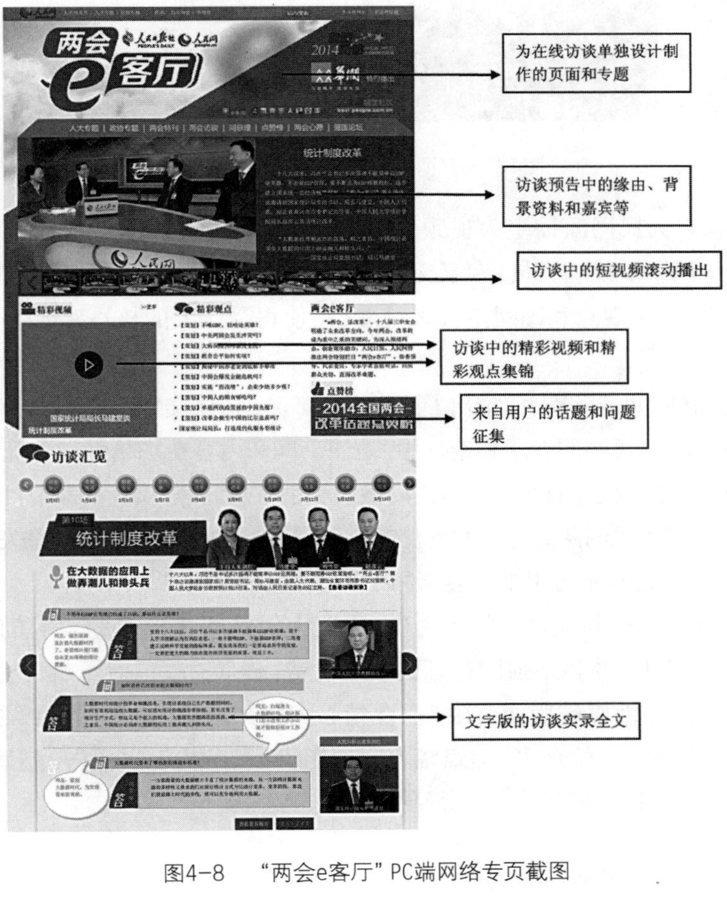

图4-8　“两会e客厅”PC端网络专页截图

图4-9　“两会e客厅”报纸版面截图

【分析】访谈以人民网演播室为视频直播现场，由人民日报社记者设计访谈提纲并担纲主持。主持人在访谈中不仅和官员、专家交流，还引入网上反馈的民间声音，将问题抛给访谈嘉宾，将官方解读、专家观点和民间声音无缝融合，使得受访人的核心观点和网友的反馈在直播间形成呼应。

基于高端访谈的“两会e客厅”推出了两个主要产品：访谈文字稿和视频节目。文字稿全文实录节目内容，发布于人民网的专题和论坛中，访谈新闻和内容精华精编被分配给了报纸的两会专刊，观点摘编推送至《人民日报》法人微博、微信和手机新闻客户端。视频节目在直播之后获得三个出口，一是留存在人民网两会专题和电视频道，二是被制成视频二维码，登发在报纸上，三是与地方电视台合作，落地到地方卫视两会新闻中。

网络端功能全面、空间充足、交互便利，因此由人民网建设专题，将访谈全文、视频直播和网民交互置于其中，并利用强国论坛的互动优势，设置“改革话题点赞榜”，将网民的反馈意见带到访谈现场。纸媒端版面有限，需要精心编辑，以便将文字、图片、图表和视频一一呈现。微博端用户量大，粉丝众多，但篇幅有限，因而微博的内容以预告、精彩观点摘发和点评为主，同时借助超链接为网络专题进行导流。

除了传统媒体和新媒体的传播渠道外，户外媒体也正在成为一个直接到达用户的有效渠道。《人民日报》的电子阅报栏全天候供用户阅读，二维码视频可以将用户带入直播现场。来自“两会e客厅”的数据显示，一期“两会e客厅”同时在多个平台进行传播：订阅量达300多万的《人民日报》设专栏刊发，拥有3 000多万粉丝的《人民日报》法人微博每日推送，每日页面浏览量超2亿的人民网在首页醒目位置推广，遍布全国的2万多台《人民日报》电子阅报栏同步更新，合作媒体广东卫视、浙江卫视在黄金时间播出。

四、议题设置的编辑

互动平台是话题、议题、讨论、辩论最易形成、最易集中又最易爆发的场所，虽然用户是主体，用户的数量、自发参与度、活跃度和互动力关乎平台的价值和影响力，关乎议题的水准和质量，但互动平台不是放任自流的、无章无序的空间，需要理性的发言、健康的对话、有序的引导。网络和新媒体机构作为策划人和发起人进行必要的议题设置，是互动新闻的重要编辑工作之一。

在互动空间实现议题设置的手段和形式有在线调查、在线投票、热文置顶、组织讨论、话题推荐，网络热话题、热搜关键词、各类榜单等，这些手段和方式有些由人工设计、干预完成，如在线调查、在线投票、热文置顶、组织讨论、话题推荐，有些属于机器自动生成，如热话题、热搜关键词、热门新闻榜、评论最多榜、转发最多榜、热播榜等。议题设置的编辑主要针对前者，对于后者，重在过滤、把关，用人工干预的方式剔除一些不适宜的内容、热词和话题，必要时需调整榜单的自然排序。

议题设置的流程大体上包括确定议题、设计议题、处理数据、编辑发布等环节。不同手段和方式的编辑重点和要求也不一样，如在线调查和在线投票重在主题的确立和调查、投票内容的设计、数据的可视化呈现，热文置顶和话题推荐重在对互动文章或视频的精挑细选和定时、定点发布，组织讨论重在吸纳大多数的用户加入、参与。

在线调查和在线投票，一方面会占用参与者的时间，另一方面，参与方式受到技术制约，因此调查和投票不宜设计得艰涩、复杂，主题应偏向时效性、新闻性、争议性强的议题，设计上应罗列问题的几种答案供用户用鼠标点击或勾选回答。调查和投票的数据处理是编辑的重点，可采用调查、投票软件自带的数据处理工具完成，也可以借助数据新闻的分析工具进行可视化编辑。之后，可以将调查、投票结果与新闻报道结合，运用到新闻报道中，也可以根据数据作进一步的分析，形成专门的调查分析报告。

热文置顶和话题推荐，是最简单也最有效的议题设置手段。尽管网络有无限的存储空间，但PC端和移动端的可视页面都是有限的，首页、首屏的显著位置是用户视线聚焦的区域，如果再在编辑中加红、加粗或者用其他标识符号来强化，设置效果则会立竿见影。但是利用区位优势和特殊编辑手段设置议题是把双刃剑，优能得到事半功倍的效果，劣则会掀起舆论风暴。运用此种方式设置议题，极大地考验着编辑人员的选择、把关水平。

组织讨论，是较为复杂、有一定深度的议题设置方式，组织得好可以得到“一个事件多种声音、一个事实多种理解、 一个人物多种看法、一个陈述多种角度”的效果。互动空间交互性强、反馈及时、参与简单、语言随意，非常有利于组织在线讨论，但需要解决用户主动、积极、深度参与的问题。因此组织哪些人参与在线讨论，讨论什么样的话题，提供什么样的讨论服务是互动编辑工作的重点。特邀讨论嘉宾、普通网民和话题主持人都可以作为参与主体，但主持人在串联讨论的问题、掌控讨论的氛围、把握讨论的尺度、平衡各方的参与等方面责任更大。话题的深或浅、通俗或专业在一定程度上会影响到讨论的热度和深度，因此，编辑需要在讨论前提供相关的资料辅助、服务于讨论。

案例3：人民网两会热点调查

2018年全国两会之前人民网再次推出两会热点调查问卷（见图4-10）。这是人民网从2002年开始在每年两会期间与网民互动的常态内容，已持续十多年。调查问卷一部分设计为用户对热点关注问题的投票，一部分设计为用户表达意见的留言板。“两会调查”结果和用户留言通过多种方式呈现出来，既会在网站上完整发布，也会被《人民日报》摘选部分内容刊发，同时部分内容还会被送至相关部门。

图4-10　人民网2018年两会报道中“两会调查”的截图

【分析】在线调查是最简单又最易用的新媒体互动手段，能发挥互联网及时、方便、费用低、不受时间和地理区域限制的优势，能快速观察和收集到用户对某一问题或现象的意见和态度。在线调查的发起者可以是任何个人、企业、团体或组织，调查的内容也五花八门，如服务反馈调查、舆情调查、生活消费调查、企业口碑调查，等等。

网络与新媒体组织的调查一般分为两类——受众情况调查和受众意见调查。前者是网络媒体统计用户属性、了解网民状况的一种手段，后者是网络新闻报道的手段之一。新闻事件，特别是重大新闻事件发生后，网络与新媒体可以通过网络调查迅速了解网民对该事件的意见与态度，掌握网络舆论的走向，同时也可以将网络调查的结果作为新闻报道的资源，丰富新闻报道的形式。因此，受众意见调查又被称为在线新闻调查。

人民网“两会调查”是典型的在线新闻调查，围绕着重大新闻事件设计问卷、组织内容、编排设计、进行可视化呈现，民众能从调查数据中看到民情与社会的现状、关切的问题和焦点。发布调查结果的专页上还有与调查题相关的新闻报道、评论的链接，帮助网民理解调查题设计的意义与调查结果。这样的调查主题明确、设计简洁明了，用户态度清晰可见，胜过长篇累牍的文字报道。

五、在线问答的编辑

在线问答的互动形式可应用于新闻传播领域，类似传统的记者采访，只是提问者变成了普通用户，回答者面对的是不知会提出何种问题的万千用户。站在问题设置角度看，这是一对多的场景；站在回答的角度看，这是多对一的场景，要求答主具备专业知识储备、良好的沟通交流能力和有风格特点的语言表达。新闻传播领域的在线问答在一个半封闭式空间里，题目可预设，向所有用户开放提问，因此，在线问答的编辑流程较为简单，包括邀请答主、开设答主专栏、设置问题、制作问答专页、编辑整合答案。

邀请答主。在线问答是一种主动设置议题的模式，因此邀请答主有两个思路，一是根据拟设置的问题来确定邀请对象，二是直接邀请有社会知名度和影响力的答主，再根据答主的专业领域和服务对象设置问题。前者适合突发新闻和热点新闻，如“我们是潜水志愿者，参与了深圳搁浅抹香鲸的救援，关于救助现场，问我吧！”。后者适用于长期话题和问题，如“我们是军事自媒体‘军机图’，（就）当前军事热点中的武器解读，提问吧！”其实，不论以哪种思路邀请答主，多元化和专业性都是编辑选择的一个宗旨，澎湃新闻的“问吧”下设有“目击、焦点、思想、教育、法律、政务、探索、文艺、明星、健康、商界、品味、运动、百科、投资”等十多个主题，可以看到，只有邀请的答主多元化，才能提供如此多元化的主题，满足各类用户的需求。

开设答主专栏。从市场营销角度看，在线问答是一种基于答主个人的声誉、知识、风格、人格等建立个人品牌的营销方式。为了让营销的效果更佳，为了让用户对答主有基础的认识、建立起信任关系，有必要为答主创建个人专栏。专栏里除了呈现个人基本信息、资料、照片、研究领域外，还应该有个人微信公众号、个人微博、工作邮箱等联系方式。答主在某种意义上也算是公众人物，应该开通便捷的联系通道方便用户联系，答主的人气直接关系到关注和提问的状况。

设置问题。可以从新闻性、社会性和服务性三个方面考虑要设置的问题，“搭车”热点新闻，设置新闻类问题，用一对一的问答方式来解读热点、解疑释惑是一种简洁而明了的新闻报道方式；回应社会话题，设置社会公共类问题，为用户理性看待社会问题提供专业视角；服务社会大众，设置知识生活服务类问题，用答主的专业知识满足大多数用户的需求，创新网络与新媒体的服务模式。可以说，设置什么样的问题并无定法，但设置问题即引导舆论的前奏，需要综合权衡各方面因素来慎重对待问题的设置。

制作问答专页。单个问题的答问专页应该包括答主的简单信息、能跳转到答主专栏的链接、问题名称及标签、问题输入区、“关注”“点赞”“回复”“我来答”“分享”等互动按钮、答问区排序按钮、相关新闻链接。问题和回答在颜色或字体上要有区别，便于用户辨识。问答内容一般是按照时间倒序排列，但从热点引导、议程设置出发，编辑也可以考虑人工干预问题排序，选编特定问答内容、选择点赞数量多的问答等置顶。

编辑整合答案。与用户生产内容、在线访谈的互动新闻编辑一样，针对在线问答的每一个问题，遴选重要回答，归纳相似回答，进行整合编辑，将整合出的内容融入新闻报道或作为新闻单独发布，都是对原创内容的二次传播，也是对用户和答主的回应与尊重。这是对用户创造内容最基本的编辑和操作。此外，还可以制作相关榜单，提供更多窗口让用户可以随时随地看到最热问题和最新问题。

案例4：“东方之星”沉船事故的“问吧”互动

2015年6月1日晚，重庆东方轮船公司所属“东方之星”旅游客船发生翻沉事故。澎湃新闻客户端第一时间在“问吧”页面开设“我们是澎湃突发新闻报道组,关于长江沉船事件的情况，问我吧!”问答互动（见图4–11）。

图4–11　澎湃新闻客户端“问吧”页面“长江沉船事件”问答互动的截图

【分析】互动问答在网络中较多用于知识类问题，比如百度知道、知乎、新浪爱问、搜狗问问、雅虎知识堂等。用于新闻报道中，设立专门的“问吧”页面，澎湃新闻客户端还是第一家。

传统的新闻报道都是由记者、编辑基于自己的经验、判断来确定选题、选定思路和展开采访，但这种单向的、以“我”为主的报道模式并不一定能摸准用户的脉搏、满足用户对信息的需求。采用逆向的由用户提问、由专业的记者进行答疑的方式，其答案尽管可能就是已有的报道，但却具有很强的针对性，也能充分体现出对用户的尊重。

不同用户的各种发问不仅能激发用户自身的求知欲和主动互动的积极性，而且能共同挖掘出事件背后的真相，引发用户与专业人士的思想碰撞，推动新闻内容的专业化升级，最终成为一种新型的深度报道。如果这类人工问答平台是由媒体机构设置的，那么这些媒体机构还有可能借此开拓新闻思路、发现新闻选题、梳理新闻线索，从而做出新的互动新闻报道。

第四节　基于互动的用户运营

站在网络与新媒体运营角度看，有了用户才能进行一对一、一对多、多对一、多对多的各种互动，有了互动才能吸引新用户、留存用户、活跃用户。用户与互动相互依存，用户是互动的基石，互动证明着用户的存在。基于互动的用户运营重在思考如何借助各种互动手段和方式来拉新、留存和促活用户，让用户生产更多的原创内容、参与更多的互动话题、传播更多的互动议题，从而提升网络与新媒体的互动力和影响力。

一、认识用户运营

用户是网络与新媒体生存与发展的基础，用户运营与产品运营、市场运营、活动运营、内容运营等共同构成网络与新媒体的运营。与其他类别的运营不同的是，网络与新媒体中不同行业、不同岗位、不同职级、不同从业经验的人，对用户运营都有各自的认识和理解。

第一种表述：用户运营是指通过运营手段提升用户的贡献量、活跃度和忠诚度，重点是活跃度，让不活跃用户变活跃、让活跃用户更活跃，一般出现在用户类产品或综合产品中的用户模块。这一说法强调活跃度，以活跃度作为衡量用户运营的指标，这是进入成熟期、有一定用户基础的企业对用户运营的理解。

第二种表述：用户运营是以网站或产品的用户活跃、留存、付费为目标，依据用户需求，制订运营方案甚至是运营机制，其核心工作是“开源”（增加注册量）、“节流”（减少流失）、维持（提高活跃度及留存度）、刺激（转化付费）。这一说法注重全面，涉及用户从注册到主动付费的所有环节，这是负责运营整体工作的人对于用户运营的理解，更为全面和综合。

第三种表述：用户运营是为实现某种运营目的的一种与用户相关度最高的思维方式，运营人员在这种思维方式的影响下选定可执行的策略组合。这一说法提升了用户运营的意义高度，抛开具象的手段与目的，将其阐明为一种思维方式，这是从自身从业经验出发对用户运营的思考。

第四种表述：用户运营指以用户为中心，遵循用户的需求设置运营活动与规则，制订运营战略与运营目标，严格控制实施过程与结果，以完成预设的运营目标与任务。这是来自百度百科的偏理论性、规范性的解释，强调用户中心论和需求论。

无论哪种表述方式，都直接或间接包含“用户、目的、手段、策略”这几个关键词。也就是说，用户运营是有目的的，为实现其目的，必须采取一定的手段和策略，而这些手段和策略都是围绕用户展开的。

从目的出发，用户运营的直接目标是拉入新用户，留住存量用户，转化出更多的活跃用户、忠诚用户和付费用户。

怎样才能让用户加入、留驻并活跃起来呢？这就涉及用户运营的本质，即要以用户为中心，满足不同用户的需求。

需求和满足是一对很复杂的变量，受年龄、学历、收入、环境、情感、心理等多重因素影响，具有个性化、动态性、社会化的特征。传播学中“使用与满足”理论通过分析受众对媒介的使用动机和获得的需求满足来考察大众传播给人类带来的心理和行为上的效用。网络与新媒体平台是在用户使用产品和媒介之前挖掘用户的需求，进而研发、设计、创新产品来满足用户的。

因此，做好用户运营首先要认识用户需求，基于需求的满足来实施运营策略。这种策略的宗旨一方面是满足大部分用户的需求，另一方面是挖掘、引导、激活其他用户的需求。在满足用户的过程中，逐步从功能满足提升到心理情感归属满足再到尊重、成就、价值、自我实现的满足，这样就能实现拉新、留存和活跃用户的运营目标。

其次要对用户进行精准的细分，按照用户在网络与新媒体中的状态可以将其分为普通用户、注册用户、会员用户、活跃用户、付费用户、种子用户①等；按照用户与产品的关系可以将其分为可触达用户（浏览型用户）、可互动用户（关系型用户）、可驱动用户（转化型用户）；按照用户在网络与新媒体中的行为可以将其分为交流型用户、奉献型用户、围观型用户、索取型用户和分享型用户。②

二、用户运营的基础手段和指标

（一）运营的基础手段

“目标—策略—衡量指标”是运营工作的逻辑框架。可以说，所有用户运营的总体目标都是获得用户、留住用户、活跃用户。但在公司成长的不同阶段，面对不同的产品，处于不同的竞

① 种子用户，是指在网络与新媒体建设初期对其发展起到重要推进作用的、有影响力的人，他们有精力、有时间、有亲和力，能迅速建立极强的人脉，影响、带动一批人成为网络与新媒体的用户，类似现在流行的草根明星。

② 交流型是指用户在互动中以沟通、交流为主，与熟悉或不熟悉的人进行对话，加深与熟悉的人的联系，结识朋友的朋友以扩大人脉关系。奉献型是指用户在互动中积极发言，参与话题讨论、网络调查，发表回复、留言、评论，撰写高质量的文章，发布照片、音频或视频，提供现场新闻或采访线索等，用户创造内容是奉献型网络互动的基本特征。围观型是指用户在互动中表现为关注某一话题或某一讨论，以浏览内容的方式体现出互动的效果。围观型互动是最弱势的互动，但大量的围观会造成舆论的强势。索取型是指用户在互动中主要以获取有价值的信息、资料和内容为目的，比如通过百度知道提问，通过互动百科获得知识，通过网络调查获取反馈，都是将互动作为使知识与信息增值的“供应商”。分享型是指用户在互动中利用互动工具的转发、群发功能将有价值、高品质的新闻内容分享给他人，通过分享来提升事件和新闻的关注度，扩大新闻传播面，增强新闻影响力。

品环境，运营的目标自然有所不同。初创的公司、处于成长期的产品重在获得新用户，进入成熟期、处于激烈竞争环境的产品重在留住用户、活跃用户；工具类产品更重视用户数量及用户对工具的使用，社交类产品更重视用户质量及用户的参与、交流程度。

目标不同，采取的策略、手段自然也有差异，但有一些基本策略和手段是通用的，可以运用于不同阶段，运用于不同的产品和环境。

第一，口碑式策略。这是借助用户间的相互交流，将产品、内容信息或者品牌传播开来的一种手段。但泛泛的、依赖所有用户互动的口碑式策略运营时间长，效果有限，因此需要结合二八法则进行应用。所谓二八法则，就是要抓住核心用户、种子用户，集中资源和力量发展20%的用户，让这20%的用户成为忠诚用户并活跃于互动空间，进而带动80%的目标用户。新浪博客和新浪微博都曾采用这种策略：开通时邀请名人注册博客和微博账号，并捧出了徐静蕾和姚晨两个重量级的种子用户，用她们的口碑和号召力吸引了一大批人加入博客和微博。

第二，数据式策略。其基于大数据的分析、挖掘功能，用数据驱动实现对用户的精细化运营。一方面通过聚合用户的个人基础数据、浏览行为数据、社交数据、购物消费数据、支付数据等，为用户精准画像，每个用户都拥有一个自己的ID识别号。网络与新媒体以包含用户数据的ID识别号为对象，进行个性化、定制化的用户运营。这种策略能优化用户体验，带来用户对产品的依赖，进而提高用户的留存率。另一方面，在运营过程中不断收集同类用户的相关数据，构建相应的数据运营体系，从而指导运营。电商类产品即如此，其对拥有ID识别号的用户进行精准化营销，又在运营中收集用户数据，运用数据策略强化用户运营，形成产品与用户相辅相成的互推。

第三，体验式策略。让用户直接接触内容、产品，深度体验后写出体验报告、感受和心得并分享、传播给其他用户，从而达到吸引其他用户的目的。体验式策略有时会和饥饿营销结合，有意控制参与体验的用户的数量或设置体验障碍，让用户体验更显稀缺和珍贵，也让参与体验的用户更愿意去分享和传播。知乎在上线之时要求只有获得邀请码的用户才能使用知乎产品就是一例，参与体验的用户基本都成了知乎的种子用户和活跃用户。

第四，活动式策略。这是网络与新媒体最常用也最易于获得用户的一种策略，通过介入重大的社会活动或策划大型活动吸引用户参与并留住用户，可以说适用于用户运营的每一个阶段。除个别的单向活动如新闻发布会、危机公关说明会外，大多数的活动都是双向、互动的，用户的加入、参与是活动的基础和顺利进行的保障，活动结束后用户沉淀下来，自然也就成为平台最大的财富。

第五，激励式策略。在与用户互动的过程中，可采用最直接的物质或财富奖励机制来引导用户行为、吸引用户参与，使用户的被动关注变为主动关注，从而达到激活用户的目的。激励式策略在传统商业营销中就存在，比如优惠券、商品折扣、消费返利等，互联网为激励式策略提供了更便利的参与渠道和多样化的方式，最典型的是红包模式，简洁、高效、参与者众多，已经成为网络与新媒体用户运营最有刺激性的一种手段。

在网络与新媒体的实际运营中，用户运营的手段远远不止以上五种，每一种手段在运用中也不仅有一种模式，经常需要结合多种手段、多个维度并根据实际场景和环境综合运用。

（二）用户运营的基础指标

如何衡量手段、策略的运用效果是用户运营的关键所在，它不仅关系到网络与新媒体内部的绩效考核，更直接关乎互动的效能、传播的效度和产品的效用。因此，网络与新媒体平台上出现了一些关于用户基础数据和用户行为数据的指标，用于量化、衡量运营效果。

新用户数——首次访问、下载、关注或注册的用户的数量，用于分析网站的推广效果或者成长空间。

种子用户数（核心用户数）——相较于新用户数，这是一个规模小但变化也较小的常量，统计的是那些热爱产品、忠于产品的粉丝，他们是热心体验产品并提交体验报告、帮助挑出产品问题、帮助刷评论、帮助进行口碑宣传的第一批新用户。对于种子用户，要维护，更要保护，要给予他们产品优先体验特权、活动特权、最高级别用户权限等。

流失用户数——指那些曾经使用过产品或服务，出于对产品失去兴趣等种种原因，不再使用产品或服务的用户。流失用户数用于分析产品的用户留存能力。

回访用户数——指那些之前已经流失，但之后又重新访问的用户。回访用户数可用于分析采用一定的运营手段和策略后挽回流失用户的效果。

用户在线时长——包括一次登录停留的时间、单个用户日平均在线时长和所有用户访问某个网站或手机客户端的平均时长等。用户在线时长有诸多细化的测评方式，主要用于分析用户的活跃度和忠诚度。

用户浏览量（PV,Page View）——用户每刷新一次页面即被计算为一个PV，页面被浏览的总次数是反映网络与新媒体受欢迎程度的重要指标。

唯一访问者（UV,Unique Vistor）——指访问某个站点或点击某条新闻的不同IP地址的数量。在同一天内，UV只记录第一次进入网站的具有独立IP的访问者，一天内再次访问或不同的人用同一个IP访问的情况则不计算在内。独立IP访问者提供了一定时间内不同观众数量的统计指标，主要用于分析网络与新媒体一天内的总体访问情况。

在这些量化的基础指标之外，还有结合用户体验质量、营收的其他度量体系，如HEART体系，包括愉悦度（Happiness）、参与度（Engagement）、接受度（Adoption）、留存率（Retention）、任务完成度（Task success）；AARRR模型，包括获取用户（Acquisition）、提高活跃度（Activation）、提高留存率（Retention）、获取收入（Revenue）和自传播（Refer）。

基础指标、体系、模型都是用来观察用户运营状况、指导用户运营的外部因素，用户运营的重点还是要以用户为中心，围绕不同阶段的运营目标采取相应的手段、策略，获取普通用户，引导注册用户，培养忠诚用户，寻找增量用户，发展会员用户和挖掘精准用户，让用户彼此直接建立联系，扩大产品的传播覆盖面，提升产品的影响力。

三、运用互动拉入新用户

在网络与新媒体的运营中，拉入新用户（以下简称“拉新”）有线上、线下多种方式。以手机客户端为例，要想让更多的用户下载、安装，可以在应用商店做推广，做好ASO优化，通过刷量、刷榜、积分墙等方式让手机客户端居于热门手机客户端行列，或登上下载榜单等，也可以利用关键词进行软文撰写，提高关键词排名和手机客户端曝光率，还可以使用广告投放、线下活动地推、应用场景二维码扫描等方式。基于互动的新用户运营策略主要有以下几种。

社群互动拉新。建立或找到一个或多个与产品或内容相对应的用户社群，在社群中进行新产品、新内容的分享、推介。微信群、QQ群、豆瓣小组、贴吧以及传统的论坛都是典型的社群产品，一般都是由有共同兴趣、爱好的陌生人或相互熟悉的同学、校友、老乡等建立圈群，无论是前者还是后者，社群中的用户都具有一定的关系黏度，这种建立在某种纽带基础上的互动拉新成本低、成效高，是初创公司在资金有限的情况下最易采用的互动运营手段。

KOL互动拉新。KOL（Key Opinion Leader）即关键意见领袖，指拥有更多、更准确信息和更大话语权，且为相关群体所接受或信任，并能对该群体产生较大影响的人。KOL拉新有两种模式，一种是利用其影响力在各类公共平台对外发布和曝光新产品、新内容，发挥意见领袖的作用；另一种是在互动空间和粉丝群体中，借助交流、沟通、对话等方式带动新用户。KOL互动拉新重在后者，以互动为手段对用户群体进行影响，从而达到增加新用户的目标。

邀请分享拉新。用户在对某一产品和内容表示认同或赞赏后，会主动在自己的私人空间发布，通过一对一的熟人邀请，或一对多的圈群分享来拉新。邀请分享拉新和社群互动拉新的场合是社群、圈群，但不同的是，前者是由用户个体本着与朋友分享的意愿自愿发布的，后者则是带有运营目的的、有意识的甚至捆绑激励机制的社群互动。邀请分享拉新也被称为自传播拉新，相当于老用户带来新用户，用户获取成本低，目标对象明确，传播、推广的成功率较高。基于邀请分享用户之间的互信，一旦拉新成功，用户对产品的黏度和转化率都会很高。

捆绑式互动拉新。经过多年发展，互联网产品的注册渠道已比较成熟，除了产品自身的注册入口外，还会有一些和站外产品合作、进行商业推广、绑定注册的渠道。绑定注册就是一种互动拉新的方式，即在其他产品上注册的用户，通过授权也被认为是已注册用户。这种注册方式可以大幅降低获得用户的成本。常见的第三方应用登录页面，提示可用新浪微博、QQ、MSN等账号直接登录，就是一种绑定授权的方式。这种方式可以快速扩大用户规模，对于新“出炉”或者用户规模小的产品来说是个“傍大款”的好方式。

互动工具拉新。电子邮件、即时通信、论坛、公众号等都是可以直接触达用户的互动工具，借助这些互动工具拉新是一种泛传播式的用户运营，即目标对象较为模糊、互动范围比较广泛、传播效果有限。但如果在运用互动工具拉新时结合用户基础数据、行为数据进行精细化的分众和小众运营，则会产生不一样的效果。

案例1：《赫芬顿邮报》电子邮件式互动

2017年2月27日，《赫芬顿邮报》推出“the Tea”（茶）——每周一期的时事通讯，目标读者为“Z一代”女性。和绝大多数只是将最初发布在其他平台上的内容重新打包的时事通讯不同，“the Tea”的内容——对名人的独家专访——只在电子邮件中直播。如果想观看，就必须通过电子邮件订阅。

【分析】电子邮件是一种“古老”的、一对一的精准互动工具，长期被运用在个人通信、交流、商务方面，但是，以一些内容、产品作为拉人新用户的互动运营手段，也可以获得一定的效果。《赫芬顿邮报》进行的针对特定用户的邮件订阅就是一次实践。

单纯的电子邮件互动拉新很难得到好的效果，那些未经许可而推送的电子邮件很容易被当作垃圾邮件而被忽视。因此，电子邮件互动拉新首先需要结合社会学、心理学和各种数据瞄准目标用户。

首先，《赫芬顿邮报》发现95后还没有形成固定的品牌消费习惯，但也希望能掌控自己接收到的信息。他们不一定相信脸书的算法，也不一定喜欢在社交网络上展示自己的生活，他们更渴望一对一的交流，寻求只针对个人的服务。他们一般会对跟自身有关的事情感兴趣，也不太会去主动搜寻内容或信息，更希望别人把内容或信息推送到自己面前。因此，邮件的形式是最合适的。

其次，针对目标用户推送相应的内容。“the Tea”的注册页面上写着“获取你最喜欢的名人猛料十足（spill the tea）的独家访谈内容”，“spill the tea”就是其名字的灵感来源。“the Tea”希望通过一群年轻而多元的明星或有影响力的人，来影响多元的一代人；同时也做到有趣，“spill the tea”就是传播八卦的意思。

目标用户、有针对性的内容、一对一的模式，这种基于互动工具的用户运营不仅让用户的订阅率大大提高，而且用户阅读内容时间延长，黏性增强，用户甚至愿意主动传播、分享收看到的内容，自然也就有可能从订阅用户转化为注册用户、会员用户。

四、运用互动留存用户

用户留存率是用户运营中的重要指标，包括日留存率、周留存率、月留存率甚至半年留存率、年留存率。新产品、新网站、新手机客户端上线推出，运用各种手段吸引到新用户后，自然希望这些用户能留存、沉淀下来，成为长期用户。留存用户可以从改善、完善产品入手，从优化用户体验入手，也可以通过强化互动来提高留存率。留存用户的互动手段主要有以下四种。

第一，个性化推送留存，即通过各种渠道和手段定期地、不间断地向已注册、已关注、已下载产品的用户推送信息或资讯，保持与用户的联系，让用户总能感觉到产品的存在。为了不让推送成为对用户的骚扰和负担，就需要提升推送的水平和质量，如根据用户画像或订阅推送，根据用户普遍的阅读习惯和心理推送，根据用户所处的场景实时推送。总之，推送的个性化、精细化、兴趣化的程度越高，用户的留存率也就越高。

第二，反馈式互动留存，即通过各种渠道收集用户体验、用户反馈，在不断解决用户的各种问题的过程中让用户留存下来。用户使用某类产品、获得某方面内容后，自然会有一些感受、想法和建议，一旦这些反馈传达出来，用户必然希望得到回应和解决。如果运营方能及时与用户互动，呼应这些反馈，用户在得到尊重与满足的同时也会对产品产生好感和信任，并沉淀下来。小米手机在研发过程中，借助miui论坛和小米社群不断收集用户的体验、感受和问题，总裁雷军每天会抽出一小时回复微博上的评论，积极的反馈互动让小米手机在上市之前就已经赢得了大量的用户。

第三，激励式互动留存，即通过完成任务的激励方式与用户保持长期的、持续的联系。百度文库是一款知识类产品，用户要阅读、下载文库文章需要下载券，用户只要连续签到7日、15日、30日即可得到1张、3张、5张下载券，这种让用户每日打卡、签到并给予奖励的激励式互动，是简单而高效的留存方式。类似的还有给予每日参加游戏的用户装备和礼品刺激，给予读书用户时长和赠书奖励，给予每天运用计步器进行运动统计的用户步数公益捐赠的互动。用户一旦在互动中获得了良好的、长期的激励，就不会轻易离开产品。

第四，用户召回式留存，即通过短信、推送、公众号等渠道，用有吸引力的活动、人性化的内容召回流失的用户，唤醒沉睡的用户，从而提升留存率。众所周知，新用户的流失率会比较高，但流失不意味着彻底不回来。既然用户曾使用过产品，那么就需要从产品和互动两个层面思考为什么用户会流失。产品升级迭代、互动体验提升、用户数据精细化后都可以采取一定的互动措施来召回曾经的用户。

案例2：《纽约时报》的推送策略

2015年9月《纽约时报》创建了一个 11 人的团队，专门推送“消息和通知”。推送的策略有：基于用户的阅读历史定制推送，如果你阅读过很多《纽约时报》的政治故事，那么关于唐纳德·特朗普的介绍的杂志就可能被推送给你；基于时间点与语言做推送测试，如当奥巴马把 Alaska’s Mount McKinley 改名为 Denali 时，就将这一内容仅推送给相应时区的用户；基于应用场景的个性化推送，允许用户增加或减少收到提醒的数量，跟踪点击率，通过查看用户点击通知、打开应用、进一步阅读文章的情况来决定后续的推送。

【分析】好的内容、好的产品不仅仅应该让用户知道，还要让用户使用，让用户参与。在媒体垄断时代，单一的渠道、优质的内容很容易召集用户、唤醒用户。在进入渠道多元化和信息海量化的时代，积极、主动地推送才有可能让用户下载、使用并留存。

一个成功的推送是封闭的，订阅推送—接收—点击—浏览—关注更多的相应的内容—成为长期用户，这个闭环不仅能带来用户，而且是有回路和反馈的。如果用户不点击，说明这条推送没有吸引到用户；如果一个用户在看完推送后关闭了推送通知甚至卸载了应用，那就说明推送是失败的，对用户的个性化、精细化服务做得不到位。因此，需要细致研究推送与用户的关系，推送的时间、推送的数量、推送内容的性质、文章的长短、推送的方式等，都关乎推送的效果，更会影响到用户的留存。

《纽约时报》推送团队的负责人Phelps 说，《纽约时报》还在通过研究用户收到了什么、阅读了什么来观测推送是否能引导用户去订阅数字版《纽约时报》。

五、运用互动活跃用户

虽然不同的行业、不同的产品、不同的运营阶段、不同的产品期望值对用户活跃度各有界定和解读，但追求活跃用户，促使用户更多地参与话题、更多地贡献内容、更多地建立连接的用户运营总体目标是确定的。评价用户活跃度的指标有日活用户（DAU）、周活用户（WAU）、月活用户（MAU）及季度活跃用户。测评的对象则多种多样，如登录次数、打开次数、跟帖次数、评论次数、在线交互行为、在线时长、在线消费支付等。对网络与新媒体而言，新用户数、注册用户数的参考价值不大，真正有意义的是活跃用户数，因为只有这些活跃用户才能为网络与新媒体创造价值。运用互动促活用户的主要策略有以下三种。

第一，常态互动促活用户。常态互动是指要经常地、长期地、有目的地、有策划地开展各种互动活动。活动是吸引用户参与的最直接方式，活动发起者可以根据重要节假日、热点进行互动策划，可以定期发放优惠券、折扣卡来保持互动，也可以通过线上线下联动来维持活跃度。互动促活一方面是要让新用户、注册用户和留存用户转化为活跃用户，另一方面是让已有活跃用户继续保持活跃度。电商类网络与新媒体每隔一段时间就推出一个商品类目的折扣、优惠、秒杀、积分购物等活动，就是互动促活的常态实践体现。

第二，等级系统促活用户。用户运营的终极目标是不断增加活跃用户，并在此基础上实现营收。但从新用户到活跃用户是一个漫长的转化过程，设立等级系统和激励系统，让用户不断晋级是缩短进程的一条捷径。用户会为了达到顶级目标、获得高级身份或更多积分，不断参与网络与新媒体的活动，甚至直接购买设备以完成成长。比如问答类网站，会根据用户的回答、提问、追问、评论、转发等计算个人积分，达到一定积分就可以拥有某种特权或奖励。这种等级系统促活的模式已经成为游戏类、社交类网络与新媒体的通用手段。

第三，满足需求促活用户。相比一般用户、普通用户，长期沉淀在某一网络与新媒体的用户的需求更多，达到满意度的要求更高，对用户体验也更严苛。因此，在互动过程中需要提供其他的工具和服务，以提高产品的附加值，让互动增值，从心理、尊重、自我实现等层面满足活跃用户的需求。比如“大姨妈”工具可以让女生根据个人需求，记录更多的健康数据，如生理期、同房、体重、睡眠、排卵试纸、提醒等，用户还可以自定义记录项与添加待办事项。

案例3：《金融时报》的专栏文章互动

2016年10月，《金融时报》围绕着用户原创内容开展了一个名为“英国的未来”的项目，请用户围绕英国脱欧后的四大话题——经济、移民、英国与欧盟的关系、欧盟的未来——撰写600字左右的评论文章。在得到近千人回应后，报纸编辑要求相关专家从中选出6篇优秀文章发表。文章发表后，专题里每篇文章的平均跟帖量要比网站上其他文章高出18倍，也比其他英国脱欧报道的评论高出80%。该专题成为网站上评论最多的专题。

【分析】通过发表UGC来带动、影响更多的用户参与，是实现用户价值、促活用户的高效策略。根据《金融时报》对用户评论行为的规律和习惯的分析可以发现，常常发表评论的读者的参与度比不发表评论的读者高出7倍。愿意评论的网友会去读更多文章，在网站上停留更长的时间，也比那些不留评论的人更愿意反复访问其评论的网站。

因此，要更多展现UGC和评论，同时鼓励更多人参与评论，让更多新用户加入讨论。要为用户的评论提供便利，对积极评论者给予奖励，比如为他们打造百科页面，创建专栏，展示他们的历史评论，在展示优秀评论时将积极评论者的跟帖放在居中或显眼的位置。

还要善待用户的跟帖和评论，对跟帖和评论进行再次挖掘和利用，以便第二次、第三次促活用户。

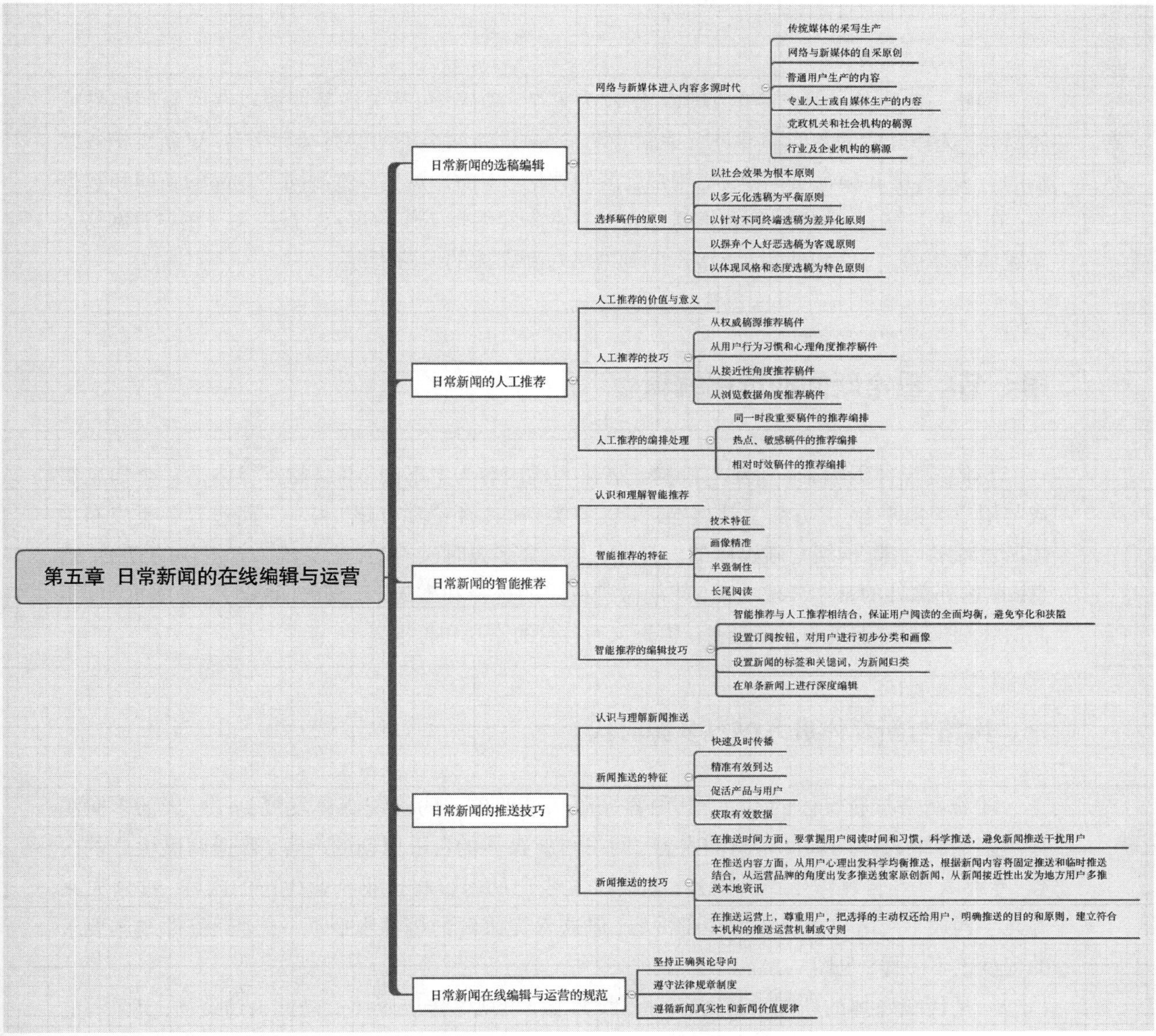
第五章 日常新闻的在线编辑与运营
日常新闻的选稿编辑
网络与新媒体进入内容多源时代
传统媒体的采写生产
网络与新媒体的自采原创
普通用户生产的内容
专业人士或自媒体生产的内容
党政机关和社会机构的稿源
行业及企业机构的稿源
选择稿件的原则
以社会效果为根本原则
以多元化选稿为平衡原则
以针对不同终端选稿为差异化原则
以摒弃个人好恶选稿为客观原则
以体现风格和态度选稿为特色原则
日常新闻的人工推荐
人工推荐的价值与意义
人工推荐的技巧
从权威稿源推荐稿件
从用户行为习惯和心理角度推荐稿件
从接近性角度推荐稿件
从浏览数据角度推荐稿件
人工推荐的编排处理
同一时段重要稿件的推荐编排
热点、敏感稿件的推荐编排
相对时效稿件的推荐编排
日常新闻的智能推荐
认识和理解智能推荐
智能推荐的特征
技术特征
画像精准
半强制性
长尾阅读
智能推荐的编辑技巧
智能推荐与人工推荐相结合，保证用户阅读的全面均衡，避免窄化和狭隘
设置订阅按钮，对用户进行初步分类和画像
设置新闻的标签和关键词，为新闻归类
在单条新闻上进行深度编辑
日常新闻的推送技巧
认识与理解新闻推送
新闻推送的特征
快速及时传播
精准有效到达
促活产品与用户
获取有效数据
新闻推送的技巧
在推送时间方面，要掌握用户阅读时间和习惯，科学推送，避免新闻推送干扰用户
在推送内容方面，从用户心理出发科学均衡推送，根据新闻内容将固定推送和临时推送结合，从运营品牌的角度出发多推送独家原创新闻，从新闻接近性出发为地方用户多推送本地资讯
在推送运营上，尊重用户，把选择的主动权还给用户，明确推送的目的和原则，建立符合本机构的推送运营机制或守则
日常新闻在线编辑与运营的规范
坚持正确舆论导向
遵守法律规章制度
遵循新闻真实性和新闻价值规律

第五章思维导图

第五章

日常新闻的在线编辑与运营

网络与新媒体的日常新闻编辑工作较为繁杂、琐碎，包括关注新闻源以获取新闻稿件或原材料，选择合适的新闻稿件进行编辑并发布，推送新闻至不同的终端和平台，更新维护各终端的首页、首屏和频道页面，收集用户反馈的评论和UGC，观察、监测同类竞品的新闻和数据等。在这些工作中，选择稿件和推送稿件是日常新闻编辑工作的重点，直接关乎用户对网络与新媒体的体验、态度和使用，直接影响到网络与新媒体的运营指标。

第一节 日常新闻的选稿编辑

与传统媒体以编辑、刊发本机构记者采写的内容为主不同，网络与新媒体是一个信息集成与用户聚集平台，一方面主动搜寻、采集各类新闻、评论和资讯，另一方面包容各类发布主体所贡献的内容。网络与新媒体的内容进入了一个多源时代，但无论是哪一方提供的资讯、信息，在达到稿件的基本要求之后，才能做进一步的选择和推送。不同的网络与新媒体机构、不同的终端渠道对于进一步的选择、推送又有各自的原则和标准。

一、网络与新媒体进入内容多源时代

随着网络与新媒体的发展，其内容来源从早期单一的传统媒体发展到了今天的多向源头，包括传统媒体的新闻采写的内容、网络与新媒体的自采原创的内容、普通网民生产的内容、专业人士与自媒体生产的内容、党政机关生产的内容和行业企业生产的内容。这六大来源几乎构成了网络与新媒体的全部内容，但这六大来源的稿件水平不一，达到稿件基本要求的程度也不一样（见图5-1）。

一是传统媒体的新闻采写内容。报刊、广播、电视等传统媒体有新闻采访资质，其采写的新闻一直以来都是网络与新媒体转载的主要对象，特别是一些社会知名度高、市场份额大的新闻媒体，如报刊中的各级党报、行业报、都市报和市场化的期刊，广播中的各级广播电台的新闻节目，电视中的央视和各省级卫视的新闻性和专题性节目，在网络与新媒体发展初期几乎是被全部转载。一个新的现象是，随着传统媒体推进媒介融合发展、构建新媒体矩阵，传统媒体人几乎都在为新媒体供稿，遇到重大突发事件时，传统媒体更是新媒体快速、及时、丰富的第一新闻源和新闻核实的主体。

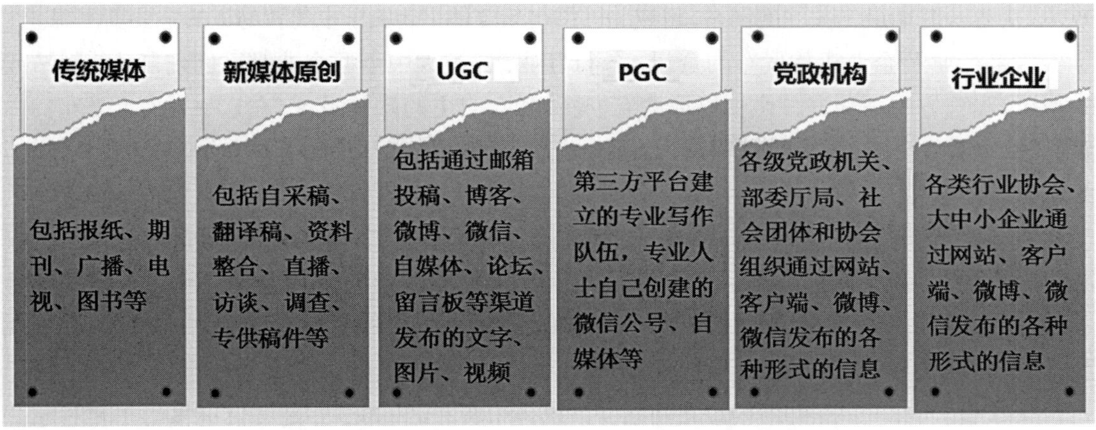

图5-1　网络与新媒体新闻内容构成的多源化

二是网络与新媒体的自采原创内容。网络与新媒体的采写生产是随着网络记者证的发放被正式认可的。2015年，国家互联网信息办公室、国家新闻出版广电总局为新华网、人民网、央视网等14家中央主要新闻网站①首批594名记者发放新闻记者证，这意味着网络与新媒体有了自有采访权，可以与传统媒体一样进行采写生产。其实，网络与新媒体的内容生产并不局限于线下采写的内容，还包括翻译外电外刊的新闻，针对海量新闻编辑整合新的策划或报道，约请专家学者、社会知名人士做文字或视频访谈后整理出的内容，设置在线调查后根据调查结果写出的调查分析或报告，针对新闻发布会或重大事件进行图文与音视频直播的内容，相关机构或企业专为网站提供并授权发布的稿件，网络与新媒体机构就某一问题或事件特别约请相关人员撰写的文章等。互联网中还有一个特殊的现象，即商业网站也在非时政新闻如体育、娱乐、健康、生活、科技等领域进行着原创采集。

三是普通用户生产的内容，或称为网民原创。网络新闻制作技术门槛很低，发布渠道多样，有PC电脑、手机、Pad及其他手持终端，甚至一些相机也具备了同步即时传输的功能，因此网民很容易通过各种互动应用工具，如博客、播客、微博、论坛、贴吧、留言板、问答等，同步或异步快速、便捷地发送文字、图片、视频信息和资讯。

四是专业人士或自媒体生产的内容。基于认知盈余理论，互联网上有越来越多有专业知识水平的人有意愿去奉献内容、有条件去生产内容，他们利用互联网工具自建传播渠道，发布自己原创的内容，如目前众多的自媒体微信公众号、头条号和应用号等。同时，一些互联网机构也注意到了这类人群，并为其搭建平台，组织这些专业人士进行内容生产，如百度"百家"、腾讯"大家"等产品。特别是在视频领域，随着IP资源价值的提升，越来越多的非媒体类社会影视机构开始生产自制剧，丰富了网络视频内容。

五是党政机关和社会机构提供的信息。2018年6月中美贸易战爆发后，商务部网站除发布每周例行的新闻发布会内容外，还在6月和7月连续发出十多条新闻发言人谈话，及时、准确、权

① 首批获发记者证的网站包括人民网、新华网、中国网、国际在线、中国日报网、中国网络电视台、中国青年网、中国经济网、中国台湾网、中国西藏网、光明网、中国广播网、中国新闻网、中青在线等14家中央主要新闻网站。

威，成为这一时期最受关注的网站，也成为网络与新媒体平台关于中美贸易战的主要新闻源。

六是行业及企业机构发布的资讯。各行各业、各类大中小型企业都已创建自己的网站或微博账户，官方网站和官方微博已成为它们新型的、自主的媒体平台。在这一平台上发布的内容及时、准确、权威，没有信息损耗，也不会产生误解和歧义，因而这类平台也成为网络媒体的新闻源之一。

新闻源不同，达到稿件基本要求的程度也不一样。一、二、五类稿件来源准确、真实、权威、可信度高，基本能达到稿件的基本要求；第三类稿件来自网民，内容庞杂多样，水平良莠不齐，是稿件辨识的重点；来自专业人士和行业、企业的内容需要辨识哪些是新闻、哪些是观点、哪些是软文、哪些是广告。

从数量上看，一、三类新闻源在网络与新媒体中所占比重较大，是编辑选稿的主要对象。随着网络与新媒体越来越重视原创，自媒体数量越来越多，党政机关、社会团体及行业企业越来越注重开拓新媒体发布渠道，网络与新媒体的稿件构成比例将发生变化，二、四、五、六类新闻源的稿件会呈增长趋势。

二、选择稿件的原则

目前，选择稿件有两种方式，一是传统的人工选择，即由编辑根据新闻价值、性质，结合个人判断来选择、推荐稿件；二是基于技术和数据的自动选择，即根据用户阅读痕迹与订阅行为等数据进行挖掘和分析后，由机器自动选择内容并推送。

无论是传统的人工选择还是自动推送，都要在稿件达到基本要求的基础上再针对不同渠道、不同终端制定相应的稿件选择原则与标准。

（一）以社会效果为根本原则

所有渠道和终端发布的稿件都需要以社会效果为根本原则，以“不登载道听途说的新闻，不断章取义转载新闻，不恶意炒作新闻”为衡量标准。

网络与新媒体在考核编辑绩效时，总免不了用访问量、点击量、用户数作为考评标准，而为了提升这些数据和绩效，编辑在选稿时总是有意无意地选择一些能带来高访问量或高炒作度的花边新闻、明星绯闻或低俗新闻。另外，争抢第一时间是竞争的焦点，但编辑能否在第一时间保证新闻的真实准确？是否会因强发未经核实的消息而导致新闻失实，造成更大范围的流言、谣言传播，损害网络与新媒体的公信力？众所周知，互联网新闻的传播是速度几乎以秒计的病毒式传播，未核实信息真实性的稿件或其他一些不合时宜的稿件一旦传播出去，造成的恶劣社会影响将无法估量。

因此，考查稿件传播的社会效果，需要处理好三个关系，即新闻流量、点击量与社会效果的关系，新闻时效、快速抢发与社会效果的关系，人文关怀与社会效果的关系。特别是当真实性与时效性、重要性、社会效果及影响力等要素发生冲突时，保证真实性应该是第一位的原则。

案例1

2015年7月，一则关于“北京三里屯优衣库试衣间曝不雅视频”的短片新闻刷爆朋友圈，随后又被微博及一些社交网络转发。相关互联网运营商、平台方和搜索引擎提供商没有第一时间删除视频，任由不雅视频被网民疯狂转发，有些网站还通过讨论该内容的方式变相炒作。

【分析】从2008年“艳照门”事件发端，低俗、色情内容一直是网络与新媒体挥之不去的“毒瘤”。此外，血腥、暴力、恐怖等文字与图片也成为网站借以追逐访问量和点击率的首选内容。过去，某些网络与新媒体主动选择有噱头、有看点、有卖点的稿件，现在，网络与新媒体虽然不再主动转载这些稿件，但对于自己平台上的用户通过留言等方式发布的这类内容，采取了不加干涉、不及时删除、任其泛滥的消极做法。其实，应该辩证看待访问量、点击率与社会效果之间的关系，短期高点击率和长期网络公信力之间的关系。同时，对于自动推送方式进行的稿件选择，应增加人工干预，不推送阅读率高、评论量大的低俗内容、色情内容等。

案例2

2014年3月8日，载有227名乘客的马航MH370客机失联。事故发生后，网络与新媒体上出现了大量的家属悲痛欲绝的照片，甚至一些明确拒绝拍摄的照片也被发布出来，如图5–2这幅图片。

图5–2　网易新闻《我们“要个说法”》组图报道

【分析】突发灾难性事件本身就已经是社会关注的焦点、用户议论的热点，在这个节点上选择稿件尤其需要考虑社会效果与灾难性事件中人文关怀的关系问题。同样是空难报道，2014年7月17日马航MH17客机坠毁后，荷兰媒体在报道中就比较好地处理了同类问题：现场拍摄限于远景，近景仅是拍摄行李和飞机残骸，严禁刊发有遗体和残躯的照片，对死者家属一律不能进行采访，拍摄控制在2米外的背影，不上传死者亲属悲痛的形象，保护其隐私与悲伤的权利。国内的很多网络与新媒体在重大突发灾难性新闻出现后，一味追求"灾难"效应，不考虑社会效果地炒作新闻，在选择稿件尤其是选择图片时，会选未经处理的家属近景照片及其悲伤、痛苦的表情的照片，明显有违选稿的基本原则。

（二）以多元化选稿为平衡原则

互联网是个强大的舆论场，既众声喧哗，又可能陷入"沉默的螺旋"中。网络与新媒体坚持多元化选稿原则，是要在两者间寻求一种平衡，既不能让声音过于嘈杂，无衡量价值观和是非观的标准，又要保持一定的舆论活跃度，让更多的声音表达出来。目前的互联网环境中，有些时候意见领袖和普通网民的同声共振容易误导网络舆论，真正理性的、有见地的声音反而会被淹没。这时就需要网络与新媒体编辑以多元化选稿为原则，多维度、多方向选择稿件：既要选择时效性强的稿件，也要针对一条新闻，从重要性、显著性、接近性等角度选择稿件；既要选择一般快讯、滚动新闻，也要考虑深度报道、调查报道；既要选择文字稿件，也要有图片、音视频报道；既要选择专业评论、知名学者的观点，也要综合普通用户的评价与议论，这样用户才能在多元阅读中获得认知平衡。

案例3

2008年田径运动员刘翔在北京奥运会110米跨栏比赛时退赛，网络上最初几乎一边倒地是对刘翔的质疑、谩骂、攻击之声。人民网第一时间推出评论《刘翔有权受伤,13亿人期望不该一人扛》，从不同角度评议刘翔退赛事件。评论稿获得相关部门支持并在大多数商业网站和新闻网站转载，之后网络上多了原谅、理解和支持之声，扭转了网络舆论的基调和走向。

【分析】对于热点事件，用户很容易受网络舆论的影响并陷入"沉默的螺旋"，网络与新媒体为迎合用户从单一角度选稿与站在客观理性角度多元化选稿，其产生的舆论效果和社会影响是显著不同的。因此，越是热点事件，越需要网络媒体和移动媒体选择各类观点、各方意见和来源不同的新闻稿件，帮助用户多视角观察和思考问题，平衡网络舆论。

（三）以针对不同终端选稿为差异化原则

网络与新媒体要求用全渠道式编辑来应对多元传播的环境，因此就需要根据不同终端特性进行差异化的覆盖。其中，根据不同的终端特性精选适宜的稿件就是差异化覆盖方式之一。

从数量上看，PC网站屏幕空间限制较少，编排操作空间较大，选稿相对粗放，也有条件进行多元化选稿；手机移动端屏幕较小，编排限制较大，需要精挑细选，尤其是微信公众号，每日发布数量有严格限制，选稿时更需要精心规划；Pad端的屏幕介于PC屏和手机屏之间，有一定的空间但也不能无限扩展，数量要控制在一定范围内，但有一些弹性。

从使用终端的用户特点上看，PC端的用户大多为老网民，还保留着浏览网页的习惯；手机端的用户大多为互联网的原住民，大多数时间都处于刷屏状态；Pad端的用户则较少有用Pad看新闻的习惯。要从终端用户的特点出发，解决内容选择同质化的问题，PC端的深度报道、多媒体报道可以丰富些，手机端的快讯新闻、服务新闻、互动新闻可以多更新些，Pad端可以多提供些杂志化、富媒体化的内容。

案例4

2015年3月24日下午2时新浪网PC端、手机网和手机客户端的页面上的热点新闻有“李光耀逝世葬礼”“郭正钢寓所被抄”“昆明火车站暴恐案3名罪犯被执行死刑”等。在PC端上，“李光耀逝世葬礼”居于头条，但在手机网和手机客户端上就没有显示这条新闻；“郭正钢寓所被抄”在PC端、手机网和客户端都有显示，“昆明火车站暴恐案3名罪犯被执行死刑”在手机客户端上则没有显示（见图5-3）。

图5-3 新浪网PC端、手机网和手机客户端2015年3月24日下午2时的新闻选择截图

【分析】网络与新媒体编辑针对不同终端进行差异化选稿的目的是提高信息传播的效度。所谓效度，一是指通过编辑的选择可以让各种无序的信息具有良好的组织性，便于用户有效地接收；二是指编辑筛选出的稿件对用户是有意义和有价值的。差异化选稿对于用户而言，

不仅能降低选择成本，而且易于增强其对信息的关注；对于网站而言，不仅能提升信息传播到达率，而且有利于留住用户、黏住用户。三篇稿件，在PC端全部出现，在客户端出现两篇，在手机网只有一篇，显然是考虑到三个不同渠道的用户差异而进行了相对应的选稿处理。

（四）以摒弃个人好恶选稿为客观原则

进入大数据时代，尽管已经可以依据算法进行稿件智能推荐，可以依据新闻排行和传播数据进行稿件筛选，但人工选稿还是主体，PC端的网站、移动端的新闻客户端和微信公号都依赖编辑进行稿件的过滤、筛选和推送。在此过程中，编辑的世界观、价值观、新闻观、社会责任意识以及情绪、好恶等都会影响选择。

世界各大知名通讯社都在其采编手册中对记者、编辑摒弃个人好恶做出了相应规定。《路透社采编人员手册》规定，“切勿歪曲事实，切勿加入不公正的感情色彩。切勿为了一个引人注目的导语或生动短语而失去平衡”；《法新社工作人员手册》规定，“新闻报道不允许带有成见或偏见。尽一切可能客观地再现事实是通讯社应当遵守的规则，如有违背，必遭损失”。虽然这些规定不是专门针对编辑选稿制定的，但这些规定同样适用于编辑对稿件的选择。

（五）以体现风格和态度选稿为特色原则

传统纸媒一般可以通过版面设计和编排呈现出自己的气质，广电媒体也可以通过声音或主持人来体现出各自的特色，两者还可以通过采访写作的选题、组织报道策划等展现出特色和优势。但是，网络与新媒体从诞生伊始就以整合多向信源为运营模式，无法通过内容选题、采访报道形成风格，页面设计也比较单一、模式化，所以无论是PC端还是移动端的页面，一眼看上去都大同小异，一度还出现“千网一面”的现象。

其实，大多数网络与新媒体都有各自的定位，如人民网的“权威媒体、大众网站”、《人民日报》客户端的“有品质的新闻”、新华网的“让新闻离你更近”、央视新闻的“看得见的新闻”、澎湃新闻的“新闻与思想的最大平台”、凤凰新闻的“就做不同”、《南方周末》的“在这里读懂中国”、新浪新闻的“捍卫新闻尊严”、网易新闻的“各有态度”、腾讯新闻的“事实派”、搜狐新闻的“上搜狐、知天下”、今日头条的“你关心的才是头条”、一点资讯的“为你私人定制的资讯客户端”、天天快报的“看你想看，说你想说”。网络与新媒体的这种身份标签需要通过各种方式来标记，选择符合自己身份的稿件就是方式之一。

因此，网络与新媒体除围绕热点、焦点、价值等要点进行常态选稿之外，还需要站在自我特色与风格的角度进行有针对性的选稿和编排。但是，也需要避免不顾新闻事实、不顾社会效果的那种为了特色而特色的选稿，不能过分标榜自我、标新立异，不能忽视用户的感受和体验。

案例5

以下内容摘录自国内两家网站关于选稿的规定，从中可以看出不同网站对于稿件的判断、选择都有自己的内部要求和规范。

第一家网站：

——任何新闻信息都必须有来源（稿源）说明 。

——时政类新闻信息，包括有关政治、经济、军事、外交等社会公共事务的报道、评论，以及有关社会突发事件的报道、评论，原则上只能选用规定的可供网站转载的新闻单位发布的新闻信息。

——选择纸质媒体稿件时，尽量选取媒体记者编辑采写的职务作品，控制选取非职务作品的数量；原则上，一个频道从一个媒体选取非职务作品，每天不超过两篇。

——未经书面许可（与其签约），不得转载任何商业网站的信息。

——直接选用书籍上的信息，需获得出版社或作者书面授权，并标明来源。

——不摘选网络中流传的、非正规来源的信息，如来自MSN、QQ、论坛、博客的信息，本网站论坛、博客除外。

——不摘选过时新闻信息，除资料外，原则上只选当天和前一天的媒体报道。

——不摘选非权威来源（《人民日报》、新华社、中央电视台、组织部除外）关于国家党政领导人事变动的报道，不选择人事变动的预测性、猜测性稿件。

——慎重选择有关社会名人、精英名流的新闻报道，尽量采用中央媒体和省报的稿件。

——慎重选择有关股市、汇市、期货的评论性报道。

第二家网站：

——摸准媒体更新规律，及时捕捉新闻，选用新闻价值高、可读性强，具有知识性、实用性、趣味性的稿件。

——对热点新闻注意从不同角度选稿，多方面报道，连续报道，深度分析，形成气候，但内容相同的只选一篇。

——不得选用与中央宣传口径不一致，中伤我国，不利于祖国统一，攻击党、政府和国家领导人，违反民族宗教外交及其他政策，以及宣扬封建迷信、色情、暴力和明显失实、泄密的稿件。选稿时要通读全文，绝对保证无上述内容。

——报纸和新华社都有的，用新华社稿。

——ICP网站专稿慎用，其转抄稿找到原出处再用。

【分析】虽然以上两个网站的规定不是从体现各自特色角度制定的，但规范化的选稿要求也体现出一种身份、责任和使命，体现出一种风格。比如“慎重选择有关社会名人、精英名流的新闻报道，尽量采用中央媒体和省报的稿件”和“慎重选择有关股市、汇市、期货的评论性报道”，这种约束表现出对稿件社会效果问题的重视，用权威来源来保证稿件的质量；“对热点新闻注意从不同角度选稿，多方面报道，连续报道，深度分析，形成气候，但内容相同的只选一篇”，这一规定则反映出该网站多元选稿的理念。

第二节　日常新闻的人工推荐

随着网络与新媒体技术的发展，传统的稿件推送方式发生了多方面的改变，出现了人工推荐、智能推荐、稿件推送和用户订阅四种处理方式。目前，人工推荐还是主体，但一般会与用户订阅与稿件推送搭配，一方面在为用户提供订阅、定制功能的前提下，最大化地满足用户个性化的需求，另一方面通过设置推送功能，在用户许可的前提下实现新闻“最后一公里”的到达。目前，网络与新媒体渠道基本采用“人工推荐+用户订阅+稿件推送”的组合荐稿模式。智能推荐需要强大的技术支持，需要对用户在线浏览行为、习惯等数据进行绝对的挖掘、分析与掌握，因此，采用智能推荐方式的网络与新媒体还较为有限，一些网络与新媒体采用“算法+订阅+推送+推荐”的半智能模式，既为用户提供订阅选择权，在用户订阅基础上缩小推荐范围，提高新闻资讯到达的精准度，同时又提供一些热点文章和资讯。

一、人工推荐的价值与意义

目前，大多数的PC网站、手机网、手机新闻客户端、微博账号和微信公众号，仍采用编辑人工选择稿件的方式向用户推荐内容。人工推荐之所以是选择稿件的主要方式，主要是因为其具有机动性、灵活性、经验性，在某种程度上是一种议程设置，决定着用户阅读和思考的议题，决定着网络舆论的走向。

网络与新媒体选稿时要遵循社会效果原则、平衡原则、差异化原则、客观原则和特色原则。体现这些原则，有赖于编辑对新闻稿件来源和质量进行全面评判，对外部环境与内在要求进行综合审度，对用户阅读取向与网络舆情进行实时监测。新闻时时发生，一些重大突发事件发生后，尤其需要借助人工推荐来及时报道动态、满足用户需求、引导舆论方向。尽管人工推荐会受到一些主观因素的影响、一些商业利益的干扰、一些外部指示的压力，但总体上人工推荐会在编辑经验的帮助下及时、准确地展现出选稿的价值和意义。

其实，当下的人工推荐已经不完全是基于编辑经验、价值判断的一种操作，网络与新媒体新闻中用户浏览留下的多项指标都会成为人工选稿的依据，比如单条新闻的在线浏览量、评论数、分享数、收藏数、搜索引擎检索数量等；第三方网站依据各种数据制作的榜单也可以作为人工选稿依据，比如在线新闻排行榜、评论榜、微博话题排行榜、微信热文排行榜等。除此之外，编辑也会将一些互联网基础数据如用户属性、场景地域、浏览习惯等作为人工推荐的参考指标。

目前，智能推荐并没有完全取代编辑推荐这一环节。在今日头条、一点资讯等使用智能算法的资讯客户端里，依然设置有“推荐”和“热点”板块，这两个栏目每天的内容并不是根据个人浏览行为、偏好和兴趣罗列编排的，而是与其他新闻客户端差不多，来自于编辑有目的、有意识的筛选和排序。此外，用户还经常能看到这类客户端的新闻列表顶部有置顶的内容，这显然也是人工编辑的结果。

人工推荐还有一层意义和价值，即对推荐的稿件进行必要的编排和处理。准确把握推荐的内容、推荐的手法、推荐的数量、推荐的位置和推荐的时机，才能取得真正的议程设置的效果。

二、人工推荐的技巧

在“用户思维”高于一切的今天，为了让基于经验的人工推荐能精准“贩卖”给用户，吸引用户长时间留驻，有必要掌握一些基本的技巧。当然，这些技巧也是在确定稿件符合基本要求、具有推荐价值的前提下采用的。

（一）从权威稿源推荐稿件

从权威稿源选稿的好处是稿件质量有保证，内容有把关。判断稿件的权威性时，可以从新闻刊载媒体、新闻内容的提供者、新闻稿件中的人物等方面入手，比如信源、出处权威，或者是新闻信息的发布者权威、新闻稿件中的人物权威。此外，在判断新闻稿是否具有权威性的时候，还可以通过同类信息的比较发现它们是否有差别，从而进一步找到最具权威性的材料。

案例1

【信源权威】新华网：山西盂县煤矿大楼爆炸4人死亡 排除人为因素

【分析】这是一件发生在地方的矿难事件，涉及人员死亡和事故原因排查，如果由地方媒体报道，很难核实消息的真实性与准确性，但是由新华网来发布，因其信源权威，信息的可信度明显提高。

案例2

【信息发布者权威】公安部：最大限度把警力投向路面 保返程平安畅通

国家质检总局：携带转基因生物入境需提供证书

美银美林：黄金周数据显示中国经济不会硬着陆

药监局：板蓝根分散片等32种药品转换为非处方药

【分析】以上四条新闻都有一个共同的特点：信息发布者权威。在一些重大社会事件、突发事件、争议事件、热议事件发生时，选择来自权威发布者的稿件能在一些是非问题上帮助用户廓清事实、辨析方向，还公众一个真实、准确的情况。

案例3

【新闻当事人权威】任志强：房地产限购不是好方法

【分析】对于争议性话题，一般各方评议纷呈，网络编辑很难对稿件加以取舍，不过选择一些权威人士、专业人士的讲话、言论能提升新闻质量和公众对新闻事件的认识。任志强是房地产业的知名人士，对于房地产行业的情况比较了解，有一定的话语权，他来谈房地产限购令问题自然具有一定的权威性。

对于内容相同的新闻，我们尽量选择来自权威机构、权威媒体或权威人士的稿源。但是，对于稿源的权威性，也不能因盲目崇拜而不加审核，权威来源的稿件一样也要以新闻真实为基准，特别是在一些重大新闻的发布上，必要的审查、核实是不能省略的。

案例4

《潇湘晨报》（2012年10月16日）：专家称中国不适合征收汽车排污费 可收拥堵费

据中央人民广播电台报道，近日，国务院发展研究中心资源与环境研究所副所长李佐军透露，政府正在酝酿对汽车征收排污费，目前处于论证阶段，预计在十八大后实施。

【分析】公共卫生、食品安全、征费增税等都是与百姓利益相关的民生问题，这样的新闻一旦处理不慎，如新闻失实，就会酿成社会危机，造成社会动荡不安。因此，这类新闻尤其需要注意信息发布者的权威性。《潇湘晨报》是一家地方都市报，由它发布"中国不适合征收汽车排污费"并不权威，真实性也值得怀疑，但新闻稿引用的稿源是"中央人民广播电台"，发布者是"国务院发展研究中心资源与环境研究所副所长"，两个权威性来源同时佐证，提高了消息的可信度。

案例5

2011年8月，网络上出现了一个《国家税务总局关于修订个人所得税若干问题的规定的公告》（2011年47号文件），随后《广州日报》在13日以长篇幅进行了报道；就在同一天，新华网也发布了相同题材的稿子；央视更是在国际频道与新闻频道都进行了相关报道；而且，在新闻稿中，无论是《广州日报》还是央视新闻，其采访对象都明确指出为"国税总局相关人士"，新华网的稿子更是清楚地点明采访对象是"国家税务总局相关负责人"。但在两天之后，国家税务总局即发布声明称"从未发过该文件及解读稿，此文件及解读稿系伪造"。

【分析】在事件发生的时候，几乎所有的主流媒体都转发了该文件，并作出各种解读，甚至还有媒体据此写出评论。权威稿源让传统媒体和新媒体集体中招，这一方面反映了网络与新媒体传播力的强大，一旦有假新闻或伪造的新闻，无论是哪一类媒体，都可能无法避免；另一方面，也提醒我们，即使是权威稿源，在涉及时政、外交、军事、政策等重大政经新闻时，也需要多方核实，或者直接找到当事方进行核对。

（二）从用户行为习惯和心理角度推荐稿件

网民的心理生活空间具有方向性，表现在三个方面：无方向（寻找目标）、引力（指向目标）和斥力（脱离目标），当网民还未形成某种明确的需要，或者虽然已经有了某种需要，但是还没能找到可以满足这种需要的网络环境（即目标）时，就会随意点击，在网上漫游，直到找到合适的目标，再将行为的方向指向那个目标；当某个网络环境符合网民的需要时，网民便被吸引，经点击进网，并在此停留；当某个网络环境不能满足网民的需要，甚至被网民厌恶时，在他的心理生活空间中便出现了斥力，其行为表现是暂时或长久脱离网络。[①]

如果把网络新闻当作产品来看待的话，那么网民之于网络新闻，就像顾客之于商场，是否点击、浏览一方面取决于新闻价值、新闻的品质，另一方面也要看产品是否暗合用户的消费心

① 刘京林. 浅析网民的心理生活空间[J]. 当代劳模，2002（5）：53-55.

理，是否符合用户的行为习惯，以及是否有适宜网民消费的网络环境。编辑选择新闻时，虽然不能一味迎合网民的口味，但深入了解网民的网络行为特征，掌握网民的想法和心理，创造出健康、有序的网络环境，进行有针对性的网络选稿，还是非常有必要的。按照网民心理和行为习惯选择稿件、发布新闻，能在一定程度上优化用户的阅读体验，获得更好的传播效果。

第一，可以根据网民的上网时间来选择稿件。一般情况下，网民上网时间多为工作日，高峰时间是9：00—11：00、14：00—16：00、19：00—22：00，这些时间段内，网民浏览新闻的需求比较大，因此可以在这些时间段内及时推荐、更新一些重要新闻，特别是希望被网民关注到的新闻，可以在这三个时间段加大话题设置力度。周末网民上网较少，如果周末发生了重要新闻，应在周一或其他工作日再突出呈现。此外，随着智能手机的发展与普及，移动端用户停留的时间在加长，但在不同的时间段，用户在不同终端上的阅读取向并不一样。

案例6

《人民日报》微信公众号每天早上推出一条“来了！新闻早班车”系列信息，晚上推出一条“夜读”系列信息，“新闻早班车”汇集前一日的“要闻”“社会”“政策”“生活提示”等内容，并同时发布语音版。“夜读”则选择一篇偏生活、哲理、思想、人文方面的文章，图文搭配编排，供用户晚间阅读。

【分析】从新媒体榜单数据可以看到，《人民日报》微信公众号早晚两篇文章，每天的阅读量都超过十万，用户点赞和评论数也较多。《2017年我国移动端社交用户画像研究报告》显示了用户使用社交设备的情况：59%的用户会在睡觉前使用，56.1%的用户会在乘坐交通工具时使用，27.2%的用户会在上班/上课时使用，由此可以计算出早晚是用户使用移动设备的主要时间段。在早晚不同的时间段，选择两类不同性质的新闻，且采用不同的编排和发布手法，这恰恰是从用户上网时间和阅读习惯出发进行的选稿推荐。特别是早晨的“新闻早班车”系列，引入语音播报的方式，满足了用户在上班路上、地铁中听新闻的需求。

第二，可以根据网民心理特点来选择稿件。虽然每个网民都有个性化的阅读心理，但也存在着普适性的受众心理，如粉丝心理、猎奇心理、表现心理、从众心理等。比如在两会报道中，可以适当多地选择一些知名代表、委员的发言，他们的显著性特征能满足网民的粉丝心理；在世界杯、奥运会的报道中，可以适度选择一些运动员的场外新闻，这种具有趣味性、人情味的新闻能满足网民的猎奇心理；在日常新闻报道中，可以多选择一些来自网民的文章和稿件，满足网民的个性表达、对外展示的表现心理；在突发热点事件出现时，可以多选择一些热门文章，满足用户的从众心理。

（三）从接近性角度推荐稿件

接近性包括地理位置接近、心理接近、情感接近、价值观接近、认同接近等。在新闻价值规律里，重要性排在接近性之前，在选择、编排新闻时先考虑重要性，再考虑接近性。但是对于网络与新媒体而言，在地方性的网站、能进行地理位置定位的移动终端中，位置接近更具有优先权重；微信公众号的价值观接近、认同接近要优先于其他新闻价值；在朋友圈群发、转发时，心理接近、情感接近是选稿推荐首先要考虑的因素。

案例7

2015年两会开幕前夕，网易新闻客户端推出了《人民大会堂，小明带你看》H5新闻。在该H5新闻中，“小明”带领用户从外到内依次参观了万人大礼堂、金色大厅、宴会厅等地点，“首先，你来到了人民大会堂的外围，这里面积171 800㎡，修建用时10个月，1959年9月建成。手指向右滑动，一起去看看下一个地点——万人大礼堂是什么样子吧”。

【分析】这一H5新闻以心理接近、情感接近为切入点，以用户对特殊地理位置的接近为环境场景，以“萌拟人化”的设定结合场景化设计、代入式引导和可视化参与，让用户在各种接近中有身临其境之感。相对于直接铺陈信息，这种用户阅读体验增加了探秘感和趣味性，给用户带来的感受更加直观和到位，营造出了浸入式的新闻阅读环境。

（四）从浏览数据角度推荐稿件

在稿件的人工推荐中，编辑一般以自己的经验判断来选择和处理稿件，但这种方式免不了带有编辑的主观色彩和个人态度，也难以把握用户的需求。随着大数据、云计算技术的发展，依托各种数据进行稿件的选择和推荐成为人工推荐的一个重要辅助手段。可以参考的浏览数据指标主要包括：各类渠道的新闻排行榜、各类渠道的新闻评论数、微博的话题排行榜、微信的热文排行榜、微博中的点赞数和分享数、微信中的转发数和收藏数、搜索引擎的搜索指数、问答中的提问热词等。此外，还可以进行用户调查以便了解用户的关注度，从而进行新闻的选择和排序。

三、人工推荐的编排处理

根据基本要求准确判断稿件，根据选稿原则和标准筛选稿件，都是人工推荐稿件的基础，需要网络与新媒体编辑具备一定的发现力、判断力。但仅有这两种能力还不够，还需要掌握一定的推荐编排处理策略，对一些特殊的情况、特殊的稿件进行综合判断和灵活呈现。

（一）同一时段重要稿件的推荐编排

新闻时时发生，重大、突发新闻同时发生的情况也比较常见。从选稿角度看，稿件只要符合基本要求、达到选择标准，就可以出现在各个终端的页面上。但网络与新媒体的选稿不是简单地使稿件在过滤筛选后进入数据库，而是要最终呈现在页面上。目前，各类终端设备都存在一定的空间局限，有效的、黄金位置的页面空间终究还是有限的。因此，需要对同一时段发生的重要新闻采取一定的编排策略和技巧，以同时凸显新闻价值。

案例8

2015年11月13日晚巴黎发生恐怖袭击，11月14日国家主席习近平出访土耳其参加G20峰会；2014年3月8日马航MH370事件发生，此时正值国内召开两会之际；2011年3月11日日本大地震发生，此时国内正在召开一年一度的全国两会。

【分析】以上三个案例都属于同一类情况，即重大突发新闻发生之时，也正是重要时政新闻发生或进行之时。不同的是，2011年和2015年的两大突发新闻属于国际新闻，2014年的突发新闻事件则事关中国公民。因此，在稿件的推荐和编排处理中，既要从新闻价值角度出发，平衡好这两类新闻，又要考虑国内国际新闻的权重，在平衡中有所区别。

在对2011年日本地震事件和2015年巴黎恐怖袭击事件的相关信息进行编辑时，有网站在首页、新闻栏目首页和其他终端的首页借助网页页面语言来平衡编排这两方面的新闻。以2011年日本地震报道为例，一是保证两大热点新闻都出现在首屏页面，二是利用网页语言巧妙推荐，依然将两会新闻置于头条位置，并且有显著的两会题图和专题链接，红色标题非常显眼，但压缩了新闻条数，只有3行。将“日本大地震”新闻置于两会内容之下，看似排序在后，但采用了一定的编辑技巧：标题采用黑色，既与头条形成鲜明的对比，获得反衬的效果，又符合新闻的性质，凸显话题的沉重；不吝啬页面面积，给予足够的空间来放置十几行的地震新闻；同时，一反过去图片与要闻不重复的常规，放上了地震的图片（见图5-4至图5-6）。通过这样一些编辑处理，要闻区推荐的这两条重大新闻达到了一种平衡，都成了当日的头条新闻，社会效果显而易见。

图5-4　新浪网2011年3月11日新闻频道首屏截图

图5-5　网易网2011年3月11日新闻频道首屏截图

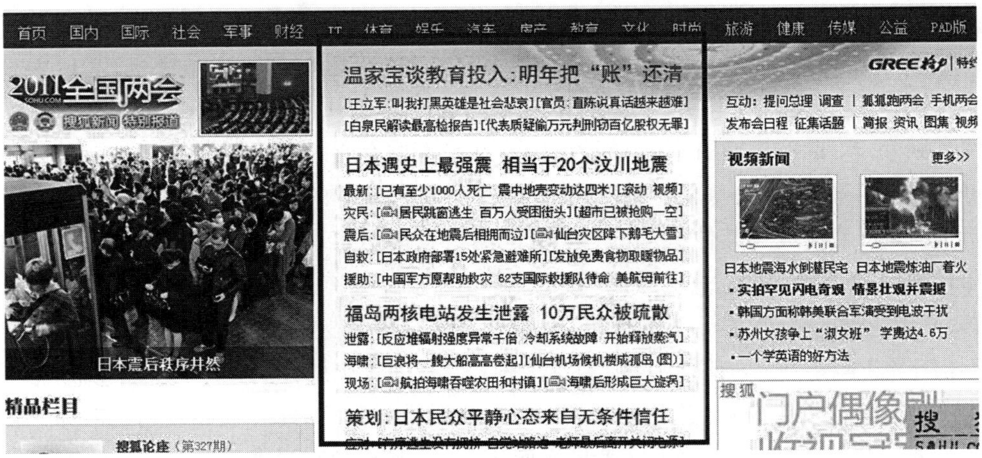

图5-6 搜狐网2011年3月11日新闻频道首屏截图

由于2014年马航MH370事件涉及中国公民，且数量众多，背后还牵涉到中国公民国外安全、涉外理赔、外交事务等问题，情况相对比较复杂，所以在对稿件进行编排处理时需要采取另一种完全不同的思路，即必须对这一突发事件给予全面、完整、丰富的呈现，在一定的时间内和页面视觉上成为焦点。

（二）热点、敏感稿件的推荐编排

热点、敏感稿件一般都是用户关注度高、易于吸引眼球和提升访问量的稿件。对于这类稿件，首先要从选稿的角度分析是否一定要选用，如果确实关乎受众知情权、社会安全稳定等情况，必须要选用的话，那么就需要慎重考虑稿件推荐后的社会效果问题，处理好重点突出与新闻炒作的关系，在稿件编排上花些心思。有些网络与新媒体在热点事件、敏感新闻发生后，不吝页面位置和空间，大肆报道，人为热炒话题，造成了一种新闻热点的假象。

案例9

2013年10月28日，一辆吉普车中午闯入长安街便道，撞向天安门金水桥护栏并起火。有的网站将此条新闻推选到头条或要闻区显著位置，有的网站将此条新闻放置在一堆新闻中间。

【分析】适时、适度、把握分寸地处理好热点事件、敏感新闻，是稿件推荐处理的一个法则。这条新闻因其发生的地点过于敏感，用户关注度必定很高，如果单纯考虑新闻的访问量、点击率和评论数，新闻或许应该置于头条或要闻区显著位置，但综合考虑新闻的社会效果和影响，在推选该条新闻时还是应慎重处理其在页面上的位置，不宜大肆炒作。

（三）相对时效稿件的推荐编排

新闻价值规律和互联网传播规律都有时效性的要求。能像直播体育赛事那样在第一时间推选最新鲜的新闻，是一种绝对时效，但绝对时效不是判断新闻价值的唯一维度，还要兼顾其他新闻价值，因此应用“相对时效”来代替“绝对时效”。在这方面，网络和新媒体与传统媒体有所区别。传统媒体登载或播出完稿件，其时效性即过，如若无新的新闻价值点，之后不会再选择同样的稿件登载或播出。网络与新媒体基本忠于这个原则，但会综合考虑时效性、重要性、用户阅读习惯、访问量及管理部门要求等，有时也会将一些时效已过但仍有价值的稿件放置在适宜的位置，甚至置顶处理。

案例10

2018年9月12日人民日报新媒体中心举办“多元传播时代的新媒体社会责任”活动。在活动结束后的20小时后，《人民日报》手机新闻客户端依然将活动报道放置在新闻列表的第5条，而新闻时效性更强的“陕西宁强发生5.3级地震”则放置在第7条。从发布时间上看，“中国气象局”的天气新闻是“28分钟前”，但在新闻列表中的位置更靠后。（见图5-7）

【分析】三条新闻的发布时间分别是“20小时前”“1小时前”和“28分钟前”，如果从绝对时效看，最新发布的信息应该居于新闻列表中靠前的位置。但是，考虑到重要性（新闻算法是当前一大热门话题）、接近性（与《人民日报》有直接关联）和推广运营（推介《人民日报》手机新闻客户端的人民号）等多重因素，将“人民日报新媒体将推党媒算法”这条新闻置于列表的前列，也是一种恰当、合适的推荐安排。

网络与新媒体的稿件选择、判断、推荐、编排等是对编辑最基础的考核，需要编辑有发现力、判断力、呈现力；编辑应善于从海量信息中发现有价值的、符合网络传播特点的内容；善于从稿件数据库中辨识新闻的价值、主次轻重；善于在推荐新闻时灵活运用各种呈现方式，这是网络与新媒体编辑进行稿件选择与推荐的必备技能。

图5-7 《人民日报》手机新闻客户端2018年9月13日10时的截屏

第三节 日常新闻的智能推荐

智能推荐是相对人工推荐而言的一种信息推送模式。信息推送有用户未许可的强制推送、用户许可的订阅推送和基于用户画像的智能推荐三种类型。智能推荐在一定程度上解决了信息噪音问题，能帮助用户提高阅读效率，但也存在着阅读窄化、画像不准、推荐有误的问题。目前，智能推荐还需要和用户订阅、人工推荐结合，来更好地发挥智能作用。

一、认识和理解智能推荐

智能推荐是“智能信息推拉技术”在新闻传播领域的应用。所谓“智能信息推拉技术”，是指用户在网络中获取信息的方式从过去的“拉取（pull）”模式变为基于智能技术的“推送（push）”模式，用户在此类技术帮助下，可以高效、及时地获取更精准的信息，获得更有针对性和个性化的信息服务。

进入信息爆炸时代，用户每天都在面对海量内容。在最短的时间内、以较低的成本获得自己需要的信息变得越来越重要。在智能技术出现之前，用户最常用的浏览信息的方法是借助浏览器主动去访问不同网站和网络空间。随着网络信息量的与日俱增，用户寻找信息和发现自己感兴趣内容的成本越来越高，耗费的时间越来越长。即使后来有了搜索引擎，也存在搜索垃圾和搜索精准度不高的问题。一些网络与新媒体基于这种情况，试图采用精简内容的办法，提高用户获取内容的效率。不过，精简内容是把双刃剑，用户的需求是多种多样的，有可能精简是有效的，筛选出了冗余信息，但也有可能把用户最需要的信息精简掉，这样会导致彻底失去用户。

智能技术出现后，以人工智能、知识发现、互联网信息检索、数据库以及数据挖掘和分析等技术为依托，形成了智能信息的“推拉”。特别是计算机通过大数据运算掌握和了解用户兴趣、爱好、习惯等行为后，能进行用户画像，为用户构建“兴趣引擎”，从而实现对用户的精准信息推荐。以今日头条、一点资讯和天天快报为代表的泛资讯类个性化手机客户端就是智能推荐的典型代表，但它们采用了不同的机器算法：今日头条偏向于个性化推荐，以技术算法领先为主要特点；一点资讯则自我定位为“兴趣引擎”，以“用户搜索一点，我们提供一片”为优势；天天快报则与腾讯的其他社交产品捆绑，采用QQ号或微信号登录的方式，建立一种基于“关系引擎”的机器算法，借助用户社交圈群的数据来准确定位用户。

当下，不同背景、不同需求、不同追求的亚文化、分众人群有着截然不同的阅读需求。而进入移动互联网时代，用户内容消费的范式更是发生了极大的变化。去中心化、个性化、场景化和圈层化的内容消费趋势对内容生产和分发提出了更高的要求，回归人本需求、以满足用户的真正需求和兴趣为目的的智能推荐自然受到追捧。虽然当前的智能推荐还不能完全满足用户的个性化需求，达到真正智能的水平，但智能推荐作为一种应用、作为一个起点，有了存在的价值。

站在新闻选稿角度，如果将网络与新媒体选稿分为初选和精选两个阶段的话，那么人工推荐的重点在精选阶段，即在海量数据经过抓取、初选之后，编辑精挑细选出合适的内容，并结合选稿原则、选稿时间，将其推送到适宜的位置。智能推荐的重点则在初选阶段，即要对抓取的海量数据进行符合稿件要求的初选，为初选的稿件贴上各种标签，推送的工作则由机器算法完成。

二、智能推荐的特征

智能推荐的价值主要体现在解决大数据环境下的“信息噪音”问题上。对于用户而言，智能推荐是一种低成本获取有价值信息的高效浏览途径；对于网络与新媒体而言，智能推荐是以技术优势为资源获取用户黏度与忠诚度的一条捷径。智能推荐具备以下四个特征。

第一，技术强大。所有能采用智能推荐方式处理稿件的网络与新媒体都必须有强大的技术能力。这种技术能力是全方位的，包括人工智能、深度学习、大数据、云计算、协同过滤、机器算法、信息采集等，这些是网络与新媒体实现智能推荐必须要具备的技术。

第二，画像精准。智能推荐的前提是对用户有一个相对精准的画像，因此需要采集用户的各种信息数据，主要有用户特征数据、用户浏览数据和用户行为数据。用户特征数据包括用户的性别、年龄、地域、使用的终端等，用户浏览数据包括用户阅读的时间、地点、浏览停留的时长、刷新新闻的频率、阅读的先后顺序等，用户行为数据包括是否订阅新闻关键词、是否为新闻点赞、是否转发新闻、是否评论新闻、是否关闭新闻、是否收藏新闻等。智能推荐采集的用户数据越全面、完整，越多样化，时间越长，得到的用户画像就越精准，推荐的新闻自然也就越个性化、精准化。精准画像还要考虑到用户成长的因素，因此要利用机器学习技术建立用户成长模型，根据用户年龄的增长、兴趣的变化、学历的提升、生活环境的变化等，进行画像的调整和纠偏。

第三，半强制性。智能推荐是基于机器算法和用户画像的一种新闻稿件推荐模式，虽然是对用户的各种浏览数据进行挖掘和分析后进行推送，但还是带有一点强制性，只是这种强制性并非完全让用户反感，甚至会因为推荐精准而为用户所喜爱和接纳。半强制性体现在用户可以通过随时删除不喜欢的信息来进行调整。智能推荐能给用户一些选择权，以顺应用户的个性，让其真正接受推荐的新闻。

第四，长尾阅读。“长尾”是电子商务出现后产生的一种经济现象，长尾理论的核心是改变传统的二八法则，让过去20%的产品产生80%效益的现象转变为80%的产品产生80%的效益。传统商业的重心在20%产品的生产、销售、推广和营销上，而互联网拥有的海量存储空间和搜索技术能让其他80%的产品也被用户知道。基于自身个性化和多样性选择的特征，用户将更易选择那些凸显个性特征的80%产品，这样产生的效益也很高。长尾阅读的特征正是用户个性化和多样性选择的呈现。过去网络媒体基本围绕热点话题、重要新闻进行内容生产，造成网站“千网一面”、用户阅读单一的情况，所谓的个性化阅读、兴趣阅读无从谈起。智能推荐对用户兴趣和偏好进行深度挖掘，可以把过去不曾被关注到的内容推荐给喜欢此类新闻的用户，可以把过去无法放置到重要位置的新闻设置为有需要的用户的头条，可以让每一天进入数据库的新闻都能被看到、听到、读到，让网络阅读自然“生长”出一条长长的“尾巴”。

智能推荐一方面是对每个用户精准画像，另一方面也是对每篇文章进行定义与标签式的“画像”，借助机器深度学习，让这两个画像自动匹配。目前，三个主要的智能推荐客户端分别采用不同的引擎：今日头条主打“推荐引擎”，采用“大数据+算法”的方式，拥有一个庞大的待推荐内容资源池，能为个性化用户不断滚动更新内容，且根据个人阅读权重进行实时变化调整；一点资讯主张“搜索引擎+推荐引擎”结合的“兴趣引擎”，用户可以通过搜索、订阅任意一个关键词，生成自己专属的个性化频道；天天快报主推“优质新闻聚合+个性化精细化阅读”的“关系引擎”，将登录方式设置为QQ授权登录或微信授权登录，依托QQ、微信在社交网络上的大数据，通过对用户在使用QQ、微信时的点滴行为和社交关系链进行深度挖掘，得到与社交行为相关联的资讯需求。三个客户端在智能推荐上有各自的技术和算法，但殊途同归，都是为了快速、及时地向用户推荐他们需要的、感兴趣的新闻资讯。

三、智能推荐的编辑技巧

虽然智能推荐是一种由技术主导、基于大数据和机器算法的运行模式，但受目前的技术水平、大数据收集和分析能力，以及用户对个人隐私的保护等因素的影响，绝对的智能还无法做到，无论是“推荐引擎”“兴趣引擎”还是“关系引擎”，都是一种相对的智能，只能做到尽可能的智能化。因此，智能推荐客户端在实际运行中还需要一些编辑技巧和其他一些方式、手段来提高智能化水平。

第一，智能推荐与人工推荐相结合，保证用户阅读的全面、均衡，避免窄化和狭隘。凯文·凯利在《必然》一书中提出，未来的人工智能网络（主要包含算法）将会成为“如同电力一样无处不在、暗藏不现的低水平持续存在”。比如长期坐的椅子会根据你的体重、身高、坐姿自动调整自身的舒适度，并同时记录你的身体和习惯数据，这些数据将为你购买新的椅子提供便利。但我们在购买新椅子时也会考虑朋友推荐，也会参考其他用户的点评数据，也会查询新椅子的其他相关数据，以确定新椅子是否适合自己。

新闻阅读也是一样，单纯依靠智能推荐并不一定能完全满足用户需求，甚至有可能错误理解用户的意图，误导用户的阅读。另外，智能推荐虽然提供用户感兴趣的内容，但也有可能使阅读窄化，令用户完全陷入自己的小天地而忽略外部世界。因此，在智能推荐中融入人工推荐，是对精准推送的一种补充和完善，也是挖掘用户需求的一种必要手段和技巧。同时，站在议程设置角度上看，一些重大新闻和话题也需要通过人工推荐送达用户。

第二，设置订阅按钮，对用户进行初步分类和画像。订阅按钮包括三类，一是用户在注册登录时的兴趣订阅，可以借此对用户进行初步画像；二是用户在阅读时的频道或新闻订阅；三是提供给用户的自定义订阅。提供订阅按钮的价值一方面是优化用户体验，让用户能自由、个性化地进行选择，另一方面是根据用户主动提供的数据对其进行初步的分类，通过收集这类数据让用户画像更精准，让智能推荐更有效。

第三，设置新闻的标签和关键词，为新闻归类。传统的网络新闻发布过程是网站先根据内容性质设置频道，频道之下再设置各个栏目或专题，然后将发布的新闻归入相应频道、栏目或专题之下，用户需要一层层点击才能浏览到细分的内容。比如，一条中国国家足球队比赛的新闻，首先归于体育频道，然后放入足球频道，再放入“中国国家队”专题。但是，若用户想看某个国家队队员的新闻，就只需要在“中国国家队”专题中寻找。智能推荐通过为新闻设置标签和关键词，可以使新闻精细化、使阅读对象化、使内容定义化，让经过归类的内容能快速被找到，实现新闻类别与用户类别的自动匹配。

第四，对单条新闻进行深度编辑。进入移动互联网时代，用户大多在碎片时间进行碎片化、扫描式的阅读。这种阅读方式不利于智能推荐系统获取较为稳定、精准的用户浏览数据和阅读行为数据。在单篇新闻上进行深耕，包括整合为多媒体报道、添加相关新闻和相关专题、添加关键词超链接、添加各种互动工具等，既有利于延长用户阅读时间、黏住用户，又有利于通过用户的深度阅读状况和可能采取的阅读行为来了解用户的深度需求。比如一点资讯的单篇文章尾部设置有“推荐频道”供用户订阅，如果用户订阅了“推荐频道”下的内容，则说明用户对该内容感兴趣，这种订阅行为显然为精准描画该用户又添加了新的数据。

无论采用哪些编辑技巧，智能推荐的出发点都在于为用户和新闻精准画像，以便能为用户精准推送内容。因此，还可以采用更多的编辑技巧，如提供搜索服务，从用户的检索查询中了解用户；提供各类分享工具，从用户使用的工具和分享行为中了解用户；提供评论互动功能，从用户的跟帖和发言中了解用户；与用户社交账号建立连接，从用户的实时行为中了解用户，等等。

第四节　日常新闻的推送技巧

新闻推送是互联网进入移动阅读时代后的编辑新课题。传统互联网时代，新闻阅读为“拉取”模式，需要用户主动到各网站点击浏览；移动互联网时代，新闻阅读可以采用“推送”模式，用户较为被动地浏览直接送达个人终端的新闻资讯。新闻推送的出现改变了新闻与用户的关系，不仅进一步提高了新闻的传播速度，增强了新闻传播的效度，而且成为连接用户与运营者的运营手段。

一、认识与理解新闻推送

推送是指基于某种技术协议和服务，在服务器和用户端之间建立直接的通信连接，由服务器端主动向用户端发送数据内容的一种方式。推送改善了服务器与用户端之间的交互性能，提高了两者之间的黏度。目前，推送包括广告推送、商务信息推送、产品推送等，新闻推送只是众多推送中的一种。

新闻推送是指编辑按照一定规则编发各种实时新闻、动态信息后，通过特定的渠道直接发布到用户使用的机器终端上，用户在不需要搜索、查询和打开其他软件的情况下自动接收的一种新闻传播路径。进入移动互联网时代，新闻推送较为风行，但它不是移动互联网时代所独有的，能成为移动互联网时代新闻传播的主流方式，是技术、数据和用户等多方面因素叠加的结果。

PC互联网时代，终端为台式机，用户难以移动，较少有推送的新闻，用户能够看到的新闻推送大多捆绑在某类软件上，比如与QQ绑定的腾讯迷你新闻弹窗推送，与音视频播放器绑定的页面窗口推送，与浏览器绑定的单条新闻滚动推送。这类推送的特征为强制性、大众化，需要用户在固定位置接收，或者需要用户装载相应软件，其效果较为有限。

移动互联网时代，终端为个人手机或平板电脑，大多属于个人私有，能实现真正以个人为对象的新闻推送。同时，随着大数据技术的发展，媒介的信息发布与用户选择的不平衡问题日益加重，用户陷入海量信息的选择困境中，注重个性化的新闻推送能部分解决两者之间的矛盾，不仅可以改善新闻传播效果，也可以让用户逃离冗余信息，随时随地方便接收到有价值、有内容的新闻资讯，提高阅读效率。

手机端的新闻推送经历了两个阶段，早期的手机报、手机快讯可以看作第一阶段，但两者的新闻推送存在同质化和模式化的问题，在时间上有限定，在内容上有限制，在对象上有范围，缺乏灵活性和及时性。手机报在遇到突发重大事件且需要第一时间送达用户时无能为力，手机快讯每日只能推送有限的几条新闻，无法满足用户对更多内容的需求。第二个阶段是指当前基于订阅和关注模式，以客户端和微信平台为载体的新闻推送。这种新闻推送又分为许可新闻推送和非许可新闻推送，许可新闻推送即在用户订阅基础上进行的推送，如通过客户端订阅直接推送到用户手机桌面，通过微信平台关注推送到微信订阅号等；非许可推送又被看作强制推送，如在遇到灾害性天气时政府、媒体未经手机用户许可而发出的预警信息，到某地旅游时手机上收到的当地政府或当地媒体发送的本地新闻和旅游资讯等。

二、新闻推送的特征

新闻推送是技术赋权创新的一种新型传播方式，对于新闻、产品、用户都有一定的改变和影响。新闻推送具有以下四个方面的特征。

第一，快速及时传播。网络与新媒体的第一特性就是快速，新闻推送出现后，将快速及时的特性发挥到了极致。因为，之前的快速及时还停留在信息发布上，重大突发事件发生后，媒体机构、新闻网站可以第一时间将新闻信息通过各种渠道发布出去，但是用户是否接收到了，不得而知。新闻推送解决了“最后一公里”的问题，实现了点到点的服务，可以第一时间将信息送达用户，可以让手机终端使用者真正第一时间接收到新闻。新闻推送把网络与新媒体的快速及时传播落到了实处。

第二，精准有效到达。无论是客户端的新闻推送，还是微信平台的新闻推送，都建立在用户自愿订阅和关注的基础上。其一，用户的订阅和关注是有目的、有意识的，是基于个人兴趣、爱好和阅读取向进行的，一般情况下，推送的内容与用户的订阅基本是一致的，因而能实现精准到达；其二，用户是自愿订阅和关注的，即便有不一致的内容，用户也不会对推送产生反感，至多是不打开新闻或关闭应用。在推送与订阅一致的情况下，内容的传播效果改善，有效到达也就自然实现了。

第三，促活产品与用户。在用户下载客户端或关注微信公号后，如果没有一种有效的、长期的方式让产品与用户产生联系，双方就会是沉睡的、“僵尸”状的。如果把新闻推送看作一个连接器，那么两端的产品和用户都会在连接器的作用下不断被唤醒和激活。每一次新闻推送，就是用户与产品的一次亲密接触，无论用户是否浏览推送的新闻，产品都得到了一次传递与推广的机会。重大新闻第一时间推送必然会引起用户的关注，用户点击浏览会被导流到客户端或微信公众号，从而使产品的使用率和留存率得到提升。而一些合适的新闻资讯推送能唤醒沉睡的用户，降低用户的流失率。新闻推送是增强用户黏度，提高用户活跃度与忠诚度的利器。

第四，获取有效数据。新闻推送是建立在用户主动装载客户端和关注公众号的基础上的一种传播，当你在手机上阅读时，手机也在阅读你，获取你的各种浏览行为和互动行为。这些数据对于个人是点滴的、碎片化的、随性的，但机器抓取是实时的、长期的、个性化的，经过挖掘和分析后，这些数据将变为有价值的、专业性的信息。目前，手机新闻客户端都默认为接受推送模式，这就提高了其获取有效的用户数据的几率。

上述特征也被看作新闻推送的优势，但新闻推送也有诸多潜在问题。其一是未经用户许可的推送给用户带来困扰，使用户对产品失去信任，甚至直接卸载或取消关注；其二，推送的内容同质化程度高，真正的智能推送还不能实现，尤其是重大突发新闻的推送让手机端阅读也会出现“千机一闻”的状况；其三，新闻推送由于其精准与高效的特征，常被用作营销工具，这样会让用户产生反感，导致用户流失；其四，用户总是接收某一类别的新闻推送会降低与其他新闻内容接触的几率，窄化自己的视野。

因此，针对新闻推送的特征和问题，有必要在新闻推送方式上采取一些策略和技巧，用人工编辑、干预的方式来扬长避短，凸显新闻推送的价值。

三、新闻推送的技巧

目前，完全智能化、个性化的由机器生成的新闻推送还很难实现，大多数的新闻推送背后都站着一个或一群编辑。判断价值、精挑细选、审核把关等基础性选稿工作依然是新闻推送必不可少的环节。因此，需把握一些新闻推送的策略与技巧。

在推送时间方面，第一，要掌握用户阅读时间和习惯，科学推送，避免新闻推送干扰用户。比如午夜时间段发生重大突发事件，尽管内容很重要、有价值，但也不宜推送。第二，要将推送时间和推送内容结合考虑，早晨以前一天的热点新闻和重点新闻为主，中午以社会新闻、阅读性强的热点内容为主，晚上以轻松愉快的、慢阅读的内容为主。比如，《人民日报》微信公众号早晚各推出一篇“来了，新闻早班车”系列文章和散文类的“夜读”系列文章，就颇受用户欢迎。第三，要针对一些特殊时间进行相应推送，比如节假日、黄金周，可以多推送一些旅游、生活服务、交通出行类内容，其更易于被用户接受和点击。第四，要保证推送的定期和定时，以此培养用户的阅读习惯。有些公众号，三天打渔两天晒网，让用户很纠结，最后用户不得不取消关注。

在推送内容方面，第一，从用户心理出发，做到科学均衡地推送新闻。客户端或微信公众号为了使推送的内容能被用户接收和点击，总是喜欢推送一些负面新闻。推送的负面新闻有些是负面事实，有些是会引起负面影响的新闻，用户若长期接收这类新闻，势必会产生悲观心理，对社会失望，对生活的环境产生消极情绪，这在某种程度上会影响到社会的安定团结。因此，需要科学“调配”推送的内容，让用户的阅读达到一种平衡。第二，根据新闻内容，做到固定推送和临时推送结合。每个运营机构都有自己的推送规则，包括推送时间、频率、新闻组合方式等（见表5-1），这类固定推送类似过去传统媒体的定时、定期播报，发布常态新闻。遇到重大、突发、热点事件时，还需要考虑临时推送，比如，2016年8月1日下午，滴滴出行和Uber公司合并消息发布，几大手机新闻客户端都在第一时间推送了这条新闻。第三，从运营品牌出发，做到多推送独家原创新闻。新闻推送存在的一个问题是推送同质化，这样的推送无法使用户对品牌产生认知度，用户选择哪一个客户端或公众号基本无所谓。因此，要在有条件的情况下多推送独家原创的新闻，用差异化来打开运营通道，提升品牌知名度。第四，从新闻接近性规律出发，地方机构和媒体尽量以推送本地新闻和生活资讯为主。每一部手机都有属地性，可以先对用户进行地域分组，再结合其他属性，分层、分级、分组推送相应的内容。第五，从运营用户角度出发，做好推送新闻的编辑和包装，力争一次推送、长期留驻。目前，用户对客户端和微信众公号的打开率都较低，推送是争取用户点击打开的一次机会，一旦用户点击后没能对内容产生兴趣，没能长时间停留浏览，则再次打开的几率就更低。因此，要做好单条推送的内容写作和编排，针对不同层次的用户、不同终端的特点采用不同的写作手法；标题应简洁、凝练、有吸引力，用好的内容真正地、长期地留住用户。

表 5-1　商业网站手机新闻客户端推送时间、频率与内容组合表

项目＼媒体	腾讯新闻	凤凰新闻	网易新闻	搜狐新闻
新闻推送时间	9：00左右、18：00左右	12：00左右	20：00左右	16：00左右
新闻推送频率	每天两次（早晚各一次）	每天一次	每天一次	每天一次
新闻组合方式	四条不同类型新闻组合	四条同类新闻组合	不同类型新闻+固定栏目（《每日轻松一刻》）	四条不同类型新闻+周末固定栏目（《一周神帖联播》）

在推送运营上，第一，尊重用户，把选择的主动权还给用户。新闻推送产生效果的前提是订阅，可以设计多种方式和手段方便用户订阅，但同时也要把取消的权利还给用户，保证用户能方便地取消或关闭推送，不要在取消上设置障碍，更不能使用其他技术手段强行、强制推送，让用户对推送内容的客户端或公众号产生反感，导致其永远离开。第二，需要借助一些技术手段掌握各类数据，包括文章浏览数据、用户数据、互动数据，特别是阅读数据中的阅读量高的文章、评论量高的文章，阅读时间的高峰期和低谷期，用户数据中的新增用户、退订用户、用户流失率、留存率等，以便为运营及后期调整提供依据。第三，明确推送的目的和原则，建立符合本机构的推送运营机制或守则。应以获取用户、提升产品活跃度为宗旨，在时间、频率、数量、内容、对象和场景各要素之间建立推送逻辑链，实现精准高效的推送。

第五节　日常新闻在线编辑与运营的规范

日常新闻在线编辑运营的重点是对稿件的判断、选择和推荐处理。稿件选择的要求是优中选优，尊重新闻价值规律；新闻推荐的要求是好中推好，满足个性、精准送达。但在满足这些要求的同时，要遵守编辑规范和运营规范。

一、坚持正确舆论导向

网络与新媒体新闻已经成为公众获取信息的重要来源，直接影响公众对社会事件的判断，影响用户的价值取向。目前，网络与新媒体中的"负面思维""反智倾向""审丑情趣""拜金主义"等情况较为突出，这与一些网络与新媒体导向有偏差、内容选择不当、标题误导、参与谣言传播不无关系。而内容准确、导向正确是日常新闻在线编辑运营的前提和保证。

国家互联网信息办公室2017年5月发布的《互联网新闻信息服务管理规定》明确要求，提供互联网新闻信息服务，应当遵守宪法、法律和行政法规，坚持为人民服务、为社会主义服务的方向，坚持正确舆论导向，发挥舆论监督作用，促进形成积极健康、向上向善的网络文化，维护国家利益和公共利益。

因此，日常新闻的在线编辑中，首先要规范的是稿件的政治思想，要摈弃谣言、传言和失实新闻，拒绝低俗、庸俗和媚俗内容。当前，每一个用户都扮演着生产者和传播者的双重角色，我们很难要求普通用户有审核和把关能力、有辨识和判断水平，特别是对稿件中的基本政治常识和有关政治思想理论，普通用户更是缺少基本的政治敏锐度和判断力。这种情况下，专业媒体人要有把关人意识，要不断提高自身政治素养和媒介素养。

判断稿件的准确性，及时核实和澄清谣言，坚持正确的网络舆论导向，这些都是网络与新媒体日常编辑运营需要完成的工作，也是守住政治思想要求的底线和红线的基本做法。"三俗"内容可能一时赢得用户，谣言、传言可能让用户短时活跃，但终究会影响到媒体的权威性和公信力，使其失去长远发展的根基，运营也就成为无源之水、无本之木。

二、遵守法律规章制度

目前，有关部门已经出台了多部有关网络与新媒体的法规和关于互联网管理的地方条例，如《信息网络传播权保护条例》《互联网信息服务管理办法》《即时通信工具公众信息服务发展管理暂行规定》《互联网直播服务管理规定》《北京市微博客发展管理若干规定》等，它们都对网络与新媒体日常新闻的编辑提出了规范性要求，特别是2017年出台的《互联网新闻信息服务管理规定》，列出了互联网新闻信息服务的多项具体条款：

第二条　在中华人民共和国境内提供互联网新闻信息服务，适用本规定。

本规定所称新闻信息，包括有关政治、经济、军事、外交等社会公共事务的报道、评论，以及 有关社会突发事件的报道、评论。

……

第十二条　互联网新闻信息服务提供者应当健全信息发布审核、公共信息巡查、应急处置等信息安全管理制度，具有安全可控的技术保障措施。

……

第十五条　互联网新闻信息服务提供者转载新闻信息，应当转载中央新闻单位或省、自治区、直辖市直属新闻单位等国家规定范围内的单位发布的新闻信息，注明新闻信息来源、原作者、原标题、编辑真实姓名等，不得歪曲、篡改标题原意和新闻信息内容，并保证新闻信息来源可追溯。

互联网新闻信息服务提供者转载新闻信息，应当遵守著作权相关法律法规的规定，保护著作权人的合法权益。

第十六条　互联网新闻信息服务提供者和用户不得制作、复制、发布、传播法律、行政法规禁止的信息内容。

……

根据第二条可知，互联网新闻信息有特定范畴，只具有转载服务资质和传播平台服务资质的新闻信息服务提供者不能采编发布“有关政治、经济、军事、外交等社会公共事务的报道、评论，以及有关社会突发事件的报道、评论”等内容。

根据第十二条可知，网络与新媒体机构对日常新闻的审核不仅要有规章制度，而且要在平日的新闻编辑发布中严格执行，并作为在线新闻编辑的考核内容之一。

根据第十五条和第十六条可知，在线新闻的日常编辑有非常多的具体要求：只能转载国家规定范围内的新闻信息，转载要标明来源、原作者、原标题和编辑，不得歪曲和篡改标题，要保护著作权人的合法权益等，任何法律、行政法规禁止的内容都不得制作、发布和传播。

案例1

自2014年3月开始，《新京报》持续发布《新京报反侵权公告》，截至2015年8月已发布12期，每期都公布一批侵权媒体或网站的名单。2015年8月13日公布的第12期公告指出，“一点资讯与《新京报》的信息内容合作协议已于2015年7月1日到期。到期后一点资讯仍继续大量侵权转载《新京报》原创内容并发布于自己的客户端上”。

【分析】2015年4月22日，国家版权局办公厅正式发布《关于规范网络转载版权秩序的通知》，强调互联网媒体转载他人作品时必须先获授权，并对转载内容支付报酬。因此，网络媒体和移动媒体在互联网、移动客户端、微博和微信等平台上选用稿件时，都必须要经过书面授权或获得相关合作协议，然后方可使用和转载。

2015年5月，网信办为加强网上新闻信息来源管理、规范网络转载秩序，公布380家可供网站转载新闻的新闻单位名单，包括中央新闻网站26家、中央新闻单位63家、部委网站10家，以及省级新闻单位281家。其中，281家省级新闻单位又被细分为网络、报刊、广电三大类。按照相关法规，互联网新闻信息服务提供者转载新闻信息，应当选择中央新闻单位或省、自治区、直辖市直属新闻单位等国家规定范围内的单位发布的新闻信息。

尊重版权应该成为网络媒体和移动媒体共同遵守的常识和规则，从合法来源转发文章是明确要求。无视版权规则，随意转发、转载有版权争议的稿件，或者采用技术方式及所谓的编辑手段，摘录、摘编未获得授权的内容，都是不被允许的侵权行为。

三、遵循新闻真实性和新闻价值规律

新闻真实性是指稿件要准确反映客观实际，基本事件及细节真实准确，稿件中无绝对化和片面性问题，没有通过虚构、添加、拼凑、夸张、导演等手段歪曲事实。

新闻价值是选择和衡量新闻事实的客观标准，即事实本身所具有的足以构成新闻的要素的总和。新闻价值要求稿件要遵循新闻的时新性、重要性、显著性、接近性、趣味性等新闻价值规律。

遵循新闻真实性和价值规律是日常新闻在线编辑运营的要求之一。只有稿件内容真实，且具备一定品质，质量达到用户要求，才能在编辑运营中赢得用户的认同与好感，才能让用户成为长期的、有黏度的用户。基于新闻价值，及时发布和更新稿件，选择有重要性、显著性的稿件，把握接近性规律，根据用户对趣味性的需求推送相关稿件，都是提升稿件质量的方式和手段。

案例2

2013年3月25日，一则题为《深圳90后女孩当街给残疾乞丐喂饭感动路人》的新闻在网络上爆红，其中的感人场面让无数读者动容，各大网络媒体和移动媒体纷纷转载，引发网络轰动效应。这篇新闻后被网友指出是策划团体专为炒作而制作的。

【分析】真实是新闻的生命。新媒体的快速传播和无限放大能力决定了互联网新闻更要重视真实性。尽管有些虚假新闻不是网络首发，但网络的“二次传播”带来的放大和轰动效应，使虚假新闻的危害面扩大，社会影响更恶劣，会直接损害网络媒体的公信力和声誉。特别是一些自媒体以转发、转载稿件为由，不对所刊发稿件进行必要的审核与把关，把核实的责任都推给首发媒体，对稿件中存在的问题或令人疑惑的简单数字、细节和图片不进行核实，缺少应对所有稿件进行审核和把关的基本意识。

案例3

2013年12月3日，一组题为《老外街头扶摔倒大妈遭讹》的图片在媒体上热传，众多媒体官方微博纷纷转载。但北京市公安局官方微博“@平安北京”通过调看路口监控视频等调查手段，最终给出了权威结论：中年女子经过人行横道时，被一驾驶摩托车的外籍男子撞倒。该外籍男子无证驾驶，车辆被扣且受到处罚。

【分析】新闻失实的表现多种多样，概括而言，分为扭曲事实、炮制新闻、报道缺失三大类型。上述案例就是报道缺失的典型，即对事件信息进行选择性报道或者选择性重点报道。此外，有图未必有真相，图片作为新闻现场的见证，只能说表现了新闻事实的一个方面，真相究竟如何，同样需要核实。在这一事件中，一些媒体官方微博也加入了转发的队伍中。官方微博是传统媒体在社交媒体上的延伸，与传统媒体具有相同的可信性，一旦传播了虚假新闻，所引起的负面效果也是同样巨大。

网络与新媒体内容中，用户作为目击者，有条件参与新闻报道，在现场发布文字、图片、视频，其所做的新闻报道的基本要素也有可能是齐全的，这些事实通过各种平台第一时间快速发布、传播，产生的影响不可小觑，但危险的是，如果这些事实只是一种表象性的事实，那么其造成的恶劣影响便难以消除。

四、力求文字语言准确

文字语言准确包括用字、语法、逻辑、修辞等清楚明了，地名、简称、标点等符合规范，内容表述准确。按照国家相关规定，出版报刊、图书都有文字性错误的最高限，一般报社要求文字错误率控制在万分之三以内；报纸、期刊和图书出版机构都设有专门的校对负责文字方面的修改。但是，网络与新媒体从诞生伊始在文字语言方面就存在主客观因素造成的问题，这最终导致网络新闻被冠以粗制滥造的“恶名”。文字语言准确的要求也是从长期维护网络与新媒体公信力角度而提出的运营要求。

主观方面，网络与新媒体机构和编辑个人对文字性错误没有足够的重视，相关机构也没有制定相应的规定严格要求文字错误率，在处理新闻稿件时往往以互联网信息接收快餐化、碎片化为由，以文字语言的错误为代价，不重视对稿件文字、语言的校对和修订，导致稿件中错别字、技术代码错误以及输入谐音错误时常出现。

客观方面，网络用户和一些自媒体的文章、评论出现文字语言错误已成为一种常态，用户对网络新闻中出现的文字性错误似乎见怪不怪，一些因输入法而出现的错误也会得到用户的宽容理解。

案例4

2015年12月1日，众多网络与新媒体的新闻标题中出现了“习近平会见美国总统奥马巴”的错误。经查，“奥马巴”最早出现在新华社发布的新闻标题中，紧接着财新网、中国网、中国新闻网等新闻网站先后第一时间转发，随后，更有十几家报纸接连出现标题问题（见图5－8）。

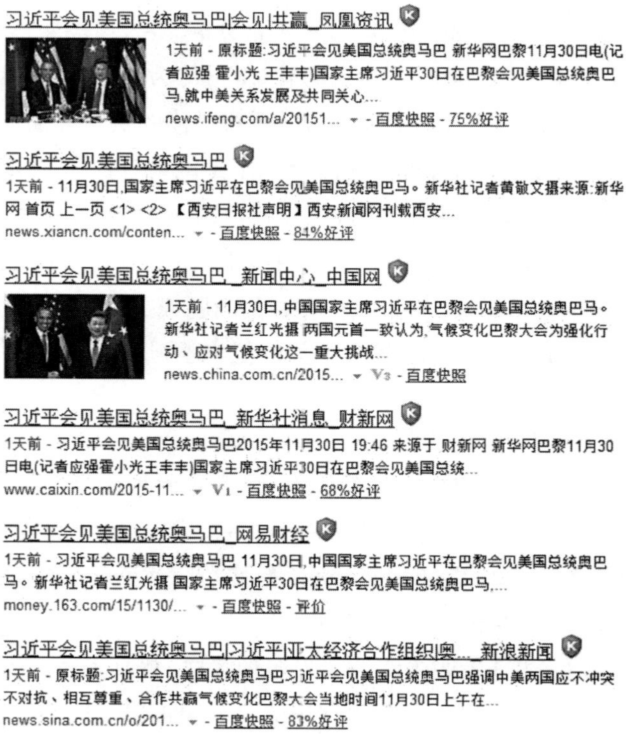

习近平会见美国总统奥马巴|会见|共赢_凤凰资讯
1天前 - 原标题:习近平会见美国总统奥马巴 新华网巴黎11月30日电(记者应强 霍小光 王丰丰)国家主席习近平30日在巴黎会见美国总统奥巴马,就中美关系发展及共同关心...
news.ifeng.com/a/20151... - 百度快照 - 75%好评

习近平会见美国总统奥马巴
1天前 - 11月30日,国家主席习近平在巴黎会见美国总统奥巴马。新华社记者黄敬文摄来源:新华网 首页 上一页 <1> <2> 【西安日报社声明】西安新闻网刊载西安...
news.xiancn.com/conten... - 百度快照 - 84%好评

习近平会见美国总统奥马巴_新闻中心_中国网
1天前 - 11月30日,中国国家主席习近平在巴黎会见美国总统奥巴马。新华社记者兰红光摄 两国元首一致认为,气候变化巴黎大会为强化行动、应对气候变化这一重大挑战...
news.china.com.cn/2015... V3 - 百度快照

习近平会见美国总统奥马巴_新华社消息_财新网
1天前 - 习近平会见美国总统奥马巴2015年11月30日 19:46 来源于 财新网 新华网巴黎11月30日电(记者应强霍小光王丰丰)国家主席习近平30日在巴黎会见美国总统...
www.caixin.com/2015-11... V1 - 百度快照 - 68%好评

习近平会见美国总统奥马巴_网易财经
1天前 - 习近平会见美国总统奥马巴 11月30日,中国国家主席习近平在巴黎会见美国总统奥巴马。新华社记者兰红光摄 国家主席习近平30日在巴黎会见美国总统奥巴马,...
money.163.com/15/1130/... - 百度快照 - 评价

习近平会见美国总统奥马巴|习近平|亚太经济合作组织|奥..._新浪新闻
1天前 - 原标题:习近平会见美国总统奥马巴习近平会见美国总统奥马巴强调中美两国应不冲突不对抗、相互尊重、合作共赢气候变化巴黎大会当地时间11月30日上午在...
news.sina.com.cn/o/201... - 百度快照 - 83%好评

图5－8　多家网络与新媒体机构未发布修改稿导致出现错误新闻的截图

【分析】这篇新华社通稿发布于2015年12月1日20：00左右，第一稿和修改稿之间仅仅相隔了2分钟，并且新华社及时发布了更正通知，但各媒体忽略了这一通知而直接使用了第一稿，特别是网络与新媒体平台，因采用了自动抓取系统，所以几乎是在第一时间转发。但抓取系统一般不会抓取修改稿，因此出现的错误并没有被修改。此次事件发生的原因主要有两个：一是各类网络与新媒体对新华社的时政新闻通稿过于信任，从标题到内容几乎不去做任何改动；二是编辑责任心的问题。在网络与新媒体端改正错误很容易，如果编辑能多看一眼，这种明显的常识性错误是可以避免的。

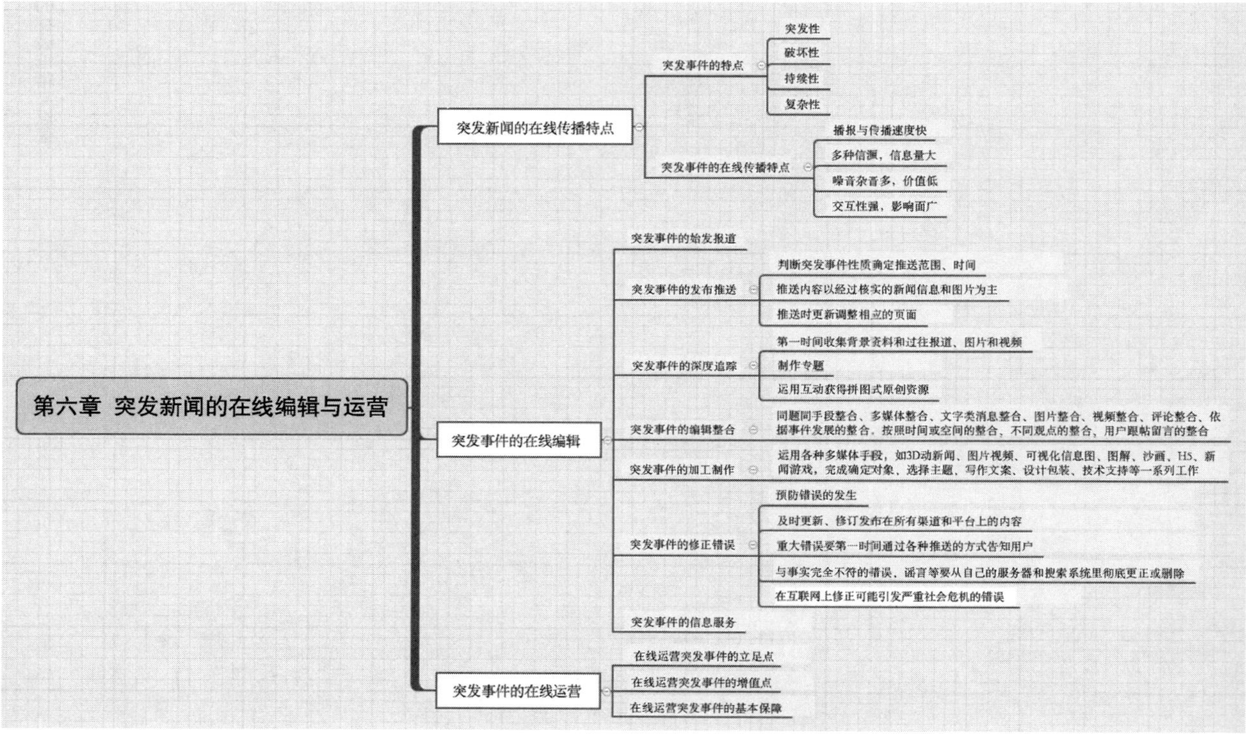
第六章 突发新闻的在线编辑与运营
突发新闻的在线传播特点
突发事件的特点
突发性
破坏性
持续性
复杂性
突发事件的在线传播特点
播报与传播速度快
多种信源，信息量大
噪音杂音多，价值低
交互性强，影响面广
突发事件的在线编辑
突发事件的始发报道
突发事件的发布推送
判断突发事件性质确定推送范围、时间
推送内容以经过核实的新闻信息和图片为主
推送时更新调整相应的页面
突发事件的深度追踪
第一时间收集背景资料和过往报道、图片和视频
制作专题
运用互动获得拼图式原创资源
突发事件的编辑整合
同题同手段整合、多媒体整合、文字类消息整合、图片整合、视频整合、评论整合、依据事件发展的整合，按照时间或空间的整合，不同观点的整合，用户跟帖留言的整合
突发事件的加工制作
运用各种多媒体手段，如3D动新闻、图片视频、可视化信息图、图解、沙画、H5、新闻游戏，完成确定对象、选择主题、写作文案、设计包装、技术支持等一系列工作
突发事件的修正错误
预防错误的发生
及时更新、修订发布在所有渠道和平台上的内容
重大错误要第一时间通过各种推送的方式告知用户
与事实完全不符的错误，谣言等要从自己的服务器和搜索系统里彻底更正或删除
在互联网上修正可能引发严重社会危机的错误
突发事件的信息服务
突发事件的在线运营
在线运营突发事件的立足点
在线运营突发事件的增值点
在线运营突发事件的基本保障

第六章思维导图

第六章

突发新闻的在线编辑与运营[①]

突发事件是重要的新闻报道对象，互联网的传播特性让网络与新媒体在突发新闻报道中作用显著。在线编辑与运营这类新闻，重点在于通过了解突发新闻的传播特点，建立一套针对突发新闻的在线编辑流程与机制，通过发挥网络与新媒体优势吸引用户和树立品牌，体现出突发事件报道的运营价值。

第一节　突发新闻的在线传播特点

在《中华人民共和国突发事件应对法》中，突发事件是指突然发生，造成或者可能造成严重社会危害，需要采取应急处置措施予以应对的自然灾害、事故灾难、公共卫生事件和社会安全事件。根据突发事件的紧急程度、危害大小、涉及范围、人员及财产损失情况，由低到高划分为一般(Ⅳ)、较大(Ⅲ)、重大(Ⅱ)和特别重大(Ⅰ)四级。

一、突发事件的特点

突发事件因突然发生且会危害人民生命财产安全、直接给社会造成严重后果和影响，所以特点非常鲜明，表现在以下四个方面。

突发性。无论是自然因素造成的自然性突发事件还是人为因素导致的社会性突发事件，都是在人们无法预先知晓的情况下发生的。2008年汶川地震、2013年雅安地震、2014年昆明火车站暴力恐怖袭击案、2015年天津港特别重大火灾爆炸案等都是人们难以预测、难以把握、不可抗的自然灾害、社会安全事件或事故灾难。

破坏性。突发事件具有一定的破坏性，或者对公众的生命和财产安全造成威胁和危害，或者带给社会稳定和国家安全负面影响，或者对个人心理和社会心理造成冲击，或者直接危及相关公众群体的生存和生活。重大突发事件破坏力越大，影响面就越大，关注度就越高。

持续性。突发事件一旦爆发，总会持续一段时间，经历从潜伏、爆发、高潮、缓解到最后

---

① 第六章、第七章和第八章介绍了不同性质新闻的在线编辑与运营的方法。新媒体时代突发事件、热点事件和重大事件的在线编辑与运营需要依托媒介融合，建立编辑与采写一体化的融媒体报道机制，采用“中央厨房”式新闻操作流程，获得立体化的报道和传播效果。

消退的过程。在这一过程中，一个突发性事件还有可能蔓延，甚至导致另一个突发事件发生。持续性还表现在更深的心理层面，突发事件本身已经结束，但对当事方、社会大众及相关群体还会有长时间的、持续的影响。

复杂性。尽管突发事件的发生具有突发性，但追根溯源还是能挖掘出多种原因，尤其是公共卫生事件和社会安全事件，背后的各种矛盾相互关联、环环相扣，导致人们对事件的应对和处置也呈现出复杂、多变的特点，可能扩大事件影响范围，可能使自然灾害转化为社会问题，可能使社会安全事件转化为政治话题。

二、突发事件的在线传播特点

突发事件具有突发性、破坏性、持续性和复杂性，这使得突发新闻的报道具有很高的新闻价值，不仅新闻信息量大、内容纷繁复杂，而且用户关注度高、社会影响面广。新媒体环境下，突发事件置身于网络与新媒体的视域里，具有不同于大众传播时代的在线传播特点。

播报与传播速度快。网络与新媒体的5A技术特性（Anytime、Anyplace、Anyone、Anyway、Anything）是突发事件能够第一时间播报与传播的“基础设施”。随着技术的研发与升级，播报与传播的载体向更快的平台和渠道发展，2005年英国伦敦地铁爆炸案首发于博客，2008年汶川地震的信息首发于推特，2015年天津港特别重大火灾爆炸案首发于微信朋友圈。从博客到推特再到微信，播报的门槛越来越低，传播的范围越来越广，这使得网络与新媒体已成为突发事件的第一发布平台和第一传播渠道。

多种信源，信息量大。新媒体时代，信息发布不再是政府、组织和传统媒体的特权。越是重大突发事件，来自用户的现场目击和当事人的讲述越能成为第一新闻源，这些目击和讲述大多数会以微博、微信以及各种直播平台为输出通道。平台的大容量、传输的无限制不仅让信息在短时间内迅速汇聚，而且让突发事件不再沿着单一方向传播，而是在立体的网状结构中向着多个方向同步传播。这种生产和输出方式又会加速形成新一轮的内容生产和输出。此外，随着突发事件的持续发展，相关信源会不断进入，信息量将随着信源的增加而增加，也会随着持续时间的延长而引发用户一轮一轮的评议和反馈，信息量也就处在持续增长中。

噪音杂音多，价值低。信源复杂、信息量大带来的一个结果是内容良莠不齐。政府部门发布的信息、媒体机构采集的信息、用户目击和讲述的信息交织在一起，让突发事件发生之后的新闻信息处于喧嚣、嘈杂的状态。突发事件传播中人际传播的直接性和随意性、群体传播的集合效应、协从规范，以及虚拟环境下传播者的责任淡化、从众心理等，加剧了这种噪音和杂音的传播，高价值、高品质的新闻信息需要辨识，谣言、传言和不实信息反而更有土壤。

交互性强，影响面广。互联网的去中心化特性在突发事件中表现得尤为突出，因为突发事件的破坏性和复杂性，让每个人都密切关注事态的进展，关注与自身利益相关的问题，其结果是每一个人都有积极参与的意愿，人们发表意见、互动交流，或者向周边的朋友传递最新信息，如自然灾害发生后寻找亲友、呼叫救援的服务类信息的快速传播，或者用自己的观点影响周围人的看法，如事件后的评论数和转发数迅猛增长。交互性强是突发事件中用户情绪、状态和心理在社交媒体上的自然反映。

认识突发事件的在线传播特点，是为了在编辑与运营时把握编辑的方向，明晰编辑的重点，知晓存在的问题，在发挥优势、解决问题的过程中展开运营。

第二节　突发事件的在线编辑

目前，网络与新媒体已经成为突发事件的第一发布平台和传播平台，这就对突发事件的在线编辑提出了极高的要求：既要快速、准确、全面地呈现事件的发生、发展过程和结果，还要在编辑时把握方向、判断辨识、正确发声、引领舆论。

网络与新媒体经过多年对突发事件进行在线报道的“历练”，已经基本形成了一套基于媒介融合的编辑流程和操作手法，包括始发报道、发布推送、深度追踪、编辑整合、加工制作、修正错误、信息服务等多个环节。当然，完成这一流程，还需要网络与新媒体的运行机制和人员作为保障。

一、突发事件的始发报道

虽然报道环节不完全归属于编辑系统，但融媒体的建设格局让编辑成为指挥前方报道的中心，编辑在后方也可调用各种方式和手段辅助完成报道。

报道首先要解决的是信源问题。有资质的网络与新媒体可以派出记者到现场，自主采集图文、视频，后方编辑可以与前方记者协商，根据现场条件和设备、网络情况，采用视频全程直播、短视频过程性直播、图文滚动播报或口述实录的方式来呈现现场实况。后方编辑需要及时配合前方人员做好不同播报形式的准备工作。

没有原创采集支持的网络与新媒体，就需要从各种渠道收集、挖掘出信源，包括从官方权威机构的网站、微博、公众号里发现信源，从中外媒体的实时报道和过往报道里找寻内容，从用户贡献内容里搜集信源。其中，用户贡献的渠道有论坛、博客、微博、微信、贴吧、留言、跟帖、弹幕等。论坛、博客、贴吧虽然已经是“古老”的互动场所，但仍有一部分用户习惯将内容上传到这些地方。只有在突发事件发生时关注所有的互动渠道，才能获得全面的非原创采集的内容。

快速、及时、准确发布最新事实是网络与新媒体在突发事件报道上的重要原则。突发事件发生后的几小时是事件传播的黄金期，因此，基于事件的突发性，早期的报道内容以快讯、短讯和一句话新闻等形式的事实发布为主，不必长篇大论，不必主观评议，不必纠结文藻。随着事件的发展，再考虑事实的完整陈述和篇章的结构布局。

报道形式上，能有包含文字、图片、音频、视频、航拍的多媒体呈现当然最佳，但突发事件发生伊始，准确、快速、及时地传递出现场信息是第一位的，形式要服从于内容，不能为了追求形式而耽误了内容发布。遇到特殊情况要采取非常规的处理方式，如网络不通，可用电话口述实录的语音形式，也可通过短信、彩信发送文字和图片。

案例1

2009年2月9日，央视新址发生火灾，最早报道这场火灾的，是一个名叫“加盐的手磨咖啡”的网民，当晚20：20其发现央视新址楼顶冒起浓浓黑烟，当即用带拍摄功能的手机拍下照片并很快上传至天涯社区,由于帖子一时没有通过,延迟至当晚21：04才得以发布。这是关于央视大火最快的报道。在此帖发布后12小时内，照片的访问量超过37万次，跟帖1 700多个。

一个名为“我你他她”(wonitata)的博主称，当晚，收到一条“中央电视台着火了”的短信后，拉开窗帘一看，发现央视新址浓烟滚滚，便立刻拍照、上传网络，20：41发布《突发事件直播：CCTV新大楼北副楼着火了》的报道。这组连续刊发的9张照片有一个显著特点：准确注明了时间，记录了火灾全过程。

一个名叫“太阳太阳太阳”的博主，通过现场某网友的手机爆料，从2月9日21：10到2月10日1：07不间断地在网上进行文字直播，信息密集时，甚至每分钟都有更新。

2月9日晚，社会名人潘石屹获知央视火灾后，拿了照相机，立刻驱车前往现场拍摄，回家后于23：23在自己的博客上发布了《组图：我在CCTV新址火灾现场》（见图6-1）。2月10日，他再次专门前往现场拍照，又发布了《拍摄：火灾第二天央视新址楼成废墟》。

传统媒体中，《环球时报》记者通过环球网在2月9日21：44才进行简短报道，而新华网直到2月9日22：07才发出消息。[①]

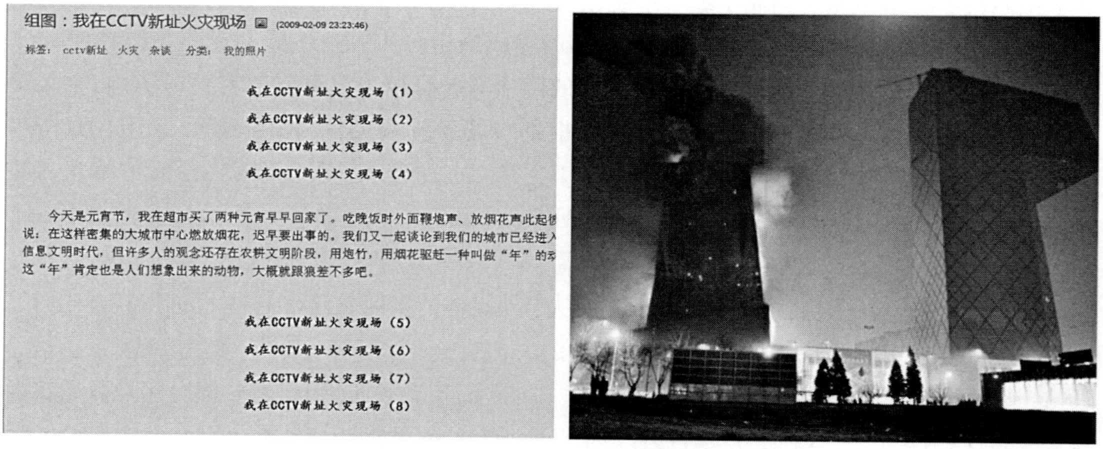

图6-1　潘石屹博客报道央视火灾页面截图和现场照片[②]

【分析】2009年的央视火灾报道不是普通用户第一次介入突发事件的报道，在此之前也有多起突发事件是来自现场用户的图文报道，但此次的报道准确、快速、完整，不仅有图文报道，还有现场直播，普通用户和名人大V都积极参与其中。

① 闵大洪. 央视大火的公民报道与全民传播[M]//南方报业传媒集团新闻研究所. 南方传媒研究. 广州：南方日报出版社，2009.

② 组图：我在CCTV新址火灾现场[EB/OL]. (2009-02-09)[2017-10-10]. http://blog.sina.com.cn/s/blog_4679dbbf0100c68a.html.

目前，在突发事件报道中，职业记者和专业编辑还是主体，但要充分意识到用户创造内容的原动力和正能量，认真对待用户贡献的内容，积极利用用户生产内容补充专业报道，借助原创用户的互动来调动其他用户的积极参与。总之，要保护好、利用好用户在突发事件中的积极性和创造性，使之成为良性循环的导引点。

需要注意的问题是，由于用户缺少专业知识、掌握的信息和资源不全面，所以对于用户发布的内容要有严格把关和审核的意识。特别是那种不在现场、通过收集各类信息成为"发稿中心"的大V用户，要尤其注意。

二、突发事件的发布推送

播报是为了到达。对于突发事件，不仅要快速发布，更要将相关内容快速送达用户。发布后的推送是突发事件在线编辑中的重要一环，考验编辑的快速反应和处理能力、准确判断和有效协调的统筹能力、对多平台特点掌握和运用的能力。

首先要判断突发事件的破坏等级、影响程度和可能产生的关注度，这是向多大范围推送、推送哪些内容以及确定后续推送频率的基础。各网络与新媒体可以根据自身对突发事件的等级划分及建立的推送处理机制，选择网站、客户端、微博账号、微信公众号、用户订阅的手机端快讯以及国外的社交媒体账号进行推送。越是重大事件，越需要多平台同步发布和推送。拥有更多渠道的网络与新媒体还可以在自己的特殊渠道里发布传播。

早期的推送内容以经过核实的新闻信息和图片为主。面对突发事件不断产生的碎片化的新闻，推送的频率是需要权衡处理的问题。网站、客户端和微博不受平台限制，可以随时推送，但也不宜过密，需要对碎片化内容进行必要的整合和梳理，有规律地发布；微信公众号一般一天只能发布一次（有些媒体有特殊权限，但发布的次数也是有限的），因此，需要慎重选择发布内容，利用好唯一的发布机会。遇到特别重大的突发事件时，也可以跟微信平台协商，获得多次发布和推送的权限。

推送的同时还需要对相应的页面做更新调整。网络与新媒体的电脑版、触屏版（手机浏览器版）和客户端可以根据新闻价值、用户对象及社会效果确定突发新闻的发布位置，同时配置同题、同类资讯或其他报道形式以形成新闻集群；微博账号可以采取置顶和加标签的方式凸显突发新闻的价值，进行连续报道。

案例2

2013年10月，"菲特"台风引起的强降雨造成浙江省余姚市遭遇百年一遇的洪涝灾害。《余姚手机报》打破一天发送一次的常规，每天发送三到四期"抗洪救灾特刊"，把最新的灾情信息及市委、市政府的抗灾部署、决策在第一时间发送到受众手上。在向原有订户发送的同时，还与移动公司合作，向当地50多万移动用户免费发送"抗洪救灾特刊"综合版，使更多手机用户通过《余姚手机报》及时获得抗洪救灾的相关资讯。在抗洪救灾的特殊时期，23期《余姚手机报》

“抗洪救灾特刊”成为当地干部、群众抗洪救灾的随身“宝典”，被不断复制、转发。[①]

【分析】尽管手机报已非用户获取新闻资讯的主流渠道，但在一些特殊地区，一些长期坚持手机报运营的纸媒和运营商还是拥有一定的用户。《余姚手机报》拥有50多万的免费赠送用户，在突发事件的推送中，除了主要的网络与新媒体平台，也应该发挥这类特色渠道的作用和价值。

利用这类渠道推送，要基于渠道的特点推送与之相适应的内容。《余姚手机报》在发布推送时，一是第一时间刊发有关抗灾避灾的知识和有关水、电、路及市场供应的最新实用信息，比如告知民众在哪里可以买到必需的生活用品、哪些道路已经抢通、哪些医院已经恢复门诊等，方便用户及时解决衣食住行的相关问题；二是利用手机媒体的短信交流平台开展在线互动，解答受众疑虑，“在洪灾的10多天时间里，对用户有关抗灾避灾、生活求助方面的信息有求必应、有问必答，回答受众的求助、咨询信息100多条，《余姚手机报》在很大程度上发挥了因洪灾停用的‘市长信箱’的作用”[②]；三是第一时间澄清各种不实信息甚至谣言，阻止谣言的流传和发酵，疏导、平复用户情绪，增强用户抗灾救灾的信心。

多样化的网络与新媒体发布渠道是传播突发新闻的有利条件，但也需要在发布与推送时做到针对性强、精准送达。地方手机报虽然覆盖范围小、用户量不大，但对于传播地方突发新闻却是一个利器，能精确推送至事发范围内的有效用户，实用、解疑释惑和及时辟谣的信息又是突发事件发生阶段用户急需的新闻资讯。有效用户、有用信息加上简单易用的渠道，即把合适的内容通过合适的方式传递给需要的用户，一定能实现传播效果的最大化。因此，要充分了解网络与新媒体的每一个渠道和平台的特点，让内容在适合的渠道上传播。

三、突发事件的深度追踪

突发事件的深度追踪过去多是以记者采集报道为主，网络与新媒体出现后，可采取前方原创采访与后方深度编辑结合的方式跟进突发事件的后续报道。后方深度编辑工作是一种“拼图式”的编辑报道模式：一方面根据事态发展情况，及时协调前方记者到各个现场采集信息并将信息发回后方供编辑整合，从深度上追踪跟进；另一方面是整合其他各类新媒体发布的内容，搜集背景资料和相关报道，快速制作专题，利用在线调查、访谈等互动手段从广度上追踪跟进。

突发事件发生后，编辑第一时间收集背景资料和过往报道、图片和视频，介绍相关专业知识和常识，是必备功课。这些内容可以植入直播中，也可植入文本新闻中，还可单独编辑发布。2015年“东方之星”旅游客船翻沉事件发生后，由于无法及时得到翔实的前方资讯，后方编辑搜集了大量的资料，包括“东方之星”旅游客船的整体情况、介绍船舱内部结构的文字和图片、同类船只的情况、出事地点的地图、当天的天气和环境报告等。这些虽然是二手资料，但能帮助用户深度了解事故。

---

① 徐千. 余姚水灾中地方新媒体如何答卷——以余姚新闻网和《余姚手机报》为例[J].中国记者，2013，2：113.

② 徐千. 余姚水灾中地方新媒体如何答卷——以余姚新闻网和《余姚手机报》为例[J].中国记者，2013，2：114.

制作专题是深度追踪在形式上的体现。突发新闻报道在一开始无法追求全景式呈现，但进入发展阶段就需要有专题来展现完整的过程和所有的报道。在专题中，用户可以看到事件的来龙去脉，可以看到图片、视频、直播反映的新闻发布过程，可以看到消息、综述、评论等多种体裁的内容。专题是对碎片化信息内容的呈现结构进行优化，也是对信息资源进行深度发掘、整合和利用，能在线“还原”事件的全貌，能为用户提供进行深度探求的路径。

互动是深度追踪必不可少的常用编辑手段，在线访谈和在线调查两种方式可以直接为深度追踪收集更多原创资源，同时直接了解用户态度、观察用户情绪、反映舆情发展。搜狐网在2014年马航MH370失联的突发新闻直播中，针对飞机如何与地面保持联络、军用雷达如何对民航飞机进行追踪、飞机高空遇险应急处置流程等公众感兴趣的常识问题，邀请了大量航空专家进行连线采访，通过专家解读，普及航空知识，解答公众疑惑。这些访谈成为深度追踪的重要组成部分。①

案例3

2015年8月12日晚上天津滨海新区发生大爆炸。各大媒体查阅公开信息、政府文件、卫星照片，结合现场的报道，力图从碎片中探寻真相。网易新媒体调查团队“路标”的《爆炸点到民居距离小于国家标准》，通过媒体报道信息和地图测绘，发现爆炸点离最近的居民区不到600米，不符合国家规定的1 000米死线（见图6–2）。

腾讯新闻使用卫星地图测距，对比爆炸前后现场的图片，共标出包括爆炸点在内的16个位置，制作了互动图，显示爆炸点3 000米范围内的建筑。人们可以直观地看到距离爆炸的瑞海公司仓库3 000米以内的建筑和交通干线：离爆炸点最近的是跃进路派出所，仅隔200多米；东海路地铁站只有600多米远；而万科海港城、启航嘉园这两个民宅和地铁站都在1 000米以内。

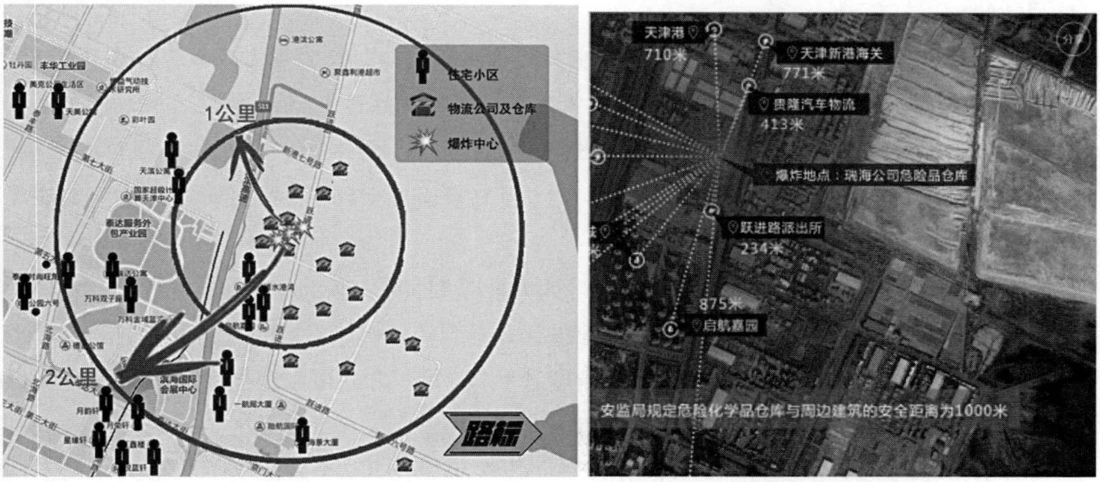

图6–2　网易新闻客户端深度追踪报道《爆炸点到民居距离小于国家标准》的截屏

① 搜狐“马航MH370失联”直播专页[EB/OL].（2015–07–30）[2015–07–30]. http://news.sohu.com/20150730/n417809185.shtml.

【分析】根据规定，两家门户网站没有对突发事件进行现场采访的资质，但是其从公开的资料里找寻线索，通过查阅政府文件、法律法规，结合卫星地图标记地点并测距，制作出卫星照片和报道。这是从数据中挖掘事实、提出问题的典型事例，是从编辑角度进行的深度追踪。

这类深度追踪过去大多依赖前方记者的经验和新闻敏感度发现线索。大数据时代，从地图、文件、法规等资料中寻找相关性，再从相关性中发现问题已经成为深度追踪的一条新的、相对科学的路径。编辑比前方记者更有条件来完成这类工作，但前提是编辑要有很强的新闻敏感度和广阔的知识面，能筛选材料并判断识别新闻价值，有问题意识及分析问题的能力。

四、突发事件的编辑整合

信息量大、碎片化、不完整是互联网时代突发新闻的主要特征，这就需要编辑对海量的碎片化内容进行有逻辑、有条理、有包装的整合，运用文本整合的各种手法，如同题同手段整合、多媒体整合、文字类消息整合、图片整合、视频整合、评论整合，或依据事件发展的整合，按照时间或空间的整合、不同观点的整合、用户跟帖留言的整合等。应对突发事件进行归纳梳理，让零碎的、散乱的新闻、评论等内容结构化完整呈现，便于用户在线浏览和接收。

整合不仅是服务于用户，更是服务于新闻报道本身。应在整合中深度挖掘，寻找各资源、要素之间的逻辑关联，进行有效配置，提炼出核心内容，通过协同作业将一些原本凌乱的、无价值的要素整合为有意义的整体，在整合中完成原创报道。碎片化的突发新闻尤其需要通过这样的整合来提升新闻报道的价值。

案例4

2015年12月31日午夜，上海外滩发生严重踩踏事件。事发之时，广场上有数万人在现场，大量的图文信息和微视频被现场目击者传送至微博和微信等新媒体平台上，事发过程和细节也被源源不断地上传到互联网上。新浪新闻依据这些碎片化内容，制作了适配PC端和移动端的《独家——上海外滩踩踏事故时间还原》（见图6-3），按照事故发生的重要时间节点的顺序，结合文字、图片、地图梳理出现场原生态境况。

【分析】突发事件发生后，现场一线记者的人数受限，采集到的信息量、报道的信息种类和记者的视角也受到各种因素影响，而编辑在后方看到的各类信息应该比前方记者要多。后方编辑一方面可以帮助前方记者挑选报道角度和领域，另一方面可以根据大量素材整合提供基于编辑视角的新闻报道。

因此，在线报道突发事件时，编辑需要摒弃传统思维模式，不要过于依赖前方记者发回的内容，而应发挥主观能动性，对现有的素材、图片、视频进行多种方式的整合报道，这样做一样能获得用户认同和预期的传播效果。针对上海外滩踩踏事故，新浪网制作的《上海外滩24小时》也是这一思路的体现。

图6-3　新浪新闻客户端编辑整合“上海外滩踩踏事件”的截屏

五、突发事件的加工制作

突发事件发生后，除通过编辑整合梳理出有价值、完整的内容，方便用户快速了解事件的前因后果、阶段过程、发展脉络外，还可以通过加工制作、形式包装等方式来加速新闻的传播和用户的接收。在突发新闻进入到发展阶段后，可以运用各种多媒体手段，如3D动新闻、图片视频、可视化信息图、图解、沙画、H5、新闻游戏等，此时有充裕时间进行加工制作。

在高密度、大容量的突发新闻报道中，加工制作属于在线编辑的精品生产流程，需要完成确定对象、选择主题、写作文案、设计包装、获得技术支持等一系列工作。因此，加工制作的新闻数量不会太多，只有慎重选择将哪些材料或哪个主题做成精品，才能保证精品的质量，才能让精品有效传播。

案例5

2015年6月1日，载有458人的长江客轮“东方之星”在途经湖北监利水域时发生翻沉，6个月后，事件调查小组于12月30日公布调查报告。《新京报》的《动新闻》栏目依据报告内容制作的《3D还原：东方之星沉船事故生还的12人如何逃生》动新闻，模拟再现了事故现场的状况和事件发展过程。

【分析】3D动新闻是以互联网、移动互联网、iPad等多媒体终端为载体，采用3D动画、Flash动画、H5技术等，通过文字、照片、视频、动画、旁白、音效等多媒体元素还原现场、解读新闻的创意新媒体产品。3D动新闻具有可视化、轻量化的特点，适合模拟新闻现场、还原事件经过、再现整个新闻事件的关键节点。特别是一些重大突发事件发生后，借助3D动新闻进行报道能给用户“身临其境”的感受。

《新京报》在“东方之星”客轮翻沉事件及调查报告公布之后，还制作了《“东方之星”扶正出水 3D还原22小时全部细节》《多图展现“东方之星”救援现场》《3D揭秘“东方之星”咋改造 是否留安全隐患》《动画还原“东方之星”翻沉前16小时32分里发生哪些细节》《动画：“东方之星”事故相关部门管理存哪些问题》多条3D动新闻。用户不仅能从3D动新闻中快速了解事件的过程和重要环节，还因其高质量的制作，积极转发这些3D动新闻，使其在微博上获得了极高的分享率。

除了3D动新闻外，《新京报》还针对此次突发事件推出《图解“东方之星”立体救援方案》《图解“东方之星”翻船经过》，用可视化信息图的方式加工包装。3D动新闻、图解新闻让用户看到一个突发事件的立体报道。

六、突发事件的修正错误

在短、平、快的突发事件报道中，难免出现各种错误，如事故人数不准确、时间和地点缺失、因事实未经核实而产生的问题等。及时修正错误是在线编辑中看似微不足道，但却极其重要和必需的一环。

一般而言，突发事件都会成为用户关注的焦点，分享速度很快，传播范围很广，一旦发生问题、事实错误，将会被成倍放大。虽然修正错误不一定能及时消除负面影响，但从运营角度看，及时修正错误是树立正面形象的必要举措，也是赢得用户信任的补救措施。

虽然错误可以修正，但仍要预防错误的出现。对于重大突发事件中易于出现错误和问题的地方，应加强把关意识，尤其要注意数字、人名、地名、财产损失、出事主体、出事原因、责任等细节。此外，对UGC要慎重选用，对前方记者的报道也不要盲目相信，应及时核实各种信息，尽量避免错误出现。

一旦需要修正错误，一是要及时更新、修正发布在所有渠道和平台上的内容，一些重要的修正要放置在显著位置，便于用户看到；二是要第一时间通过各种推送方式告知用户，尽量缩小错误的传播范围；三是对于与事实完全不符的错误、谣言等，要从自己的服务器和搜索系统里彻底更正或删除；四是联系相关部门或机构，在整个互联网上修正可能引发严重社会危机的错误。

七、突发事件的信息服务

在突发事件的在线编辑中，除快速发布推送报道、整合加工内容让用户了解事件发生原因和最新进展外，还应该提供必要的常识、信息和服务，让用户能得到实实在在的支持和帮助。

网易新闻在2013年四川雅安地震报道中，制作了“地震实景航拍图”，把三个乡的“物资需求分布”“强度及人群分布”“应急路况”“献血站分布”和“救助站分布”一一在地图上标出来，方便用户搜寻、查找。此外，还设置《震后寻人》栏目，接入谷歌的“person finder”、百度的贴吧“寻亲报平安”和360搜索寻人的服务。在常识信息服务方面，也接入了百度百科的“知道”、百度百科的“地震搜救指南”，提供“5—7级的地震是什么概念”“地震后如何快速自救”“地震后容易引发哪些心理疾病”的知识问答（见图6-4）。

图6-4　网易新闻客户端“四川雅安地震报道”提供信息服务的截图

互联网时代，网络与新媒体对突发事件的在线编辑已经不限于新闻报道，信息服务已成为报道必不可少的重要组成部分。这不仅因为互联网的海量空间能承载所有与突发事件相关的新闻资讯服务，更重要的是，用户有这种需求，而且这种需求能直接让用户受益，能带来有价值的帮助。网络与新媒体自然要满足用户的需求，通过这种满足在用户中树立品牌和公信力。

第三节　突发事件的在线运营

在线运营突发事件，不是指操控或商务营销、投机消费突发事件，而是借助突发事件迅速吸引用户眼球，在新闻报道上独树一帜，在内容品质上呈现精品，在舆论导向上引领方向，走出一条用优质内容赢得优良口碑、用优良口碑建构品牌形象的长效运营之路。

一、在线运营突发事件的立足点

突发事件的在线运营归属于事件营销或内容运营，但它不同于一般性的事件营销，也非日常新闻的内容运营，在很大程度上受到突发事件特点的制约。突发事件的突发性特点决定了无法提前策划在线运营，破坏性和复杂性的特点决定了不能过度消费突发事件，持续性的特点决定了内容运营需要恒久保持。2014年马航MH370失联事件发生后，某保险公司在微博上转发该新闻时推出相关保险。在大众极度悲伤、心情沉重、担忧遇难人员生命安危的时候，策划这类营销是借势突发事件在线运营的败笔。

用户在突发事件发生时关注的焦点是事件的发展报道，如有关事件的完整的、有质量的报道，用户还会关注自身对于突发事件的信息需求能否得到满足。因此，在线运营突发事件的立足点在于内容。真实、准确的内容，优质、精品的内容，精准送达、满足需求的内容是运营的基础和保证。

突发事件内容运营的最大风险是新闻存在是否真实与准确的问题。众所周知，真实，是新闻之本，而对于突发事件，新闻失真产生的社会影响和危害几乎无法预估。互联网时代，不真实、不准确的新闻的传播速度基本超过了正能量的新闻，且一旦传播，负面影响根本无法彻底消除，传播的源头及所有参与转载的网络与新媒体机构的品牌形象都会受到损害。因此，突发事件的在线运营，第一任务是严把内容真实、准确关，一线记者作为新闻内容的第一把关人，要对所获取内容进行尽可能多的求证和确认；编辑作为第二把关人，要能够查漏补缺，在文字和图片语言方面，针对有可能出现差错的环节进行审查、核实乃至补充；最后的签发者作为第三把关人，也是最后的把关人，要从整体和全局的角度审核每一个环节和细节，做到事实无误、细节清楚、现象真实、本质真实。

海量的新闻、相似的内容、嘈杂的声音是突发事件发生后用户所面对的内容消费场景。如果在这样一种场景里出现有分量、有质量的原创精品，无疑会迅速吸引用户的注意，犹如一股清泉让用户提神、提气。2015年天津港火灾爆炸事件发生后的5小时，《新京报》发出《五问天津爆炸》的新闻评论，直指政府责任、信息披露等突发灾难事故的核心问题，有深度、有见解、有逻辑。北京外国语大学教授展江对此给予的评价是：“在批评报道和评论困难重重的当下，能以此‘五问’追击政府，以信息公开披露真相、消弭谣言以及对问责制的效力等核心话题展开论述，层层递进又互相呼应，利用新媒体平台传递优秀传统媒体的犀利而理性的声音。”这样的内容，不仅能吸引用户即时阅读，更能让用户长久停留，并据此内容搜索更多这一媒体的报道。用户记住的不单是内容本身，更是内容背后的媒体和媒体的价值观。

满足需求是网络与新媒体运营的不二法则，突发事件的在线运营也不例外。因此，需要分析用户在某一突发事件中的共性和个性需求、不同阶段的需求，以及处于不同地域用户的需求，从需求出发来策划内容、生产内容和发送内容。在线编辑环节中提及的“信息服务”即对用户知识需求和求助需求的一种满足。但是，仅满足需求还不够，只有将相关信息精准地发送给需要的用户，才是真正地满足了用户的需求。可以说，满足需求与精准送达是突发事件在线运营的一体两翼，两者互为依托才能取得不错的运营的效果。

二、在线运营突发事件的增值点

所谓增值点，即网络与新媒体在突发事件报道中通过何种方式来提升媒体公信力、影响力和品牌价值。毫无疑问，内容是基础，但仅有内容是不够的，网络与新媒体需要在众声喧哗的突发事件中坚定发声，用引领舆论的方式树立品牌形象，获得品牌增值。

突发事件发生后，一方面，信息源多样化，真假难辨；信息观点复杂，消极舆论蔓延。另一方面，新媒体对信息控制处于被动状态，传统媒体曾有的信息垄断和层级控制在新媒体时代逐渐减弱、消弭。任由信息泛滥、无序传播、谣言满天飞和严格把关、主动设置议程、引领网络舆论，是两种不同的运营态度，也必然产生不同的运营效果。越是在关键时刻挺身而出，越能收获口碑效果和几何量级的传播。

2012年7月23日北京特大暴雨，《人民日报》凌晨4时58分在人民网和新浪网上发布了第一条微博——“北京暴雨，整夜无眠。《人民日报》官方微博与大家共同守望。为每一个尚未平安到家的人祈福，向每一个仍然奋战在救援一线的人致敬！北京，加油！”《人民日报》官方微博比计划的7月27日早开通4天，但开通的时机及后续发出的内容让《人民日报》官方微博短时间内就赢得了用户的尊重与认同。有网友跟帖说：“《人民日报》暴雨之夜开通微博，体现了媒体的责任感和爱民情。”“这家源于晋察冀和晋冀鲁豫根据地的党报，在北京的汪洋一片中，再次显示出视民如伤的政治底色，赞一下。”

同样还是《人民日报》官方微博，其在马航MH370失联事件的报道中，就因传播不实信息而在公信力和权威性上受到质疑。2014年3月8日13:34，在飞机失联约5个小时后，其发布了一条微博：“【越南海军确认飞机坠落】人民日报记者杨晔消息，越南海军第五军区政治处主任窦凯还大校称，飞机坠落在坚将省土珠岛153海里处，是越南马来领海交界处。越南救援队已出发。祈祷！！！”（见图6-5）这条微博直接转发量高达24万多，用户评论近6万。后来这条新闻被证实失实。这一来自《人民日报》官方微博的错误消息，让当时本已混乱的新闻事实更加混乱，造成的不良影响持续难消，一度让《人民日报》官方微博信誉受损。

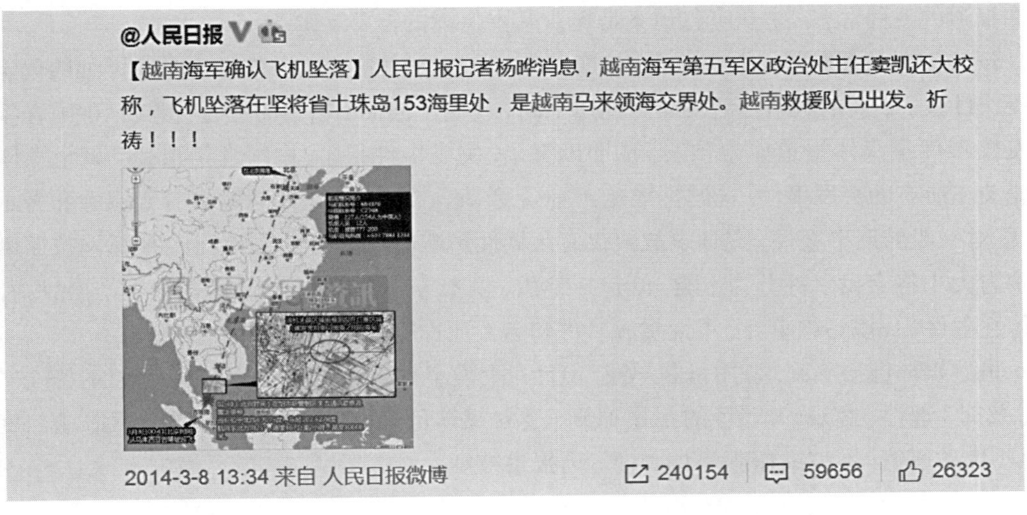

图6-5　《人民日报》官方微博2014年3月8日13：34发布的微博的截图

总体而言，《人民日报》官方微博在马航MH370失联事件中，及时传递信息、持续报道和发布多方事实，积极主动设置议程，传播了正能量，引领了网络舆论。但是，一些运营手法在舆论引导效果上适得其反。航班失联12小时后，《人民日报》官方微博发布微倡议，号召不传谣，一起为生命祈祷。“我们一起为239个生命祈祷！同意的，请转起。”搭配的图片是摆成心形的蜡烛。这本无可厚非，而且正当其时，传递出了“共同守候、担当”的声音，但其之后连续两天发布“致MH370”“再致MH370”，用词、用语、配图等与突发灾难事件本身的悲情基调严重不符，转发量也从之前的24万多降到了3万多。有学者评议：“微博报道被众多网友认为是琼瑶体、文艺腔、煽情，其发布的大量心灵鸡汤式的散文化抒情段子，没有尽到传递有价值信息的媒体职责，被指违背客观、真实、准确、理性、平衡的报道理念。”①

捆绑突发事件、借势运营是当前内容运营的一种手法，但这是一把双刃剑，需要把握好方向、方法和节奏。面对突发事件，网络与新媒体做好舆论引导是借势运营的一个方向，首先要发挥网络与新媒体的作用。第一时间发布最新、准确、权威的消息是舆论引导的基础，通过满足受众的大信息量需求、减少谣言和不实信息以及正本清源来达到引导的目的。其次要有主动意识，主动设置议程，主动开展访谈或对话，通过论坛、贴吧、朋友圈等用户常用的互动平台将舆论影响力传播出去，掌握舆论的主导权，基于正确的舆论引导口碑的树立。最后要做到适度、平衡，正向舆论引导也存在适时、适度问题。2010年玉树地震和2013年芦山地震，前者的伤亡人数远远高于后者，但从报道内容、报道数量和报道方式上看，芦山地震后媒体的反应更为强烈，带来的结果是媒体反应过度导致救灾初期局面稍显混乱，舆论也同样混乱。

三、在线运营突发事件的基本保障

在线运营突发事件的前提是拥有准确、及时、权威的高品质内容。如何获得优质内容？这就需要前后方记者、编辑团队协调配合，并有一套体制、机制作为获得优质内容、掌握舆论引导权的“常规武器”。目前，网络与新媒体都不是单兵作战，全媒体的多兵种融合作业是突发事件报道的一种常态。建立应急预案是提供基本保障的首要工作。

预案应对选题标准、报道原则、应急机制、响应程序和常规操作做出明确详细的规定，可操作性强。不同的网络与新媒体因性质不同、规模不同而有各自的选题标准。《中国青年报突发性事件全媒体报道应急预案》中明确提出，突发事件很多，中国青年报社下属全媒体不可能关注所有的突发事件，选题标准是：“一是重大，二是暴露出的问题要有普遍性和警示意义。”对一般的刑事案件、交通事故或仅有区域性影响的自然灾害，不报道。搜狐网按照事件影响力大小将突发事件分为十类，既包括地震、洪水等自然灾害，又包括安全生产事故、社会群体性事件、环境污染事件、重大贪腐事件和名人死亡等社会热点。

虽然媒体性质不同，所用机制不同，但针对突发事件的报道原则基本是一致的：坚守“准确、及时、理性、客观、中立”的报道原则，遵守媒体伦理，以尊重采访对象、不造成二度伤害、不煽动情绪、不渲染血腥恐怖画面等为报道准则。

① 方毅华，赵斌艺. 人民日报官方微博马航失联报道研究[J]. 现代传播，2014（6）:20–23.

突发事件等级不同，响应机制、参与人员、支持配合方式也要与之相对应。《中国青年报》的预案明确规定了四级响应程序。一级响应程序级别最高：报社领导认为突发事件特别重大，根据事件发展可将二级响应程序提升为一级响应程序；专门成立由相关部门组成的报道小组，向前方增派记者；建立相关事件微信报道群，扩大报道规模，中青在线全媒体报道专题上线，即时消息及时发中青在线和微博；美编及时制作图表，在微博、网站、专题、报纸上呈现；评论部组织评论。搜狐网的响应等级分为特级、一级、二级、三级、普通共五级，特级突发事件第一时间报内容部总编辑、总编室主任及新闻中心总监等，经总编辑确认后在新闻中心首页、焦点短信等渠道上发布，同时推荐给网站首页和弹窗，调动新闻中心、图片、策划、最终页、直播及原创、评论、设计部甚至其他部门的人员全体参与。

应建立必要的外部合作机制，输入和输出内容。突发事件的突发性、复杂性和持续性使得网络与新媒体需要与外部建立各种合作：与政府部门、社会机构、学者专家建立联系，获得最新、权威的信息；与其他媒体合作建立采访联盟或资源共享渠道；与数据公司、技术设备单位合作，得到相关数据和终端支持等。比如报道地震、洪水、海啸等自然灾害时，要提前购买或让技术支持部门准备好海事卫星之类的报道工具。此外，要与当前多种类的第三方平台合作，输出图文、视频、直播等精品内容，扩大品牌影响。新华社客户端里的“我在现场”板块就可以为所有一线报道人员开通在线传输内容的直播报道服务。

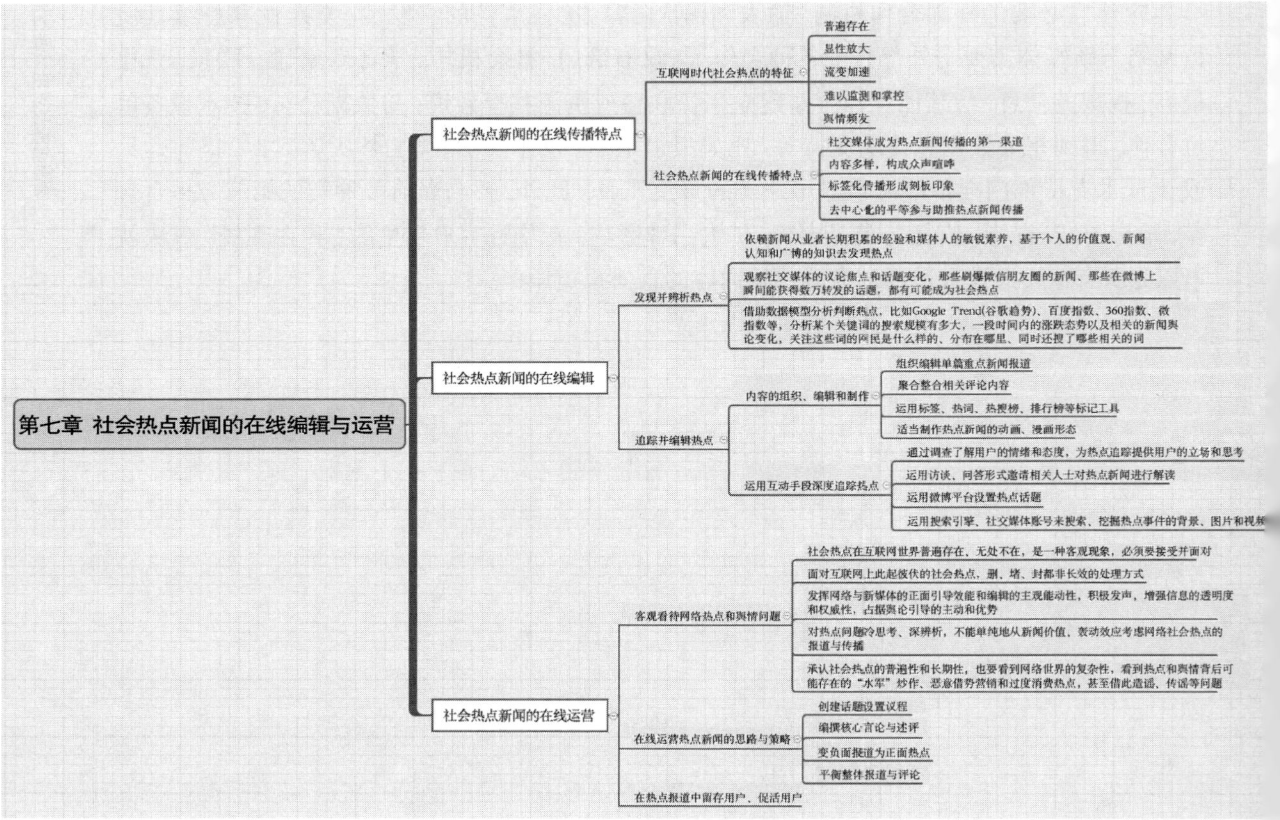
第七章 社会热点新闻的在线编辑与运营
社会热点新闻的在线传播特点
互联网时代社会热点的特征
普遍存在
显性放大
流变加速
难以监测和掌控
舆情频发
社会热点新闻的在线传播特点
社交媒体成为热点新闻传播的第一渠道
内容多样，构成众声喧哗
标签化传播形成刻板印象
去中心化的平等参与助推热点新闻传播
社会热点新闻的在线编辑
发现并辨析热点
依赖新闻从业者长期积累的经验和媒体人的敏锐素养，基于个人的价值观、新闻认知和广博的知识去发现热点
观察社交媒体的议论焦点和话题变化，那些刷爆微信朋友圈的新闻、那些在微博上瞬间能获得数万转发的话题，都有可能成为社会热点
借助数据模型分析判断热点，比如Google Trend(谷歌趋势)、百度指数、360指数、微指数等，分析某个关键词的搜索规模有多大，一段时间内的涨跌态势以及相关的新闻舆论变化，关注这些词的网民是什么样的、分布在哪里、同时还搜了哪些相关的词
追踪并编辑热点
内容的组织、编辑和制作
组织编辑单篇重点新闻报道
聚合整合相关评论内容
运用标签、热词、热搜榜、排行榜等标记工具
适当制作热点新闻的动画、漫画形态
运用互动手段深度追踪热点
通过调查了解用户的情绪和态度，为热点追踪提供用户的立场和思考
运用访谈、问答形式邀请相关人士对热点新闻进行解读
运用微博平台设置热点话题
运用搜索引擎、社交媒体账号来搜索、挖掘热点事件的背景、图片和视
社会热点新闻的在线运营
客观看待网络热点和舆情问题
社会热点在互联网世界普遍存在、无处不在，是一种客观现象，必须要接受并面对
面对互联网上此起彼伏的社会热点，删、堵、封都非长效的处理方式
发挥网络与新媒体的正面引导效能和编辑的主观能动性，积极发声，增强信息的透明度和权威性，占据舆论引导的主动和优势
对热点问题冷思考、深辨析，不能单纯地从新闻价值、轰动效应考虑网络社会热点的报道与传播
承认社会热点的普遍性和长期性，也要看到网络世界的复杂性，看到热点和舆情背后可能存在的“水军”炒作、恶意借势营销和过度消费热点，甚至借此造谣、传谣等问题
在线运营热点新闻的思路与策略
创建话题设置议程
编撰核心言论与述评
变负面报道为正面热点
平衡整体报道与评论
在热点报道中留存用户、促活用户

第七章思维导图

第七章

社会热点新闻的在线编辑与运营

社会热点新闻是网络与新媒体接触最为频繁、用户参与度较高的新闻。在历年的《中国社会形势分析与预测》蓝皮书中，互联网舆情报告都显示社会热点新闻是网络舆情爆发之源，其转化率之高、强度之大，与互联网平台的传播特性和在线编辑的操作有直接关系。社会热点新闻是社会心态与公众情绪的“晴雨表”，发现热点、判断热点并用相应的手段编辑、传播和运营，直接关系到“晴雨表”的影响范围和影响程度。

第一节　社会热点新闻的在线传播特点

泛泛而言，社会热点是多数民众高度关注、集中议论的社会性话题或矛盾冲突性问题。若与新闻传播对接，可以分为由新闻转化而来的短期社会热点和由新闻激发的长期社会热点。前者包括突发新闻、灾难新闻和日常新闻转化的热点，会持续一段时间，但随着时间的推移、问题的解决或新的热点出现将不再成为热点；后者是长期存在、关乎民生和民众利益的社会性问题，只要与之有关的新闻出现，这类热点就会一次次被引爆、评议。

一、互联网时代社会热点的特征

《2014中国互联网舆情分析报告》将社会热点事件分为八类，分别是社会矛盾、公共管理、公共安全、吏治反腐、企业舆情、体育娱乐及公众人物、涉外涉军、其他。从公众关注的具体问题看，社会热点主要发生在政民关系、教育文化、医疗卫生、环境保护、食品安全、旅游管理、房价等方面。时代性、挑战性、尖锐性、敏感性是社会热点的总体特征。进入互联网时代，社会热点呈现出一些新的特征。

普遍存在。这一特征表现在客观存在和主观感受两个方面。一方面，改革进入深水期和转型期，社会矛盾和冲突问题的积累让热点事件频频出现，热点新闻普遍存在于我们的生活之中。另一方面，互联网的圈群传播和新闻传播的智能推送让用户陷入窄化的信息接触环境中，用户频繁接触到基于朋友圈和阅读历史而推送的同类内容，这让用户在心理上感觉到社会问题频发、热点事件普遍存在。

显性放大。目前，用户发布言论和诉求的门槛越来越低，参与表达的意愿越来越强，导致社会各个角落的矛盾和问题都被搬移到互联网上，又随着用户的传播从线上延伸到线下。同时，互联网的普及和终端设备的升级，使7亿多网络用户都有可能加入热点事件和热点问题的讨论、交流之中。广泛的参与性让原本微小的新闻事件被放大成社会热点甚至社会危机。

流变加速。热点事件自身有发生、发展和消退的过程。今天是热点，明天可能就不再是热点，或者有新的热点取而代之。一个热点新闻也会随着事件的进展、时间的推移而流变，从一个议题变成另一个议题，从一个声音变成另一个声音。热点多、普遍存在，还意味着用户的关注点会不停变化、不断转化，一句通俗的解读是“网上的事情，来得快，去得也快”。

难以监测和掌控。热点新闻以何种方式上传到网络与新媒体，因何种原因发酵，谁是发酵过程中的核心节点，哪些群体参与了传播，表达出怎样的态度，传播的总体路径又是怎样的……虽然我们在大数据技术的帮助下，对这些问题能掌握一二，但我们无法监测事态的发展变化，也不能掌控热点事件从线下到线上、又从线上到线下的影响。

舆情频发。由社会热点事件转化成网络热点新闻，再从网络热点新闻转化为网络舆情，已成为舆情发生的一条路径。网络与新媒体环境下，各种社会热点都会成为不同用户追逐的对象，一旦被搬移到网上，就会刷爆朋友圈和微博，也会成为各个终端重点推荐和推送的内容。随着热议的范围、程度和深度达到一个临界点，舆情的产生也就无法避免。

二、社会热点新闻的在线传播特点

除了拥有在线新闻传播所具有的快速及时、形式多样、互动性强等特点外，社会热点新闻在对接互联网的技术、网络与新媒体的传播特性时，被赋予的独特的在线传播路径和特征主要表现在以下四个方面。

第一，社交媒体成为热点新闻传播的第一渠道。社交媒体不一定是热点新闻首发之地，但热点新闻的发酵和传播一定会通过以“两微一端”为代表的移动媒体和社交媒体，尤其是微博、微信、论坛、贴吧、SNS等社交媒体已成为热点新闻的聚散地和舆论场。目前微博拥有3亿多用户，微信拥有10亿多用户，两者不仅拥有庞大的用户量，而且占用了用户大部分的在线时间，用户活跃度日益提高。同时，微博、微信开放的平台特性让更多的应用嵌入微博和微信，用户长时间停留在社交媒体上，将社交媒体作为网络生活的第一活动场所。热点新闻首先在社交媒体上传播就是用户完成了转发和分享的操作而已。

第二，内容多元造成众声喧哗。热点事件发生后，传播于网络与新媒体中的不仅有新闻本身，还有UGC、PGC的多角度解读和多元化观点，发出的内容不仅有正统的分析、述评，还有越来越多的戏谑内容、恶搞内容、卖萌内容、表情包和动漫。2016年里约奥运会上游泳运动员傅园慧赛后接受采访时的话语原本并未受到关注，但随着相关表情包的传播，傅园慧迅速红遍网络。简洁而夸张的表情包表达出“无以言表”的情境。

第三，标签化传播使用户形成刻板印象。标签化是符号学里的一个复杂概念，指对某一事件未探明真相即简单化归因，形成认知偏差和刻板印象。尽管如此，“标签化传播”还是迎合了用户的表达诉求，满足了用户的快餐式阅读，易于用户在线便捷传播。因此，近些年的网络热点事件大多都被标签化了，如通用型的“钉子户”“官二代”“富二代”“80后”等，针对具体事件的"躲猫猫""范跑跑""楼脆脆""打酱油"等高度概括、浓缩而又直白、形象、容易理解的词语，在加速热点事件传播的同时，也为这些事件打上了特定的标签。

第四，去中心化的平等参与助推热点新闻传播。无论是草根阶层还是名人学者，都有机会针对热点事件表达观点、阐述看法，两者甚至还可以在同一互动空间平等交流。因为平等，用户的参与态度更积极，表达意愿更强烈，用户会更主动地传播自己的观点和立场。去中心化有时也会成为泛中心化，即每个用户都可能成为热点新闻传播的中心和节点，一篇自媒体发表的阅读量超过10万的文章和一条转发量达到几十万的微博，都能放大传播效果。

第二节　社会热点新闻的在线编辑①

突发事件的在线编辑有一套成熟而完整的流程，但因社会热点新闻中引发关注的事件性质不同、领域不同、社会反响不同，目前尚未形成一个相对标准化的编辑流程。结合社会热点新闻的传播特性，在线编辑的总体思路是：发现并辨析热点、追踪并编辑热点。

一、发现并辨析热点

除了突发事件天然具有成为社会热点新闻的基因外，日常新闻事件成为社会热点新闻或有其必然性，或有偶然性，甚至还有因人为炒作而成为热点的现象。以2017年4月的三条新闻为例："河北雄安新区设立"关乎国家战略、千年大计，关乎能否再造一个深圳特区和浦东新区，关乎北京、天津、河北三地的城市发展和数千万人民的生活，属于有必然性的社会热点；"电视剧《人民的名义》刷爆屏幕"成为热点就有一定的偶然性，一是多年来一直没有"大尺度"反腐剧直面观众，这部剧成为一个另类，二是实力派演员的表演超越了偶像派明星，口碑鹊起；"白百何婚内出轨"的娱乐新闻就有人为炒作的嫌疑，事实本身有误，网络与新媒体在没有完全弄清事实的情况下大量地转发、转载、评论，让这条新闻也成了社会热点话题。

发现热点有三条路径：一是依赖新闻从业者长期积累的经验和媒体人的敏锐素养，基于个人的价值观、新闻认知和知识去发现热点；二是观察社交媒体的议论焦点和话题变化，那些刷爆微信朋友圈的新闻，那些在微博上瞬间能获得数万转发的话题，都有可能成为社会热点；三是借助数据模型分析判断热点，比如利用谷歌趋势（Google Trend）、百度指数、360指数、微指数等,分析某个关键词的搜索规模有多大、一段时间内的涨跌态势以及相关的新闻舆论变化，关注搜索这些词的网民是什么样的、分布在哪里、同时还搜了哪些相关的词等。我们在百度指数中分别输入上述三条新闻的关键词"雄安新区""人民的名义""白百何"，就可以看到7天、30天、90天内三个热点新闻的整体发展趋势及在PC端与移动端的发展趋势（见图7-1）。

---

① 本章节的"社会热点新闻在线编辑"不讨论突发事件、灾难事件引发的热点新闻（此部分内容见本书"突发新闻的在线编辑与运营"部分），重点讨论日常事件引发的短期热点话题和长期热点问题。（作者注）

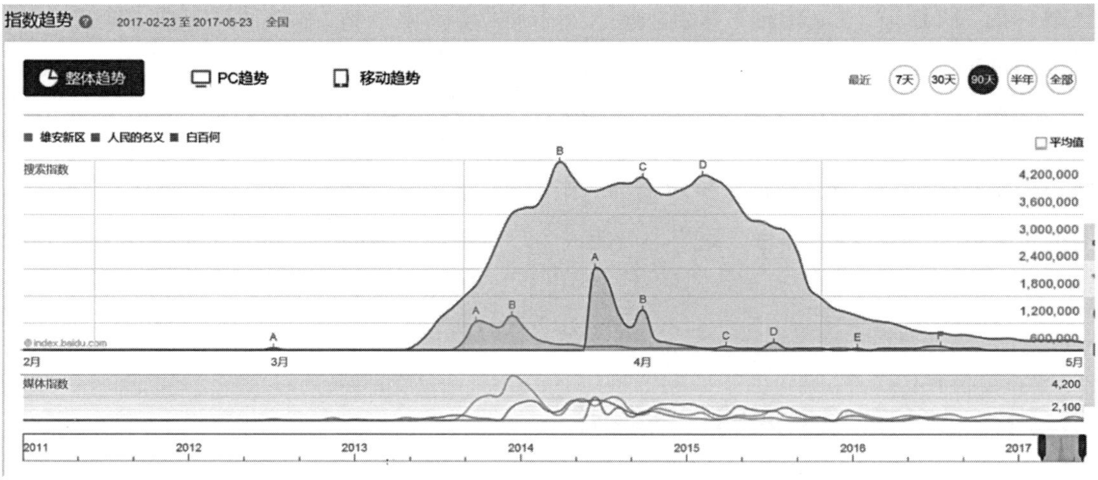

图7-1　百度指数趋势显示的三条新闻整体趋势的截图

与突发事件第一时间就进入报道流程，拼速度、拼时间地展开报道不同，发现热点并不意味着就要立即跟进。辨析热点是重要且必要的一环，要考虑热点新闻报道的社会效果，要分析其是值得跟踪的热点还是跟风炒作的热点、是需要全力投入的热点还是仅需围观关注的热点，还要分析哪些热点问题要突出报道、哪些热点问题暂不宜报道、哪些热点问题要大声疾呼、哪些热点问题需淡化处理、哪些热点问题要“加热”、哪些热点问题应“降温”。辨析热点是进行后续报道和编辑的起点，是确定后续报道深度、强度和广度的依据。

社会热点事件具有普遍存在、快速流变和难以掌控的特点，辨析热点就是要正确把握热点问题的本质所在，对报道之后可能对实际工作与社会、民众产生的影响及效果作前瞻性的估量；对促成热点问题的诸多因素及其来龙去脉、发展趋势作深入了解；对热点问题与其他事物间的互相联系、互相依存、互相转化等方面作全方位研判；对用户关于某一热点问题的各种议论、意见、建议及锋芒所向作出正确的判断。

网络与新媒体对于社会热点事件的报道要清醒而谨慎，炒作容易降温难，形成舆情容易、消除影响难。对于有些热点问题，在没有分析、鉴别、了解清楚的情况下，跟风报道、盲目转发、轻率时评，一哄而上地跟进追踪，有时不但无助于问题解决，反而会激化矛盾，使问题更加复杂，甚至出现逆转。近些年频频出现的新闻反转现象，就是对热点问题缺少冷静而理智的分析判断导致的结果。

二、追踪并编辑热点

一旦确定值得跟进、追踪的社会热点新闻，便可采用相应的编辑手段和形式，为引发舆论关注、探究事件真相、推进问题解决进行全方位、多元化的在线编辑报道。由于社交媒体是社会热点新闻报道与传播的第一渠道，用户又是其中最活跃的元素，所以追踪并编辑热点一般会围绕内容的组织、编辑和制作及运用互动手段深度追踪热点来展开。

（一）内容的组织、编辑和制作

一般情况下，热点新闻是能够引起人们共鸣或刺激大众的敏感神经，具有一定争议性的新闻，新闻的发生、发展都处于公众注视之下。若没有推动和发展，热点新闻的事实报道量是有限的，但用户的评议是无限的，用户会从不同的角度、立场，针对事实的不同侧面进行评议。2017年5月围棋选手柯洁与谷歌AlphaGo进行了三番棋的人机对战，比赛的过程和结果很简单，能报道的事实也比较有限，但围绕人机大战、互联网科技、AI智能、人类未来的热点探讨、评论和感想很多，无论是在三番棋比赛进行中还是所有比赛结束后，来自名家博客、专栏写手、自媒体公号的文章不下百篇，零散的用户跟帖和碎片化的微博留言更是不计其数。

针对社会热点新闻事实少而评论多的现状，组织和编辑好评论内容是重点工作之一，可从四个方面着手。

一是组织编辑单篇重点新闻报道。一般而言，热点事件出现后，网络与新媒体转载较频繁，也较混乱。从让用户快速、完整了解热点事件出发，组织、编辑一两篇重点报道，全面、客观、公正地描述社会热点事件的发生和发展过程，是非常有必要、有价值的。单篇重点文章可以采用综合所有新闻源内容的方式，把核心事实、事件节点、时间、地点、人物及细节清晰地提炼出来，类似纸质媒体的新闻综述和深度报道。可以将单篇重点文章置于显著位置，也可以将其链接放入整合的评论中作为扩展内容。后续有新的事实出现时还可以将其不断更新至重点综述报道中。

2016年4月“魏则西之死”成为社会热点新闻，搜狐网基于各方新闻源编辑了一篇重点报道——《魏则西整个事件过程》，综合了魏则西发帖的内容、百度的回应、网络搜索医疗广告的截图、原发文章《一个死在百度和部队医院之手的年轻人》。报道内容虽然很长，但有利于用户快速、完整地了解事件的来龙去脉。当然，组织、编辑这类文章时也可不用长文，而是采用时间轴、H5的方式，让内容看起来更简洁、更明了。

二是整合相关评论内容。可以说，整合的编辑方式在网络与新媒体内容编辑中无处不在、无所不能。除了常用的同题同手段整合、碎片化整合，具体到评论内容时，还应采用多元化的观点整合：可以是同一观点的整合，也可以是不同角度的评论、正反观点的PK；可以是普通用户发出的声音，也可以是专家学者的实名评论；可以是媒体机构的社论，也可以呈现官方的声音。总之，要不拘一格地整合言之有理、持之有据的评论内容，让用户在多元化观点中平衡认知，找到自己的立场和态度。

2017年5月，一名中国留学生在美国马里兰大学毕业典礼上的演讲视频成为网络与新媒体上的热点新闻。之后的两三天内，各方声音纷纷涌现，有网络与新媒体将学生的演讲视频、事后道歉、校方声明、国内外交部的回应、国外媒体的述评和国内纸媒的评论整合在一起，同时把正反方观点以列表式对比呈现出来，把用户碎片化的、言之有物的跟帖整合成文。如此多的评论内容被整合在一起后，用户不仅能看到一个热点新闻完整、真实的原貌，而且能客观地看待这一事件。

三是运用标签、热词、热搜榜、排行榜等为用户浏览热点新闻提供便利。除利用各种整合、聚合方式将热点新闻和评论编辑成文外，还可以为碎片化的跟帖、微博评论和社交媒体上的其他零散内容设置标签，对其进行有序的组织和编辑，标记热词、突出关键词、展示某一热点新闻，制作热搜榜、排行榜等引导用户关注热点新闻。标签、热词能让热点新闻具备一定的扩展性，用户点击之后能看到过去和现在更多的相关内容。

四是适当、适度制作动漫形态的热点新闻。热点新闻本身已有一定的热度，内容的包装不是必需的，但从丰富表现形式和轻阅读的角度出发，对于一些需要宣传、推广和传播的热点新闻，可以适当制作一些卡通漫画、短视频、动漫视频、微评议视频、H5等，为用户提供阅读浏览的新视角。凤凰网的《数闻画说》栏目下的“大鱼漫画”就是将热点新闻制作成漫画形态，让用户能“轻松看新闻”（见图7-2）。2015年青岛天价大虾事件曝光后，澎湃新闻客户端制作了一组题为《来自青岛大虾的控诉》的新闻漫画，采用文配漫画的方式，以大虾的自白简单明了地勾勒出整个热点事件的关键问题。

图7-2　凤凰网“大鱼漫画”部分内容的截图

（二）运用互动手段深度追踪热点

追踪热点事件的主体工作由记者通过一线采访报道完成，但网络与新媒体编辑也可以借助用户互动，从另一个角度进行热点追踪。主要策略有以下四种。

第一，通过调查了解用户的情绪和态度，为热点追踪提供思路和方向。比如在热点新闻页面上开设调查专题，在移动端制作专门的H5调查新闻，借助问卷网站进行大范围的调查，在社交媒体上进行专项调查等，这些调查方法和手段都能在一定程度上助推热点新闻的传播。三番棋的人机对战进行前后，都有网络与新媒体在新闻报道中加入网络调查题，战前的调查题是“柯洁和谷歌AlphaGo谁会赢”，战后的调查题是“如何看待柯洁0-3输给谷歌AlphaGo”，虽然问题简单，但调查能调动用户的参与积极性，能反映用户真实的想法。

第二，通过访谈、问答形式邀请相关人士对热点新闻进行解读。热点事件出现后相关媒体需要解疑释惑、理清脉络，邀请专业人士进行解读。这是把线下采访搬移到线上的深度采访，也可以说是变相的新闻采访，只是参与者不仅是单个记者，还有更多的在线用户。用户的问题千奇百怪，对用户的问题和专业人士的解答进行选择、组合，就可能拼出事件的“真相”。

第三，运用微博平台设置热点话题。微博作为弱关系、强互动的开放平台，易于用户交流和讨论热点事件，也易于扩散和传播热点事件。热点事件发生后，个人或网络与新媒体机构都可以利用平台开放的功能自主设置话题，开设专门的话题页面，撰写有关话题的新闻内容和背景资料并将其置于页面突出位置，推荐置顶某个转发、评论较多的帖文，提炼话题讨论中的多元观点等。通过设置微话题，一方面可以提升话题热度，另一方面可以吸引更多用户参与，基于用户从不同角度发表的不同观点获得类似新闻众包的效果，与用户共同追踪、逼近真相。

第四，运用搜索引擎、社交媒体账号来搜索、挖掘热点事件的背景、相关图片和视频。《新京报》记者在介绍核心报道《高中生雇凶杀亲24小时》的写作时就提到，通过互联网搜索到的当事人在百度贴吧、QQ空间等社交媒体中留下的足迹，为还原凶手的真实内心起到了关键的支撑作用。虽然我们不提倡在互联网和社交媒体上进行人肉搜索，但在掌握好尺度的情况下，针对热点事件进行搜索，选择相关线索和当事人的痕迹辅助事件追踪，还是可以的。

第三节　社会热点新闻的在线运营

社会热点新闻的在线运营，是指网络与新媒体在认真研判、分析热点新闻的性质和社会效果后，运用适当的编辑手段和形式，让该热的热点新闻热起来，让该冷的热点新闻冷下去，保持热点新闻的平衡报道，掌握好舆论尺度，引导好网络舆论，树立网络与新媒体的权威性，增强公信力，提高美誉度。运营的前提是客观看待网络热点与舆情问题；运营的策略是树立权威声音，平衡热点报道；运营的目的是在有效引导中赢得用户的口碑和长期关注，提高用户留存率。

一、客观看待网络热点和舆情问题

过去，网络与新媒体被认为是一类工具和渠道，社会热点只是借此工具和渠道散播，在一定程度上产生舆情和影响。现在，网络世界是现实社会的真实反映，用户的学习、生活、活动、娱乐、社交多在网络空间中进行，用户也就理所当然地把网络空间当作发布热点的第一场所，当作交流、讨论、对话的第一场所。大大小小的社会热点在互联网世界普遍存在，这是一种客观现象，我们必须接受并面对。

网络与新媒体要面对互联网上此起彼伏的社会热点，删、堵、封都非长效的处理方式。目前网络空间中有10亿多的微信用户和近千万个微信公众号、3亿多的微博用户、300多万个PC网站和几百万个移动新闻客户端。无论是理论上还是现实中，任何人或组织都无法阻止社会热点在这样庞大的用户群和覆盖广泛的发布平台中传播，即使一时拦截了信息的传播，但长此以往还是会有“决口”的可能，最终酿成大祸。

因此，面对网络空间中的社会热点时，一方面不能回避，不能封杀，要发挥网络与新媒体的正面引导效能和编辑的主观能动性，尽可能地利用多种渠道和平台，在平时做好微博、微信账号的运营维护工作，与用户保持良好互动和沟通，当社会热点事件发生时，积极发声，增强信息的透明度和权威性，掌握舆论引导的主动权和优势；另一方面，对热点问题冷思考、深辨析，不能单纯地从新闻价值、轰动效应等方面来考虑网络社会热点的报道与传播，也不能仅仅根据用户的微博、微信评论、转发等反馈数据简单做出对舆情发展方向的分析，对过热的负面热点和过冷的正面热点都要平衡处理。

此外，不仅要承认社会热点的普遍性和长期性，还要看到网络世界的复杂性，看到热点和舆情背后可能存在的“水军”炒作、恶意借势营销和过度消费热点，甚至借此造谣、传谣等污染正常的网络健康环境的行为。分析热点、研判舆情是在线运营社会热点的前提，是取得在线运营效果的基础。如果没有分析和研判，建立在错误热点上的在线运营将会导致错误放大。

二、在线运营热点新闻的思路与策略

社会热点的在线运营思路是把握热点发生的时机，在喧哗舆论中积极发声，以客观、全面、均衡的报道树立网络与新媒体的品牌形象，赢得用户的口碑。在热点事件报道中赢得的口碑将超越日常报道的影响，取得事半功倍的效果。具体策略包括但不限于以下几种。

（一）创建话题设置议程

热点事件的在线运营是把双刃剑，创建话题之前要做好舆情研判，基于有价值的热点和有意义的追踪进行话题设置，包括：

在PC端和移动端开设热点新闻专题，收集各方报道和言论，特别是言论，要全面、多元化，给予各种意见、评论展现的空间。同时，根据热点的性质和事件发展的程度、热度将专题置顶；

在微博中主动创建话题，以网络与新媒体机构的身份担当主持人，并主持话题的讨论；

在手机新闻客户端或手机移动网开设问答页面，让主持人专门回答用户的提问；

在第三方平台和渠道上推送热点新闻，并与平台服务商协作，加大智能推荐力度；

在SNS社区、知识问答空间创建话题，引导用户参与话题讨论；

根据事件的进展在适当的时机对相关新闻进行直播，比如官方新闻发布会、对当事人的采访、对权威部门的采访等。

（二）编撰核心言论与述评

这是从内容组织与编辑角度主动设置议程的一种做法。热点事件发生后，网络言论喧嚣、网络环境嘈杂，可以从众多网络言论中选择一些理性表达、理智发声的文章作为核心内容进行重点编排处理，也可以主动邀请相关领域的知名人士或专家学者原创评论文章，从而在各方观点和态度中发出主流的、掷地有声的声音。

2015年1月下旬，一则外媒发布的关于中国将在九月举行大阅兵的猜测性报道引发高度关注。由于此消息没有得到官方回应，一些对中国的内政外交妄加揣测的报道大行其道，国内一些媒体也众说纷纭，“针对美日”乃至“为反腐助力”等各种解读迅速占据网络，给外媒炒作“中国军事威胁论”提供了极好机会。

在这种情况下，中国日报网迅速做出反应，刊发了英文报道*Farcical Speculation about Victory Parade*（《请勿妄测中国胜利日大阅兵》）。在没有官方证实的情况下，该文较好地把握了该重大敏感话题，把可能举行的阅兵活动放到了纪念中国人民抗日战争胜利70周年暨世界反法西斯战争胜利70周年的大背景下进行解读，强调中国在第二次世界大战中为东方主战场取得胜利作出了巨大贡献。

该文是中国媒体就胜利日大阅兵刊发的最早的评论文章之一，体现出了网络媒体对热点问题的敏感度和反应速度。文章展示出了较好的预见性以及政策把握能力，从海外受众的阅读习惯出发，层次清晰、论据丰富、逻辑严密，为中国胜利日大阅兵在国际舆论中取得认同与支持作出了巨大努力。文章刊发后，被英国广播公司（BBC）等国际主流媒体转引，在胜利日阅兵的国际舆论引导中起到了较好作用。

（三）变负面报道为正面热点

每个社会热点事件都会有自身的特点，针对社会热点事件的舆论引导方式需要因“热”制宜，要充分了解事件的具体情况，创新或者选择已有的合适策略。变负面报道为正面热点就是策略之一。

2013年12月，“嫦娥三号”成功登月，探月巡视器“玉兔号”月球车顺利降落于月面并开始工作，但在1月、2月，月球车出现故障，几次进入月夜休眠状态。针对这一故障热点，新华社官方微博改变了以往用通稿报道事实的惯常做法，和果壳网合作，塑造了一个坚毅勇敢的“玉兔”形象，将其拟人化，以第一人称的视角发布相关信息，用诙谐、幽默、轻松的语言与网友互动，受到网友追捧，甚至让众多网友“飙泪”。网友们纷纷鼓励“玉兔”要坚强。很多网友已然将这个实际上只是冰冷的机器的“玉兔”当作好朋友了。

2014年1月25日11点，@月球车玉兔发布微博：“啊……我坏掉了。”简短的一句话，1万多人评论，近5万人转发。

2014年2月13日，@月球车玉兔发布微博：“hi，有人在吗？”获得8万多点赞，近11万次转发，7万多条评论。

2014年3月14日，@月球车玉兔发布微博：“别戳了……已经起来啦！胡萝卜派还有吗？”获得近3万点赞，2万多次转发，1万多人评论。

时任中宣部部长刘奇葆在一次会议上对新华社@月球车玉兔给予了很高评价：“去年（2013年）年底，我国自主研发的月球探测器‘嫦娥三号’成功登月，账号为‘月球车玉兔’的拟人微博也同步开通，以生动鲜活的语言塑造了一个天真可爱的‘玉兔’形象，受到广大网友的热捧。特别是在‘玉兔’出现故障后，这个微博披露消息及时全面，既有科学解释，又有真情表白，许多网友都被‘戳中泪点’，流下感动的眼泪，并通过转发微博、撰写评论等形式鼓励‘玉兔站起来’。这是运用‘微’技术开展宣传的成功案例，值得深入研究。”①

---

① 刘奇葆.宣传报道要在“微”字上下功夫[EB/OL].（2014-03-06）[2017-11-10]. http://news.xinhuanet.com/zgjx/2014-03/06/c_133166128.htm.

新华社巧妙地利用“月球车玉兔”这一名称，塑造了一个人“想”人爱的萌兔子形象，用轻松幽默又会卖萌的表达方式，与网友“套近乎”。但每个热点事件性质是不一样的，若所有社会热点都采用“卖萌”的方式，就只会让受众感到缺乏新鲜感，甚至产生反感，这将降低媒体的引导效能。媒体在社会热点事件舆论引导的过程中，只有不断创新方式方法，根据实际特点选择合适的引导策略，才能把舆论引导工作越做越好。

（四）平衡整体报道与评论

就社会热点新闻而言，该热的要热，该冷的要冷，该平衡的要平衡。因此，把握热点新闻的报道分寸和尺度、审慎掌控热点新闻的社会传播效果，需要从整体上控制热点新闻的报道和评论，处理好内容在页面上的位置和包装，可以采取以下策略。

对于过热的负面热点新闻，要掌握好评论量和评论观点的平衡，要均衡展现不同的评论观点；在跟帖观点的展现上要平衡，必要时可对跟帖中的正面评论和负面评论进行人工干预；要控制专题里内容的数量，甚至可以不建专题；不宜放在页面核心、突出的位置，不宜频繁进行推送。

对于过冷的正面热点新闻，可以多做一些主动推荐和突出处理；可以制作广告题图或通栏banner广告并在移动端和PC端重点推荐，可以与其他浏览量高的正文页捆绑推荐。

三、在热点报道中留存用户

热点新闻天然具有吸引用户注意、引爆用户评论的价值，因此，不需要进行过多的运营，用户就会自动关注发生在网络空间的热点事件，浏览与热点事件相关的新闻。如果将热点事件比喻为“产品”的话，那么这个“产品”天生具有吸引用户、聚焦用户的功能，属于能让用户“尖叫”的类型。

在线运营热点新闻的思路和策略是赋予热点新闻更多让用户“尖叫”的内涵，让其“行走”在正确的道路上。从用户运营的角度看，具备了让用户“尖叫”的可能，也就意味着用户会被吸引过来，成为普通用户或注册用户。但要让用户愿意“尖叫”并在“尖叫”中主动传播，则需要更多策略促动用户活跃、推动用户参与，让更多的人听到“尖叫”，进而产生口碑价值。

古人云：“凡百事之成也，必在敬之；其败也，必在慢之。”让用户为产品“尖叫”，必须用一种精神力量和内在动力去推动。在热点新闻的传播中，这种精神力量和内在动力就是尊重用户在热点事件中的发声，积极回应用户的提问和反馈，让用户在传播中产生成就感，感受到自己的传播价值。当用户享受到这种尊重、拥有这种成就感后，其留存和活跃的概率就会大大提升。英国管理学家H.赫勒提出的职场心理学“赫勒法则”指出，“当人们知道自己的工作成绩会有人检查的时候就会格外努力”。在热点事件报道中，删除、屏蔽用户转发、分享的一些敏感内容，反而会刺激用户想尽一切办法分享、传播，甚至扩大分享范围，将信息传播到更多平台。这说明用户成就感与产品传播存在正相关性，越是热点事件，用户越愿意传播，留存用户的可能性也越大。

要让所有人都去为产品“尖叫”，难度比较大，也不易操作，但找到关键人物、核心人物，让少数有影响力的人的“尖叫”被更多人听到，其运营成本就比较低，效果也会更好。《引爆点如何引发流行》中的“个别人物法则”就提出，少数几个人通过自己的社交能力、活力、热情和魅力能够驱动社会流行浪潮。在热点事件传播中，这少数几个人可能是网络大V、意见领袖、网红，也可能是利益相关者、当事人或接近事实真相的人，还可能是有热情、激情的草根活跃分子或热心于社会事务、公益事业的普遍民众。

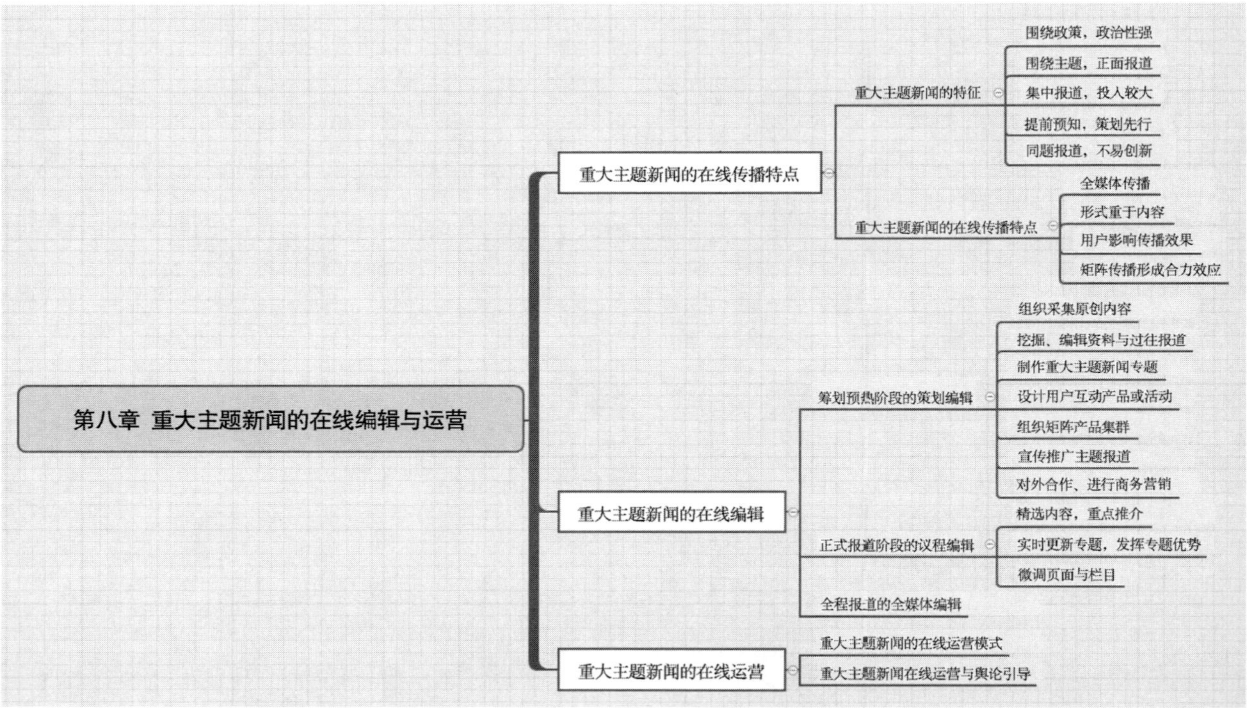
第八章 重大主题新闻的在线编辑与运营
重大主题新闻的在线传播特点
重大主题新闻的特征
围绕政策，政治性强
围绕主题，正面报道
集中报道，投入较大
提前预知，策划先行
同题报道，不易创新
重大主题新闻的在线传播特点
全媒体传播
形式重于内容
用户影响传播效果
矩阵传播形成合力效应
重大主题新闻的在线编辑
筹划预热阶段的策划编辑
组织采集原创内容
挖掘、编辑资料与过往报道
制作重大主题新闻专题
设计用户互动产品或活动
组织矩阵产品集群
宣传推广主题报道
对外合作、进行商务营销
正式报道阶段的议程编辑
精选内容，重点推介
实时更新专题，发挥专题优势
微调页面与栏目
全程报道的全媒体编辑
重大主题新闻的在线运营
重大主题新闻的在线运营模式
重大主题新闻在线运营与舆论引导

第八章思维导图

第八章

重大主题新闻的在线编辑与运营[①]

重大主题新闻是网络与新媒体在线编辑运营的主要对象之一，主要为可预知的重大新闻，因此可以提前策划、组织内容，可以预设专题和栏目，可以提前寻求对外合作。这些特征为网络与新媒体进行有创意的在线编辑创造了条件，也为在线运营提供了操作的机会。重大主题新闻的在线编辑运营重点在策划编辑和全媒体运营，全面考验着着网络与新媒体的综合实力。

第一节　重大主题新闻的在线传播特点

主题新闻或称主题报道，是指围绕党和政府一段时间内的重大决策、重要部署、重大活动、重要会议，社会生活中具有典型意义和较高新闻价值的新闻事件、新闻人物、社会现象等进行的集中的、具有一定规模的重点报道。重大主题新闻有两种组织样态：一是结合重要新闻事件进行的主题报道，如“两会”“党代会”“G20峰会”“纪念抗日战争胜利七十周年大阅兵”“奥运会”；二是网络与新媒体根据某一主题主动策划组织的系列采访和报道，如“新春走基层”“走转改”“砥砺奋进的五年”。重大主题新闻有明显区别于突发新闻和热点新闻的特征，相比后两者，其在线传播具有全媒体传播、形式重于内容、缺少天然的引爆点等特征。

一、重大主题新闻的特征

重大主题新闻不同于常态报道和日常新闻，具有政治性鲜明、报道内容正面、报道集中等特征。

围绕政策，政治性强。党和政府的政策方针、决议决策、活动会议都要借助各种媒体向民众宣传、告知民众，满足民众的知情权和参与权。主题新闻大多是党和政府中心工作在新闻报道领域的反映，新的政策要解读，新的精神要传播，新的做法要推动。可以说，政策性和政治性是主题新闻的基本属性，即使在奥运会、世界杯等大型体育赛事的报道中，也回避不了政治性这一话题。

---

① 本章所研究的重大主题新闻是指可预知、可提前策划的重大时政新闻、重要领导人活动、重要政经会议和社会活动、重要体育赛事、重要军事和外交新闻。

围绕主题，正面报道。主题新闻要以解决问题、推动工作为目的，以促进社会发展与进步为宗旨，用正面、积极、鼓励的态度助力创造良好、健康、稳定的社会舆论环境，助力社会和谐发展。因此，围绕主题进行正面报道是重大主题新闻的基本方向。当然，如果基于批评报道和揭露性报道的正确的舆论监督，从报道效果看是正面的、光明的，那么它也属于正面报道范畴。

集中报道，投入较大。重大主题新闻报道从预热到结束，一般都会持续一段时间，比如2016年杭州G20峰会，会期虽然只有2天，但前期会有多天预热，后期还要持续宣传会议内容，解读会议传递出的信息。在会前、会中和会后的一段时间里，报道比较集中，各个媒体机构要投入大量的人力、物力、财力进行全方位、全媒体的采、编、拍和节目制作，产出的信息量大，能够形成规模效应。

提前预知，策划先行。一般来说，重要新闻事件都会预先发布会议或活动的时间、地点及相关事宜，有些会议甚至有固定的召开时间，比如两会、奥运会。重大节日、纪念日也是固定的。对于预发性的新闻事件，各类媒体机构有充裕的时间进行策划、筹备，提前做出方案，提前商谈合作、开展商务活动等。因此，在重大主题新闻的报道中，策划是重要的一环，决定着报道的成效。

同题报道，不易创新。由于预先知晓、集中报道，所以重大主题新闻被称为新闻报道的“规定动作”，存在同题报道和同质化程度比较高的问题。有些会议、活动、节日年年都有，要想创新报道更是难上加难。比如每年的“春运”报道，集中在春节前后的一个月，集中在北上广等大城市中的外地人的返乡上，集中在远离家乡的一群游子身上。时间集中、主题集中、对象集中让“春运”报道陷入同质化的版面、照片和视频中。

重大主题新闻政治性强，以正面报道为主，又面临同题报道和集中呈现的问题，尽管能提前预知，在内容和形式上进行创新和策划，但在传统媒体时代，传播效果并不好，甚至让受众本能抗拒。进入网络和大数据时代，融入互联网基因的重大主题新闻的在线传播发生了本质性的改变。

二、重大主题新闻的在线传播特点

尽管重大主题新闻属于一类“规定动作”，但对于网络与新媒体来说却有充分施展的空间。互联网的无限空间、多样化形式、多平台渠道、多社交用户都赋予重大主题新闻新的传播机遇，重大主题新闻也因此呈现出不同于传统新闻的在线传播特点。

第一，全媒体传播。无论是正在转型的纸媒、广电媒体还是新兴的网络与新媒体，都已经拥有网站、手机网、微博、微信、客户端、第三方平台账号等立体化的传播渠道，能够在重大主题新闻出现后进行全面的输出和送达。特别是对于“硬度”较高的时政新闻、会议新闻、领导人活动、官方政经活动等，过去只有单一渠道对外播报，用户接触少、接收不便，自然难以产生传播效果。现在全媒体传播能运用多样化渠道快速向用户推送这类新闻，让政治性强的重大主题新闻也如同社会新闻、娱乐新闻一样在社交媒体、微信公众号里分发、传播。

第二，形式重于内容。重大主题新闻的报道内容同质化严重，报道时间集中，用户在一段时间内如果总是处于同类内容的信息轰炸之中，产生阅读疲劳甚至抵触情绪是自然的。这就好比天天吃同一道菜，人们很快就会吃腻，但如果能在菜品的外形上做些装饰，在菜肴的味道上进行些创新，那么原材料一样的菜品就有了新鲜感和美感，就能提高用户的接受度。此外，网络与新媒体拥有多种多样的装饰和点缀手段，小到表情包、微视频，大到H5、VR，形式创新相比传统媒体更有优势和技术条件。

第三，用户影响传播效果。在传统媒体环境下，重大主题新闻难以构建用户参与机制，也不像突发新闻、热点新闻那样天然能聚焦眼球。但是网络与新媒体社交平台不仅提供了互动传播渠道，而且创造了用户主动参与的条件，一些精品经过社交平台的病毒式传播、链式传播能产生现象级效应。比如人民日报中央厨房近两年在全国两会期间打造的多个H5产品，都是通过微信公众号的推送、微信朋友圈的刷屏成为新闻“爆品”的。在这些产品的传播过程中，用户不是被鼓动、被教化去转发、分享的，而是主动、积极、踊跃地成为产品分发的一个节点。

第四，矩阵传播形成合力效应。网络与新媒体不仅拥有多个对外传播平台和渠道，其内部也逐渐出现细分频道和不同部门创建的微博、微信账号。面对重大主题新闻，不同的频道和社交媒体账号可以围绕主题、主线进行全方位、多角度、深层次的报道，新媒体产品集群能形成矩阵式的传播格局，产生强势合力。央视网在2017年全国两会报道中以“两会融媒体”为统领，集中呈现“两会速递”“两会有啥事 我们帮你问”“两会全视点”等精品内容，与央视中文国际频道进行深度合作，联合推出“两会微观察”“世界看中国”两个融媒体产品。

组织重大主题新闻报道的终极目的是提高影响力和引导力。媒体的影响力来自于公信力和传播力，公信力代表的是媒体生产的内容，传播力代表的是媒体建成的渠道。在重大主题新闻报道中，一方面应运用网络与新媒体的呈现形式，包装高品质、有价值的“硬”新闻，让内容更温暖、更柔软，也更易于用户接受；另一方面应利用全媒体传播平台和用户的主动参与塑造强大的传播力，两者相乘所产生的影响力尤为巨大、深远，更能取得事半功倍的舆论引导效果。

第二节 重大主题新闻的在线编辑

一般而言，重大主题新闻可预知并可提前筹划准备，因此，在线编辑重大主题新闻要经过两个阶段——筹划预热阶段和正式报道阶段。不同的阶段有不同编辑工作和重点。同时，整个重大主题新闻在线编辑的总体思路是基于媒介融合的全媒体、融新闻编辑，全程依据在线传播特点进行统筹和编排。

一、筹划预热阶段的策划编辑

重大主题新闻一般会提前筹划并预热，主题越重大，筹划越早，预热的时间就越长。筹划预热阶段需要全面统筹、策划，制定两个阶段的报道方案，组织、实施前期报道并进行预热，为与正式报道阶段的衔接做必要的准备工作。筹划预热阶段的实务有：组织采集原创内容，挖掘、编辑资料与过往报道，制作重大主题新闻专题，设计用户互动产品或活动，组织矩阵产品集群，宣传推广主题报道，对外合作、进行商务营销。

（一）组织采集原创内容

进行重大主题新闻的预热，必然需要推出与之密切相关的新闻报道和深度解读，需要采集各种原素材作为备用材料，需要不间断地进行原创内容的组织，直到主题新闻进入正式报道阶段。预热阶段组织采集原创内容的方式主要有三种。

线下，组建新闻采访报道团队，深入一线实地采集，推出重磅报道或系列报道。基于网络与新媒体的特性，实地采访应以多媒体报道为主，多拍摄视频和图片，以服务于预热阶段的报道，也为正式报道阶段的报道提供素材。

线上，围绕重大主题新闻设计、策划在线系列访谈，邀请各方专家、学者、相关人士与主持人或用户在线对话、畅聊，图文、视频、直播、微博访谈、客户端访谈等方式都可采用。

线上线下结合，围绕重大主题新闻，邀请有关人士、直接当事人提供文字、图片、视频内容，所有内容经过审核、编辑后直接在线发布或录入新闻专题。

2009年国庆60周年纪念报道中，江西大江网派出了记者做两路采访：一路在江西省范围内寻找60个1949年10月1日出生的人，撰写他们的成长故事，拍摄他们幸福的笑脸，以多声部合唱的《歌唱祖国》作为配乐，制作出“甲子笑脸”页面（见图8–1）；另一路在全省寻找60个2009年10月1日出生的婴儿，他们拥有一个共同的名字——“国庆宝宝”，代表着希望与力量，记者简单记录下他们的出生资料，为他们拍摄出生日的照片，配以童声演唱的《歌唱祖国》，制作出“新生力量”页面（见图8–2）。这一原创报道虽然规模不大，但创意新颖、思路独特，贴近庆典主题、贴近当地实际、贴近百姓生活，极富独创性。[①]

图8–1　江西大江网“甲子笑脸”页面截图

图8–2　江西大江网“新生力量”页面截图

（二）挖掘、编辑资料与过往报道

组织一线采访、系列访谈、特约供稿等原创内容需要耗费大量的人力、物力、财力，其实，

① 江西大江网“甲子笑脸·新生力量”原创策划[EB/OL]. (2009–09–30)[2017–11–10]. http://adv.jxnews.com.cn/2009/xdzg2009/.

网络与新媒体可以利用丰富的资料和往期报道，利用数据资源进行挖掘和分析，整合编辑出类原创的内容产品。

挖掘整合背景资料和往期报道，需要考虑采用哪种呈现形式、制作成哪种产品形态、呈现在哪个平台或哪个终端、制作需要多少时间和成本。在开放的资源环境下，所有网络与新媒体面对的数据、材料都是一样的，要想在过往报道和资料层面创新、出奇，制作出与众不同的产品，策划、设计、创意就显得尤其重要。

编辑整合的产品可以在正式报道前推出，也可以提前制作完成，然后根据正式报道的进程逐步推出。2015年12月，第二届世界互联网大会在浙江乌镇召开，“浙江新闻”客户端结合大会主题，挖掘各类材料，提前策划、组织并精心打造了十余款独家作品，在大会期间有节奏地穿插推出。会议开幕当天，推出一部展现浙江元素在全球互联网领域影响力的动画片《看浙江的互联网力量怎样影响我们的地球》；第二天，又发布名为《互联网创业圈被承包了 BAT的圈地运动》的动画视频，以生动形象的画面、欢乐有趣的语言诠释互联网大佬们的密切关系（见图8-3）。此后还推出《习大大的乌镇情缘》《平凡之路》以及展现浙江互联网领域成就的多条H5作品，这些动画、H5作品都是基于背景材料、往期报道整合编辑再制作完成的，比如《习大大的乌镇情缘》就是来源于习近平总书记6年5次到访乌镇的报道材料。

图8-3 《看浙江的互联网力量怎样影响我们的地球》和《互联网创业圈被承包了 BAT的圈地运动》两个H5作品的截屏

（三）制作重大主题新闻专题

专题是发挥网络与新媒体优势特色的一种特有的报道形式，能够围绕某个重大的新闻事件或事实，整合各方新闻来源，汇集各种新闻体裁，运用不同网络报道手段，基于网络技术进行专门的编排与制作，实现对新闻事件快速、立体和全方位的扫描与透视，达到对新闻发生、发展和结果进行全景呈现的目的。

预热阶段需要明确专题的创建思路，设计、制作出专题模板，确定专题的名称、栏目、规模、结构和色调。专题里的栏目一般由三部分构成：导航条上的栏目、专题首页的辅助栏目和专题制作完成后因报道需要而新添加的栏目。导航条上的栏目主要呈现一个专题的主体和重点内容，一般按照基础性栏目、特色栏目和网站重点推荐栏目三个层次来设置、组织。

整个专题一般由专题题图区（包括背景图、专题名称和导读）、导航区、内容核心区（包括要闻区、图片区、音视频区）、互动区、背景资料区等构成。专题各区域之间应有一定的逻辑关系，重点突出，编排有序。技术上有一定的灵活性，能随时微调。

发布于PC端的专题信息量大、内容全面、结构复杂、表现形式丰富；发布于移动端的专题内容精要、版式简单、表现形式单一。专题编辑的趋势从过去的内容丰富、形式多样、页面复杂向内容精简、形式适宜、页面简约转变，从海量内容堆砌到模块化编排，从做加法到做减法，因此，要重视专题内容的筛选和精编，重视专题架构的科学合理编排。

在2013年、2014年年终报道中，搜狐网策划推出了以“谢幕2013”“谢幕2014”为主题的新闻专题（见图8–4），挑选出国内的社会新闻、娱乐新闻及国际新闻等比较重要的30余条新闻，按照电影类型分为情感伦理、犯罪心理、搞笑喜剧、恐怖悬疑等七大类，每条新闻与电影作品的构成类似，配有海报、片名、主演、剧情、经典台词等，整体风格轻松、活泼，条理分明，整体电影化。这一专题的策划创意颇为新颖。“谢幕2014”设计了PC端和移动端两个版本。移动平台具有受众碎片化、轻阅读的特点，不适宜采用大篇幅的专业文字报道，因此，移动端的内容更简约、可视化更强，用户只需进行简单的上下左右滑动，即可在人机互动中实现易读和悦读。

图8–4　搜狐网2013、2014年年终报道的首页截图

（四）设计用户互动产品或活动

在预热阶段设计互动产品或开展互动活动，是拉近用户与重大主题事件距离的一种切实、有效的方式，能助推主题新闻扩大影响力和引导力。因此，预热阶段的互动设计不仅要有留言、调查等简单的交互方式，还要有成群、成系列的互动，互动的对象也应从互联网、移动互联网与用户之间扩展到用户与用户之间、用户与报道对象之间。

设计用户互动产品，要根据不同的主题进行有针对性的策划和制作，要紧密结合新闻事件和报道内容，做到贴近、易用和新颖，要进行多元化设计以满足不同年龄、不同兴趣、不同知识水平的人多样化的参与需求。同时也要适宜、适度，切忌为互动而互动，不能为表现网络与新媒体的不同乱用、滥用互动。

腾讯网在2016年里约奥运会报道中，除常用的微博、博客、微信、视频分享、留言板、网络调查外，专门设计了与奥运赛事相关联的多款互动产品，有“跑向里约”“掌上奥运”“奥运梦想学院”“奥运冷知识”“寻找英雄老乡”等，特别是线上线下结合的“跑向里约”活动，在倒计时100天时启动。活动以微信为主场，跑友们可以个人参与，也可以组队参与，通过每天的锻炼步数换取积分。在活动中，跑友从北京出发，经过14个赛段的比拼，一路经过20个奥运会主办城市，最终“跑向里约”，完成一场线上的奥运之旅（见图8–5）。活动期间，跑友可以随时上线了解自己的跑步步数、积分情况及所在位置，所获得的积分也可以兑换丰富的奖品。

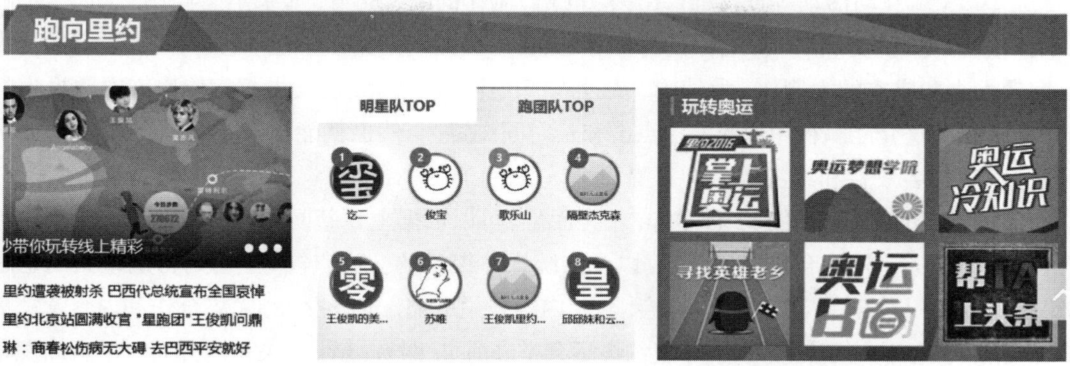

图8–5　腾讯网2016年里约奥运会报道中部分互动活动的页面截图

（五）组织矩阵产品集群

重大主题新闻的矩阵可以包括网络与新媒体机构内部各频道、各微信公众号、各微博账号、各语种的产品集群，也可以包括与外部媒体、互联网公司合作策划的栏目或产品。越是重大主题新闻，越能凸显组织产品矩阵的必要性。因为不同的频道有不同的视角，生产的不同内容要有针对性地满足用户需求，如财经频道有经济视角，社会频道有草根民生角度，多语种产品有语言特色，微信公众号可以针对用户细分生产内容，与外部合作更能内外互补、取长补短，发挥优势资源的价值。

2015年全国两会报道中，凤凰网组织了庞大的“凤凰矩阵”：财经频道推出《创时代》，房产频道推出《楼市新常态》，汽车频道推出《锵锵话两会》《轩辕坛》，娱乐频道推出《两会看明星》，地方频道推出《崛起新丝路》《序盘新常态》（见图8–6）。不同的频道根据自身的报道对象进行垂直化的内容生产和编辑，组成的两会矩阵几乎能满足所有用户的需求。

图8–6　凤凰网2015年两会报道推出的“凤凰矩阵”截图

（六）宣传推广主题报道

在筹划预热阶段，除了内容方面的组织和生产，更需要考虑的是如何将主题报道、原创内容、大型专题、互动活动等宣传推广出去。策划、制作的内容再好，如果不能让用户知晓，不能在用户中流转，就变成了“深巷中的好酒”，其香不得闻，其名不得传。而且，主题报道都是投入大量人力和成本的大制作、大编辑，从投入产出比角度计算，也要做好宣传推广主题报道的工作，必要的宣介能赢得用户的关注点击和长时间浏览，自然也就能提升主题新闻报道的经济价值，实现社会效益和经济效益的双赢。

宣传推广的方式和渠道多种多样，不一而足。可以根据主题新闻的价值有选择地采用内部的各种广告推介、外部合作方的推广，以及传统媒体渠道的公益广告等。遇到特别重大的主题新闻时，还可以召开专门的新闻发布会，介绍内容报道战略、资源投入、优势合作和内容营销策略等亮点，引起用户的注意。2016年里约奥运会举办前夕，网易、新浪、央视网都召开了新闻发布会，并制作相关的宣介视频，着重推广奥运报道战略。

新浪奥运战略：新浪作为国内互联网的首选平台，微博作为全球最具影响力的中文社交媒体平台，多年来在国内体育和奥运资讯报道上都处于领先地位。从2000年悉尼奥运会成为中国体育代表团官方唯一互联网合作伙伴开始，到4年前的伦敦奥运会作为中国奥委会互联网合作伙伴，新浪始终凭借专业、全面、深度的报道，牢牢占据着流量排行榜第一的宝座，并和微博一起创造了诸多流量、互动纪录，给业内和消费者都留下了深刻的记忆。2016年重聚奥运，新浪和微博集中优势资源，云集各路明星、冠军、专家，通过线上线下的互动，以全民参与奥运之势开启里约奥运。①

（七）对外合作、进行商务营销

对外合作、进行商务营销包括两个方面，一是内容和资源合作，与拥有优质资源的媒体机构或政府部门进行多方面的对接，资源互补。2016年9月天宫二号发射时，腾讯新闻与中国载人航天工程办公室、中国载人航天工程网、《中国航天报》合作，借助专业部门和专业纸媒完成全程同步直播，即是一例。因为，重大主题新闻是媒体报道领域的一道“硬菜”，即使是大的媒体机构，仅靠一己之力也难以出新出彩，部分网络与新媒体在时政、军事、外交等领域没有采访报道权，更需要寻找有内容资源的合作方实现优势互补。

二是广告商务合作。重大主题是新闻报道的契机，也是广告商务活动的机会。越是重大主题新闻，越容易产生注意力经济，广告主也更愿意在这个时间段投放广告来宣传产品和品牌。因此，结合内容战略规划实施广告营销计划，是筹划预热阶段的重要工作，需要内容部门、市场推广部门、商务营销部门协同配合，借势重大主题新闻创造更多的商机，也借此观察重大主题新闻的报道效果。

---

① 新浪里约奥运战略启动 郎平林丹带您玩转奥运[EB/OL].（2015-12-08）[2017-11-10]. http://sports.sina.com.cn/others/others/2015-12-08/doc-ifxmihae9294790.shtml.

二、正式报道阶段的议程编辑

正式报道阶段需要前方采集与后方编辑密切配合、协同作战，整个过程与突发新闻的在线编辑有相似之处，如发布推送、编辑整合、加工制作、提供信息服务等，但因为重大主题新闻是可预知、可策划的报道，可以依照事先制定的报道方案有组织、有计划地推进，所以，在正式报道阶段应从议程设置、主题引导出发进行相应的编辑和制作。

（一）精选内容，重点推介

在正式报道阶段，重大主题新闻也和突发事件的新闻报道一样，会出现海量、庞杂的内容。但是，用户对两者的内容需求有本质的区别：对于突发事件中的各种信息，用户是主动接受、主动搜索和查询、主动传播，甚至会分享和转发不确定、失实的传闻；对于重大主题新闻，用户大多数时候是被动接受，反感信息轰炸，易产生阅读疲劳。因此，对重大主题新闻海量内容的筛选、精选是编辑的重点工作之一。要把精品推介出来，先用高品质内容吸引用户、黏住用户，再逐步用其他方式延长用户在重大主题新闻上的停留时间。

精选内容的方法有：基于新闻价值，基于编辑的经验判断，基于社交媒体的传播，基于相关数据，基于多方面判断的综合等。一旦确定精品内容，就需要采用多种方式进行推介，可以使用人工推送、智能推荐、设置为大头条、重要位置置顶、制作成题图、长时间放置、社交媒体及其他渠道推送、与合作机构共同推介等“十八般武艺”。

精选内容、重点推介能起到一定的议程设置作用，但也可能引起用户的抗拒心理，所以精选的内容和对其的处理方式是关键。对于有故事的重大主题新闻，需要综合考虑其在不同渠道上的表现方式、发布时机和放置时长等，由此优化设置效果。

（二）实时更新专题，发挥专题优势

专题在内容上有三个方面的特征：具有汇聚不同来源、不同体裁、不同手段的包容性；具有能在时间上体现报道的连贯性和持续性，在空间上反映报道的多角度、多层次和多侧面的完整性；具有“根据编辑的主观意愿与价值判断进行稿件的组织”[①]和“过滤噪音，筛选虚假、重复和无价值的信息，避免片面报道、失实报道”[②]的引导性。无论是在PC端，还是在移动端，重大主题新闻都会运用专题整合报道，形成传播优势。

在正式报道阶段，要实时更新专题，将与专题有关的、最新的新闻、资讯、图片和音视频及时收录到专题中，保证专题内容的丰富和完整。随着新闻事件的发展，内容更新分为三个时期：前奏期、高潮期和衰退期。

前奏期是指正式报道前的一个星期或更早的时间，此时新闻报道数量不多，网民的关注点还没有转移过来，更新维护的工作量不大。前奏期的新闻更新重点在于及时收录，不要将重要新闻遗漏在专题之外；难点是新闻量比较少，需要编辑花时间去搜集此类新闻。

---

① 彭兰. 网络传播概论[M]. 北京：中国人民大学出版社，2001：161.

② 蒋晓丽. 网络新闻编辑学[M]. 北京：高等教育出版社，2004：248.

高潮期指事件发生前后的一个星期，此时新闻报道涌现，报道形式丰富多样，网民的关注度直线上升，因此要将专题更新作为重点，做到第一时间完整收录最新动态报道、图片和视频，确保专题成为用户浏览新闻的首选。

衰退期是在报道高潮过去之后，此时报道量骤减，编辑也已产生疲劳感，容易忽视新闻更新与专题维护，但从专题的完整性和服务于历史的角度来看，后期的新闻更新是反映整个事件过程的必不可少的一环，因此还是需要及时收录相关新闻。

（三）微调页面与栏目

随着重大主题新闻的推进，在正式报道阶段要根据报道进展，报道重点的变化、转移，或者宣传报道、设置议程、引导舆论的要求，实时对首页、首屏、专题页和相关频道页面进行内容的替换和排序，推介重点新闻，更换图片和视频，改变新闻位置、字体、颜色等，用微调页面的方式达到设置议程的目的。2008年5月四川汶川大地震发生后，各网站在3天国家公祭日内将网站和专题页面颜色改为黑灰白色，就是页面微调的一次体现。

栏目微调包括增加或删减栏目、上移或下移栏目的位置、改变栏目的名称或图标等。比如在前奏期，专题里关于新闻的历史资料和背景资料栏目会比较突出，应放置在页面较显著的位置，但到了报道高潮期，动态报道、最新图片、视频新闻等栏目必定要移到显著位置。

三、全程报道的全媒体编辑

重大主题新闻的特征之一是形式重于内容，通过恰当的“装帧”“修饰”和“点缀”等手段进行全媒体编辑的重大主题新闻，更易被用户接受，用户也更愿意主动传播。可以说，运用可视化数据、H5、VR、动漫视频、全景视频、互动游戏等进行全媒体编辑是重大主题新闻编辑的基调和方向。

从近几年中国新闻奖网络专题一等奖的作品中可以一窥全媒体编辑在重大主题新闻中的运用。

第二十六届中国新闻奖网络专题一等奖《千年大墓 惊世挖掘——南昌海昏侯墓出土》所获评价为：“利用了当前最流行的720度全景技术拍摄，立体、动态、全方位呈现海昏侯墓，通过全新的真实现场感和交互式技术，获得了全媒体呈现、便捷式互动的效果。”

第二十五届中国新闻奖网络专题一等奖《祭·忆——南京大屠杀死难者公祭日》所获评价为：“充分运用网络化特点，集纳消息、图片、史料、访谈、互动、纪录片、数字解读、在线连载阅读、网上音乐会、图式新闻、Flash动画等十多种表达形式，全方位出击，多向度聚合多媒体资源，集成滚动直播、视频专访、在线阅读、在线音乐会等全媒体原创报道，多视点记录国家公祭日的现实场景。”

第二十四届中国新闻奖网络专题一等奖《制度创新——中国（上海）自由贸易试验区特别专题》所获评价为：“首次加入漫画元素。从漫画关键词的筛选、确定，到人物漫画形象的构思、形成，从漫画故事脚本的拟定、故事情节架构确认，到漫画背景画面的描绘、对话的设定，东方网最终推出了由12个关键词、72幅画面组成的漫画报道集《东东‘漫’游自贸区》。”

第二十三届中国新闻奖网络专题一等奖《中国共产党第十八次全国代表大会》所获评价为："突出全媒体特色，引入了时间轴、图片瀑布流、全景360等新潮表现形式，通过对图片、视频的编辑和加工，使党代会变得更加亲近和亲切。"

从以上获奖作品的全媒体编辑中可以看到，随着技术的发展和进步，对全媒体手段的运用越来越频繁、越来越复杂，全媒体编辑方式、种类和形态也越来越让人眼花缭乱。在重大主题新闻报道中，全媒体编辑几乎成为一种标配。

2016年是唐山大地震40周年。针对这一重大主题新闻，网络与新媒体在PC端和移动端运用360度航拍、数字音频广播、历史和现实对比的H5等全媒体编辑手段制作了纪念报道。

《新京报》移动端产品《航拍镜头下看唐山40年巨变》将H5与全景地图、航拍、VR等新技术结合，用户在地图模式下可以看到不同地点的图标闪动，点击进入则会看到40年前该地的老照片和40年后的对比图片；进入航拍模式后用户可以左右晃动手机来全景式俯瞰今日的唐山，还可以通过放大或缩小去探索每一处细节；对世园会、唐山地震遗址纪念公园、康复村、胜利路、复兴路等地标，都可以任意调整角度观看（见图8-7）。

图8-7 《新京报》H5新闻《航拍镜头下看唐山40年巨变》的截屏

新浪新媒体实验室的《1976唐山地震的数字记忆：不遗忘是最好的纪念》，采用了"数字记忆+当年广播"的方式：封面"不遗忘是最好的纪念"几个大字带着斑斑水迹慢慢滑出，点击页面下方"800吨炸药"时，耳边传来的轰鸣声会将观众带回到40年前的那个现场；滑动页面后出现的是一组展现不同群体状况的数据，点击后可查看他们的真实情况（见图8-8）。背景穿插着当时的广播，黑白照片还原现场，广播的代入感加上亲历者的讲述，让用户在阅读过程中感受一种静默。

网易沸点推出的H5产品《唐山大地震40周年祭：尘土下的记忆》，从一名网友回忆自己的父亲在19岁时参加唐山大地震救援切入，以救援者的视角，将9个真实的故事和一张张泛黄的旧照片串联起来，再现了灾难现场的真实状况（见图8-9）。

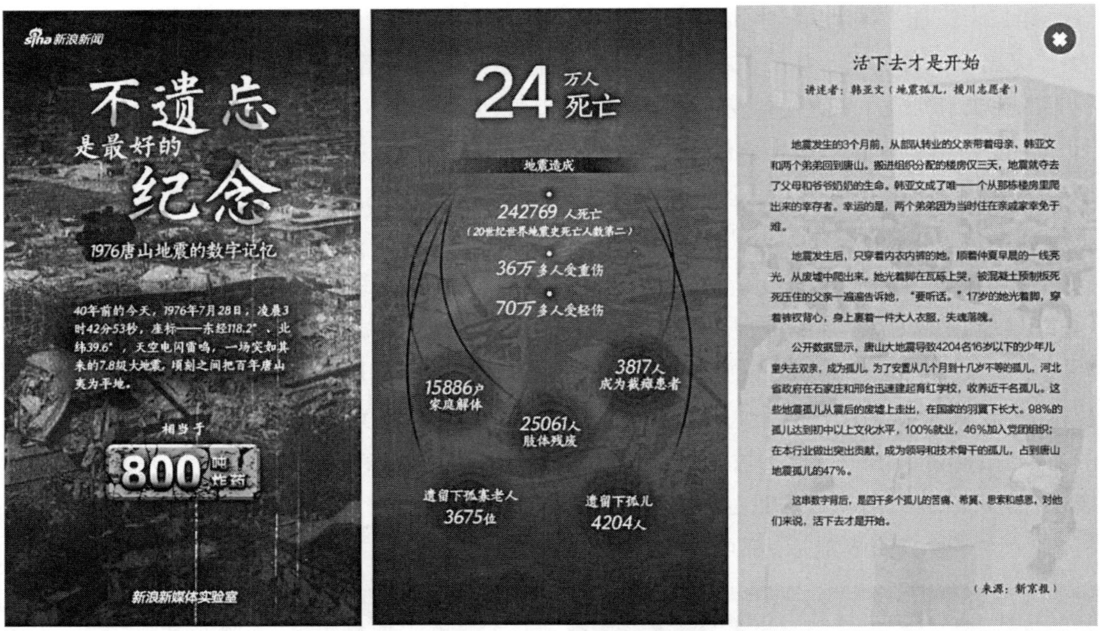

图8-8 新浪新媒体实验室的H5新闻《1976唐山地震的数字记忆：不遗忘是最好的纪念》的截屏

图8-9 网易沸点H5新闻《唐山大地震40周年祭：尘土下的记忆》的截屏

新华网的《震后新唐山：废墟上建成的“抗震型城市标杆”》，将数据新闻和时间轴结合，将40年前和40年后的唐山进行对比，用一张图解读唐山市如今的防震减灾行动中的“规范管理”“未雨绸缪”“加强监测”“广泛宣传”，清晰而有逻辑（见图8-10）。

澎湃新闻的可视化数据新闻《唐山震后四十年，人口经济“一波三折”》，以大量数据为支撑，以折线图为主要呈现形式，以点状图为辅，简单直观地呈现出40年来唐山市在三个方面的发展情况到底如何，又有哪些时代背景影响了它的发展（见图8-11）。

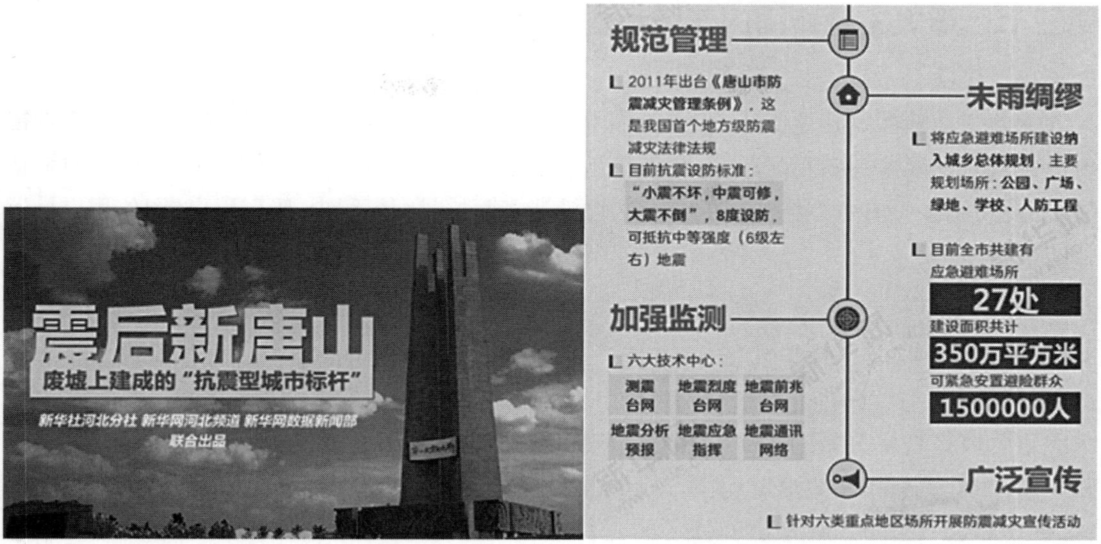

图8-10　新华网H5新闻《震后新唐山：废墟上建成的"抗震型城市标杆"》的截屏

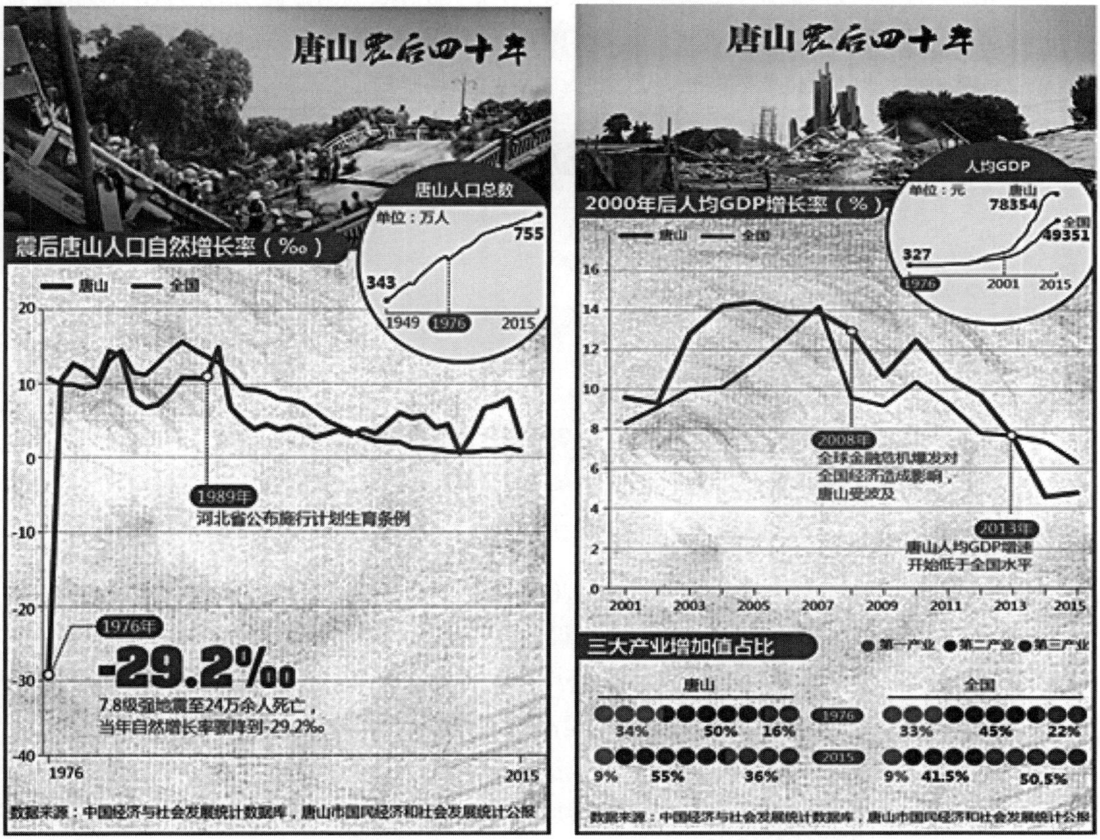

图8-11　澎湃新闻可视化数据新闻《唐山震后四十年，人口经济"一波三折"》的截屏

第三节　重大主题新闻的在线运营

重大主题新闻因其重要性、显著性而具有一定的运营价值，借势营销、内容营销、广告销售都可以围绕重大主题新闻展开。但是，重大主题新闻又是带有鲜明政治性、政策性的硬新闻，用户关注多而主动参与、互动少，一次性消费多而长时间停留少，吸引用户、留住用户是运营的难点。

一、重大主题新闻的在线运营模式

运营模式直接关系到运营目标，并影响目标的实现。重大主题新闻在线运营的目标是在完成高质量、高标准的"规定动作"后，既能使各方满意，有力引导社会舆论，也能叫好又叫座，获得社会效益、经济效益的双赢。

重大主题新闻的在线运营模式，基于大事件营销中媒体的注意力经济，利用有新闻价值、社会影响与传播效应的事件，组织策划报道，生产出独家、原创、优质的内容，再以内容为核心，构建不同的运营模式，包括直接售卖内容，以内容赢得用户的注意力后再将注意力售卖给广告主，与品牌捆绑，使其直接为内容栏目、专题冠名等（见图8–12）。

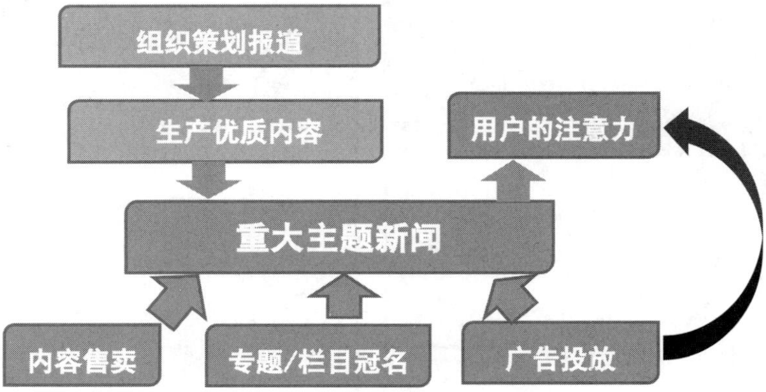

图8–12　重大主题新闻的在线运营流程图

尽管重大主题新闻具备一定的关注热度和引爆点，但要想通过内容吸引用户的注意，通过内容创造出直接的经济价值，通过内容赢得广告和品牌的投放，还是需要生产出独家、原创、有品质的内容，这是重大主题新闻在线运营的基础和关键，也是最终获得成效的前提。

2016年里约奥运会之前，新浪制定了奥运战略，从五个方面推动内容生产：第一是与专业运动队排管中心、举摔柔中心和自剑中心达成战略合作共识，成为其独家互联网赞助商，每天以第一视角获得精彩比赛内容，并第一时间参加赛后金牌得主访谈；第二是邀请前奥运冠军、世界冠军、王牌达人担任奥运解说嘉宾，最专业、最全面地点评奥运战况，用名人吸引眼球；第三是邀请百位各界专家和社会明星，推出专栏点评；第四是利用微博平台聚集的现役运动员、一线体育明星和国外运动员，组成报道阵容；第五是与法新社、路透社、美联社以及欧新社、世界劳伦斯达成战略合作，全面共享当届、历届奥运会的所有赛事信息数据。

将大笔资金投入内容构筑后，还要组织好内容并将其多渠道地传播出去，让更多的用户接收到自己喜欢的内容。新浪在奥运战略里提出打造五大特色内容：《冠军荟》《最强竞技赛》满足用户对奥运资讯、参与互动的需求，《奇葩事》《奥运大主播》注重奥运中的娱乐、人文、情感元素，《冠军访谈》带领用户全方位深度认识冠军本人。24小时金牌频道滚动播报赛事情况，早中晚播放三档奥运新闻，与公众实时互动。同时，通过移动平台（手机新浪网、新浪体育客户端、新浪新闻客户端）、微博平台、PC网等全媒体平台，向互联网用户及时、全面地传递奥运信息（见图8-13）。

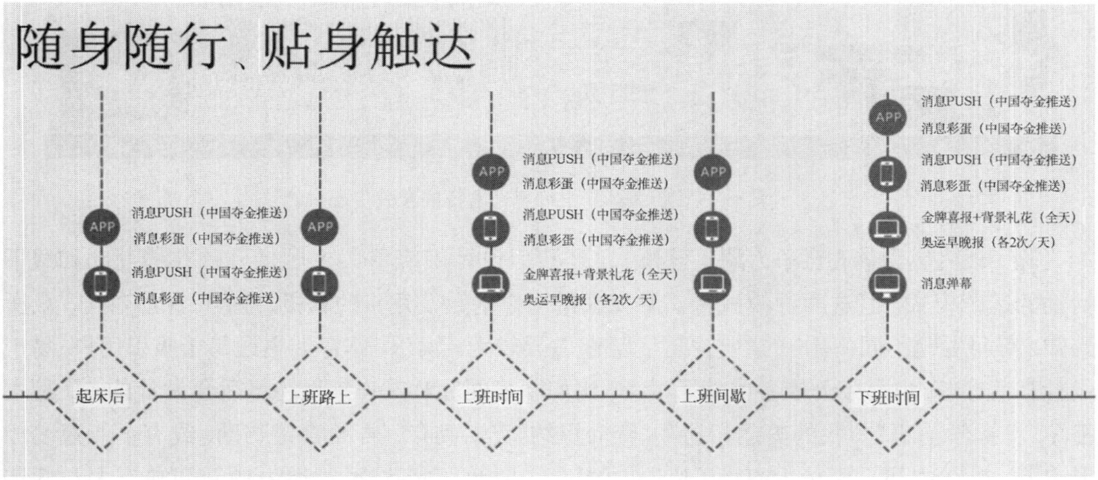

图8-13 新浪奥运报道中的五大新闻产品推送时间表

在传播奥运内容时，将时间、场景、终端与内容实时匹配，为用户提供“随身随行、贴身触达”的各类奥运资讯。在起床后和上班路上的时间和场景里，向移动客户端和手机网推送夺金消息和彩蛋；在上班时间和上班间歇，PC端、手机网和移动客户端是渠道主角，除了推送夺金消息外，还会推送金牌喜报和奥运早晚报；下班后的时间里，用户有了充裕的时间接触各类终端，推送的内容也从文本向视频延伸。

经过对内容的组织、生产和传播，用户的关注度相应提升，在线运营随之展开。拥有内容资源的专业媒体机构或提供商可以向其他网站、平台售卖或与其交换资源，还可以向终端用户直接售卖或引导其打赏；以内容聚集用户注意力的网络与新媒体可以寻求广告投放或其他商业合作，还可以为冠名品牌定制专栏或制作节目。在新浪2016里约奥运营销方案中可以看到多种营销策略和套装广告，有基于“金牌喜报+PC端早晚报”的弹窗浮层广告、包框冠名广告，有基于“奥运战报推送”（客户端）的文字冠名、品牌流媒体和logo冠名的营销，有基于“金牌榜PC端和移动端固定位”的栏目、栏目推荐位和专题的冠名广告，还有基于“赛事直播+金牌访谈”视频内容的演播室植入、直播内容植入、直播贴片、直播页硬广等（见图8-14）。

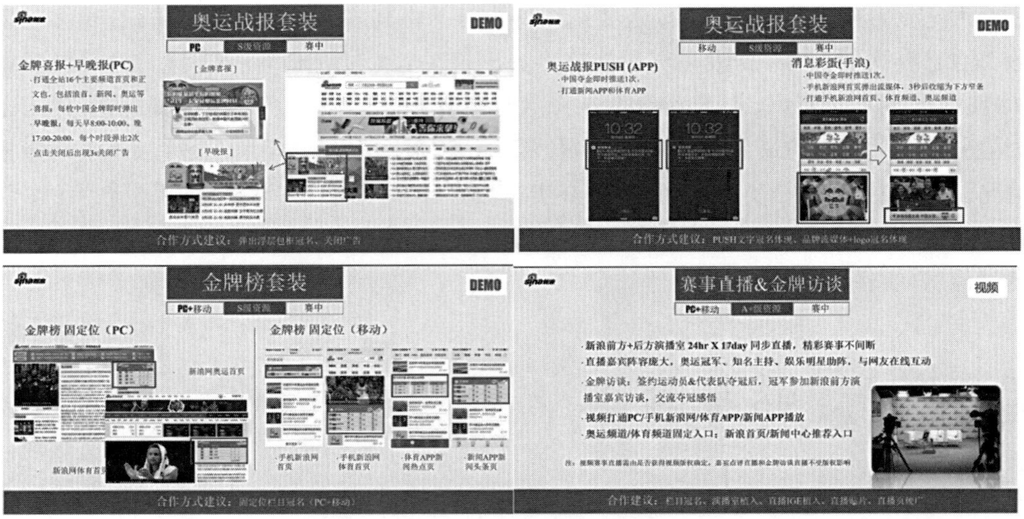

图8-14　新浪2016里约奥运营销的套装广告

除了以内容为核心竞争力的运营模式，还可以设计围绕重大主题展开的在线互动和线下活动的运营模式。但这两种模式都需要庞大的用户基数及用户的积极、主动、深度参与。众所周知，新闻主题不同，用户的参与度、活跃性差异较大。娱乐、体育类主题易于吸引用户，易于设计互动环节，也易于开展各类线下活动，比如新浪网针对2016年里约奥运会设计的“我是主播”“奥运学前班”“我的奥运相册”“奔向里约”等，或有广告商直接赞助，或有企业冠名相册定制，或在主播页模板上打上了广告主的logo。时政、外交、财经类主题新闻缺乏大众性和娱乐性，不易于设计互动产品或开展线下活动，即使有互动产品推出，用户参与的积极性也不是很高，围观多于互动。

因此，重大主题新闻在线运营的主要模式是以策划、组织内容为基础，以高质量内容为核心竞争力，实现内容的变现。在此过程中，要处理好社会效益与经济效益的关系，要平衡规定动作与自选动作，优化资源配置，实现重大主题新闻价值的最大化。

二、重大主题新闻的在线运营与舆论引导

站在新闻传播角度看，网络与新媒体的在线运营，不仅是利用内容、互动、活动吸引用户、留住用户、促活用户，创造出经济价值、实现盈利增值，还有一个更长远、更深层的目标，即通过传达主流声音引导社会舆论，在众声喧哗中提高网络与新媒体的权威性和公信力，建构网络与新媒体的品牌形象。因此，舆论引导也是网络与新媒体在线运营目标的有机组成部分。

品牌价值的高低是决定网络与新媒体运营目标能否实现的根本性指标。同样一条新闻，品牌媒体发布后的点击率会远远高于非品牌媒体，普通媒体率先发布难以获得广泛传播，品牌媒体一经转载即带来病毒式传播。对于重大突发新闻、热点新闻，用户即使看过一般媒体的报道，也会再去品牌媒体看同类报道（尽管看到的内容和一般媒体发布的基本一致）。因此，要想获得更好的运营效果，提升网络与新媒体的品牌价值是一项事半功倍的基础性工作。

互联网发展时间较短，网络与新媒体从出现至今只有十多年时间，品牌建构还处于起步阶段。在这短短十多年中，网络假新闻、网络谣言、网络情绪化传播等严重影响到网络与新媒体的品牌形象。重大主题新闻，特别是重大时政新闻，是百姓获取党和国家的方针、政策与会议、活动信息的重要来源，也是引导社会舆论的有效方法和重要路径。抓住重大主题新闻报道的时机，做好舆论引导工作，借此塑造网络与新媒体的形象，是在线运营的新思维和新模式。

借助运营重大主题新闻实现舆论引导，需要一整套的手段和方法，包括：在报道上主动策划，设置议程；在内容上生产易读、悦读的多样化、多形态新闻产品；在传播上做到细分化、个性化、定制化分发；在谣言、传言纷起时发出求真、求证的权威声音；在互动上从用户体验出发，提供易参与、易分享、黏度高的交互产品；在页面上给予内容呈现的数量、位置和时长等"最好待遇"。

两会报道是典型的重大主题新闻报道，要想在两会报道中实现舆论引导，创新报道形态是有效的运营手段之一。央视网针对用户浏览方式向微视频转移的现状，着力打造以微视频为内核，融合VR、H5等多种形式的精品微视频创意平台，汇集《小v说两会》《网说》《两会面孔》《快看》等微视频栏目，推出视频相册《幸福像花儿一样》、漫画《梦娃两会手账》等一系列融媒体产品。内容形式上的创新带来了相应的运营效果，创意Rap歌曲《帅炸了！我们的两会君》全网播放量达2 450万，微视频《我想要的小目标 祖国都会帮我实现》播放量达2 055万，《假如见到总书记，我想对他说……》观看量超1 800万，《董明珠：有钱人就该多缴税》观看量超过900万。[①]2017年两会期间发布的上百条原创微视频总观看量达1.34亿次。

不仅要改变内容报道形式，而且要在页面上给予重大主题新闻"特殊待遇"。央视新闻客户端在显著位置长时间放置这些短视频，在微博中置顶各类原创精品，在央视网重点推荐精品栏目和点击率高的微视频，为内容传播提供优沃的土壤。综合运用这些运营手段，一方面使用户能方便、快捷地看到重大主题新闻的内容，长时间停留在央视网，另一方面也让用户养成一个习惯，即看两会微视频就到央视网。用户一旦在体验中留下这样的印象，就会成为央视网两会报道的忠诚用户，进而慢慢发展为央视网的忠诚用户。

辩证看待在线运营与舆论引导的关系，要厘清在线运营、品牌价值和舆论引导三者之间的相互作用与影响——舆论引导关乎品牌价值，品牌价值关系运营效果；应梳理在线运营的现实目标和长远目标，要把舆论引导视作在线运营的长远目标及培育长期用户、忠诚用户的重要方式和举措。

---

① 两会报道：央视网打造特色产品集群[EB/OL].（2017-03-17）[2017-11-10]. http://www.sohu.com/a/129230680_428290.

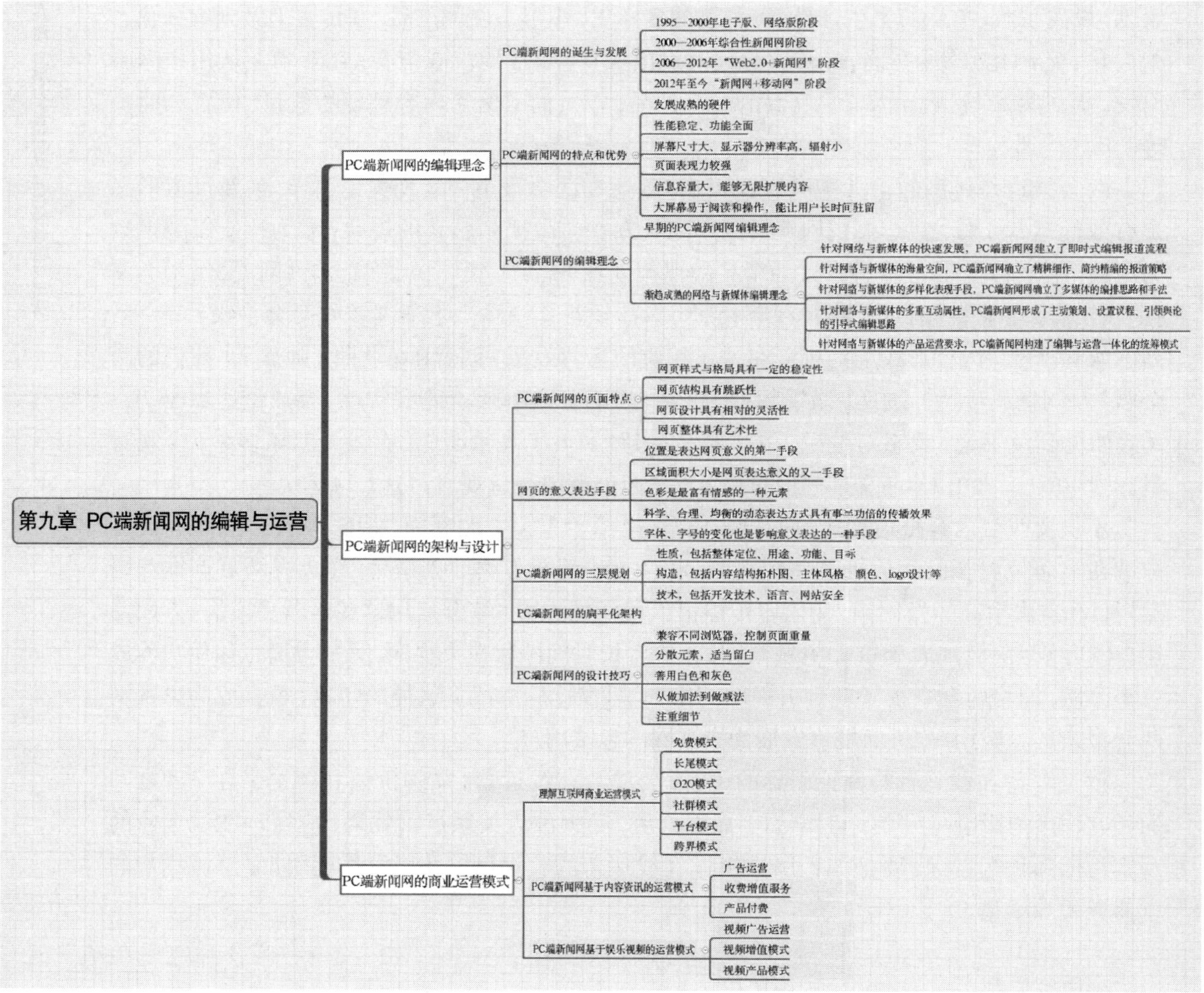

第九章 PC端新闻网的编辑与运营
PC端新闻网的编辑理念
PC端新闻网的诞生与发展
1995—2000年电子版、网络版阶段
2000—2006年综合性新闻网阶段
2006—2012年“Web2.0+新闻网”阶段
2012年至今“新闻网+移动网”阶段
PC端新闻网的特点和优势
发展成熟的硬件
性能稳定、功能全面
屏幕尺寸大、显示器分辨率高，辐射小
页面表现力较强
信息容量大，能够无限扩展内容
大屏幕易于阅读和操作，能让用户长时间驻留
PC端新闻网的编辑理念
早期的PC端新闻网编辑理念
渐趋成熟的网络与新媒体编辑理念
针对网络与新媒体的快速发展，PC端新闻网建立了即时式编辑报道流程
针对网络与新媒体的海量空间，PC端新闻网确立了精耕细作、简约精编的报道策略
针对网络与新媒体的多样化表现手段，PC端新闻网确立了多媒体的编排思路和手法
针对网络与新媒体的多重互动属性，PC端新闻网形成了主动策划、设置议程、引领舆论的引导式编辑思路
针对网络与新媒体的产品运营要求，PC端新闻网构建了编辑与运营一体化的统筹模式
PC端新闻网的架构与设计
PC端新闻网的页面特点
网页样式与格局具有一定的稳定性
网页结构具有跳跃性
网页设计具有相对的灵活性
网页整体具有艺术性
网页的意义表达手段
位置是表达网页意义的第一手段
区域面积大小是网页表达意义的又一手段
色彩是最富有情感的一种元素
科学、合理、均衡的动态表达方式具有事半功倍的传播效果
字体、字号的变化也是影响意义表达的一种手段
PC端新闻网的三层规划
性质，包括整体定位、用途、功能、目标
构造，包括内容结构拓朴图、主体风格　颜色、logo设计等
技术，包括开发技术、语言、网站安全
PC端新闻网的扁平化架构
PC端新闻网的设计技巧
兼容不同浏览器，控制页面重量
分散元素，适当留白
善用白色和灰色
从做加法到做减法
注重细节
PC端新闻网的商业运营模式
理解互联网商业运营模式
免费模式
长尾模式
O2O模式
社群模式
平台模式
跨界模式
PC端新闻网基于内容资讯的运营模式
广告运营
收费增值服务
产品付费
PC端新闻网基于娱乐视频的运营模式
视频广告运营
视频增值模式
视频产品模式

第九章思维导图

第九章

PC端新闻网的编辑与运营

尽管网络与新媒体的发展正在从PC端向移动端转移，从新闻网、门户网向手机网、移动客户端、移动新闻平台推进，但PC端新闻网依然有其特点、优势和价值，并承载着移动端不具备的功能和效果。PC端新闻网发展时间相对较长，已经形成了一套较为成熟的编辑理念、网站构建方式和运营模式，成为不同终端的网络与新媒体参考的样板。

第一节　PC 端新闻网的编辑理念

根据第42次《中国互联网络发展状况统计报告》，截止到2018年6月底，域名注册在中国境内的网站共有544万个，媒体、政府、企业、行业、社会团体等组织机构大部分都建立了新闻类网站、政务类网站和自己的官方网站，是网站建设的主体。新闻类网站包括传统媒体机构创建的新闻网站和互联网公司创建的门户网站。

一、PC 端新闻网的诞生与发展

1995年《神州学人》进入国际互联网，成为中国第一个上网的传统媒体；中共中央机关报《人民日报》1997年1月1日上网，由此拉开了新闻媒体接入互联网、创建新闻网站的序幕。1997年9月，新浪网前身——《四通利方体育沙龙》栏目通过视频、音频、文字在网上对1998年世界杯亚洲区预赛进行实况直播，1997年、1998年网易网、新浪网、搜狐网相继成立，门户网站成为网络新闻信息传播的一支力量。

新闻网站的发展历程，大致经历了以下四个阶段。

1995—2000年的电子版、网络版阶段。这一阶段的主要表现为传统媒体大规模上网，但上网内容简单，形式单一，只是把传统媒体内容复制、搬移到互联网上。网络新闻被看作传统媒体新闻报道的补充和区别于传统报道的一种新的报道方式。这期间，个别新闻网站开始向综合性新闻网站发展，开辟十多个频道，进行专题报道、视频报道，甚至原创报道。1999年澳门回归报道中，人民网派出2名记者跟随《人民日报》报道团到现场，进行以图片和视频为主的、区别于《人民日报》文字报道的网络专题报道，开创了新闻网站原创报道的先河。

2000—2006年的综合性新闻网阶段。在确立国家重点新闻网站战略和加强新闻网站建设、“把新闻网站办成思想政治工作新阵地和对外宣传新渠道”的政策支持下，新闻网站进入第一轮的大规模发展时期，主要表现为：不再做传统媒体的电子版和网络版，创设自己的logo、域名和口号；内容丰富庞杂，拥有几十个甚至上百个大大小小的频道；报道形式和手段多样化，向综合性新闻网站转变。随着互联网的普及、网络用户的增长、网络技术和业务的成熟，网络媒体报道逐渐被认可，新闻网站的影响力日益提升，从事网络新闻编辑的人员队伍也在扩大。在此阶段，国内基本形成了中央、省级、市级三级新闻网站布局，国家也赋予了三级新闻网站更多的政治任务和社会舆论引导责任。

2006—2012年的“Web2.0+新闻网”阶段。其主要表现为：新闻网站接入Web2.0技术，开始探索基于用户主导、满足用户体验的Web2.0产品，论坛、博客、微博，留言、跟帖、评论等互动应用、方式与网络新闻报道有机结合，进一步提升了新闻网站的影响力和知名度。人民网的强国论坛、新华网的发展论坛和央视网的复兴论坛，虽然不是在这一阶段创建的，但却在此阶段赢得了用户的口碑和社会的认可。同时，新闻网站在重大主题新闻报道中进入主流报道阵列，在2008年北京奥运会、汶川地震，2009年中华人民共和国成立60周年，2010年动车事故，2012年中国共产党第十八次代表大会等时政报道、突发事件报道中，成为网络新闻内容的主要策源地和舆论场。

2012年至今的“新闻网+移动网”阶段。移动网技术的发展、智能手机的普及、移动端应用的研制和开发，推动互联网进入PC端与移动端并行的时代。尽管移动端发展势头更甚，但PC端依然有其特点和优势。这一阶段的主要表现是：“一网两微一端”成为标配，多元终端扩大了网络与新媒体传播的覆盖面和影响力；从用户体验出发生产内容，致力于为不同终端的用户打造适配的新闻信息。

门户网站的发展阶段与新闻网站大体一致，但在发展资本、网站格局、社会影响和盈利效益上与新闻网站大相径庭。

商业门户网站从创建开始即启用风险投资，引入投融资模式为业务发展筹集资金。充裕的资金让商业门户网站从起步之始即站在较高的起点上。商业门户网站还引入国外先进互联网技术，模仿、复制全球互联网公司的成熟业务。2000年，新浪网、搜狐网、网易网三家门户网站先后在美国纳斯达克股票市场上市，为网站筹集了进一步发展的资金。虽然网络泡沫随之而来，但门户网站凭借上市获得的资金抵御了寒冬，又借助与移动网合作的盈利模式，逐渐走出困境，成为Web1.0时期互联网公司中的巨头。

门户网站的格局不同于新闻网站。为占领网络新闻宣传新阵地、开拓网络传播新渠道，新闻网站形成中央、省、市三级布局，网站数量多，力量分散，资金支持有限，没有创建出规模大、业务全、实力雄厚、影响范围广的大型新闻网站。门户网站在经过互联网泡沫之后，留下新浪、搜狐、网易、腾讯四家，它们业务领域全面，涉足互联网上的新闻传播、电子商务、游戏娱乐、社交通信、工具服务等所有业务。寡头垄断的门户格局形成。

门户网站实力强大、业务覆盖范围广泛、用户量日益增长、社会影响力也与日俱增，“看新闻上新浪”“有态度的网易新闻”“腾讯新闻事实派”等口号直接影响着用户的阅读取向和网络舆论方向。特别是在一些重大、热点事件发生后，门户网站的强大内容聚合能力、快速实时转载发布水平、聚集话题全面互动的优势，越来越能吸引用户、黏住用户。

在门户网站业务全面发展的同时，其运营和盈利模式也逐渐成熟：从早期的亏损到全面盈利，再到用冗余资本进行各种业务收购，在经过近十年的互联网用户培育期后，门户网站以庞大的用户基数为根本，探索出网络广告、网络游戏、数字出版收费阅读、增值服务、电子商务等多种盈利模式。

以传统媒体为背景的新闻网站和生长在互联网土壤里的门户网站是PC端新闻网的两支力量，它们在PC端新闻网编辑与运营上的探路和实践，为网络与新媒体的全面发展奠定了基础、提供了经验。

二、PC 端新闻网的特点和优势

在智能手机用户量持续上升、移动网络将从4G进入5G的背景下，PC互联网相对来说有些衰落，但PC作为互联网最早的终端设备，仍在人们生活和工作中发挥着举足轻重的作用，PC端新闻网有其专属的特点和优势。

作为一种一体化的计算机终端设备，PC端有着发展成熟的硬件，在性能的稳定性和功能的全面性、服务的专业性上远超移动终端，比如有专门为游戏发烧友生产的高端显卡，有专门开发的固态硬盘，有能够无限存储的各类数据库等。PC端硬件有多样性、兼容性强以及开发周期相对较短等特点，更新换代的速度远快于移动终端。

PC是一种兼顾工作、生活和娱乐的综合工具。衣食住行等日常需求可以通过多样的移动端应用得到满足，但一旦深入到繁杂的数据分析、项目创作、特效制作或是大型游戏体验，PC依然是人们使用最频繁也是最合适的工具。在专业设计、计算机制图、软件研发上，移动终端无法取代PC完成大型任务。

基于PC的特点，PC端新闻网在与移动网、手机客户端相比较时，依然具有一定的优势，主要表现在以下几个方面。

页面表现相对丰富多样，能够采用更多的形式来展示内容和广告。PC端的高清图、动图、可视化数据信息图、视频、动漫等让用户的体验变得更好，多媒体、富媒体、横幅、对联、弹窗、全幅等多种类型的广告让PC端新闻网依然保有一定的广告竞争力。大屏幕、宽幅的页面也给网页设计提供了舞台和创意空间：绚丽的美术设计、动态的效果都可以展现出来，精致的专题、漂亮的网页能让用户赏心悦目，增强用户浏览的愉悦感。

信息容量大，能够无限扩展内容，可以建设专题和数据库。打开PC端新闻网的页面，可以看到少则十几个、多则数十个甚至上百个频道。频道覆盖面广泛，能满足不同用户群体的需求。专题和数据库在PC端新闻网更易于建设，也更便于用户浏览、检索和查询。

大屏幕易于阅读和操作，能让用户长时间停留。尽管手机已经做出5寸、6寸的大屏，提供文字处理工具和辅助图像编辑的修图应用，但PC端的使用场景仍是日常工作环境，用户可以在工作之余随时浏览PC端新闻网，这也比较符合用户的阅读习惯。此外，用户运用PC端新闻网撰写文字评论、编辑上传图片、剪辑下载视频等，操作更流畅、更高效。

PC端在用户工作过程中发挥着重要作用，它的大屏优势、高信息量的展示形式，对用户工作的辅助效果极好。尽管移动互联网发展很快，但PC端用户并未出现大量流失。因此，PC端新闻网依然是网络与新媒体编辑和运营的一个重要对象。

三、PC 端新闻网的编辑理念

（一）早期的 PC 端新闻网编辑理念

早期的网络媒体大多是纸质媒体的翻版，只是将传统媒体的内容和版式原汁原味地搬移到互联网上，作为传统媒体的电子版或网络版形态出现。可以说，新生儿时期的网络媒体并无成型的编辑思想，也未建立自己的编辑理念。

伴随着互联网门户网站的出现，以新浪网为代表的商业门户网站面对没有原创新闻资源的劣势，开创出了一条依靠整合来搭建新闻聚合平台的道路。新浪网的运营者认为“信息整合是网络媒体最重要的工作，是提升网络新闻传播效果的根本”，因此他们提出，网络媒体应充分发挥互联网有海量存储空间和页面可无限扩展的优势，集成各类媒体、各种形式的内容，走新闻整合之路，最终建成网络新闻的发布平台和各类信息的集散地。

新浪网树立和推行的新闻整合理念，被其他几家门户网站及各大新闻网站效仿。几乎所有网站都跟进模仿，这也导致了今天我们所看到的新闻海量罗列、标题制作雷同、页面结构相仿、网站风格全无的状况。

除新闻整合理念之外，早期网络新闻编辑的理念重点还在于快速，即利用互联网超时空、无疆界的优势，抢发新闻，实现快速发布、快速传播。1998年两会期间，人民网通过在人民大会堂现场的《人民日报》记者，第一时间报道朱镕基当选总理的消息，开创重大新闻网站首发重大新闻的先河；2001年，新浪网第一个发布美国世贸大厦被撞的消息；2003年新华网第一个向全世界发出美国空袭伊拉克的中英文快讯。

可以说，整合、快速既是网络新闻编辑早期的理念，也是网络媒体优于传统媒体的两个支点。整合体现出网络媒体的内容覆盖宽度，快速体现出网络媒体的渠道传播速度，而传统媒体由于版面空间、播出时长、出版和播出周期的限制，内容容量与传播速度一直是其短板。因此，在网络媒体发展初期，整合、快速的编辑理念成为其与传统媒体抗衡的利器，而且也确实在一定程度上打败了传统媒体，特别是纸质类的报纸、杂志。

网络媒体早期的发展理念中，缺少一个重要的理念——互动。互动应该是网络媒体区别于传统媒体的最本质、最有价值的特征，通过互动不仅可以快速与网民、受众沟通、交流，获得第一手反馈，而且可以从中获得新闻线索、现场信息以及观点意见。但是，因用户积累有限、互联网尚未普及，早期的网络媒体缺乏互动理念和重视用户体验的思想。

（二）渐趋成熟的网络与新媒体编辑理念

庞大的用户群和不断提高的市场占有率决定了互联网在人们生活中的地位和影响，同时也对互联网的内容和应用提出了要求。网络与新媒体在贴近基层、反映民生、推进社会发展方面有一定的优势，可通过传递信息、交流互动、提供服务来满足网民的需求，但用户成分复杂、知识水平不一、层次参差不齐，其需求是多样化的、变化的，且已经从单纯地浏览新闻、搜索信息等被动的、客观的需求转变为抒发情感、表达意见、获得价值认同和建立关系等主动的、主观的需求。随着社会环境和舆论格局的变化，PC端新闻网也在不断修正早期的编辑理念，改变以往粗放式的编辑思路，形成了一套相对成体系、渐趋成熟的编辑理念。

针对网络与新媒体的快速发展，PC端新闻网建立了即时式编辑报道流程，第一时间传播，选择、推荐、更新、发布最新鲜、最有价值的新闻；第一时间策划，根据新闻事件的发展、变化即时制定编辑思路，确定编辑手段；第一时间调整，对新闻的发布位置、停留时间和展现方式等进行调整；第一时间删除，随时监控不良信息、错误信息，一旦发现便快速处理、及时删除；第一时间互动，对网民反馈的信息、评论实时跟踪，并适时与网民进行互动交流。

针对网络与新媒体的海量空间，PC端新闻网确立了精耕细作、简约精编的报道策略，为用户的浏览进行二次筛选和过滤，注重对新闻的解读和深度策划，在此过程中打造自身的特色和风格。针对单条新闻、单幅照片和碎片化的微内容，采用微观整合的编辑手法，将文字报道、图片、视频、相关新闻、留言评论、转发分享、上传下载情况及新闻排行榜、新闻推荐、广告等推广性功能整合，呈现出一个全新的融合新闻。针对热点话题、焦点新闻、热门民生事件等，采用中观整合的编辑手法，根据编辑思想、话题内容和网页需求，对新闻源进行必要的筛选、对单条内容进行摘选、对新闻的内在逻辑进行梳理，从不同角度、运用相应的报道手段对新闻进行集纳式解读，使之形成一个新的整体，展示出新闻的深刻内涵。针对重大事件、突发事件，采用专题式的宏观整合模式，把不同来源的新闻、不同体裁的报道、各种各样的网络报道手段、矩阵小专题等融为一体，让用户在专题中看到新闻事件发生、发展的完整过程，了解事件的前因后果。专题改变了单条新闻、单个报道手段单一、零碎的状况，整体提升了新闻的品质和价值。

针对网络与新媒体的多样化表现手段，PC端新闻网确立了多媒体的编排思路和手法，合理、科学地统筹使用互联网图片、图表、声音、视频、flash、3D动漫、专题、直播、访谈等手段，形成立体报道；在内容传达上做到丰富多样、形象生动、现场感强，唤醒用户的听觉、视觉等多种感觉，从而降低用户接收新闻信息的费力程度。多媒体编排思路和手法体现出人性化与简易化的特点，有利于获得最佳的传播效果。

针对网络与新媒体的多重互动属性，PC端新闻网形成了主动策划、设置议程、引领舆论的引导式编辑思路。网络与新媒体拥有一对一、一对多、多对多的多种互动手段，具备叠加人际传播、群体传播和大众传播等多重传播手段的优势，可通过主动设置话题、巧妙构建议题、灵活运用在线编辑手段，如根据不同的用户群来进行有针对性的新闻推动，组织网民展开话题讨论，适时对网民生产的内容进行推荐、置顶、加星等处理，利用网页位置、色彩、特殊符号等方法编排新闻的位置、停留时间和相关组合等，将编辑的观点、立场和态度融入与用户的交互之中，让用户在与他人互动、与网站互动时进行辨析，获得认知，最终达到主动引导的目的。

针对网络与新媒体的产品运营要求，PC端新闻网构建了编辑与运营一体化的统筹模式。通过编辑高品质的新闻频道、栏目和专题，赢得高访问量和高点击量，广告主也可直接针对频道、栏目或专题进行广告投放。在编辑过程中可依据搜索引擎算法进行新闻编辑的优化，比如做好标题、摘要，添加关键词、相关新闻，抓住当前热点、焦点等，让新闻内容更易于被搜索引擎抓取，客观上带动PC端新闻网的内容营销。此外，还可以利用各类网络工具和网络应用，如通过客户端弹窗直接推送突发新闻、热点新闻，通过电子邮箱向注册用户发送周刊类、杂志类新闻，通过在文本页面添加分享工具引导用户转发新闻，开设微博账号并在微博中定时发送带超链接的新闻资讯等，为网站的新闻、专题、栏目、频道以及网站本身进行推荐、营销推广等。

PC端新闻网经过十多年的发展，在传播信息内容方面，拥有海量和几乎无所不包的内容；在传播形式方面，单向式、双向互动式、多向交互式、延迟式、现场即时式等各种传播形式交织并行；在传播载体方面，各种新兴媒介和新媒体层出不穷，人人都拥有麦克风，人人都是自媒体。面对多元化的传播格局，面对互联网影响力上升的趋势，PC端新闻网开始认识到自己的性质和定位，逐渐明确自己的社会责任和历史使命，为树立权威、提升公信力而进行着更多的实践。

第二节　PC 端新闻网的架构与设计

作为一项基础性工作，架构与设计好一个PC端新闻网，不仅关系到用户的浏览体验，更直接影响到运营效果。随着PC端显示屏、网页设计流行趋势以及用户使用习惯的改变，PC端新闻网的架构设计在把握网页页面特点的基础上，以位置、面积、色彩、动静为意义表达手段，以简洁、友好、易用为原则，以便利的人机交互为理念，逐步实现了网站构建的扁平化、模块化和多媒体化。

一、PC 端新闻网的页面特点

PC端新闻网由一个个网页构成。作为Web网的基本构成单元，网页包含内容、图形、链接、色彩、特效等元素，具有稳定、跳跃、灵活和艺术的特点。

相较于报纸、刊物，网页的整体样式和格局具有较强的稳定性。一是网页页面一旦设计完成，一般不会轻易改动整体架构，酝酿一次改版要经过很长一段时间，无论是门户网站还是新闻网站，都长年保持着页面的基本样貌。二是在设计完成的网页上，区域、位置、色彩、新闻条数都是相对固定的，一般也不会随时、随意变动，改变的只是每一个框架里的内容。三是网页上的表现形式也基本固定，文字、图片、音视频、动态或静态画面，都在发布流程中被限定了形式和格式。网页的稳定性特点虽然使网页看上去很呆板，但对于PC端新闻网却是必要的，因为需要有一定之规的网页来控制报道量、突出重点和引导网民阅读，网页的相对稳定性不仅便于发布新闻、归类内容、编排广告和设置议程，也便于网民浏览。

跳跃是指网页间的组织结构比较复杂，有序列结构、层次结构，也有网状结构、复合结构等，超链接属性让用户可以随意浏览任何一个频道、任何一条新闻，在各个网页以及一个网页的各个局部之间跳转。这种跳跃性要求在网页架构设计中处理好层次与导航的问题。面对不按照一定之序排列、自由分散的网页，设计者需要考虑如何建立网页浏览路径、怎样构建合理的页面组织结构，以及如何构建网站索引、频道地图和清晰的网络导航系统等。

PC端新闻网虽然具有稳定性，但又不乏灵活性，这体现在两个方面。一是页面的长短可以改变。不同于报纸的固定尺寸，网页的可视页面以“屏”为基本单位，网页可以是一屏，也可以是多屏，网页的长度可依据内容的多少和网站的风格来确定。二是页面更新与内容发布具有灵活性。纸媒必须完成所有的组版、印刷工作才能出版，网页可以整体改版，也可以局部改动，内容可以整体更新，也可以按区域变动，色彩、大小、尺寸都可以相对灵活地变动。

网页是网络技术与艺术创意的结合体，网络技术是网页设计的基础，是外在的客观因素，艺术创意则是网页设计的升华，是内在的主观因素。网页设计是主观因素与客观因素共同作用的过程，是在掌握网络技术基础上的自由想象。目前，随着网络带宽的升级以及家庭宽带的普及，网页中的多媒体元素越来越多，特别是数字压缩技术的改进和流媒体技术的推动，让网页可以承载在线音乐、在线广播、网上电影、网上直播、富媒体广告等实时的音视频服务，这使网页的艺术效果远超书籍或报刊等印刷品，而更接近于电影或电视的欣赏效果。

二、网页的意义表达手段

网页的意义表达由内容和形式两部分构成。内容部分主要在于新闻的选择、标题的制作和多媒体的运用，形式部分主要在于位置、面积、色彩、动静和字体。通过对图文、音视频、互动等内容的不同设计与安排，对位置、面积、色彩、动静与字体的选择，可以表现出设计思想和页面意义。

位置是表达网页意义的第一手段。不同的网页位置在吸引浏览者注意力方面差别很大。传统报纸有“金边银角草肚子”之说，网页虽没有类似说法，但所有设计者都知道“首页首屏”是PC端新闻网的黄金地带。首页是一个网站最强势的页面，也是代表网站风格的页面，是网页设计的重中之重。由于网页的可视单位是“屏”，电脑屏幕的大小是有限的，浏览网页时只能用拖动浏览器滚动条的方式一屏一屏去看，所以首屏是一个页面的强势位置。

网页设计的基本方式是“切割”页面、划分区域，区域面积是网页表达意义的又一手段。一般情况下，面积的大小与表达意义的强弱成正相关关系，但也要综合考虑位置、字体、颜色等其他因素。有时强势位置上的较小面积也会比弱势位置上的较大面积更引人注目，大块区域里密密麻麻的小字的吸引力要弱于小块区域里特大字号的内容。同时，面积的作用还受制于页面均衡的原则。如果都是大块划分或者都是碎片化切割，也就没有强弱之分了。因此，要突出面积的作用，需要采用比对、均衡的原则，只有在大、小对比的情况下，才能凸显出面积对于网页表达的价值。

在网页构成元素里，色彩是最富有情感的一种元素，也是表达意义最直接的一种手段。不同的色彩代表不同的情感，背后也有不同的意义和思想。红色表示欢庆、喜悦，也可表示警示；绿色表示生长、健康，也有表示环保的作用；蓝色象征着沉稳、理智，也代表着深邃、神秘；黑色意味着庄重、严肃、沉重等。在网页设计中，颜色是最难把握的表达方式，也是最需慎重使用的表达网页意义的手段。网页颜色讲究均衡、协调，过多、过密、频繁地使用，非但不能发挥预想的作用，还会过犹不及，影响页面的整体观感与视觉效果。每一个网站都有自己的主色调，设计页面时首先要考虑页面的颜色与主色调的统一。其次要在主色调之外采用同色系的颜色。这样，网站的页面颜色既有层次，又能保持整体格调一致。

大多数的网页都以静态的文字和图片呈现内容，如果在静止的网页上增加动态内容，根据页面内容科学、合理、均衡地使用动态表达方式，那么这些动态内容就自然会吸引浏览者的注意，让传播效果事半功倍。网页上常见的动态表达方式有：内嵌在网页上的GIF、Flash动画，独立悬浮在网页上的图片，随页面一起打开的弹出窗口。但是，使用动态手段表达网页意义时要注意动静相宜，应综合考虑发布位置、出现时间与表现形式，一屏页面上运动的图片或板块不能超过三个，同一个时间内不宜出现两个以上 “大运动”的内容。另外，网页设计最忌讳“满目动感”，这样做非但不能分清主次、突出内容，还会拖慢网民打开网页的速度。

字体也是影响意义表达的一种手段。宋体沉稳，楷体秀气，黑体庄重，隶书文雅，不同的字体表达着不同的思想和文化。目前，网页浏览器能包容、显示的中文字体只有寥寥几种，因此字体表达网页意义的作用有限，但可以将文字制作成图形，图形相比文字更能吸引受众阅读。

位置、面积、色彩、动静和字体等表达页面意义的手段都不是孤立的，需要考虑它们的相互组合、相互影响、相互作用的问题。弱势的位置如果有色彩、动静、字体等网页元素的配合，也会成为强势位置，类似于报纸的“倒头条”。如果不能恰如其分地运用带有情感和温度的色彩，其产生的页面视觉效果可能还不如不加色彩的设计。特别是在处理一些特殊内容、特别报道时，更需要配合使用不同网页手段，比如对于独家报道、原创报道，除应给予其显著位置和优势面积外，还可以采用区别于常规设计的字体、字号和颜色等，并进行相应的形式包装。

三、PC 端新闻网的三层规划

一个网站的规划分为三个层次：一是性质，包括整体定位、用途、功能、目标；二是构造，包括内容结构拓扑图、主体风格、颜色、logo设计等；三是技术，包括开发技术及语言、网站安全等。

性质方面，定位决定着用途、功能和目标。PC端新闻网一般有三种定位：一是综合性门户网站，服务于所有用户，除提供新闻资讯外，还有娱乐、社交、商务、工具等其他业务，各类业务发展较为均衡，发展目标为获得高流量、高点击率和广泛的用户群；二是以新闻为主的综合性网站，其价值在于提供高品质的内容，新闻资讯是主体，但也要适当兼顾其他业务；三是以专业、行业内容及资讯为主，或者以特定人群为对象的新闻网站，即通常所说的垂直类新闻网，如汽车新闻网、能源新闻网、校园新闻网等，主要服务于专业人群和特定人群，专业性、行业性强。应尽可能地在特写领域里做成垂直门户网站。

性质决定着网站的构造，决定着结构拓扑图、主体风格、颜色、logo设计等。结构拓扑图是网站规划的骨架，包括整体结构的层级，设置的频道，开办的栏目，每一层级之间的逻辑关系，频道与频道之间的链接关系，首页层、频道层和文本页的路径设计等。搭建好骨架意味着网站的创建有了基本的轮廓和样貌。风格是抽象的，是网站的整体形象给浏览者的综合感受，包括网站的CI（标志、色彩、字体、标语）、版面布局、浏览方式、交互性、文字、语气、内容价值等诸多元素。风格是用户对网站的第一印象和第一体验。风格源于定位，风格又强化定位。

在技术层面，开发技术及语言、网站安全设计、静态页、动态页、域名、数据库、服务器等都是在规划阶段需要考虑的基本内容。随着移动端用户的增加，还要考虑PC端网页自动适配移动端屏幕的问题，如允许网页宽度自动调整、使用相对大小的字体、选择加载CSS、进行响应式缩放等。

四、PC 端新闻网的扁平化架构

传统的PC端新闻网，无论是门户网站还是新闻网站，都承载着新闻、资讯、服务、游戏、社交等多项功能，体量大、内容多，这导致整个网站结构复杂、页面“沉重”、层级重重：一方面，几乎所有内容都堆砌在首页上，另一方面，出于广告及运营的需要，会设立一层层页面，最多时能达到五层。

移动互联网崛起给PC端新闻网带来了巨大的冲击，用户从单纯地使用PC端互联网变成双栖用户，移动互联网的页面特点影响到用户的浏览行为和习惯，而这种行为习惯自然地被带到了PC端。PC端新闻网要想长期留住用户、黏住用户，就要向用户行为习惯靠拢，主动迎合用户的改变，不仅要改变网站的样貌，更要改变网站的结构，使信息庞杂、堆砌的页面变得简洁、优雅，让复杂的流程、多层的路径更加扁平化、模块化。

扁平化架构，就是要减少页面的层级，缩短用户到达目标的路径，降低用户的能耗，提高效率、改善体验。目前，PC端新闻网一般设计为三层框架，即首页层、频道层和文本页，且在每一层的设计上都体现出扁平化的设计思想。

首页层过去以导航为主，重在对网站全部内容的导引和提示，现在从扁平化思路出发，核心内容和重点内容都集中在首页面上，但由于页面空间的限制，在设计上采用下拉菜单或标签轮显的方式，让每一个模块的内容都能获得展示的机会。同时，基于用户在移动端滑屏的习惯和对PC端滚轴鼠标的长期使用，可以拉长首页面的长度以放置内容，再用网页上的悬浮图标标记重要频道及“回到顶部”动作（见图9–1）。

图9-1　新华网首页截图，上框里为导航，右框里为悬浮图标

为了达到扁平化的目的，也为了满足用户个性化的需求，PC端新闻网将首页层部分区域的内容显示操作权交给用户，让用户通过定制的方式来决定自己的导航栏和区块。比如腾讯网首页的频道区，初次显示为一个频道及子栏目内容，但提供“更换频道”菜单，点击“更换频道”中的任一频道，可以自动切换为新频道及子栏目内容（见图9-2）。如果用户已注册登录，之后再打开此网站，显示的即为更换后的频道。

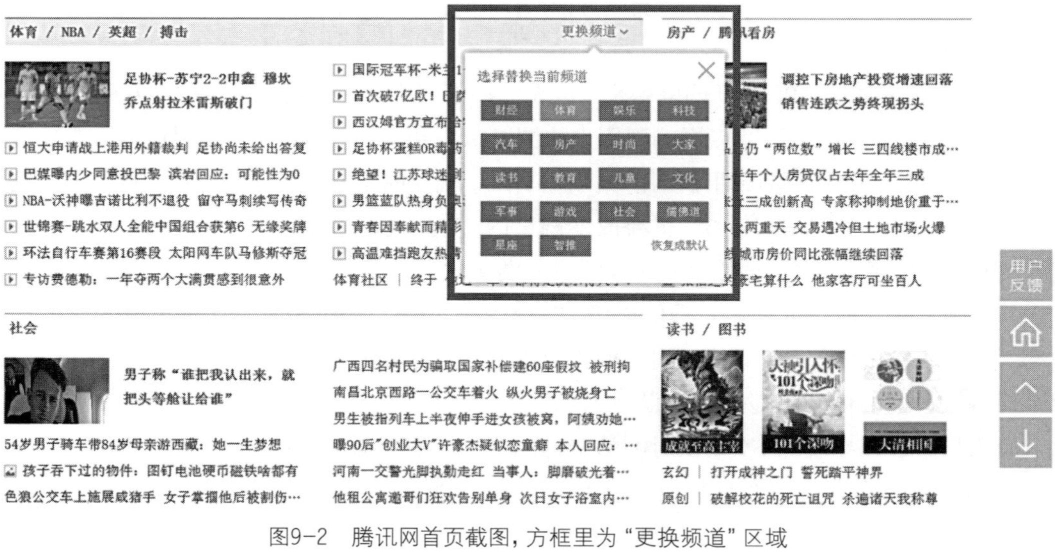

图9-2　腾讯网首页截图，方框里为“更换频道”区域

频道层同样采用轮显、下拉菜单、切换、标签等网页技术来实现内容呈现的扁平化。在整体布局的设计上，过去那种对称的、三栏结构的、纵横交错的布局或显复杂，因此，从用户易读性和易用性出发，大区域、大模块和大题图的设计成为主流。以京报网“品味”频道和参考消息网“中国”频道为例，可以看到，模块化是页面的基本组成方式，高清通栏大图或大幅主图成为页面的视觉冲击点，图文一体的布局可以直接适配移动端，顺应用户的浏览习惯，京报网的

不对称瀑布流和参考消息网的区块化列表让标题和摘要的内容清晰明了(见图9-3)。简单的线条分割让页面舒朗大气而不显零碎。

图9-3　京报网“品味”频道和参考消息网“中国”频道首页的截图

五、PC端新闻网的设计技巧

网页设计是一门综合艺术，是表现内容的一种手段，无论使用什么类型的图像、图形处理技术，如果设计出的页面只有美学欣赏效果而不能升华内容，形式喧宾夺主，掩盖了内容的价值，那么一切的设计都将徒劳无功。在PC端新闻网的设计过程中，形式服务于内容是基本要求，要通过页面设计让原本平淡的内容出彩，让原本被淹没的内容显现。设计技巧可以从多方面入手。

(一)兼容不同浏览器，控制页面重量

网页浏览器是用于显示互联网或局域网里的文字、影像及其他资讯的一类软件，用户只有借助浏览器才能简易、迅速、准确地打开各种网页。如果设计的网页不能兼容各种不同的浏览器，就会导致网页打不开、网页变形或网页设计的效果不能体现等问题。目前浏览器种类繁多，如火狐浏览器(Firefox)、360浏览器、谷歌浏览器(Chrome)、IE浏览器、搜狗浏览器、百度浏览器、猎豹浏览器等。因此，设计网页的首要任务是解决兼容问题，要让用户无论用什么浏览器登录网站、浏览网页都能看到统一的设计效果。

页面文件的重量与页面传输、下载和显示之间有正相关性，页面重量越小，网页打开速度越快，反之则越慢。尽管网络带宽与过去相比有了很大的改善，但网页内容也比过去丰富、

庞杂了，因此要控制页面文件，保证用户能在2—5秒内看到网页的全部或部分内容。控制网页文件的大小最重要的是控制页面上图片的大小。一张15k的图片可能只有邮票那么大，文件大小却相当于7 500个汉字，因此为提高页面的传输和显示效率，页面上的图片总量不宜过大，同时，单张图片的文件大小也不宜过大。一些内嵌过大图片的网页往往会在下载时发生“梗阻”，即所有文件都下载完了，图片还迟迟不能显示。此外，图片、Flash动画也不宜集中在一个页面框架中，那样也会因文件过重而无法打开局部页面。

（二）分散元素，适当留白

网页设计有一个原则，即不在同一个页面上使用太多好看的元素，以免影响用户集中注意力。抢眼的颜色、3D效果、漂亮的图标和按钮可以给页面增加一些闪光点，给人一种高品质的感受，但是，如果滥用，就会产生一种叠加效应，使页面变得混乱。同时，又要做到用设计语言将用户的注意力引导到正确的内容上，将最重要的内容“带”到最前面，从而避免分散用户的注意力。

“留白”一词往往容易被误解为空白，在网页设计中较为准确的描述则是网页各个板块元素之间的空间范围。现在网站的首页尤其是首屏，可谓“寸土寸金”，所有空间都被占满了。但是留白对于网页设计非常重要，留白让页面元素不至于都堆积在一起，给页面留出足够的“呼吸空间”。如果实在需要放置很多的内容，可以采用类似图片轮显的方式，尽量在最小的面积里传递更多的信息，而不是将空间占满。

（三）善用白色和灰色

白色，因明度最高，无色相，明亮干净、朴素无暇，在自然界象征着极致的纯净。白色优雅、平和而简单，没有强烈的个性，因而在网站设计中，具有高级感，是永远流行的主色调。轻快的白色让人觉得轻盈，运用得当可以让其他浅颜色及亮颜色呈现出深度、明度和饱和度的不同，让亮色更加明快。用白色作为设计页面的主色调，要掌握一些小技巧，比如为了让链接更容易被识别，使用浅色或亮色；减少杂乱广告图片；不要使用过小的字体，避免页面看起来细碎等。

灰色让人联想到智商与脑力。它不像黑色那么鲜明，又不像纯白那样苍白，灰色是黑与白的过度，是完美的补色。灰色可以和任何色彩搭配，由于它的中立性，它常常被用作背景颜色，可以让其他色彩突出。使用浅灰色替代白色或者用暗灰色替代黑色，能够赋予网页与众不同的高雅之感。灰色也是极简主义网站设计的首选色彩，一般选用浅灰色作为背景色彩，然后选用深灰色作为主要的字体颜色。

（四）从做加法到做减法，协调内容与广告的关系

一般认为网页设计是在不停地做加法，从第一个像素开始，就不断添加各种元素、手段进行创造，力图搭建出最完美的设计作品，但是在一个网页设计将要完成之时，更需要考虑做减法，反复考虑每一个元素的存在价值，使页面更趋于简约，画面更加通透大气，空间视觉元素不多不少但又显得丰富、美观。

广告是一个网站必不可少的特殊内容，那些以广告为主营业务的网站在网页设计上挖空心思，既要考虑广告发布的数量、广告位的分配、发布形式的选择，又要考虑不能让广告因数量过多、形式复杂而与内容冲突，也不能因位置不当让浏览者产生认知混乱，分不清什么是新闻、什么是广告。高明的设计是使广告内容与新闻内容协调一致，特别是广告的色彩、字体与周围的内容要搭配合理，不让用户对广告产生反感。

（五）注重细节，大胆创新

我们无法一一说出一个网页所包含的细节，但每一个细节都是网页设计成败的关键，比如颜色的渐变。企业网站的色彩很丰富，合理的渐变与背景和谐搭配会产生视觉特效，但如果滥用渐变，整个网站就会让人感觉像彩虹一样，杂乱无章。设计网站时，对于页面分布，一般都会考虑黄金分割，但如果一味追求黄金分割而不考虑内容的适用性，效果会适得其反。

网页设计没有一定之规，网络技术在进步，图形、图像设计技术在进步，网页设计有了自由的创新空间。因此，设计者不应受到过多束缚，要融合传统印刷媒体和电子媒体的性能，探索、设计不同风格、不同样式的网页。

第三节 PC端新闻网的商业运营模式

国内咨询机构艾瑞公司公布的PC指数显示，2018年PC端的月度覆盖人数基本保持在7亿左右，相比国内8.02亿的网民，增长率放缓，用户规模趋于饱和。但搜索、门户等入口级网站仍具有较强的吸引力，PC的大屏让购物、视频、游戏等服务、娱乐类网站拥有一定的优势。因此，当前的PC端新闻网运营模式主要是基于内容、娱乐、增值服务而形成的。

一、理解互联网商业运营模式

哈佛大学商学院教授克莱顿·克里斯滕森认为，商业模式就是创造和传递客户价值以及公司价值的系统。它包括四个环节：客户价值主张、盈利模式、关键资源和关键流程。互联网经过十多年的发展，形成了六大商业运营模式。

免费模式。这一模式以免费资源为基础，吸引大众注意力，获取流量，再以流量为基础构建商业模式，创造价值，实现盈利。克里斯·安德森在《免费：商业的未来》中归纳了基于核心服务完全免费的商业模式：一是直接交叉补贴，二是第三方市场，三是免费加收费，四是纯免费。360公司以免费杀毒软件为“诱饵”，吸引用户下载、使用，聚集海量用户后，推出360浏览器，借助浏览器的导航效应获取利润。

长尾模式。这一模式由克里斯·安德森提出，描述了企业从面向大量用户销售少数拳头产品，到面向多类型用户销售数量庞大的利基产品的转变。虽然每种利基产品相对而言只产生小额销售量，但利基产品销售总额可以与传统的面向大量用户销售少数拳头产品的模式媲美。长尾模式的核心是“多款少量”，需要较低的库存成本、强大的平台及容易被发现的利基产品。互联网拥有的海量空间和搜索引擎工具，为商品虚拟库存和被快速发现提供了便利。亚马逊、淘宝即长尾模式的典型代表。

O2O模式。这一模式充分利用线上与线下渠道的优势，让顾客享受到全渠道消费。线上的价值在于方便、用户可随时随地浏览，且商品品类丰富，不受时间、空间和货架的限制。线下的价值在于商品看得见、摸得着，即时可得。O2O把两个渠道的价值和优势无缝对接起来，打造了线上交易、线下体验消费的商务模式。一般而言，O2O主要有四种情境。第一种是Online to Offline，即线上交易到线下消费体验，常见的服务及平台有各种优惠券、打折券及生活服务类的团购应用，如携程网的“线上预订酒店、线下入住酒店”。第二种是Offline to Online，即线下营销到线上交易。用户在线下环境里通过二维码扫描完成线上交易和支付。第三种是Offline to Online to Offline，即线下营销到线上交易，再到线下消费体验。用户在线下看到海报信息后，通过扫描二维码到线上完成身份认证与交易，然后去线下的数家联盟商户完成消费。如在地铁口看到餐厅的带二维码的广告，扫码后就可实时预订座位、获取折扣，然后到餐厅进行消费。第四种是Online to Offline to Online，即线上交易或营销到线下消费体验，再到线上消费体验。这一情境多出现在会展、交友、培训沙龙等活动中，用户线上报名参与主题活动，线下进行现场体验，再到线上进行体验分享。

社群模式，亦可被称为关系模式。互联网的发展使信息交流越来越便捷，志同道合的人更容易聚在一起，形成基于时间、空间、兴趣、内容、共同需求的社群。运营人员可挖掘同质性的消费社群的痛点，进而提供相应的工具和服务，巩固社群的关系和黏度，再开发以社群为基础的电商应用。在社群模式里，工具是满足需求的产品，社群是沉淀用户的场域，电商是最终实现产品变现、维系社群运营和衍生盈利点的有效方式。“罗辑思维”是社群模式的典型，它从提供内容产品入手，建立基于共同价值观的用户社群，再面对这类社群开发书籍、高端礼品、轻奢品等相应的电商产品。

平台模式。平台战略研究专家、麻省理工学院教授迈克尔·A. 库斯玛诺对“平台”的定义是：首先要有被众多公司应用的基础技术或者产品(也可以是服务)；其次要有将众多参与方(市场参与者)汇集在一起的一个共同的目的；最后是通过更多用户、更多补充的产品和服务使平台价值以几何级数增长。《平台战略》一书中说：将两个或者更多有明显区别但又相互依赖的客户群体集合在一起的平台，会作为连接这些客户群体的中介来创造价值。平台对于某个特定用户群体的价值体现本质上依赖于这个平台“其他边”的用户数量，如电商平台，背后就有获取信息、提供交互、支付、配送等不同群体及其需求。平台型商业模式最有可能成就产业巨头，全球最大的100家企业里，有60家企业的主要收入来自平台型商业模式，包括苹果、谷歌、阿里巴巴等。

跨界模式。用户是跨界模式的基础。只要拥有庞大的用户群，掌握了几何级的用户数据，不论是水平扩展还是垂直整合，都能够进行跨界竞争。水平扩展的出发点就是满足所有可以满足的用户需求，垂直整合的出发点则是满足用户某个方面的特殊需求。百度、阿里巴巴和腾讯之所以能登上中国互联网食物链的顶端，就是因为百度借助搜索引擎占据了信息端的用户，阿里巴巴借助电商占据了交易端用户，腾讯借助QQ、微信占据了交际端的用户。这三家公司不仅拥有庞大的用户群，而且掌握了用户的收入状况、信用状况和社会关系以及购买行为等各种数据，关注用户需求及用户体验，可以利用互联网工具和互联网思维，重新构建商业价值链。

PC端新闻网的业务资源包括内容资讯、娱乐视频和社区社群，围绕这些业务资源，结合六大商业模式，PC端新闻网形成了自己的广告、增值服务、产品售卖的运营模式。

二、PC 端新闻网基于内容资讯的运营模式

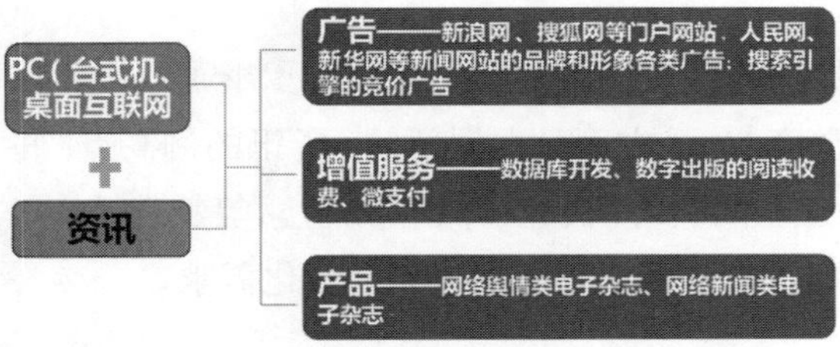

图9-4　PC端新闻网基于内容资讯的运营模式图

无论是依托传统媒体的新闻网站还是依靠风险投资起步的门户网站，内容资讯都是它们的主要业务，也是它们的核心竞争力。PC端+资讯生成三种运营模式：广告运营、增值服务收费和产品付费（见图9–4）。

（一）广告运营

流量—注意力—广告的模式，是传统媒体的营销模式，但也同样适用于PC端新闻网，而且这一模式无论在PC时代还是移动互联网时代，都在产生着价值和效益。

大多数的PC端新闻网首页底部，都有“广告服务”按钮，点击后能看到全面、完整、翔实的广告投放资源及解决方案，比如腾讯网的“整合腾讯平台数据、技术、服务能力，从策略、产品、平台多方面、全方位提供营销解决方案，帮助广告主有效提升广告营销价值”，中国网的“中国最具权威性的网络新闻咨询平台——切实地帮助广告主提高品牌的知名度和美誉度”，凤凰网的“原生营销”广告方案，网易网的“态度营销”报告等。由此可见，广告业务、广告营销依然是PC端新闻网营利的核心手段。

从2017年《中国网络广告市场年度监测报告》也可一窥广告业务的地位和价值。2016年，中国网络广告市场整体规模为2 902.7亿元，其中信息流广告规模325.7亿元，以PC端新闻网为载体的品牌展示广告和视频贴片广告是信息流广告的主要表现方式。

随着互联网技术的进步和广告主对营销效果的要求的提高，广告运营从过去的主页展示、视频贴片、弹窗悬浮向精准、多元、灵活、高效发展，更注重结合内容、事件、用户、产品特点进行营销。比如结合奥运会、两会、飞船发射的事件营销广告，针对青少年、银发一族、婴幼儿的精准对象广告。

广告运营的基础是流量和用户，获得流量和用户的基础自然是内容及其传播，因此，提供免费的高品质内容，将内容送达更广泛的用户群体，是广告运营的本质和关键，也是PC端新闻网运营的基础和前提。

（二）增值服务收费

2011年，《纽约时报》推出了付费阅读内容。用户每月只能免费浏览10篇文章，之后的阅读都要收费。除直接针对内容收费外，《纽约时报》还将内容资源进行优化、配置和整合，通

过内容聚合建立自己独有的信息资源管理系统、全文检索系统和新闻资料数据库，实现内容的二次增值。当你点击《纽约时报》网站中的“site map”，即可看到报纸中不同年代不同版块的内容，从1923年到1986年的所有内容都需要付费浏览和检索。

《华尔街日报》的网站是全球唯一的自网站创建以来一直坚持向用户收取阅读费用的新闻网站。在“华尔街在线”上点击“订阅”，读者就会有三种选择：订阅网络版、电子版及纸质版，订阅网络版和电子版（包括手机版和平板电脑版），仅订阅网络版。不同选择有着不同的优惠方式和用户服务权限范围，三位一体的战略和捆绑销售的运营方式让网站获得了较高的增值收益。

能够基于内容、资讯直接或间接收费，主要在于这些PC端新闻网一方面承继了纸质媒体的品牌优势，在用户中享有一定的知名度和美誉度，另一方面又占据新闻、资讯的制高点，将传统媒体高品质、专业化、权威性的新闻资源与互联网及时、快速、丰富、易检索等特点结合。在收费方式上，采用包月、包库或微支付等多种形式，能满足不同用户的个性化需求。

（三）产品付费

产品，是指向市场提供的，引起用户注意，让用户获取、使用或者消费，以满足其欲望或需要的任何东西。消费者购买产品，不仅购买产品的实体和外在形式，而且购买产品的核心价值，同时还考虑产品的附加价值和期望价值。内容产品以市场和用户为导向，以用户需求为出发点，基于市场反馈和用户对于产品核心价值的需求来进行产品的设计、研发、销售；除提供基本内容、外在形式、产品附加值和潜在价值外，还要提供相应的售后服务、互动、支持。PC端新闻网每天生产大量的内容，但这些内容都不能作为产品出售，只有达到内容产品的要求，才能产生相应的价值和利润，才能作为内容产品进行售卖。

目前，人民网、新华网、正义网、环球网等都基于网络信息资讯、用户评论反馈和网络舆论走向打造出了舆情产品，如《网络舆情》《网络舆情参考》《政法网络舆情》等。在舆情内容产品之后，又推出专向定制和延伸服务，提供舆情监测、舆情分析、舆情报告、舆情培训等产品，挖掘出内容资讯的潜在价值，延长了产品价值链，产生了高附加值的效益。

三、PC端新闻网基于娱乐视频的运营模式

随着移动互联网抢占新闻资讯的制高点，影视、娱乐、视频成为PC端新闻网的重要业务。PC的大屏能提供给用户优质的视听体验，能延长用户的在线时间，边看边聊功能能满足用户实时在线交流的需求。因此，围绕娱乐视频展开运营是PC端新闻网重要的营收增长点（见图9–5）。

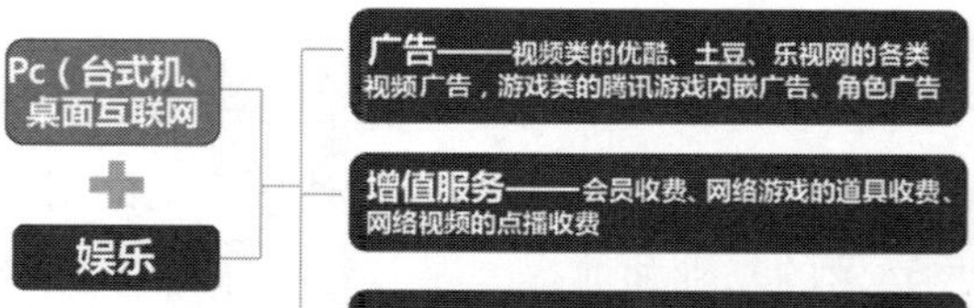

图9–5　PC端新闻网基于娱乐视频的运营模式图

（一）视频广告运营

虽然互联网的图文广告形式多样，如横幅、通栏、对联、宽幅、背投、矩形等，但广告具有非强制性的特点，可屏蔽、可拦截，广告的实际效果在减弱。视频播放器及视频页面上的广告则具有一定的强制性，广告主投放到娱乐视频的品牌广告、形象广告和产品广告越来越多，视频广告数量上升趋势显著。

在视频广告形态中，除常规的前后贴片广告、播中暂停广告、PC端角标广告外，还有多种结合视频内容的原生广告、插入广告、植入广告、电商广告、场景广告、增强现实广告等。以原生广告为例，它从用户体验出发，让广告内容融入视频内容的环境中，成为内容的一部分，即通过"和谐"的内容呈现品牌信息，不破坏用户体验，让用户自然地接受。腾讯视频曾在春节前夕推出了一条《回家的方向》视频，用内容触发广告：男主角离家前含泪吃下母亲连夜包的饺子，片尾出现湾仔码头的logo和广告语"妈妈心、饺子情。湾仔码头致敬天下每一位母亲"。广告不再僵化生硬，也不再独立存在，而是转化为有温度、有情感、能引发用户共鸣的视频内容。

有数据显示，看视频时看到感兴趣的商品，42.3%的用户表示会到电商网站搜索购买同款。因此，可以在视频中植入品牌广告、产品广告，并借助视链技术，满足用户一边观看视频一边购物的需求。例如，用户如果在视频中看到主角戴着帽子喝饮料，那么点击帽子和饮料就可以进入电子商务购买流程完成即时购买，这就是从广电到电商的T2O模式。可在视频中植入电商伴随广告，使视频里每个场景中的每件物品都可以成为品牌与用户的接触点，在品牌与内容之间建立强关联关系，让品牌的场景营销直达受众。

增强现实技术也将成为视频广告运营的新契机，运营者可以借助增强现实技术实现视频、场景和广告的三位一体。在地铁站里，叠加在现实场景之上的导向图标可以告诉你哪边有餐馆、哪里有电影院、哪里是博物馆；在旅游时，可以即时了解观光地的历史、风土人情、附近的酒店和商品等。

（二）视频增值模式

随着视频用户量激增、视频内容资源成本提高、视频终端多样化，PC端新闻网的视频业务需要新的运营手段。视频增值模式应运而生，前期以内容点播收费为主，目前主要是会员套餐收费。以乐视为例，其影视生态系统将传统的电视屏、手机屏、Pad屏、PC屏、院线大屏和未来的车载终端、VR终端打通，构建七屏联动体系。乐视会员可以同时在多个终端享受优先购买超级硬件、首映、点映、与明星见面等多项特权，并享受与院线同步的海量片库、音乐和体育赛事直播独播特权。

目前，PC端新闻网、视频网采用买断独家内容、优质内容资源和版权的办法，提高对用户的吸引力，吸引用户注册并点播、购买或升级为付费会员用户。视频网站爱奇艺通过制作优质内容进行运营，促进免费用户转化为付费用户，再通过发展产业链其他环节的服务，将会员的权益从观看视频内容进一步拓展到电影、游戏、电商环节。不断丰富和多样化的会员权益，既增强了现有会员的忠诚度，又能吸引新会员。2018年，PC端在线视频付费用户规模超过2亿，占视频用户的约30%，未来几年付费用户还将持续增长，成为PC端新闻网影视娱乐业务的主要运营对象。

（三）视频产品模式

视频内容产品模式以生产自制剧为重点，打造自有IP，再以IP为核心，横向或纵向延伸产业链，生产多元化的外部产品。

《2016网络自制剧行业白皮书》显示，2016年互联网自制内容总投资约270亿元，相比2015年增长了125%，自制内容制作集数增加近42%。自制剧不仅带来视频流量的激增，而且基于大数据的视频自制剧还能细分用户，为后续的视频产品运营带来价值。腾讯视频2016年网络原生视频节目流量的增长接近300%；优酷被阿里巴巴收购后，整合了阿里巴巴和优酷的双重数据，能根据不同人群的爱好定位剧集，设置人物和情节，并有的放矢地选角拍摄。

自制剧作为视频内容产品，带来流量和相应的广告效益只是一个开始。目前流量在20亿以上的网剧全部由IP改编，很多IP资源被控制在视频网站手中，而同时视频网站又能掌握大量用户数据，准确细分用户，因此视频网站可以围绕自制剧大IP，涉足更广阔的领域，包括影视内容制作、衍生商品开发和售卖，如开发游戏甚至主题公园等，形成“乘法效应”。

继自制剧、自制娱乐综艺视频产品之后，门户网站、视频网站与电视台联合打造娱乐视频节目成为视频产品发展的又一方向，如唱吧与湖南卫视合作推出全民音乐互动综艺节目《我想和你唱》、YY直播与重庆卫视联手推出“先网后台”的直播综艺节目《大牌玩唱会》。在产品生产模式上，一种是互联网公司担当“主角”，承担网络综艺节目的制作和剪辑工作，经电视台审核后在电视上首播，然后再放置到网络平台上点播，《大牌玩唱会》即这种模式。另一种是互联网公司和电视台各司其职，负责节目的不同部分，比如《我想和你唱》就是明星在唱吧手机客户端上录制歌曲的一部分，用户通过录另一部分实现与明星“合唱”。人气最高的用户会被湖南卫视《我想和你唱》节目邀请，到节目现场与合唱明星同台飙歌。在这一模式下，互联网公司依托庞大的用户量完成线上征选，电视台负责节目的制作。

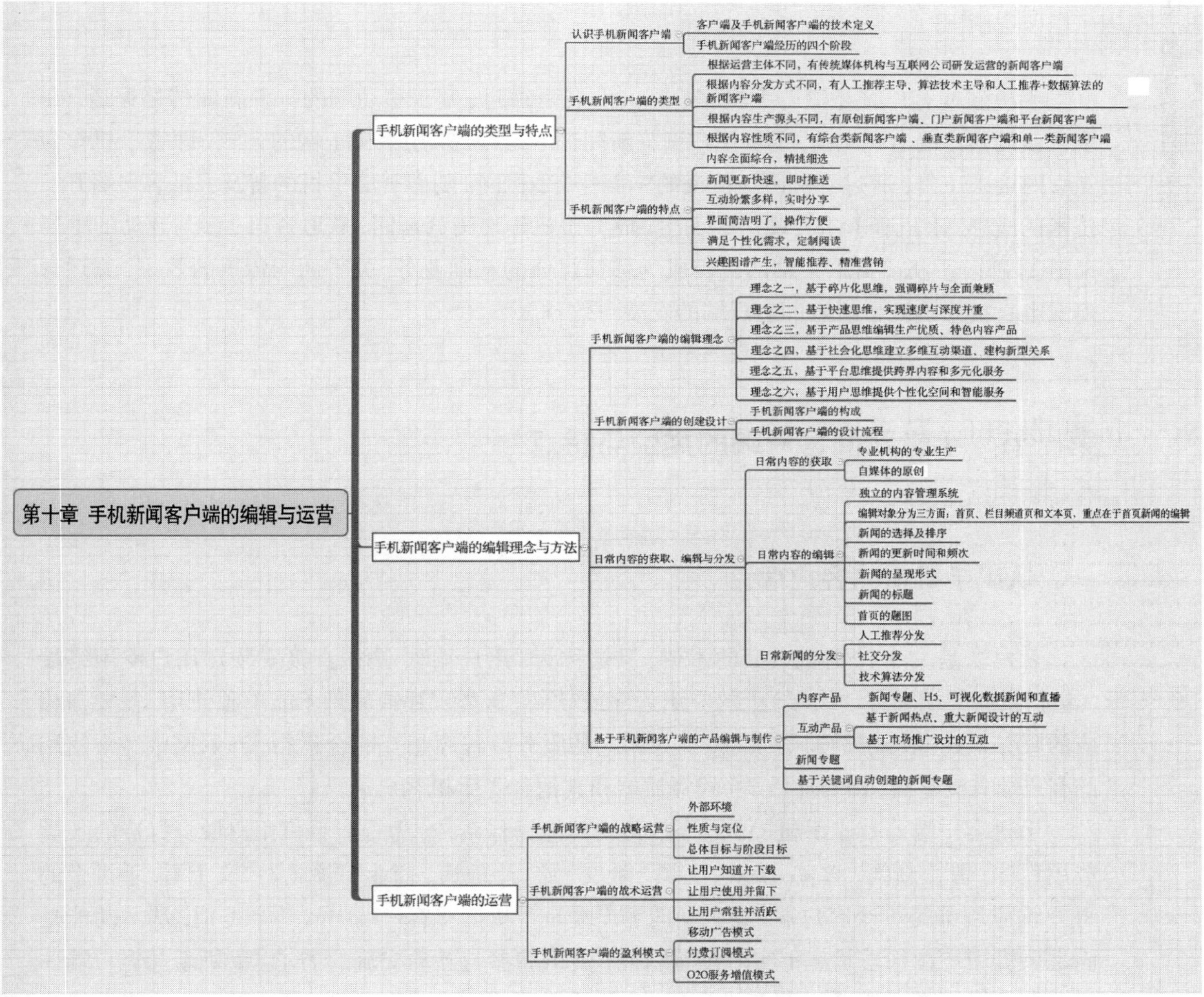
第十章 手机新闻客户端的编辑与运营
手机新闻客户端的类型与特点
认识手机新闻客户端
客户端及手机新闻客户端的技术定义
手机新闻客户端经历的四个阶段
手机新闻客户端的类型
根据运营主体不同，有传统媒体机构与互联网公司研发运营的新闻客户端
根据内容分发方式不同，有人工推荐主导、算法技术主导和人工推荐+数据算法的新闻客户端
根据内容生产源头不同，有原创新闻客户端、门户新闻客户端和平台新闻客户端
根据内容性质不同，有综合类新闻客户端、垂直类新闻客户端和单一类新闻客户端
手机新闻客户端的特点
内容全面综合，精挑细选
新闻更新快速，即时推送
互动纷繁多样，实时分享
界面简洁明了，操作方便
满足个性化需求，定制阅读
兴趣图谱产生，智能推荐、精准营销
手机新闻客户端的编辑理念与方法
手机新闻客户端的编辑理念
理念之一，基于碎片化思维，强调碎片与全面兼顾
理念之二，基于快速思维，实现速度与深度并重
理念之三，基于产品思维编辑生产优质、特色内容产品
理念之四，基于社会化思维建立多维互动渠道、建构新型关系
理念之五，基于平台思维提供跨界内容和多元化服务
理念之六，基于用户思维提供个性化空间和智能服务
手机新闻客户端的创建设计
手机新闻客户端的构成
手机新闻客户端的设计流程
日常内容的获取、编辑与分发
日常内容的获取
专业机构的专业生产
自媒体的原创
日常内容的编辑
独立的内容管理系统
编辑对象分为三方面：首页、栏目频道页和文本页，重点在于首页新闻的编辑
新闻的选择及排序
新闻的更新时间和频次
新闻的呈现形式
新闻的标题
首页的题图
日常新闻的分发
人工推荐分发
社交分发
技术算法分发
基于手机新闻客户端的产品编辑与制作
内容产品
新闻专题、H5、可视化数据新闻和直播
互动产品
基于新闻热点、重大新闻设计的互动
基于市场推广设计的互动
新闻专题
基于关键词自动创建的新闻专题
手机新闻客户端的运营
手机新闻客户端的战略运营
外部环境
性质与定位
总体目标与阶段目标
手机新闻客户端的战术运营
让用户知道并下载
让用户使用并留下
让用户常驻并活跃
手机新闻客户端的盈利模式
移动广告模式
付费订阅模式
O2O服务增值模式

第十章思维导图

第十章

手机新闻客户端的编辑与运营

手机新闻客户端是随着手机客户端的发展而兴起、基于移动端的一种新闻传播渠道。在手机新闻客户端出现之前，手机用户浏览新闻、资讯大多采用手机上网的方式，即将手机作为互联网接入工具，通过手机访问传统的Web网或手机网。随着智能手机的普及手机客户端开发技术的成熟，手机新闻客户端应运而生，成为手机用户浏览新闻、获取资讯、参与互动的主要渠道。因此，手机新闻客户端的编辑成为移动媒体的基础业务，关乎新闻传播的效果，其运营模式也直接影响到手机新闻客户端的发展与效益。

第一节　手机新闻客户端的类型与特点

一、认识手机新闻客户端

客户端是一个计算机方面的术语，又被称为“用户端”，是指直接安装在用户使用终端（包括桌面终端和移动终端）上的应用程序或软件。这类程序或软件不能单独使用，需要与相应的服务器建立特定的通信联系，并与相应的服务端程序相互配合运行。互联网中经常使用的客户端有浏览器、即时通信、在线播放器和其他各类手机客户端。

手机客户端是基于手机iOS、Android或其他操作系统，为智能手机用户量身打造的各类应用程序，覆盖新闻、教育、游戏、工具、社交、旅行、健康、商业等领域。广义上看，手机上的每一款应用都是一个客户端。手机新闻客户端是手机诸多客户端中的一个类别，基本功能是满足手机用户在移动状态下实时浏览新闻、资讯和参与互动交流的需求。手机新闻客户端一般由内容提供商或服务运营商设计研发，用户需要将客户端下载到个人手机上，才能在线或离线阅读。

站在技术发展和用户应用的角度看，手机新闻客户端的发展经历了四个阶段。

第一阶段为2008年前后的发轫期，智能手机带动客户端雏形出现，少数网站开始研发新闻类客户端，用户初步认识手机新闻客户端。

第二阶段为爆发期，门户网站全面推出手机新闻客户端并大力进行市场推广，综合类、垂直类、聚合类、单一类等各种类型的手机新闻客户端相继出现，用户开始接受手机新闻客户端并大量下载门户网站手机新闻客户端，网易新闻客户端、搜狐新闻客户端下载量一度超过亿次。

第三阶段为成长期，随着内容逐渐丰富，手机新闻客户端开始探索运营和盈利模式，传统媒体也从媒体融合层面出发，于手机新闻客户端发力，《人民日报》、新华社、央视、澎湃新闻、界面新闻等客户端纷纷出现，用户规模迅速扩大，基于手机新闻客户端的推送和个性化订阅成为内容分发的新形态。

第四阶段为精细化运营期，大数据和人工智能技术使手机新闻客户端的运营得到了升级，人工推荐+算法推送成为精细化运营的前提和基础，手机新闻客户端不再以获取新用户为主，而是考虑提高用户活跃度和黏性，挖掘存量用户价值。留住用户成为手机新闻客户端展开运营的根本。

艾媒咨询《2016年中国移动互联网新闻客户端发展分析报告》数据显示，中国手机新闻客户端用户规模为5.9亿人，有59.6%的网民倾向于通过手机新闻客户端获取新闻资讯。从手机新闻客户端市场发展情况看，传统媒体、门户或新闻网站以及聚合媒体为三大运营主体，图文、视频、音频等多种内容形式共生，"人工+算法"混合智能推荐成为主要内容分发模式。

二、手机新闻客户端的类型

根据不同的分类标准，可以对手机新闻客户端进行以下几种划分。

根据运营主体不同，可分为传统媒体机构与互联网公司研发运营的手机新闻客户端。前者以《人民日报》手机新闻客户端为代表，其从媒介融合的战略角度出发，抢占移动互联网新闻与舆论阵地，商业目的是附属品；后者以网易新闻、今日头条为代表，其以占领移动互联网的市场和入口为出发点，从市场地位看，依旧保持着在PC互联网时代的强势地位。

根据内容分发方式不同，可分为人工推荐主导、算法技术主导和人工推荐和算法技术混合的手机新闻客户端。受制于数据挖掘与分析、用户画像、人工智能水平，大多数手机新闻客户端还处于人工推荐主导的阶段，但是可以为用户提供订阅个性化频道的功能。单纯基于算法技术进行内容分发会形成"信息茧房"，有技术优势的公司更多采用"人工+算法"的分发模式，如今日头条、一点资讯和天天快报等，主要通过兴趣推荐为用户精准匹配其感兴趣的资讯，提升资讯获取效率，同时兼顾人工推荐和用户订阅。

根据内容生产源头不同，可分为原创新闻客户端、门户新闻客户端和聚合新闻客户端。原创新闻客户端以澎湃新闻、央视新闻为代表，它们拥有互联网新闻采编资质，生产大量原创图文、视频内容，具有品牌优势和媒体公信力价值，被认为是用户最信任的新闻源；门户新闻客户端继承了其在PC时代的资源和品牌优势，整合海量新闻信息，同时搭建自媒体平台吸纳优质内容，为用户提供广泛、丰富的资讯，满足用户的多样化需求；聚合新闻客户端以Zaker、Flipboard为代表，完全诞生于移动端，采用合作或购买内容版权的方式搭建内容平台，实时抓取，自动收集，自由排版，为订阅用户实时更新、自动推送内容，用户可以选择在线阅读，也可以离线下载阅读。

根据内容性质不同，可分为综合类新闻客户端、垂直类新闻客户端和单一类新闻客户端。腾讯新闻、网易新闻、一点资讯、《人民日报》客户端、新华社客户端和界面等都为综合类新闻客户端，内置丰富多样的分类频道和订阅频道，新闻内容精选自Web网络，以文字、图片为主，间或插入少量视频，24小时更新，与网站同步发布，在第一时间推送最重要、最新鲜的资讯。用户可以按照自己的喜好编排栏目、订阅产品。垂直类新闻客户端是指专注于垂直领域的新闻客户端，如军事头条、虎扑体育等。单一类新闻客户端多为杂志报纸类的，将原来登载在传统媒体上的内容搬移到手机客户端中，基本采用与母媒体相同的内容分类方式，有的新闻客户端还保留有报纸、杂志“原汁原味”的版式。

三、手机新闻客户端的特点

虽然手机新闻客户端发展历史很短，经历的四个阶段市场竞争激烈、变幻莫测，内容也有同质化的趋势，但手机新闻客户端的用户使用率在不断提升，用户在客户端的停留时间也在延长，基于手机新闻客户端的推送成为突发新闻传播的快捷通道，门户网站、互联网内容公司、传统媒体以手机新闻客户端作为产品转化的接口，形成“群雄逐鹿”的局面。手机新闻客户端之所以备受关注和重视，是因为其具有不同于其他移动端阅读的显著特点。

（一）内容全面综合，精挑细选

手机虽然可以通过滑屏和滚动不断加载丰富内容，但毕竟其屏幕较小，单屏承载量有限，因此，手机媒体在内容方面呈现出丰富全面而又精挑细选的特点，这一特点首先体现在新闻客户端的整体内容构建上。以澎湃新闻客户端为例，其定位为“专注时政与思想的资讯阅读平台”，开设有“视频”“时事”“财经”“思想”“生活”“问吧”等六大频道及“中国政库”“中南海”“舆论场”“能见度”“地产界”等几十个细分频道，内容丰富多彩而又设置用心，能满足用户多样化且精细化的需求、基础内容与重要内容并重的需求。

其次体现在单条新闻上。单个文本页不仅可以加载图片、视频和评论，实现了手机新闻的多媒体发布，还能附载新闻跟帖和多类分享，对新闻内容形成有益的补充。此外，手机新闻客户端每天上传的新闻不似Web网络无限制的罗列和堆砌，其会对海量内容中进行严格的过滤、筛选，会充分考虑新闻价值和用户需求，在精挑细选中发挥“二次传播”特有的作用。

（二）新闻实时更新，即时推送

手机媒体的伴随性特点决定了用户有条件随时随地进行阅读，因此，手机新闻客户端必须满足用户随时随地接收新闻、阅读资讯的需求，快速及时更新、实时推送新闻成为手机新闻客户端在传播速度上的特点和要求。一方面，在手机新闻客户端上实时抓取、即时更新。重要新闻、重大事件、突发新闻可直接在手机新闻客户端进行在线直播，如2017年8月九寨沟发生7.0级地震，几乎所有手机新闻客户端都在第一时间开设直播专题，用图文视频直播地震新闻。另一方面，手机新闻客户端都可以将有新闻价值或用户订阅的新闻第一时间推送到用户手机屏幕上，用户可以根据新闻内容，简单浏览推送的简讯，或触屏进入客户端浏览详细内容。

实时更新与即时推送保证用户无论身处何地，都能第一时间知晓正在发生的新闻。在腾讯新闻客户端上有这样一段广告语："新闻'秒时代'，3秒连接世界，30秒推送最新要闻，300秒尽览每日资讯。"尽管这是一段广告语，但却真实反映出移动互联网时代手机新闻客户端"秒"读新闻的特性。

（三）互动纷繁多样，实时分享

互动性是互联网的本质特征，移动互联网的"随时随地"特性更是让互动无时不在、无处不在。现有手机新闻客户端的互动设置中，有与内容关联的直接互动，如点赞、在线投票、参与调查、评论跟帖、参与微博热议等，有工具性的间接互动，如绑定账户一键分享，分享到微博、发送到邮件、推荐到SNS空间、转发到微信等，还有打赏、二维码扫描导流等其他类型的互动。一些手机新闻客户端里还提供热点话题讨论、问吧、问政等互动，为用户的实时评论提供方便。

从新闻心理学角度观察，读者在看完新闻后的第一时间最容易做出反应，而第一时间的反应也最真实、最客观。手机新闻客户端设置互动按钮能满足用户第一时间沟通、交流的需要，也能真实反映用户的思想和情感。用户实时分享的需求一旦得到满足，他们就容易形成习惯，习惯的背后是对手机端互动的依赖、信任，他们会更加积极地参与到话题和内容讨论中，实时分享的频率也会更高。

（四）界面简洁明了，操作方便

手机的小屏幕在一定程度上会减损内容的丰富度，但也有利于获得界面简洁明了、编排整齐大方的效果。无论是采用从上至下的板块式布局，还是采用从左至右的抽屉式编排，手机新闻客户端的UI设计都以提供灵活、方便的良好用户体验为原则，以易于用户简单、便利地操作为方向。

在网易新闻客户端3.0版中，智能手机的滑屏操作得到充分利用。整个手机新闻客户端"弱化点击型操作，更多采用抽屉式滑动切换模式，隐藏非核心的操作与功能，让用户更专注于浏览新闻资讯，而不会被显示在页面上的导航分类按钮打扰"①。同时，个人登录界面、功能性按钮和浏览单条新闻的跟帖也都采用抽屉式滑动方式，这种左右滑动式的设计能满足用户单手操作的需要。跟帖是网易新闻客户端的特色，为充分利用好跟帖资源，网易新闻客户端设计出针对单条跟帖的编辑模式，用户只要轻轻点击，就可以快速"顶""回复""分享""收藏"和"复制"。

（五）满足个性化需求，定制阅读

在现有的五类媒体中，传统的报刊、广播、电视以大众为对象，几乎无法满足个性化需求，网络媒体虽然理论上具备个性化定制阅读的技术条件，但在业务层面操作有一定难度。手机终端具有贴身性和私密性，手机新闻客户端更容易满足用户本地化、个性化的需求，通过设计友好、能够交互的产品来为用户打造"我的频道""我的资讯"。

① 网易新闻客户端入选威锋网App TOP10[EB/OL].（2012-12-04）[2017-11-20]. http://www.techweb.com.cn/news/2012-12-04/1260318.shtml

手机新闻客户端目前提供的定制化功能包括：订阅频道，享受个性化新闻资讯；提交位置信息，享受本地化新闻服务；自由选择在线或离线阅读；根据不同终端和网速状况在图片模式、文字模式和体验模式之间进行切换等。平台类手机新闻客户端还提供所有自媒体号的订阅/退订、开启/关闭推送的功能，一些手机新闻客户端还能基于搜索提供自定义频道、自定义标签的个性化服务。其他的服务性功能如"我的跟帖""我的收藏""我的股票""我的字号"等都可以根据用户的需要设定。

（六）兴趣图谱产生，智能推荐、精准营销

个性化推荐一方面通过用户主动定制与选择生成，另一方面基于智能推荐而不断筛选、自动生成。移动终端具有个人身份识别功能，可以精准记录用户的基本信息，如注册信息、兴趣和订阅功能的；用户的手机环境，包括手机型号、装载的客户端类型和数量；用户的生活环境，如地理位置和时间场景；用户在手机新闻客户端内的阅读行为，包括每一次浏览的内容、浏览时间和时长、参与互动的情况、阅读场景等；用户在其他客户端中的娱乐、消费数据，如与衣食住行有关的服务和购买行为等。基于这些信息和数据，可以生成个人的资讯图谱和兴趣图谱，确定用户画像和身份标签。

手机新闻客户端可以根据用户画像进行智能推送，并且根据用户的一次次阅读行为产生的数据描绘出精准的用户画像。资讯图谱和兴趣图谱不仅成为智能推荐的前提，而且也为内容营销和广告投放创造了条件。内容提供商可以按照用户的资讯图谱来推送资讯，广告商可以按照用户的兴趣图谱来推送相关的广告和产品信息。这种基于个人兴趣的智能推荐和精准营销模式，将颠覆PC时代人工推荐的编辑模式，也将改变按照浏览位置来投放广告，以及按照点击率和访问量来统计广告的模式。

第二节　手机新闻客户端的编辑理念与方法

中国互联网络信息中心（CNNIC）第40次《中国互联网络发展状况统计报告》显示，手机即时通信、手机网络新闻和手机搜索位居中国网民各类手机互联网应用前三位，是移动互联网的基础应用。手机网络新闻的用户规模达到5.9亿，使用率达到82.4%，即八成以上的手机用户在移动端浏览资讯。手机新闻客户端作为新闻资讯浏览终端之一，正在"从早期的以采编分发为主的自主传播模式转化到以用户资讯需求为主的资讯平台供给模式，内容制作方从以往以专业媒体为主转换到专业机构与自媒体并存"，平台化的资讯聚合模式和资讯传播模式"一方面拓展了信息类型，从以往的文字、图片扩展至视频、直播；另一方面服务模式也与视频、微博、直播等应用存在交集"。随着手机新闻客户端被越来越多的用户认可并下载使用，其正在形成一种新的编辑理念和模式，及一套符合移动互联网传播规律的设计框架和编辑方法。

一、手机新闻客户端的编辑理念

手机媒体具有碎片化快速传播、移动性强、用户停留时间长、互动便利、用户高度依赖等传播特征。基于这些传播特征，一方面要处理好碎片与全面、速度与深度的关系，另一方面要从产品思维、互动思维、平台思维和用户思维出发，提出独属于手机新闻客户端的编辑理念。

理念之一，基于碎片化思维，强调碎片与全面兼顾。手机媒体具有移动性强的优势，但也面临着碎片化的问题，碎片化的时间、碎片化的地点和碎片化的需求催生了一种碎片化的思维。因此，在手机新闻客户端编辑内容时，要在某种程度上迎合用户的碎片化思维，随时随地更新信息、提供资讯，但也要有意识地引导用户阅读，培育用户的全面思维，对碎片化内容进行整合和加工，为用户提供有角度、有背景、有链接的翔实而完整的内容。

理念之二，基于快速思维，实现速度与深度并重。速度快是移动互联网的优势，互联网资讯不仅能第一时间传播，更能第一时间抵达用户，引发用户第一时间的阅读与互动。但追求速度并不意味着放弃深度，反而要在速度之外重视深度，用深度弥补用户追求速度所导致的浅层阅读，用深度平衡用户的心理，使用户能沉淀、静心于深度内容而获得良好体验与满足。移动互联网的相关数据显示，用户在移动端并不拒绝深度阅读，更易沉浸到深度内容中，手机新闻客户端提供的收藏、置顶阅读等功能恰恰能帮助用户持续地阅读深度内容。因此，手机新闻客户端编辑要适时生产、提供有品质的、能满足用户兴趣和爱好的深度内容，坚持速度与深度并行的理念。

理念之三，基于产品思维编辑生产优质、特色内容产品。产品是指用户使用和消费并从中得到某种需求满足的有形、无形的商品与服务。产品思维要求在生产商品和提供服务的过程中考虑功能与体验，考虑用户对象及需求，考虑产品与用户之间在不同阶段、不同场景中的关系。产品思维强调同理心，即站在用户角度思考问题，包括符合用户已有的使用认知，抛弃自己的主观意识，让“小白”用户来体验流程。手机新闻客户端与用户距离最近、关系最密切，如果不能站在用户角度生产内容产品、提供各类功能、满足用户需求，就很容易被用户抛弃。所谓“爆款”产品，即触及用户痛点，让用户感到兴奋、意外，从而使用户自愿传播、分享，最终形成良好口碑的产品。H5产品是目前手机新闻客户端中最常见的内容产品，在H5产品出现之初，用户被产品炫酷的外形、动感的流程所吸引，很容易接受并使用。随着H5产品大量出现，用户对H5产品的内容有了高质量要求，一些简单追求形式、无实质内容、参与度低的H5产品逐渐被淘汰，其点击率、打开率都极低。

理念之四，基于社会化思维建立多维互动渠道、建构新型关系。社会化思维是指利用社会化工具、社会化媒体、社会化网络，重塑用户与媒体、用户与资讯、用户与用户之间关系的一种思维方式。相比PC端新闻网，嵌入手机新闻客户端的社会化工具具有更大的优势和价值。一旦多维互动渠道建立，用户就能随时随地进行各种层次、各种形态的交流与分享，实时对资讯进行评议，实时向客户端发出反馈，实时与其他用户形成呼应。互动体验的改善将增强用户对产品的黏性和对品牌的忠诚度，带来手机新闻客户端与用户之间关系的改变，进而为手机新闻客户端的运营奠定基础。

理念之五，基于平台思维提供跨界内容和多元化服务。新闻资讯只是手机客户端的一类基础性内容，娱乐、生活、电商、交流也是黏住用户、延长用户停留时间的基础性应用。平台思维意味着手机新闻客户端不仅要提供新闻内容服务，还应基于自身特点和跨界运营优势，用多元化服务来满足用户多样化的需求。在当前手机新闻客户端内容趋于同质化的背景下，平台思维和跨界运营的理念更符合手机新闻客户端的未来发展趋势，有助于扩展手机新闻客户端的生存空间。比如浙江新闻客户端有“教我烧菜”“我要挂号”两个模块，通过嫁接第三方平台为用户提供服务。山东24小时客户端的“活动”和“优惠”等频道引入观影、教育、旅游等线下活动，实现新闻与活动的对接，不仅增强了用户的黏性，而且为客户端商业运营开辟了新的领域。

理念之六，基于用户思维提供个性化空间和智能服务。用户第一次下载某类手机新闻客户端，一般是基于品牌认知，或源于偶然操作，或由于朋友推荐。要想让用户长时间使用手机新闻客户端，要想让用户永远留驻、不卸载手机新闻客户端，就需要在内容产品、多维互动和跨界服务之外，运用大数据和智能技术为用户提供令其满意的服务，让其获得更好的体验。个性化的空间和智能化的服务能让用户“寄生”在手机新闻客户端之中。在网易新闻客户端中，用户关注的网易号、收藏的文章、阅读历史、点评与跟帖等个性化内容构筑起专属的个人空间，用户一旦拥有了个人空间，就会对客户端产生依赖，进而信赖，最终主动接受客户端推送的内容，主动打开客户端。今日头条新闻客户端虽然存在阅读窄化和“回音壁”问题，但用户的下载率和留存率依然很高，这大概是因为这类依靠智能算法分发、推荐内容的客户端过滤掉了用户不需要的内容，动态的计算模型能让用户准确满足自己的需求，节省时间成本，提高阅读效率。

案例：《人民日报》、新华社和中央电视台的手机新闻客户端里的互动设置和跨界服务

中央级媒体《人民日报》、新华社、中央电视台在2016年对手机的新闻客户端进行了根本性的改版、升级。在互动方面，《人民日报》和新华社手机的新闻客户端分别设置了“问政”“小新”板块；在跨界服务方面，《人民日报》和央视新闻客户端分别设置了“政务”“发现”板块（见图10-1）。

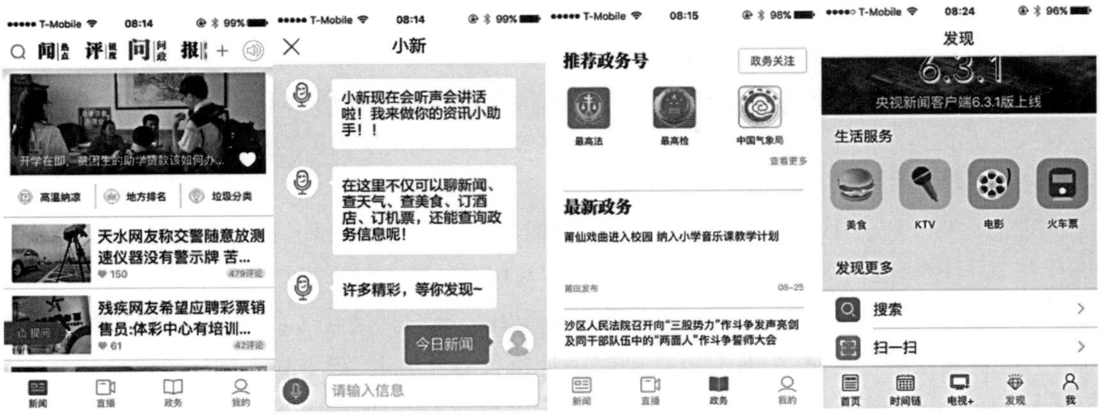

图10-1　《人民日报》、新华社和中央电视台的手机新闻客户端里的互动设置和跨界服务的截屏

【分析】中央级媒体的优势在于新闻资讯的生产和传播，但进入移动互联网时代，手机新闻客户端如果还停留在单一的新闻内容服务层面，还简单地强调“内容为王”，就缺少了吸引

用户与黏住用户的“卖点”，特别是在客户端内容趋于同质化的当下，以优质内容为基础，以互动响应为催化剂，以跨界服务为推进器，是传统媒体手机新闻客户端未来发展的一条路径。

《人民日报》手机新闻客户端的“问政”板块与人民网合作，打通桌面网站和手机客户端的连接渠道，收集用户提问。用户通过“问政”平台可以在客户端上将自己的需求和建议送达全国各地领导的案头，直接对话地方党政“一把手”，切切实实解决自己身边的难题。

新华社手机新闻客户端的“小新”是一款基于大数据、人工智能、语音语义识别技术的“智能引擎”和“语音资讯助手”，可以高效、精准地识别用户的语音，分析自然语言，以人声和全媒体形态向用户反馈最新资讯内容。“小新”类似苹果手机中的Siri，能陪用户聊天逗趣，还具备包括查询天气、订票等在内的多种生活服务功能。

在跨界服务上，《人民日报》手机新闻客户端上线供党政机关发布移动信息的政务平台，由入驻平台的党政机关和社会机构自主发布第一手新鲜资讯，为网民解疑释惑。政务平台还将与“问政”平台连通，提供各类服务，帮助用户解决身边难事、烦事，实现移动政务的功能。新华社手机新闻客户端统一搭建了全国党政客户端集群，覆盖全国各省、自治区、直辖市、地级市和县级市，力图通过这一平台实现全国各级政务服务业务“全国一张网、一键通全国”。三家中央级媒体都借助第三方力量接入地理位置识别技术和本地生活服务，央视新闻客户端的“发现”功能嵌入用户交通违章在线查询功能；用户可以通过客户端在线订购火车票、电影票、赛事门票，以及满足其他与日常生活息息相关的需要。

二、手机新闻客户端的创建设计

手机新闻客户端是完全区别于PC网、手机网，基于手机操作系统开发的一类完全独立的应用软件。从建构流程上看，首先是搭建手机新闻客户端整体框架、设置结构并设计前端的用户界面；其次是客户端研发完成后日常的内容组织、编辑和分发；最后是重大事件、突发事件和热点事件发生时基于手机新闻客户端的创意策划和专题制作。

（一）手机新闻客户端的构成

手机新闻客户端易被看成web网站的简约版，但它不是对web网站内容的简单缩减，而是基于手机终端的、独立设计的产品，在定位、栏目和版式上符合手机新闻传播规律。

一个规范的手机新闻客户端由三部分构成：新闻资讯板块、互动分享板块和辅助性（工具性）功能板块。新闻资讯板块涉及栏目、新闻、专题和话题等，新闻里又包括新闻列表、新闻正文、图片、视频和新闻榜；互动分享板块涉及评论跟帖、调查投票、分享到社会化媒体等；辅助性功能板块涉及栏目订阅（又叫定制）、内容收藏、离线下载、新闻推送和阅读模式选择等（见图10–2）。

一些综合类手机新闻客户端会涉及链接到第三方的模块，如央视新闻客户端里的“发现”、《人民日报》手机新闻客户端里的“政务”；一些平台类手机新闻客户端则会涉及搭建自媒体账号的模块，如网易新闻里的“网易号”、腾讯新闻里的“企鹅号”、一点资讯里的“一点号”、今日头条里的“头条号”等。

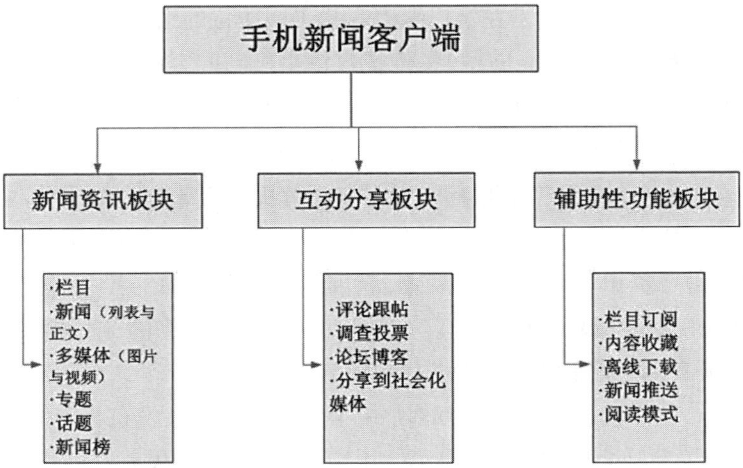

图10-2　手机新闻客户端的基本内容框架结构图

（二）手机新闻客户端的设计流程

设计手机新闻客户端，第一要明确拟建成哪种类型的客户端：是综合类还是垂直类，是以原创内容为主还是以整合平台为核心，是使用基于算法分发的技术架构还是使用依赖人工编辑的推荐模式。同时，还要考虑手机操作系统的问题，不同的操作系统中的客户端，不仅前后台技术与设计界面有区别，而且考虑到后期的编辑和运营问题，在栏目设置、频道规划和辅助功能提供上也存在差异。

第二是新闻资讯部分的频道、栏目设置和文本页设计。目前，客户端技术能够让用户基于推荐的频道、栏目进行自选，选定频道、栏目后还可以随时添加、删除和排序，甚至有的手机新闻客户端还可以基于关键词搜索自定义频道和栏目，因此频道、栏目的分类与数量已经不是设计中的核心问题。如网易新闻客户端有四十多个频道，《人民日报》手机新闻客户端只有十多个，提供哪些推荐频道及在导航栏上放置哪些栏目才是重点，它能反映出客户端的性质和定位，体现出客户端的优势和特色，应从目标用户的需求出发进行设置和编排。比如网易新闻客户端里的文本页的设计经历了从简约到庞杂的过程。理论上，文、图、短视频、相关资讯、点赞、分享、评论、图文广告、二维码导流广告、打赏全部都可以堆积到文本页上，达到和PC端文本页一样的内容整合与传播目的。但是，设计中还是要考虑网络带宽与加载问题，内容太“厚重”、捆绑太多会影响文本页打开速度，过长的页面也会影响到用户体验，进而导致用户卸载和放弃整个客户端。

第三是互动设计。开放所有的互动接口，接入多类社会化媒体，提供充分、便利的交流、分享功能，是手机新闻客户端互动设计的基本原则和要求。聚合类平台Zaker客户端里，囊括了赞、评论留言，分享到新浪微博、腾讯微博、人人网、搜狐微博、QQ空间、Pocket、印象笔记、微信，邮件分享、短信分享和收藏文章等十多种按钮。原创类客户端澎湃新闻里，除了通用的评论、分享、点赞等功能外，还特别设计了“问吧”“报料”“订阅”“我的话题”“我的跟踪”等功能。互动、分享越充分，给用户的空间也就越大，用户停留在手机新闻客户端的可能性也会自然提高。通过互动留住用户、黏住用户，是手机新闻客户端的最大作用和价值。

在互动设计方面，既要考虑常用的、普遍的互动功能和工具，更要结合自身的资源与优势，推出独特的互动应用。比如澎湃新闻的"问吧"就是从自身拥有的记者资源和专家团队出发，让专业人士回答专业问题，由此为用户带来知识延伸和扩展。有条件的手机新闻客户端还应该将旗下的所有互动平台打通，共享互动内容和反馈。用户"搭楼"越高，就能带动越多的用户参与，提升用户整体的积极性和创造性。

第四是用户界面设计。手机新闻客户端在界面、版式设计上有两个难题：一是手机屏幕比台式机和平板电脑的屏幕要小，很难进行复杂的版式设计；二是手机终端多样，屏幕大小不一，需要在编排版式时考虑各种手机的适配问题。因此，手机新闻客户端的界面、版式设计应以简洁明了、易于操作为原则，以利用好手机触屏和滑屏技术为前提，以用户直观和方便浏览为目标。

手机新闻客户端的操作一般有横向的左右滑动和纵向的上下滑动两种，普遍使用的技术为触屏式的弹出和隐藏。基本版式一般包括上下各占一行的栏目导航、功能导航和不断更新的图文新闻，更多栏目被隐藏，更多新闻在滑动中加载。在内容编排上，大多数手机新闻客户端默认页的设计为焦点图头条、包含3—5条图片+新闻摘要的列表；专题页、图片页和视频页的设计为整齐划一的列表样式；文章页则会控制页面内容，篇幅长的文章提供切换到下一页的功能，同时还可以提供修改字体、评论、收藏、转发等功能。

三、日常内容的获取、编辑与分发

由于手机新闻客户端主体不同、技术水平不同，自身性质不同、类型不同，所以其日常内容的获取、编辑与分发存在不同的方式和模式。作为自主研发、拥有独立发布权、可以随时升级迭代的平台，手机新闻客户端对内容的处理不仅区别于PC端新闻网，也完全不同于同属移动端的微信公众号。

（一）日常内容的获取

日常内容的获取取决于手机新闻客户端的"出身"。如果根据"出身"把手机新闻客户端分为媒体系、门户系和原生系（即起步于移动端、专注于新闻资讯发布的新闻客户端）三类，那么媒体系手机新闻客户端以自有、原创内容为主，门户系新闻客户端以原创加人工整合内容为主要模式，原生系手机新闻客户端以机器抓取有版权内容与组织自媒体原创内容为主体。

进入移动互联网时代，内容创作和传播的门槛相比PC时代更低，内容的生产从过去的专业媒体、政府机关和企事业单位的有组织生产，扩张至自媒体自发的、自愿的、无组织的内容生产，内容数据和信息进入一个爆发期。自媒体内容生产者一方面利用第三方平台创建自己的账号或公众号，另一方面被平台媒体或垂直媒体组织起来，成为专供类新闻源。

目前，部分手机新闻客户端搭建了第三方内容平台，比如今日头条的"头条号"、一点资讯的"一点号"、网易新闻的"网易号"、腾讯新闻的"企鹅号"、凤凰新闻的"凤凰号"，它们通过广告分成、资金赞助、收益分成等方式吸引内容生产者进驻内容平台，生产大量的日常内容，这些内容成为与抓取的内容并重的内容源。

此外，手机新闻客户端还与一些垂直内容供应商合作，构建内容生态矩阵。比如凤凰新闻客户端与视觉中国、秒拍、小咖秀、一直播、美摄等合作，形成“图片+短视频+直播”的内容生态新矩阵。

总体上看，在手机新闻客户端的日常内容获取上，专业机构的专业生产和自媒体的原创成为两支力量，客户端运营者不再将重心放在自身的原创内容生产上，而是运用各种手段、方式和激励措施组织内容源、丰富内容池。

（二）日常内容的编辑

手机新闻客户端有独立的内容管理系统，借助这类软件技术可以实现对内容的编排和发布。客户端的编辑对象分为三种：首页、栏目频道页和文本页，重点在于首页新闻的编辑。在编辑时需要处理好五个方面的问题：新闻的选择及排序，新闻的更新时间和更新频次，新闻的呈现形式，新闻的标题和首页的题图。

非算法推送类手机新闻客户端的首页新闻要依据新闻价值规律与媒介自身传播规律，进行人工选择并排序，需要从时效性、重要性、均衡性三方面考虑，要在第一时间及时更新、发送新闻，要保证重要资讯能在手机端狭小的页面上展示，要满足不同手机用户的多样化需求，尽量集纳不同类别的新闻，做到内容平衡、数量均衡。

新闻更新时间和更新频次的确定既要依据用户在移动互联网端的一般行为习惯，又要考虑所运营客户端的性质与目标对象的特殊性。基于用户的使用习惯，再结合自身产品的优质资源和特点确定更新时间和更新频次，将能得到更好的传播效果。早上上班路上、中午休息时间和晚上睡觉之前是用户比较集中地打开客户端的时间，在这三个时间段更新新闻，同时考虑与此时间段相匹配的内容，能让用户有比较好的体验，其停留的时间也能相应延长。

在新闻载体偏好方面，传统的图片和文字模式依然被大多数用户青睐，短视频已占有三成用户市场，其他载体形式有H5、直播、长视频。但是，从移动互联网的发展趋势和传播效果看，图片、视频、H5等具有视觉冲击力的可视化新闻更易吸引用户眼球。因此，首页上的新闻呈现形式应尽可能多媒体化，并且在编辑过程中要用相应的图示标出新闻的类型，便于用户识别和打开。

手机新闻客户端的新闻标题与PC端新闻网的标题一样，具有导读、导引、导航和导流的作用，不同的是，手机新闻客户端对标题的要求更高，好的标题带来的影响更大。标题字数一般要求控制在15个字以内，简明扼要，易于抓住用户眼球，新闻要素不一定齐全，体现新闻中最有价值的一点即可，同时要兼顾吸引力和引导性。

首页图片一般有两种样式：一种是大图，可作为首页题图，采用多张图片滑动轮显的方式进行呈现，或者作为页面分割图，内容可以是新闻，也可以是广告；二是小图，可配合单篇文章左右布局出现，或者是多张小图并列，作为图片新闻出现。图片编辑的重点在裁剪时的取景，狭窄的页面不宜展示太宏大的场面图片，选取裁切时以近景、细节、特写镜头为主。随着智能手机像素的提升，照片的清晰度是选择编辑的第一要求。在新华社手机新闻客户端里，大小图的应用让整个首页页面搭配平衡、和谐（见图10-3）。

图10-3　新华社手机新闻客户端图片放置于不同位置的效果的截图

栏目频道页的编辑与首页的编辑大体一致，有些手机新闻客户端在后台系统采用设置标签、自动提取的方式编辑栏目频道页，这样能节省人力、提高效率。文本页的编辑与PC端新闻网文本页的基础编辑大致相似：要有基本的修改删添，要对图片进行裁切并撰写说明；对于长文章，尽量写出阅读提示，对于评论较多的文章，在标题下或栏目页的摘要里标注评论数；针对技术条件完备的手机客户端，要多考虑多媒体报道，在文章正文中插入图片和视频。

（三）日常新闻的分发

当前，基于兴趣推荐机制的机器自动分发是手机新闻客户端推崇的一种个性化推送方式，但受制于用户画像、大数据挖掘与分析能力、智能算法等技术的水平，大多数手机新闻客户端还是采用编辑筛选和精编式的推荐方式。

编辑人工推荐会保证更高程度的内容真实性、时效性和阅读连续性，有利于设置议程、传播重点内容、推荐重要信息。当然，推荐模式会造成新闻内容同质化，从而减弱用户阅读的主动性及用户对客户端的黏性。

以技术驱动的个性化阅读推荐会按照用户阅读喜好进行推荐，并且随着用户阅读数据积累和算法优化，内容推荐会更为精准，用户阅读的时间成本会降低。但越来越“聪明”的算法，也可能使用户陷入阅读“窄巷”，甚至还会形成一种“回声室效应”——用户将只阅读到自己希望或者喜欢看到的片面信息，并且沉浸其中，而接收不到关于这个世界的真实或者完整的内容。

两种分发模式皆有弊端，因此，有必要将人工推荐和智能算法结合，形成内容和技术、重大新闻与时效新闻、高质量内容与用户个性化内容需求平衡的一种推荐模式。2015年6月，苹果在官网发布了一条Apple News团队招聘新闻编辑的消息，苹果团队认为，在数据分析和用户兴趣之外，依旧需要新闻编辑来帮助“挑选出算法无法识别出来的、传播性强的原创内容”，以避免陷入“算法”魔咒。

在人工推荐中融入算法，可以让人工推荐更精准、更高效；在算法中加入人工推荐，可以让算法更具人文情怀、媒体基因以及编辑对内容消费和用户的深刻洞察。以苹果内置的News

客户端为例，早期的News显示的是根据用户偏好和热度聚合的新闻内容，每一个用户看到的热门新闻并不一致，呈现出个性化特色。之后，其整合了人工编辑和机器聚合方式，在早间和晚间两个时段，推出人工编辑的热门新闻内容，这些新闻完全由苹果的编辑团队挑选，每一个用户看到的头条新闻和热门新闻都是一样的。

其实，不只苹果News客户端如此操作，推特、YouTube都招募了一些人工编辑，从浩瀚的新闻素材内容中整理出新闻产品，让读者不至于感觉被热门事件信息淹没。完全基于用户兴趣的数据分析并不能发挥媒体的社会功能、满足群众的内在需求，尤其是在优质新闻内容和突发新闻方面，人工推荐能避免“算法魔咒”，能提供人性化和更具社会意义的内容。

四、基于手机新闻客户端的产品编辑与制作

基于手机新闻客户端的产品有内容产品和互动产品。内容产品主要有新闻专题、H5产品、可视化数据新闻和直播；互动产品有基于新闻热点、重大新闻设计的互动产品和基于市场推广设计的互动产品。①在此主要阐述移动端新闻专题的编辑与制作。

随着用户越来越频繁地浏览手机新闻，客户端里的专题也越来越多，但受限于手机屏幕和容量，专题的编辑制作都较为简单。整个专题页面的版式多为题图加新闻列表，在新闻列表中一般可开设“新闻”“图片”“视频”“评论”“背景资料”等基础性频道。有的专题也会开设与主题相关的栏目，比如新浪新闻在“台风天鸽”专题里，专门设置了《天鸽影响》栏目。由于新闻列表的版式很难让用户注意到专题里的小栏目，所以要用技术手段尽量让栏目凸显出来，如将栏目单列一行，或者用不同的颜色显示，或者在栏目上加设某种符号。此外，移动滑屏技术也可以用于栏目设计编排，但需要给用户可以滑屏的提示。

还有一种基于关键词而自动创建的新闻专题。自动创建的新闻专题与PC端新闻网里搜索引擎设置的热门关键词类似，大多基于近期热门新闻而生成。用户在搜索框输入某个关键词，手机新闻客户端会将与之有关的新闻自动整合，图、文、视频按照标准模板和版式自动编排，形成专题页面。但这类专题不设置栏目，新闻列表中的内容基本按照与关键词的相关性排序。

第三节　手机新闻客户端的运营

作为智能手机的高频应用和移动端的主要新闻浏览入口，手机新闻客户端的运营关系到客户端的下载量、打开率和活跃度，也关系到用户数量、黏度与互动程度。另外，手机新闻客户端的下载使用和用户情况又反向影响运营模式，决定其运营效果。手机新闻客户端的运营既要有战略上的决策与定位，又要有战术上的用户价值发掘与转化，既要有线上与线下的同步推广，更要在编辑中注入运营理念，用编辑手段带动运营。

---

① H5产品、可视化数据新闻可以参考本书“多媒体新闻的编辑与运营”和“直播新闻的编辑与运营”部分，互动产品可以参考本书“互动新闻的编辑与用户运营”部分。

一、手机新闻客户端的战略运营

所谓战略，是指从全局考虑、谋划实现总体目标的规划和布局。战略运营需要从战略层面谋划、制定手机新闻客户端的总体目标、规划和模式。进行手机新闻客户端的战略运营，首先要认识并了解与之相关的政策法规、社会环境和技术条件；其次要分析与之相关的竞品，确定其性质与定位，明确总体目标与阶段性目标，以及为实现两个目标而制定的，能够操作、执行的计划、步骤、手段等具体战术。战略运营的终极目的是建构手机新闻客户端的运营模式并实现营利。

（一）手机新闻客户端运营的外部环境

外部环境包括政策环境、技术环境、市场环境和移动端用户状况。每一类环境下都包含多种因素，每一种因素都会影响甚至左右手机新闻客户端的运营效果。

政策环境。政策环境包括国家出台的与移动互联网相关的各种法律、法规、条例，部委或地方政府出台的部门或地方法规，也包括一些互联网平台或公司出台的约束性规章制度。以微博为例，既要遵循国家层面的《互联网信息服务管理办法》《互联网新闻信息服务管理规定》，也要遵循部委和地方制定的《即时通信工具公众信息服务发展管理暂行规定》[①]《北京市微博客发展管理若干规定》[②]。法规政策对手机新闻客户端运营的影响是直接的、刚性的、显著的，一旦触犯某项法规条例，轻则停止提供服务，重则直接关闭平台、下架客户端。

技术环境。技术环境包括移动基站建设、Wi-Fi覆盖范围、网络速度、用户使用的终端设备、客户端开发技术等软硬件因素。大中城市技术条件优厚，Wi-Fi覆盖面广，用户使用的智能手机配置高，装载的客户端多，即使打开频率不高，也不会因为手机内存小而频繁安装、卸载。而在小城市，移动网络速度慢，人们大多购买低配置智能手机，装载的客户端应用很有限，人们自然会把不经常使用的客户端卸载。特别是新闻类客户端，一般只会安装一两个。可见，技术环境在很大程度上会直接影响到客户端的运营。

市场环境。目前的手机新闻客户端市场是一片红海，竞争激烈。过去是传统媒体运营的客户端与门户网站运营的客户端同台竞争，随后发展到使用人工推荐、算法技术主导的不同推荐模式的客户端的比拼。当前，以搭建平台模式和原创模式运营的客户端正进行对决。市场上的竞品层出不穷，运营手段千变万化，复杂、多变的市场环境也是影响运营的直接因素。

移动端用户状况。其包括用户数量、规模、单个用户客户端装载数、打开率、活跃度、黏性指数、使用习惯、满意度、用户体验等。根据艾媒咨询发布的《2017年Ql手机新闻客户端市场研究报告》，用户偏好传统的图片和文字模式，休闲幽默类资讯最吸引用户，他们对符合需求的广告并非极度排斥。这些习惯和偏好都直接或间接影响到手机新闻客户端的内容选择、编辑形式和运营方向。

---

① 《即时通信工具公众信息服务发展管理暂行规定》由国家互联网信息办公室于2014年8月发布。

② 《北京市微博客发展管理若干规定》由北京市人民政府新闻办公室、北京市公安局、北京市通信管理局、北京市互联网信息办公室于2011年联合发布施行。

（二）手机新闻客户端的性质与定位

性质和定位决定着运营方向和运营模式，也决定着运营成效。“出身”不同的手机新闻客户端，其性质、定位显然会有所不同，而因目标对象不同、优势资源不同，也会有针对性地确定自己的性质和位置（见表10-1）。

表 10-1　不同手机新闻客户端的口号、策略与优势一览

客户端	口号	策略重点	能力资源优势
《人民日报》	做有品质的新闻	让权威新闻更立体，即时资讯更“好玩”	拥有丰富的党政资源、品牌知名度和社会公信力
新华社	我们在现场	国家通讯社移动门户和新媒体旗舰	依托国家通讯社遍布全球的新闻信息采集网络
澎湃新闻	专注时政与思想	新闻及短视频的原创新媒体平台	强大的新闻采集和原创能力，丰富的专家和明星资源
凤凰新闻	就做不同	全球华人首选移动资讯阅读平台	基于凤凰卫视的品牌和内容积累，拥有高素质、高价值的用户群体
今日头条	你关心的才是头条	一款越用越懂你的资讯客户端	精准的分发技术和一整套算法体系，强大的自媒体生产平台
搜狐新闻	搜狐新闻先知道	区域化战略	良好的区域媒体关系和布局，海量的视频内容
腾讯新闻	事实派	打造自媒体生态平台	腾讯体系里丰富的传播渠道，产品矩阵联动
网易新闻	各有态度	打造泛资讯直播第一平台	自有团队布局及合作媒体资源，丰富的媒体内容制作经验

传统媒体创建的客户端一般以内容为王、以原创新闻为核心，这是基于传统媒体的自身优势资源、品牌知名度、社会公信力而确定的性质和定位。第一，大多数传统媒体都有一定的品牌认知度和社会影响力，也或多或少有一些独家的新闻报道，基于自有内容运营客户端，一方面可以减少成本投入，减轻客户端运营压力，另一方面可以为自有内容拓展更多传播渠道，为内容营销奠定基础。第二，传统媒体有条件进行实时更新，特别是在重大突发事件发生时，只要记者到达现场、及时快速发回消息并发布到客户端，内容的差异化和更新的即时性就能为客户端赢得用户的关注和阅读。第三，以内容为主的手机新闻客户端可以让媒体有更大的发挥空间、担负更重要的社会责任。它可以自主创建栏目、开设频道、设置话题，还可以和其他新媒体产品实现互联互通，提供更多的本地化服务，创造出更高的增值价值。

如果传统媒体将客户端定位为平台，那么就需要有强大的技术支持和大投入的市场运营。《人民日报》客户端里开设的“政务平台”，从运营效果看，相比客户端里的新闻内容就逊色不少。虽然“政务平台”以《人民日报》的政治资源为支撑，但由于缺少相应的技术优势和运维推广，入驻的政务机构并不太多。类似的还有《光明日报》曾经推出的“云端读报”，模仿鲜果、Zaker，试图搭建一个平台让各类传统媒体入驻，但由于用户体验度不高、市场推广不力，入驻的媒体寥寥无几，最终导致这款应用没有得到市场认可。

搜狐、网易和腾讯在手机新闻客户端发展伊始就迅速抢占市场，其用户下载量上亿，不仅因为其在PC时代就已有品牌知名度和大量用户，更因为它们在客户端方面投入巨额资金开拓市场，同时和其他PC端业务捆绑，借助原有产品来力推客户端。因此，它们以综合性客户端为定位，依赖大量的人力和资金投入进行实时报道，同时，商业互联网公司的背景也决定了其必须要快速开拓新的市场，抢占市场份额。

今日头条能够推出算法推荐式客户端，主要因其拥有强大的算法技术，能运用大数据技术对用户进行画像，能根据用户行为实现内容匹配，但因为它没有自有内容资源，在内容版权上就多次遇到问题，这甚至影响了它的运营和发展。适时推出的“头条号”就是其根据自身的运营现状和存在的问题对性质和定位做出的调整和补充，即利用社会人力资源及海量的内容生产来填充内容池，源源不断注入的内容为大数据算法提供了依据，让算法更精准、更高效。

手机新闻客户端的性质和定位是战略运营的核心，在一定程度上会决定运营成效和目标的实现，也直接影响到微观运营战术的制定和运营模式的设计。但性质和定位也不是一成不变的。面对瞬息万变的移动互联网世界，及时调整和改变定位、重新定性都是战略运营中必须考虑的。

（三）手机新闻客户端的总体目标与阶段性目标

确立总体目标和阶段性目标是手机新闻客户端战略运营的题中之义。不同性质和定位的手机新闻客户端都会确定相应的总体目标，其总体目标或体现在客户端口号上，或表现为社会影响力、品牌形象，或落实为在行业市场中占有的地位等，比如《人民日报》客户端提出的“做有品质的新闻”，新华社客户端提出的“打造中国移动互联网新闻服务旗舰产品”，网易新闻客户端提出的“打造泛资讯直播第一平台”。

一般情况下，手机新闻客户端的总体目标都比较空泛、模糊、虚化，不会提出具体的数据、指标。为了达成总体目标，就需要把目标分解，制定阶段性目标和策略。因此，阶段性目标会比总体目标更具体、更详细，会有较多的运营指标、业绩和KPI考核要求，各方面的要求、任务较为明晰。比如以时间为节点，要求多长时间内用户下载量达到多少，用户打开率达到多少，与竞争对象相比市场份额占有多少等。有些手机新闻客户端产品，一次升级改造就是一次阶段性目标确立的体现。

凤凰新闻客户端自上线以来，经历了五次大的升级更新：

1.0版致力于移动布局，开启从PC端到移动端的新媒体多屏时代；

2.0版增加垂直内容频道，通过内容细分达到“一端在手，尽知天下事”的阶段性目标；

3.0版进入新闻定制时代，增加订阅功能，用户自主管理频道，实现“我的新闻我做主”；

4.0版引入推荐算法，根据用户浏览习惯推荐新闻。同时，基于移动端进入视频时代，在客户端内容上全面引入凤凰卫视的独家电视节目等内容资源；

5.0版将智能算法与人工编辑结合，个性化推荐更为精准。尽管个性化推荐已成为手机新闻客户端发展的必然趋势，但考虑到单纯依靠机器算法的新闻推荐模式会有损新闻的质量和容量，导致凤凰品牌固有的优质内容资源无法得到充分发挥，凤凰新闻将精编精选、用户订阅和智能推送三方面结合，打造“混合智能推荐”系统，让推荐的新闻内容更丰富、质量更高，把用户感兴趣的内容真正推到用户眼前。

阶段性目标需要根据每一阶段的运营状况，并结合外部环境、政策、技术的变化而适时调整、改变；确定下一个阶段的目标和指标时，也需要及时总结运营中的成功经验、失败教训以及存在的问题。但是，无论阶段性目标如何因时因地变化，都不应偏离总体目标，要通过实现阶段性目标而最终完成总体目标。

二、手机新闻客户端的战术运营

无论是总体目标还是阶段性目标，都需要有具体的战术运营步骤和策略。对于手机新闻客户端而言，战术运营的核心任务是发掘用户价值，完成用户知道并下载、用户使用并留下、用户常驻并活跃的“三步走”目标。

（一）让用户知道并下载

在一个新的客户端设计、研制、推出后，首要的运营工作是让用户知道并下载。知道只是有了初步印象，类似“混个脸熟”；下载是实质性行为，意味着在用户手机桌面上占有一席之地。让用户知道就需要大量的运营推广，从知道到下载更是一个艰难的过程，需要采取强制推行、经济刺激、引导安装等多种运营手段。主要策略有以下几种。

手机预装。大多数手机在售卖之前都已预装了多类、多款客户端，新闻类客户端也是常装的客户端之一。预装的方式有多种，有的是预装自有品牌的新闻产品，如小米手机里预装的一点资讯和凤凰新闻客户端；有的是媒体与终端厂商合作，如网易与三星公司合作，在三星手机里预装网易新闻客户端；有的是与运营商合作，如央视网曾与中国移动合作，在中国移动2亿部合约机里预装央视新闻客户端。手机预装的新闻客户端不仅不用装载，而且最容易被用户看到并初步使用，如果手机新闻客户端用户体验良好，能基本满足用户对新闻资讯的需求，一般不会被用户卸载。

应用商店优化（ASO，App Search Optimization）。类似普通网站针对搜索引擎的优化，ASO优化就是利用应用商店的搜索规则和排名规则让客户端更容易被用户搜索到或看到，提升客户端在各类应用商店/市场排行榜和搜索结果中的排名。优化的做法有：拟定一个由主标题和副标题组成的、易于被关注到的应用名称；上传应用时添加完整的、合适的关键词或标签；严谨撰写应用的简要描述和详细描述，因为这些描述直接关系到用户在搜索、知道这个应用后是否会下载；精选Icons图标，好的Icons能给用户良好的第一印象；注重应用详情页的截图及视频选择；及时关注会影响用户下载的评分和评价。

线上软文推广。可以在百度百科、360百科建立品牌词条，推送百科式软文；在百度知道、搜搜问答、新浪爱问、知乎等网站建立问答类账号；在论坛、贴吧和新闻评论区以官方帖、用户帖两种方式跟帖推广，并定期维护自己的帖子，及时回答用户提出的问题，搜集用户反馈的信息，以便下一个版本更新改进；在微博、微信将产品拟人化、故事化，或借势热点事件进行推广，或坚持原创内容的产出，保持一定的持续创新力。

借力热门应用。热门应用一般在市场上已拥有一定的知名度、美誉度或影响力，用户打开率、使用率、活跃度都比较高。借力热门应用，或捆绑到热门应用上，则是一种成本低、效率高的运营策略，不仅能让自己的应用获得推广，而且还可能获得一些下载和安装。但是，这种借力难度很大，一般只有大的品牌或强制措施才能获得热门应用的支持。

捆绑自身优势资源。传统媒体经常采用这种捆绑的方式，使已有的优势传播渠道直接为手机新闻客户端所用，比如在纸媒端、电视屏幕或网站首页发布手机新闻客户端二维码或设置悬浮二维码供用户扫描、下载，强推自己开发的新闻客户端。还有媒体在点击量高的热点文章、热门话题中添加二维码，用户欲下载文章或加入话题讨论就要先扫描二维码安装手机新闻客户端。采用捆绑的运营策略，一定要确保被捆绑的对象是优质资源、优势力量，否则很难达到捆绑的目的。

线上线下活动。这是最常用的推广手段和策略，核心是用经济激励、钱财刺激的方式快速推广品牌，提升知名度和下载量。《人民日报》客户端在上线推广期间，多次开展“万元现金红包来袭活动”，活动时间内每天上午10点整、晚上20点整发放万元红包，用户打开手机客户端即可看到当前时间段的支付宝红包口令，将口令输入手机支付宝钱包内即可获得数额不等的支付宝红包奖励（见图10–4）。当然，抢到红包的前提是下载《人民日报》客户端。

图10–4 《人民日报》客户端的“万元现金红包来袭活动”的截屏

社群产品互推。微博、微信、朋友圈、微信群、SNS社区等，都是手机客户端推广的有效环境。通过一对一、多对多的推荐，能在人际传播和群体传播中获得口碑。朋友圈里转发的文章，易于获得同类用户的认同，发文章的客户端也会随之被认识和了解。如果用户多次看到同一类文章发自同一个客户端，即有可能下载这一客户端。因此，社群产品的互推是一种高效的让用户知道并下载的路径。

（二）让用户使用并留下

如果说"知道并下载"是获得第一印象及首因效应的话，那么"使用并留下"就是深刻印象及回头效应。用户下载后是否使用、是否多次打开、是否留存，取决于多重因素，其中既有手机新闻客户端的功能和性能、形象和界面，又有手机新闻客户端的品牌影响力、内容品质和日常运维，更有用户使用过程中的感受和体验、用户的使用行为和习惯。

就大多数手机新闻客户端而言，用户第一次知道并下载使用存在一定的偶然性，而要让用户从偶然知道到必然使用，性能和界面是基础，包括响应速度、频道和菜单的合理设计、页面的清洁干净、内容的科学编排、广告的无干扰、视频和多媒体的穿插交错等，都直接影响到用户的使用。比如有的手机新闻客户端启动页就是长时间的广告且无法关闭，用户恐怕等不到正常页打开就离开了，继而会直接卸载它。

手机新闻客户端的品牌、内容和运维是影响用户是否使用的主要因素。即使知名手机客户端性能稍逊、功能不全、界面粗糙，但因为品牌效应，用户在离开时也会有一定的犹豫。一般情况下，品牌影响力越大，用户的留存率就越高。因此，提升品牌影响力属于战略运营，更属于战术运营，直接关乎用户的使用和留存。在内容方面，酒好不必害怕巷子深，移动端强大的人际传播和社群传播会带来病毒式传播效应。因此，做出原创的、有价值的内容，长时间维持内容的高品质，就不需要担心用户流失和手机新闻客户端被卸载。日常运维是留住用户的前提。保证内容的经常性更新，追踪热点事件和热门话题并及时报道，针对手机新闻客户端的问题合理升级、更新、修补等，都会加深用户对手机新闻客户端的印象，提升手机新闻客户端的回头效应。

根据《2013中国手机新闻客户端市场研究报告》提供的数据我们可以看到，用户使用手机新闻客户端时有一些相同的习惯和偏好，存在一定的规律性。在使用频率上，每天使用手机新闻客户端1—2次的用户达51.0%，每天使用3—5次的用户为32.7%。在使用时长上，每天使用时长在15分钟以下的用户为43.8%，另有36.4%的用户每天使用时间为15—30分钟。用户倾向于在零碎的时间使用手机新闻客户端，阅读时间分布较碎片化。阅读场景以"睡觉前"最多，达60.3%，"乘坐交通工具时"为57.0%；同时，有较多用户在午间休息时和无聊的时候使用手机新闻客户端。在阅读偏好上，头条新闻最受用户关注，有89.9%的用户经常阅读。56.5%的用户经常阅读社会新闻，42.9%的用户经常阅读娱乐新闻，科技新闻、时事新闻、财经新闻、本地新闻也是用户较关注的内容。在阅读形式上，99.2%的用户阅读过图片新闻，观看过视频新闻的用户为87.8%。在功能应用上，48.9%的用户会使用新闻频道的个性化定制功能，34.7%的用户会跟帖评论，分享、收藏新闻的用户分别为31.9%、30.8%。

要根据用户的这些使用习惯和阅读取向有针对性地运营手机新闻客户端，比如新闻内容要能及时更新，更新的时间为几个用户易读的时间点，新闻每次的更新量要能让用户在30分钟内看完；针对用户的阅读偏好，慎重选择新闻头条，合理设置各类新闻的比重，在栏目设置上尽量考虑到更多用户的需求，尽量提供个性化定制功能；根据用户喜欢在碎片化时间评论的习惯，设计简洁的互动功能，让用户能快速、方便地进行评论、分享和收藏。随着5G时代的到来，手机新闻客户端的内容应向视频新闻倾斜，在有条件配置视频新闻时，应该尽量配置，甚至还可以采用先进的Wibbitz（文字转换成视频）技术，更多地发布视频类报道。

（三）让用户常驻并活跃

在移动互联网的发展规律中，存在着一个用户“转移成本定律”。用户转移成本包括：用户在使用互联网应用时的沉浸深度、用户转移目标所需要付出的时间和智力成本。一般而言，市场的用户转移成本越高，其所能容纳的同类应用数量越少，市场的用户转移成本越少，其所能容纳的同类应用数量越多。在社会关系平台中，无论使用的是SNS论坛、即时通信工具还是微博等，一个用户往往要投入一定的时间和精力，与自己的社交人脉进行交互，此时用户的沉浸深度一般较深。而手机新闻客户端的用户沉浸度较低，用户转移目标几乎不需要付出太多的时间和智力成本。因此，降低用户的流失率、培育用户的忠诚度、保持用户的活跃度是手机新闻客户端运营的难点。

日活跃用户数（DAU）、周活跃用户数（WAU）、月活跃用户数（MAU）是衡量用户活跃度的3个关键指标。不同性质的手机客户端，衡量用户活跃度的标准是不一样的：新闻资讯类、社交类手机客户端主要看DAU，活跃的用户应该每天至少登录使用1次，如果经常隔天使用，就算是不活跃的用户；电商购物类手机客户端主要看MAU，看一个月内用户是否使用手机客户端购物，如果一个月或者更长时间不使用，则可以定义为不活跃用户。

维持用户的常驻并促其活跃，主要从互动入手。

合理利用手机新闻客户端的消息推送，让手机新闻客户端不断触达用户。推送要做到有针对性，应建立用户数据库，按照年龄、喜好、地域、行为等进行用户细分，把合适的消息传送给最适合的用户。只有做到精准的点对点推送，才会触发用户的点击行为，让用户接受内容并对其产生兴趣。那种不分内容、不分人群，一股脑全部发布的盲目式推送，往往达不到促活的目的，反而容易引起用户反感，甚至导致用户卸载手机客户端。

经常性地设置话题让用户参与讨论。无论是日常新闻还是突发新闻、重大新闻、热点新闻，无论是新闻性事件还是非新闻性事件，都可以设计出相应的话题邀请用户参与讨论，主动选用用户讨论的观点和互动内容并加以展现。话题讨论会激发用户的能动性，让用户从被动接受变成主动融入，用户在参与中获得了成就感和满足感，就自然会在手机新闻客户端中常驻。话题设计要常态化，既要有根据新闻事件不定期设置的话题，也要有固定的、策划设计的、用于讨论的话题。

设置签到打卡，让用户每日打开手机新闻客户端。签到打卡是相当常见的手机客户端内活动，具有持续性，每天登录手机客户端参与签到的用户将会获得积分、通币、道具、优惠券、实物等签到奖励。物质的刺激能充分调动用户的积极性，使其最终养成每天登录签到的习惯，日活跃由此形成。此外，用户签到时肯定要打开并登录手机新闻客户端，自然也会顺便看看其中的新闻资讯，这样用户在手机新闻客户端上停留的时间会延长，更深层次的活跃度便得到了挖掘和体现。

建立用户成长激励体系，让不同等级用户享受不同的福利。利用积分、等级、勋章、排行榜、积分兑换系统等，调动用户的积极性，使其通过做任务、登录、点赞、评论、收藏、购买等行为获得相应的成长值，促使其经常使用手机新闻客户端。完善的用户成长激励体系能让不同等级的用户获得相应的权限，让用户有获得感和一定程度的使用满足。

开发新颖的功能、游戏吸引用户参与。可以在重大新闻发生之际设置一些有关品牌和主题的有趣的小游戏，通过游戏让用户获得代入感、成就感或奖励，让他们在深度参与中既变得活跃，又认知品牌，从而达到传播品牌形象的目的。2017年8月1日是中国人民解放军建军90周年纪念日，《人民日报》客户端推出了一款小游戏《快看呐！这是我的军装照》，它能将个人照片合成为历史上不同时期的"军装照"。据统计，从2017年7月29日晚发布到8月2日，《快看呐!这是我的军装照》这一互动游戏的页面总浏览量达8.2亿。

三、手机新闻客户端的盈利模式

根据艾瑞网发布的《2017年Q2中国网络经济季度数据发布研究报告》，移动端广告收入达540多亿元，占整个互联网广告收入的63.6%，成为移动端网络营收的主要来源之一。手机新闻客户端目前也以广告为主要收入来源，此外还有付费订阅模式、与电商结合的O2O服务增值模式。

（一）移动广告模式

相比PC端宽屏幕、多媒体、不受网速限制的多样化网络广告，手机新闻客户端的广告形式相对单一，主要有客户端启动页广告、焦点图广告、文本页文字链广告、插屏广告、新闻视频广告、应用推荐广告、信息通知广告等（见图10–5），而且广告的数量也不能像PC端那样能通过无限制拉长页面来增加，或通过在任意位置投放宽幅、动图广告等来增加。

图10–5　从左至右分别是：启动页广告、焦点图广告、插屏广告、信息通知广告

虽然手机新闻客户端在广告形式和数量上受到手机屏幕小、网速慢、干扰直接等影响，但手机新闻客户端的广告投放效果却优于PC端，原因主要有三个。其一在于可以进行精准投放，网易新闻客户端推出的文字链定向广告可以细分投放，如根据地理位置和不同时段进行投放，根据用户的喜欢程度来推荐，根据用户使用的设备、接入情况和网络环境进行有针对性的推送。其二在于广告与用户可以直接互动。若广告设计中有互动诉求，那么用户在移动端较易做出互动行为，简单的点赞或分享到朋友圈能快速扩大广告的分发与扩散范围。其三在于用户面对小屏幕时注意力更集中，手机屏幕上的广告更易被注意到，只要不是太干扰用户，用户一般不会产生反感或厌恶。手机新闻客户端广告的接受度相比PC端有所提高，特别是启动页的广告，它具有一定的强制性，合理利用用户等待加载时的空闲时间呈现内容，在保证用户获得良好体验的同时，能够更好地直接刺激用户的记忆。

无论是启动页广告、焦点图广告还是信息流广告，一般都设计为跳转模式，可以跳转到品牌宣传的内链，可以跳转至推广软文，可以跳转至产品特性、功能等基本属性的介绍，也可以跳转到H5文件，还可以跳转至产品销售页面，直接为产品导购。除此之外，还可以跳转到互动内容，如品牌调查、添加公众号、参与活动等。

大数据时代，手机新闻客户端的广告投放形式、跳转方向和内外链内容实现了智能化、高匹配、精细化。广告与用户画像的无缝对接既能提升投放效果，增加广告营收，也避免了因广告投放不当造成用户的流失。

（二）付费订阅模式

2017年11月，财新网开启部分内容收费模式，“财新通”“周刊通”“数据通”“英文通”等“四通”产品需要付费阅读，常规性新闻、视频、图片、博客以及部分观点评论等仍可免费阅读。主要新闻收费或分时收费，即48小时内免费，48小时后收费。

在国外，《华尔街日报》早在1997年就开始试水阅读收费，并成为全球最成功的付费数字新闻网站之一。《纽约时报》在2011年推出“付费墙”，不到一年半时间，订阅收入就已超过广告收入；《金融时报》自2002年至今一直实行网上新闻收费制度，其页面阅读量增加了50%，订阅收入与广告收入均有所上升。

手机新闻客户端的付费订阅模式有三种：一是下载应用付费，如在苹果应用商店里下载“国家地理—每日精选”需要付费1元，下载“凤凰新闻（专业版）”需付费1元，下载“网易新闻（专业版）”需付费6元，下载“VOA新闻视频”需付费98元，平台方和开发方依据达成的协议分获用户的付费；二是内容阅读付费，如上文所提及的财新网、《纽约时报》、《华尔街日报》、《金融时报》，设计“付费墙”或不同的付费机制，用垂直领域内具有较高专业性、附加值且不容易在网上找到同类免费内容的新闻产品来吸引用户付费阅读；三是内容打赏，这种方式属于阅读后付费模式，虽然不算是严格意义上的付费订阅，但也算是凭借高质量的内容赢得用户的直接买单。

艾瑞咨询发布的《2016年中国网络新媒体用户研究报告》显示，2015年有33.8%的用户为新媒体内容付过费，15.6%的用户有付费意愿但没有实际行动。目前，影视视频内容付费逐渐被用户接受，会员制、点播收费或捆绑收费等多种模式已经培育出用户在线付费的习惯。同时，一批自媒体生产者打造的专业化、高质量、强互动的内容以付费产品的形式出现，也在一定程度上增强了用户的付费意识。随着移动支付的快速发展，版权保护机制逐步完善，再加上高品质新闻内容作为保障，手机新闻客户端的阅读收费会成为一种主要盈利模式。

（三）与电商结合的 O2O 服务增值模式

如果说内容传播是手机新闻客户端的天然优势，是一个吸引人的“大戏台”，那么以实用性为核心的生活服务则是用户使用客户端的“刚需”。对于区域性手机新闻客户端而言，与电商结合，向生活化、社区化、社交化发展是盈利模式的一种探索，一方面可以增强用户黏性和活跃度，另一方面也能带来直接的经济收益。

浙江新闻客户端里设置有“服务”和“本地”两个菜单，在“服务”菜单里，提供“气象环保”“交通出行”“政务办事”“医疗服务”“生活服务”“党建服务”等多项服务内容，在“本地”菜单里，提供“杭州吃货”“钱报有礼”“诊疗挂号”等三项专门服务于杭州市民的内容。这些服务大多嫁接到第三方服务平台，比如“诊疗挂号”就是链接到浙江政务服务网，用其“预约诊疗服务平台”为浙江新闻客户端的用户提供在线预约挂号服务。

区域性手机新闻客户端有着天然的地域优势，不仅熟悉本地人文、社会、民情、风俗，而且也较容易为本地人所认同。提供本地服务，从地域社区化切入，再对接线下服务，构建以新闻为导读，以社区服务、生活服务为归依的运营模式，极易带动电商业务发展。而沿着O2O方向“向下生长”，整合社群资源与垂直细分市场，又能带动手机新闻客户端的资讯阅读点击量和活跃度，促活存量用户，也能在服务中吸引新的用户。因此，将内容营销与移动支付打通，形成一个闭环的“新闻+电商”模式，正在成为手机新闻客户端探索的一个方向。

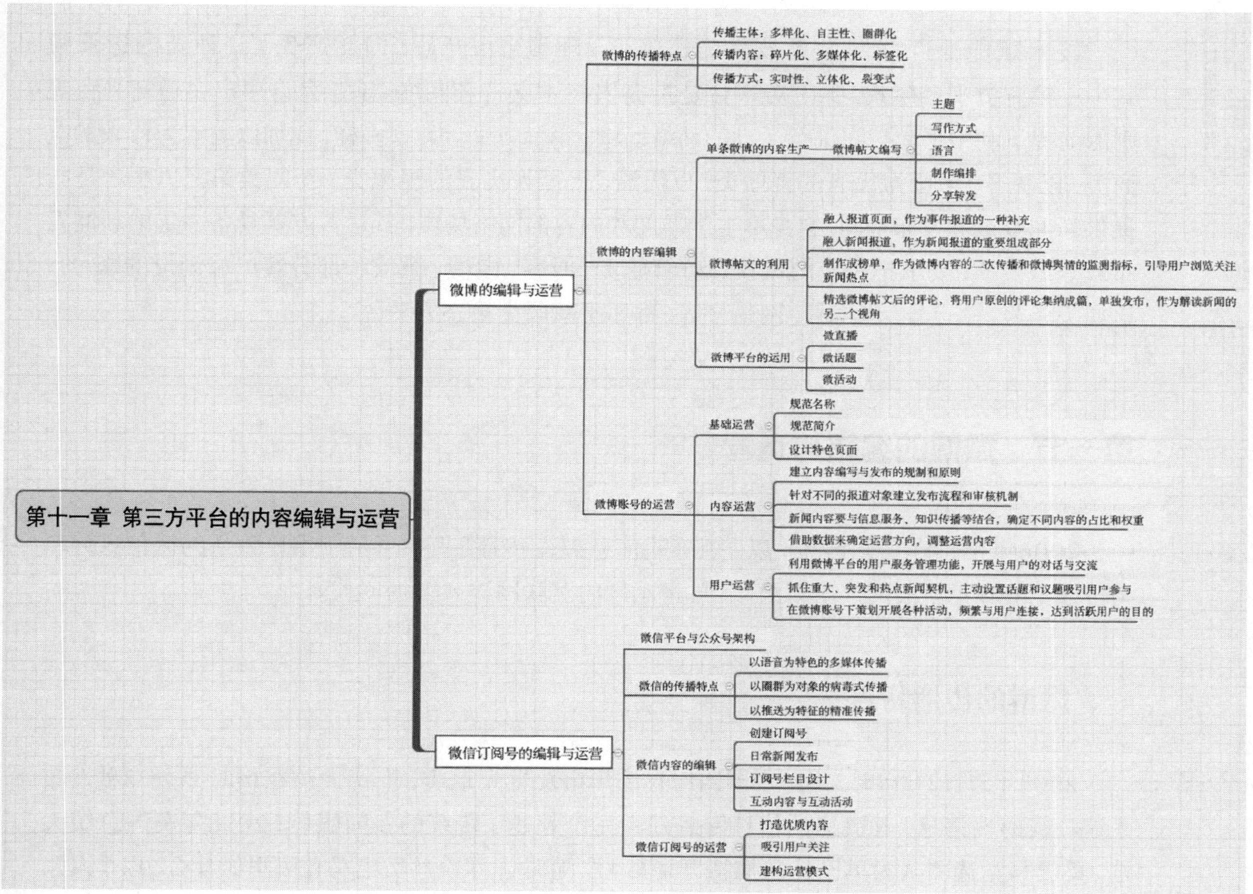
第十一章 第三方平台的内容编辑与运营
微博的编辑与运营
微博的传播特点
传播主体：多样化、自主性、圈群化
传播内容：碎片化、多媒体化、标签化
传播方式：实时性、立体化、裂变式
微博的内容编辑
单条微博的内容生产——微博帖文编写
主题
写作方式
语言
制作编排
分享转发
微博帖文的利用
融入报道页面，作为事件报道的一种补充
融入新闻报道，作为新闻报道的重要组成部分
制作成榜单，作为微博内容的二次传播和微博舆情的监测指标，引导用户浏览关注新闻热点
精选微博帖文后的评论，将用户原创的评论集纳成篇，单独发布，作为解读新闻的另一个视角
微博平台的运用
微直播
微话题
微活动
微博账号的运营
基础运营
规范名称
规范简介
设计特色页面
内容运营
建立内容编写与发布的规制和原则
针对不同的报道对象建立发布流程和审核机制
新闻内容要与信息服务、知识传播等结合，确定不同内容的占比和权重
借助数据来确定运营方向，调整运营内容
用户运营
利用微博平台的用户服务管理功能，开展与用户的对话与交流
抓住重大、突发和热点新闻契机，主动设置话题和议题吸引用户参与
在微博账号下策划开展各种活动，频繁与用户连接，达到活跃用户的目的
微信订阅号的编辑与运营
微信平台与公众号架构
微信的传播特点
以语音为特色的多媒体传播
以圈群为对象的病毒式传播
以推送为特征的精准传播
微信内容的编辑
创建订阅号
日常新闻发布
订阅号栏目设计
互动内容与互动活动
微信订阅号的运营
打造优质内容
吸引用户关注
建构运营模式

第十一章思维导图

第十一章

第三方平台的内容编辑与运营

技术赋能让互联网世界技术门槛降低，环境自由开放，因此产生了一种新的运营模式——第三方平台模式。第三方平台是指提供技术支持和网络空间，允许用户在遵守平台规则的前提下利用平台空间进行活动的网络场域。第三方平台类型多样，比如以淘宝为代表的电商类，以映客、斗鱼为代表的直播类，以优酷、土豆为代表的视频类。新闻类第三方平台是指提供新闻登载和发布空间，自身不生产新闻和内容的网络场域，其运营方要具备一定的新闻发布或登载资质，要承担相应的审核和监管职责。博客、微博、微信和部分客户端创设的账号，比如头条号、一点号、凤凰号、网易号等，都属于新闻类第三方平台。

第一节　微博的编辑与运营

2006年推特在美国诞生，以“矩阵式信息裂变传播”开启了基于用户关系的微信息分享与传播。2009年新浪网推出新浪微博，带动国内互联网进入微博时代。

一、微博的传播特点

2008年5月12日14时32分，中国四川省汶川市发生大地震，推特大约在14时35分33秒发布了这一震撼性消息，其快速的信息传播方式完全超越了传统的新闻媒体；2008年美国总统大选，奥巴马竞选团队为奥巴马在推特开通账号，随时告诉粉丝奥巴马在哪里做什么，以个人账号的形式与粉丝群进行互动。推特第一时间发布重大事件、第一时间传播以及第一时间互动的特性让人们看到了微博在传播主体、传播内容和传播方式上的独特性。

（一）微博传播主体的特点

微博的传播主体即利用微博平台进行发布、转发、评论、关注、分享等传播活动的所有用户。从微博主体的活动和行为可以看到，微博主体具有多样性、自主性和圈群化的特点。

微博主体的多样性体现在用户构成复杂上。微博用户中既有有效用户、活跃用户、V字认证用户，也有围观用户、“僵尸”类无效用户；既有个人用户，也有机构用户。在机构用户里，又有政府机构、媒体机构、社会团体协会、公司企业等。主体多样性带来两方面影响：一是带来多元化的资讯和观点，使用户有更多的选择和取舍机会；二是导致微博内容杂乱无章、良莠不齐，提高了用户辨识高品质内容的难度。

微博平台较低的技术门槛是微博主体具备自主性特点的前提。用户无论是撰写原创性内容，还是转发分享、回复评论等，都可以自主操作，简单方便地一键完成。同时，微博运营商还提供了多种设置功能，如对关注者分组、对内容分类、建立密友圈、创建新组别等，赋予了用户极大的自主权，有利于调动用户的自主意识。微博主体的自主性还体现在自我选择、自我表达和自我参与上。个体依据个人的兴趣、爱好、价值观，机构依据自身的性质、要求，可以自主选择关注的对象，选择发表的话题和转发评论的议题，选择发布的时机和对象。自主性让微博主体更加个性化、对微博平台更有依赖感。

微博是基于六度分割理论建立的互联网传播平台，这注定使其使用主体具有圈群化的特点。大多数微博用户首先以自己的同学、朋友、同事等核心圈层为关注对象，然后再选择主体所在领域、领域内的意见领袖或代表人物等紧密圈层为对象，最后会根据话题、议题、观点的相似性、相近性来划定外围圈层作为关注目标。圈群化的特点有利于微博主体建立相对稳定的交流环境，增强用户间的黏度及其对平台的附着度。这就是一个用户一旦加入某个微博平台，就很难迁移到另一个平台的原因。

（二）微博内容的特点

140字的限制让微博的传播内容以微内容（microcontent）为主。微内容是相对于传统媒介中的大制作、重要内容（macrocontent）而言的。CMS Wiki对微内容的最新定义是“最小的独立的内容数据，如一个简单的链接，一篇网志，一张图片，一段音频、视频，一个关于作者、标题的元数据，E-mail的主题，RSS的内容列表等”①。因此，微博的传播内容具有碎片化、多媒体化和标签化的特点。

虽然现在长微博、网页链接可以突破传播容量限制，但总体上，微博内容和信息还是呈现出碎片化特点：或者是完成的信息被分割成小块，或者是零碎地发布观点或评论，或者是只言片语地简单描述、突出亮点。2010年3月5日，温家宝总理在十一届全国人大三次会议上做政府工作报告，新华社在此期间共发布微博62条，其中最短的一条微博仅有5个字——“会前大会堂”，配有一幅照片。碎片化的内容在一定程度上契合了大部分人零碎时间阅读的需求，但也使阅读者的思维被打碎、被割裂、被分化。

多媒体作为互联网的技术表现形式之一，不仅被运用于网络与新媒体的内容编辑，也同样被运用于微博的写作和报道，多媒体化成为微博内容传播的特点。在《人民日报》微博账号里，几乎每一条微博都是多媒体形式，或者是（图饰+）标题+文字+超链接+图表（见图11-1），或者是标题+文字+话题设计+视频（见图11-2），或者是标题+标签+文字+九宫格图（见图11-3）。单幅图、多幅图、视频、互动话题、超链接、标签等多媒体符号经常被用于微博博文撰写，丰富了微博内容。

---

① 译自CMS Wiki网站（http://www.cmswiki.com/tiki-index.php?page=MicroContent）。

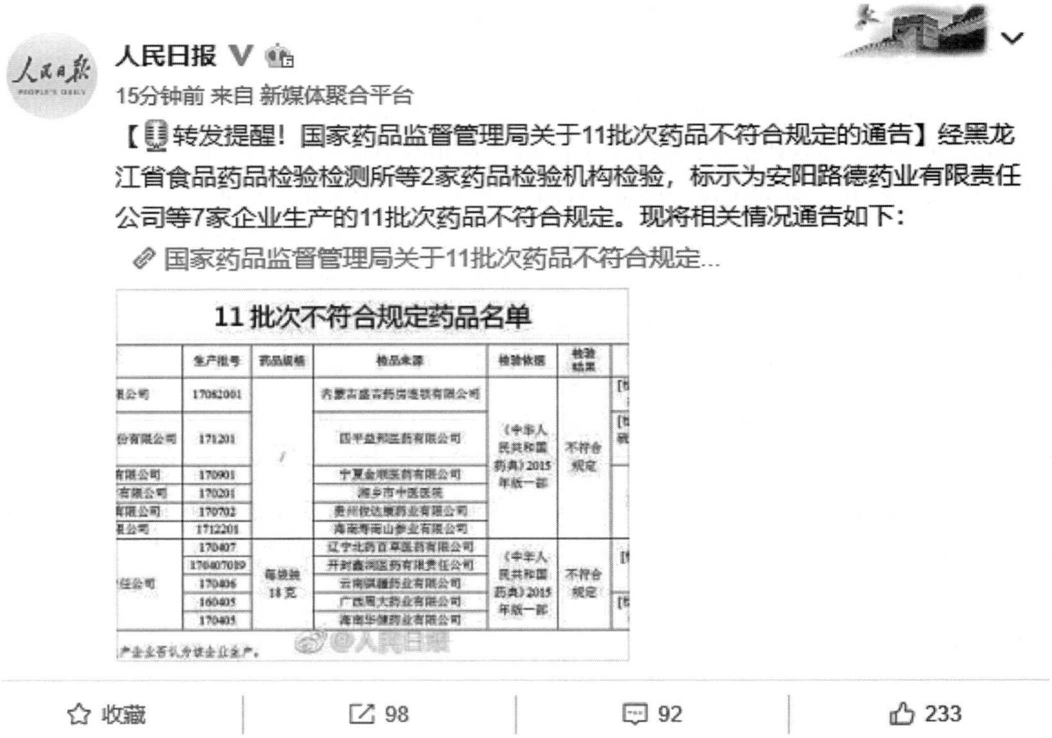

图11-1　《人民日报》微博账号下单条微博的标题+文字+超链接+图表的多媒体样式

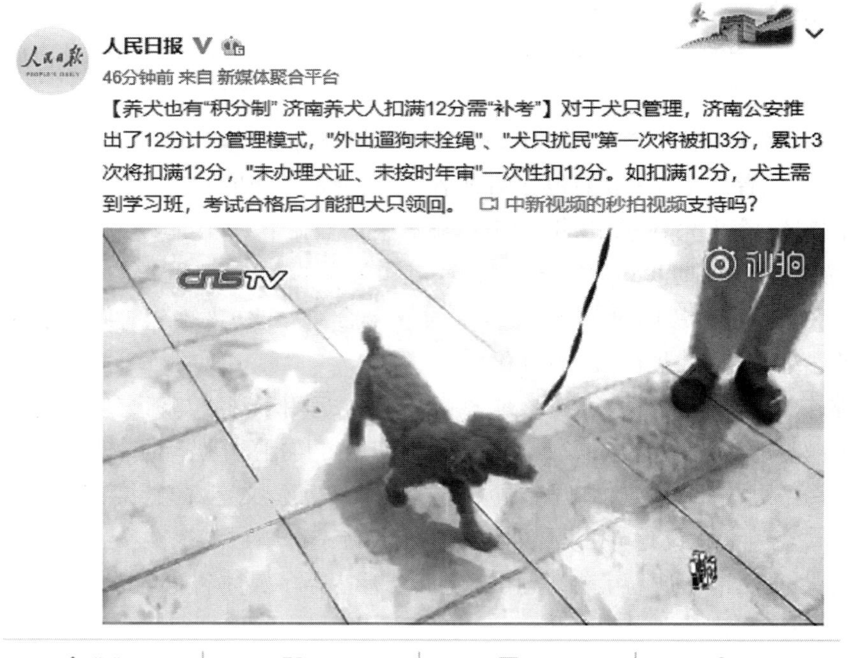

图11-2　《人民日报》微博账号下单条微博的标题+文字+话题设计+视频的多媒体样式

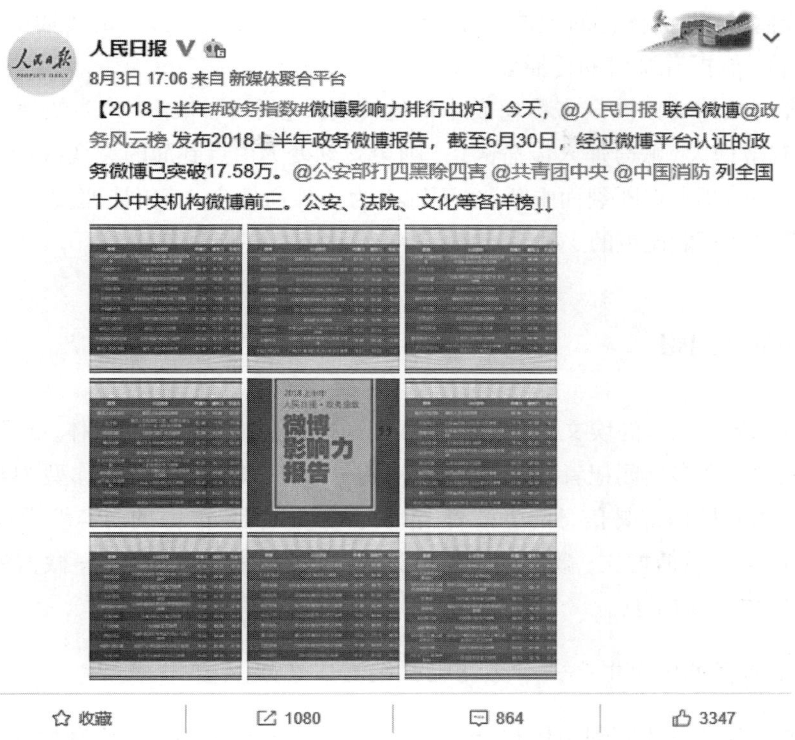

图11-3 《人民日报》微博账号下单条微博的标题+标签+文字+九宫格图的多媒体样式

微博内容基本上由碎片化的微内容构成，单篇微博只能报道一个事件、一个主题，很容易造成阅读的断裂。微博创作者一般会在撰写内容时添加“话题”标签，创建“自定义话题”或选择已建立话题，用户可以依据标签阅读到一个话题下集纳的新闻。标签相当于新闻的关键词，微博传播内容标签化，有利于传播主体完整地传递信息，也有利于用户方便、快捷、完整地浏览内容。

（三）微博传播方式的特点

微博是一种去中心化的5A传播，即任何一个用户（Anyone）都可以随时（Anytime）、随地（Anywhere）、通过任何一种方式（Anyway）对任何一个事件（Anything）进行即刻发布。微博集多种传播方式于一体，其传播方式具有实时性、立体化和裂变式的特点。

2011年5月，本·拉登被击毙，推特发布消息的时间比奥巴马宣布消息的时间早了5分钟。2011年7月23日，温州动车追尾事故发生前11分钟，新浪微博网友@Smm–苗“预告”了这场灾难：“狂风暴雨后的动车这是怎么了？爬得比蜗牛还慢……可别出啥事啊。”类似的案例比比皆是，充分显示出微博实时传播的特点：用户只要具备上网条件，拥有发布终端，注册了微博账号，就可以第一时间及时快速发布新闻资讯，而不必像传统媒体那样受时间、周期限制。

微博传播能够兼容人际传播、群体传播、组织传播和大众传播，可运用单一传播方式，或并用多种传播方式，形成一对一、一对多和多对多的双向互动及多向互动，呈现出立体化的特点。比如媒体机构在微博平台发布新闻时，直接@某一微博账号，就是一对多的大众传播和一对一的人际传播并用。立体化的微博传播，不仅覆盖面广，能扩大微博的传播范围，而且针对性强、精准度高，能提升微博的传播效果。

用户发表的微博可以被众多粉丝或非粉丝转发，进而层层推进，产生快速蔓延的“蝴蝶效应”，如果有微博大V账号加入传播链条，则会立刻变为由点到面的裂变式传播。这种裂变式传播不因某一传播节点断裂而中断，也不因人为干预而停止，其传播速度和效果是之前任何一种传播媒体都不能比拟的。

二、微博的内容编辑

作为推特创始人之一的埃文·威廉姆斯说：“即使是再庞大的新闻媒体，也不会像推特一样在世界各地拥有众多新闻记者。”在微博上，每一个账号都成了一个迷你型“自媒体”，每个账号背后的个体或机构都是信息的生产者、消费者和分发者。微博的内容编辑包括单条微博的内容生产，即编写微博博文；微博的内容消费，即选择和利用微博博文；微博的内容分发，即运用微博平台的互动工具。

（一）单条微博的内容生产——微博帖文编写

单条微博的编写分为原创制作和分享转发两类。原创制作重在写作微博博文，制作适合在微博发布的图片、GIF图或短视频；分享转发重在与其他微博账号互动，在转发内容时添加一定的内容或评论，与原创制作的微博博文形成互补。

受制于微博发布的技术特点，140字的容量限制使微博新闻正在成为一种新的新闻文体。因此，原创制作微博内容，需要从主题、写作方式、语言、制作编排、分享转发等多方面入手，力求符合微博用户的阅读习惯。

主题——单一、明晰，重点突出。尽管微博现在可以实现超出140字的长内容写作，但单条微博呈现给用户的还是只有140字，超出的内容需要用户点击“展开全文”才能浏览。因此，编写单条微博时，主题应尽量集中，无论是一句话还是一段文字，都要围绕一个重点来表达。一篇微博新闻最好只报道一个事件、一个情境、一个事实。

写作方式——有导语式写作、核心内容式写作、摘要式写作、悬念式写作、多媒体式写作。导语式写作要按照新闻导语的写作要求，有时间、地点、人物、事件等完整的5W内容（如图11–4）；核心内容式写作即在140字中写出新闻的核心思想和重要内容，博文可以不完整，但核心内容能够吸引用户深度浏览（如图11–5）；摘要式写作即摘选文章中的精彩片段、核心观点或当事人话语等，使其单一或组合呈现（如图11–6）；悬念式写作要求在博文中设置问题，吸引用户点击超链接去看详细内容（如图11–7）；多媒体式写作要求采用单幅图、组图、九宫格图片、音频、短视频、超链接、@转发互动等多媒体形式（如图11–8）。无论采用哪种写作方式，都应在文中或文末添加内容的超链接地址，便于用户快速浏览详细的报道原文。

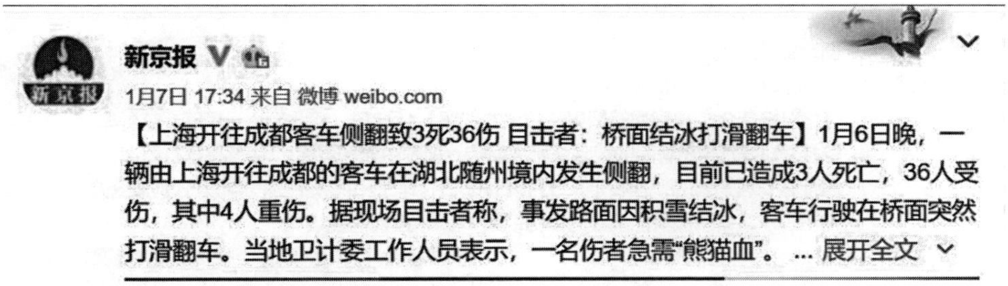
新京报
1月7日 17:34 来自 微博 weibo.com
【上海开往成都客车侧翻致3死36伤 目击者：桥面结冰打滑翻车】1月6日晚，一辆由上海开往成都的客车在湖北随州境内发生侧翻，目前已造成3人死亡，36人受伤，其中4人重伤。据现场目击者称，事发路面因积雪结冰，客车行驶在桥面突然打滑翻车。当地卫计委工作人员表示，一名伤者急需“熊猫血”。 ... 展开全文

图11-4　导语式写作示例

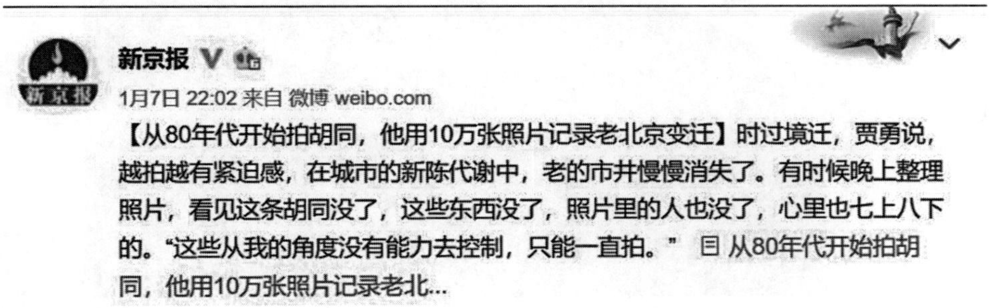
新京报
1月7日 22:02 来自 微博 weibo.com
【从80年代开始拍胡同，他用10万张照片记录老北京变迁】时过境迁，贾勇说，越拍越有紧迫感，在城市的新陈代谢中，老的市井慢慢消失了。有时候晚上整理照片，看见这条胡同没了，这些东西没了，照片里的人也没了，心里也七上八下的。“这些从我的角度没有能力去控制，只能一直拍。” 从80年代开始拍胡同，他用10万张照片记录老北...

图11-5　核心内容式写作示例

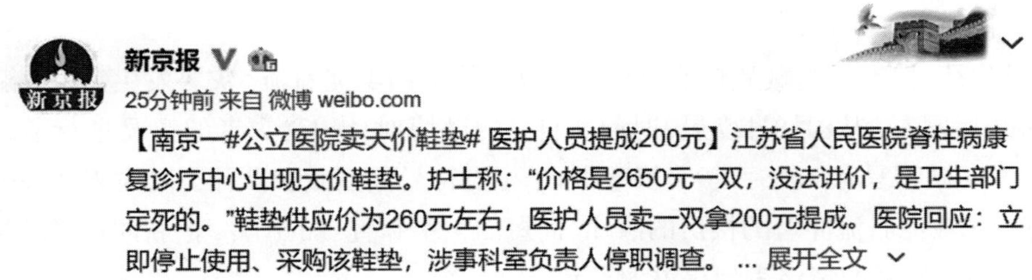
新京报
25分钟前 来自 微博 weibo.com
【南京一#公立医院卖天价鞋垫# 医护人员提成200元】江苏省人民医院脊柱病康复诊疗中心出现天价鞋垫。护士称：“价格是2650元一双，没法讲价，是卫生部门定死的。”鞋垫供应价为260元左右，医护人员卖一双拿200元提成。医院回应：立即停止使用、采购该鞋垫，涉事科室负责人停职调查。 ... 展开全文

图11-6　摘要式写作示例

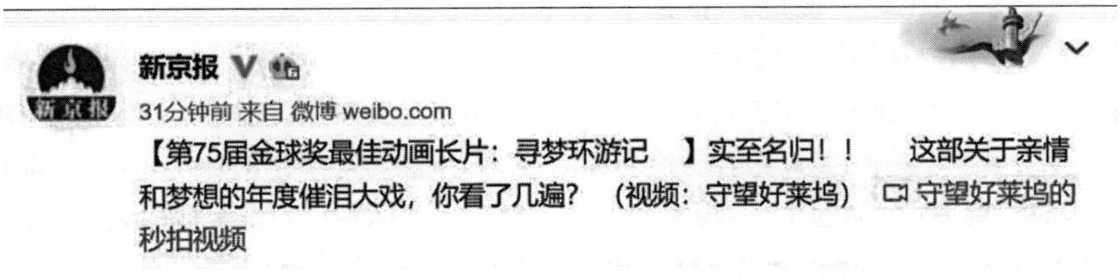
新京报
31分钟前 来自 微博 weibo.com
【第75届金球奖最佳动画长片：寻梦环游记 】实至名归！！ 这部关于亲情和梦想的年度催泪大戏，你看了几遍？ （视频：守望好莱坞） 守望好莱坞的秒拍视频

图11-7　悬念式写作示例

语言——简练精要，言简意赅。知名作家郑渊洁在他的微博上说：“我写了两千万字的文学作品，书卖出一亿多本。现在痴迷围脖（即微博），喜欢每篇文章不能超过140字。每次都是不管字数先写，然后根据提示删字数。这才发现，原本写一万字的文章，其实一百字就能表述完整。契诃夫说：‘在石头上雕刻人脸的秘诀，是去掉石头上不是人脸的地方。’”因此，微博的语言表达要开门见山、直奔主题，用最精练、最平实的语言表达出新闻核心、观点精髓，避免空话、套话。

图11-8 多媒体式写作示例

2010年8月，甘肃甘南藏族自治州舟曲县爆发特大山洪泥石流。灾害发生后，一名正在灾害现场的90后网友，从8月8日凌晨3时起用自己的微博对身边受灾者的情况进行了"图文直播"①，最短的微博只有10个字（9个汉字加1个标点符号）："救援队什么时候来啊……"文字下面配有一张被泥石流冲垮的楼房的照片。简短的文字和直观的图片，把新闻现场的场景、救灾的急迫以及写作者的情绪表现得淋漓尽致。

制作编排——运用标签、符号、表情包，进行富媒体制作。微博平台在用户发布内容的窗口下提供"表情""图片""视频""话题""头条文章""直播""点评""音乐"等诸多菜单选项（见图11-9）。用户在创作微博时可以适时添加表情包、图片、视频，发起投票和直播，插入话题，也可以运用"#"符号"自定义话题"或"新建话题"。微博新闻是碎片化新闻，单条微博只能报道一个事件、一个主题，很容易使新闻断裂。如果能为每条微博加上标签，就能把相同主题的新闻集纳到一个话题下，实现对新闻的完整体现。标签相当于新闻的关键词，不仅能给阅读者提供很大的方便，也有助于制作方设置议程、引导阅读。

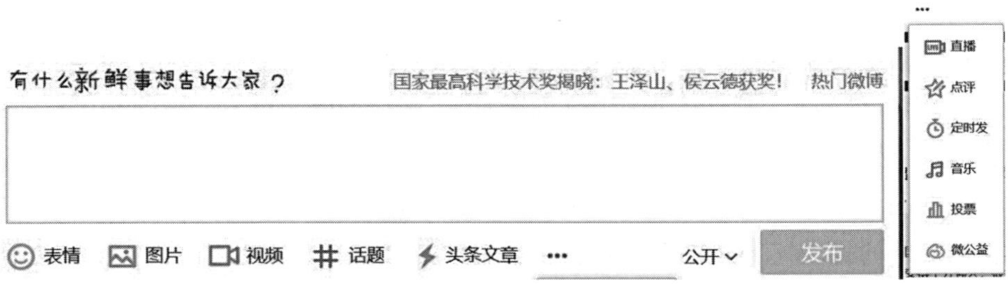

图11-9 微博菜单选项

① 来自Kayne微博，http://t.sina.com.cn/kayne418.

分享转发——这是对原创微博的一种补充和协作，是以协同写作的方式强化内容或话题，获得某种强势传播的效果。互联网上典型的协作式写作是以维基百科、百度百科等为代表的知识类、词条类内容的编写。用户可以添加任何一个知识点或词条，也可以对任何一个知识点、词条加以编辑、修正。共同的兴趣爱好与集体的智慧力量造就了互联网的百科全书。微博新闻的分享转发也是一种协同创作，通过对自身原创内容的转发和对他人原创内容的转发获得协同的效果。前者可以是对原创内容的添加补充，也可以是修正或剔除错误信息，还可以是在追踪新内容的时候追溯往期内容；后者可以是对其他原创微博认同式的转发，也可以是点评式的转发，还可以是“和声”式的转发。

转发是一种态度，也是一种编辑思想的体现。因此对于分享转发，一是要慎重，转发时需要加强鉴别，不转发虚假信息；二是要尊重原创，不剽窃他人版权内容，不肆意篡改转发的内容；三是不要简单地转发，应该有态度、有观点、有表达地转发；四是要控制转发的数量，机构类媒体还是应该以原创内容为主，以减少转发带来的隐患。

（二）微博帖文的利用

微博的实质是聚合，既是用户的聚合，也是用户创造内容的聚合。面对每天生产的海量多媒体内容，要充分利用好微博内容，使其服务于新闻报道和网络舆情监测。

对微博帖文的利用表现在四个方面。

第一，微博主体具有多样性，发布的内容自然是多元化的，无论是在新闻报道中融入新闻内容还是评论内容，都可以让新闻报道更加准确、客观、独立和平衡。比如在突发事件报道中，选择引用目击者或当事人发布在微博上的现场描述、图片或视频；在热点事件中，选择引用意见领袖、知名人士和普通用户发表在微博中的言论，然后将微博内容直接融入报道之中。这些内容不仅是新闻报道的补充，还是新闻报道的重要构成部分。

第二，利用微博内容，还可以将微博与新闻事件直接对接，如在新闻专题或文本页中嵌入与新闻事件关联的微博话题。2018年新浪网在金球奖报道中，在页面右侧以“#金球奖#”为标签，把微博中用户谈论的关于金球奖的内容直接放置到新闻报道页面（见图11–10），让用户在看新闻报道的同时也能看到来自微博用户的各种评论。

图11–10 #金球奖#标签及其内容

第三，榜单是指按照某一标准或方向对同类事物进行排名、排行而形成的清单，能反映出这类事务或相关领域的现状或问题。微博榜单是基于微博用户的阅读、分享、转发、评论等数据制作出的热门微博内容排行榜。榜单是对微博内容的二次传播，可以帮助用户筛选、过滤冗余内容，让用户快速浏览最新文章、快速关注最热话题。同时，榜单还是观察网络舆情、了解社会舆论的一个晴雨表，新浪微博开设的榜单有“24小时”“1小时”“周榜”“月榜”“男榜”“女榜”等，从中可以发掘新闻线索，根据话题热度确定报道选题。

第四，微博平台被看作具有媒体属性的大广场，用户发言活跃，观点、立场、态度多元化，一些媒体机构的热门博文下会有大量的用户评论。应该有效利用用户评论，从不同角度、不同层面、不同语言表达方式等方面有目的地选择并将其编辑成文。2018年1月，微博上的热门视频“女子拼命阻碍高铁发车 原因竟是丈夫未上车”的用户跟帖、评论近2万条（见图11-11）。通过筛选、过滤、整理发布这些评论，可以清晰展现出用户的情绪与态度。

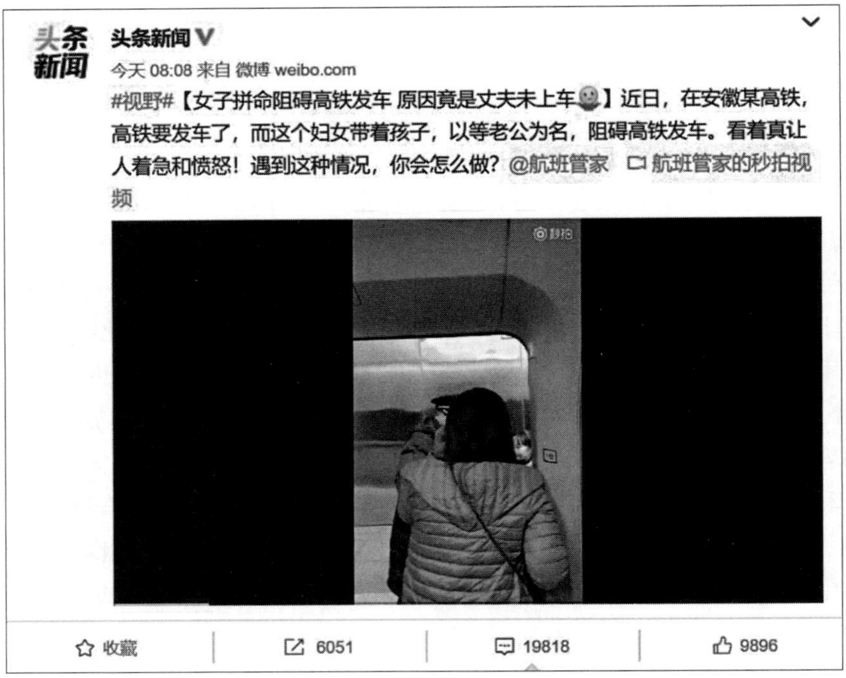

图11-11　微博截图

（三）微博平台的运用

从本质上看，微博是加强用户间沟通、交流的互动类工具，因此，微博的内容编辑活动之一就是运用好这个工具，在这个平台上开展多种与新闻报道相关的活动，这样才能体现出微博的价值。运用微博的方式包括创建微直播、微话题和开展微活动。

微直播——利用微博开放平台完成的新闻直播活动，具有快捷性、现场性与互动性的特点。个人用户和机构用户都可以利用微博平台创建直播窗口，可以是图文模式，也可以是视频模式，还可以是多媒体模式，即在直播中加入图片、视频、超链接、背景资料等。微博直播时，可以将直播权开放给用户，鼓励用户参与互动，并成为直播的播报者，成为直播队伍中的一员。需要注意的是，当有网民加入直播时，要通过添加标签的方式将直播员的播报与网民的播报、网民评论区分开来，以方便网民浏览。

微话题——微博作为互动性强的开放平台，因关注与被关注对象的广泛性和层次性，具有了一定的议程设置功能。这种议程设置功能主要通过“微话题”展现出来。微话题可以是个人用户发起的，也可以是机构用户发起的。个人发起的微话题一般根据个人兴趣、爱好来设定，参与面有限，讨论程度不太深。机构用户发起的话题主要根据新闻热点和网民关注程度来设定，此时话题主持人会开设专门的话题页面，将话题的相关新闻内容和背景资料置于页面突出位置，推荐置顶某个转发、评论较多的帖文，提炼话题讨论中的多元观点，让正反方进行辩论等。微话题的讨论结果还可以编写成新闻稿供网站使用。在技术层面上，要给予用户最简单、最便捷加入微话题的入口和路径；微博话题页面自动收录含有该话题词的相关微博；运用技术手段及时反映热点，便于编辑跟进设置话题，并自动编排最新、最热、一小时、一周、当月和年度热话题排行榜，对话题进行适当分类等。

微话题主动设置、引导舆论的功能已经为传统媒体所认识和重视。《京华时报》《南方都市报》《中国新闻周刊》《三联生活周刊》等上百家报纸和杂志、电视台通过微博发布新闻作品的内容摘要、关键词并为重要新闻添加链接，利用微博的快速传播通道及时对新闻内容进行推广发布，使新闻裂变式传播，从而扩大新闻的阅读面和影响力，实现媒体的议程设置功能。

微活动——指利用微博平台用户量大、覆盖面广、圈群化的特点，以及微博传播的互动、裂变的特征，开展各种各样的活动，以达到组织用户、宣传推广、展示形象、提高影响力的多重目的。微活动常被用于企业营销、市场推广、产品推介，但也可以用于新闻报道的活动征集、新闻爆料、组织评议以及社会公益活动。比如《人民日报》微博就曾通过微博平台发出过“面向网友征集《你好，明天》微评论稿件”的征稿启事。

微活动需要精心策划，周密组织。在活动主题上要尽量贴近用户，选择易参与、易传播、易形成热点的活动。在活动开始之前要制定严谨的活动规则和细则，体现出活动的规范性及公正公平。在微活动开展过程中，要及时发布线上活动的文字报道，晒活动图片，发布活动视频等，还可以借助其他社会化媒体进行活动的推广和分享。同时还要适时监测转发量、评论数、粉丝增长数等情况，做好数据分析工作。微活动中最重要的工作是吸引尽可能多的用户参与，只有用户参与度高、互动活跃，才能达到微活动的营销目的。

三、微博账号的运营

微博是第三方平台，作为平台方自然会从微博特性出发展开运营。入驻微博平台的机构用户，也可以根据微博的属性和平台方赋予的权限开展自己的运营活动。机构用户在开展运营活动时，要从微博账号的基础运营、内容运营和用户运营三方面入手，树立机构品牌形象，扩大机构影响力和口碑，扩展内容覆盖面，提升用户黏度，取得增强传播力和互动力的运营效果。

（一）微博账号的基础运营

微博是第三方平台，无论是个人用户还是机构用户，都只是利用这个平台创建自己的账户，依托平台的架构搭建自己的空间，在平台规定的范围和规则内进行有限的运营。因此，首先要做好基础运营工作，包括规范名称、简介，设计特色页面等。

在微博名称的设计上，要求简洁、明了，与所在机构关联度高。名称一般由徽标、账号名、创立者身份、认证信息、其他标志等构成；有实名模式、虚名模式和联名模式，还有实名+联名模式、虚名+联名模式。采用哪种模式，要依据机构性质和微博账号内容设计、确定，如上海的“警民直通车”就采用了联名模式，以“警民直通车+地点”来统领下属各区县的所有微博（见图11–12）。

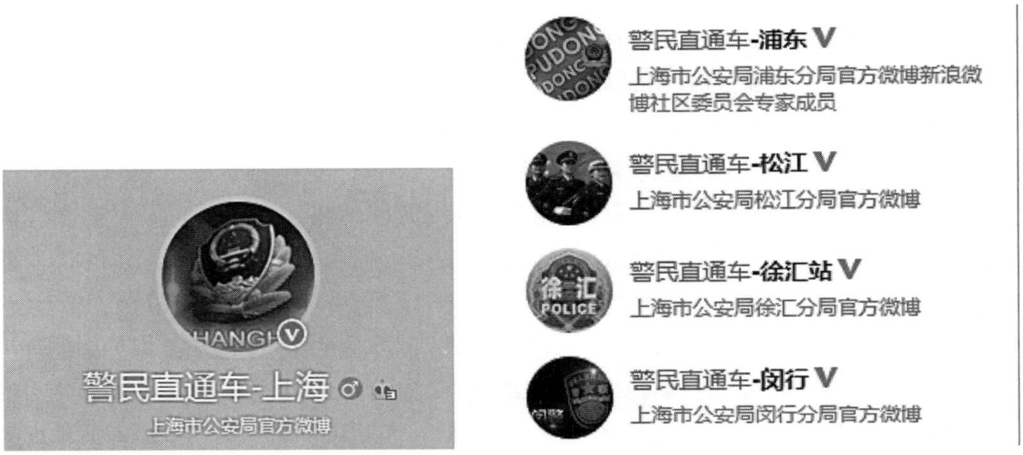

图11–12　“警民直通车”微博

在微博的简介上，要求内容明确、介绍要点、突出特色，风格平易亲和、语言朴实、通俗易懂，字数一般控制在50—80字。很多微博不重视简介的写作，如简介与实际内容不符，字数太少或太多，错别字迭出，在简介中加超链接、电话号码、@其他账号等，没有发挥出简介应有的作用（见图11–13）。

图11–13　不重视简介写作的示例

每一个微博账户的页面总体上都是采用平台提供的统一模板，但还是可以在题图、页面背景上做些设计，以体现出微博账户的风格和特色。比如《新京报》账号选用报纸的基本色和口号作为背景图；《三联生活周刊》的账号将旗下各个媒体的客户端下载链接和微信账号二维码置于页面的左右空白位置上；环球网的账号用一张世界地图和手捧地球仪的照片作为页面背景。无论如何处理，都属基本运营方式，目的是彰显出微博账号的与众不同。

（二）微博账号的内容运营

2010年，路透社发布了《网络报道守则》，首次针对记者使用社会化媒体制定了详细规范，其中特别提到作为路透社记者，“一刻也不能丧失判断能力。在推特、脸书等转发、共享一个链接轻而易举，但作为路透社记者，如果你转发、共享的内容最后被证明是不真实的，或者让人联想你偏向争议中的某一方，就会损害你个人和路透社的声誉。”

内容运营的首要工作是建立规章制度和原则。微博平台上的机构用户，既要遵从新闻传播规律，又要遵守微博平台的发布机制和守则。首先要制定微博发布的基本守则，确定机构官微的性质、定位和基本要求；其次要遵守“真实是新闻的生命”的基本原则，确保自己的微博发言真实、准确；再次要担负起辨别微博谣言、微博假新闻的职责，承担相应的舆论导向责任；最后要慎重对待来自网民的新闻、网民言论，不要轻易转发，更不能把网民新闻、网民言论变为自己的微博发言。

在内容运营中，要针对不同的报道对象建立发布流程和审核机制。对于日常新闻，要明确发布时间、频次、数量、格式、图片和视频来源等，保证日常微博的常态化更新和微博互动的正常运转；对于突发事件，要建立应急流程和发布审核程序，要随时关注微博的互动和舆情变化，打破日常的微博发布频次，把握微博发布时机；对于危机事件，要有应对策略和步骤，争取、联系更多的同类账号来协同处理危机事件。

在内容运营中，新闻内容要与信息服务、知识传播等结合，需确定不同内容的占比和权重，并交叉发布。一个微博账号相当于一份综合性报纸、一个综合性电视台，因此内容上要丰富多样、全面均衡，新闻、评论、深度报道、生活信息都可以纳入发布范畴，但要把握好尺度和比重，应重在新闻和评论，兼顾其他。

在内容运营中，特别需要借助数据来确定运营方向，调整运营内容。确定内容占比时，要依据微博相关数据进行科学论证，从微指数中洞察用户的浏览兴趣和偏好，从用户的点赞、评论和分享中确定不同内容的权重。每日的内容占比和发布时机也要根据微博指数和数据进行微调，除每日的规定动作外，还要根据热点话题和榜单来确定发布哪些内容，在什么时间发布合适。微博平台的“数据助手”提供“数据概览”“粉丝分析”“内容分析”“互动分析”“文章分析”“视频分析”等多项数据（见图11–14），这些数据都有助于用户梳理和分析内容，规划每日的微博运营。

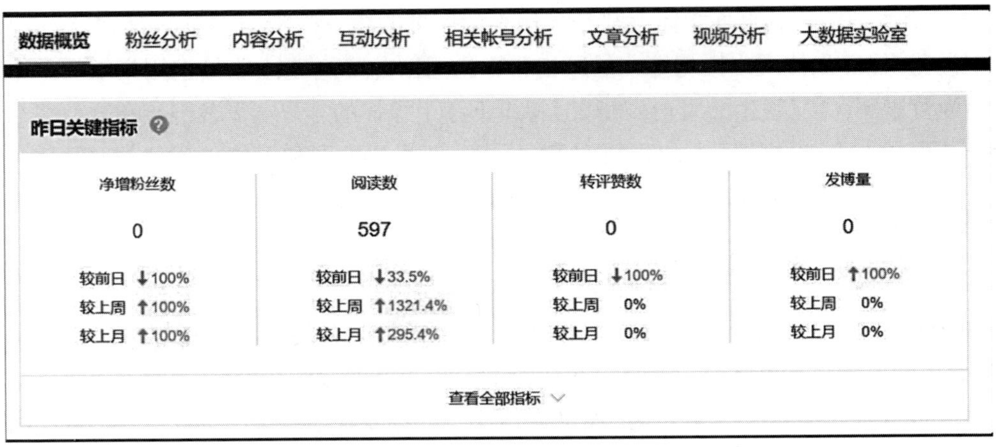

图11-14 “数据助手”中的多项数据

（三）微博账号的用户运营

微博账号的用户运营可以从三方面入手：一是利用微博平台的用户服务管理功能，与用户进行对话与交流；二是抓住重大、突发和热点新闻，主动设置话题和议题吸引用户参与；三是在微博账号下策划开展各种活动，频繁与用户连接，达到活跃用户的目的。

在微博平台提供的“用户管理”里，有“私信”“群发功能”“自动回复”“@”等多项基本功能，在重要、突发事件发生时，可以通过“私信”“群发功能”直接将内容送达用户，满足用户第一时间获悉新闻的需求；在热点事件和话题探讨中，运用“自动回复”“@”功能可以让用户积极参与到话题讨论中，与用户建立一对一的交流互动。但是，在使用这些功能时要考虑到频次和内容价值，应从用户体验出发确定时间和时机，不宜频繁私信或群发新闻价值不高、带有广告性质的内容。对于用户的提问，除了运用“自动回复”功能外，还应根据提问内容进行人工解答，以满足用户的个性化需求。

运用微博平台策划开展互动活动是活跃微博用户的一种手段。可开展的活动多种多样：一是发起网络调查，吸收意见留言，如中国网发起的“#我向总理说句话#2018网民建言征集”，联合多家媒体平台，邀请用户就上学、养老、住房、看病等问题发表意见和建议（见图11-15）；二是转发微博，赢取大奖，如《新京报》联合企业推出的“感谢一路有你”活动，用奖励回馈关注微博、参与活动的用户（见图11-16）；三是邀请用户参与互动留言，参加抽奖活动，如中国之声推出活动，只要用户实名参与微博和微信公众号的留言，就有机会抽取奖品（见图11-17）。此外，还有与企业宣传、新品上市等结合的“有奖转发”“有奖征集”“限时抢”“免费试用”等各类吸引用户参与互动的活动。

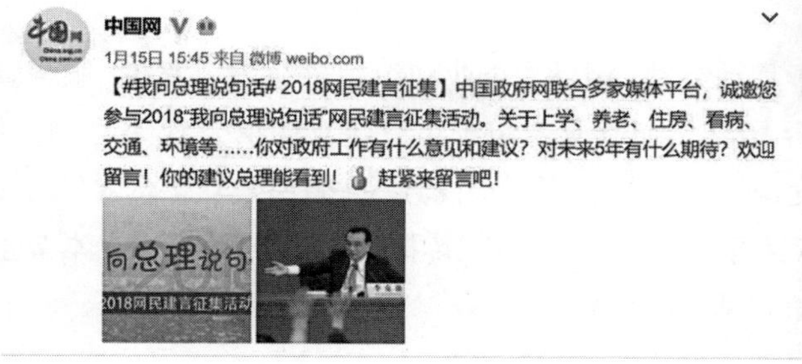

图11-15　网络调查留言活动

图11-16　"感谢一路有你"活动

图11-17　　留言抽奖活动

与内容运营一样，微博账号的用户运营也要基于微博平台提供的用户或粉丝数据进行科学运营。要关注微博账号中的活跃跟帖用户、话题发起用户、分享点赞用户，对不同级别和认证、非认证用户区别对待。同时，要基于用户的行为数据进行微博平台活动互动的策划和设计。比如，用户对有奖转发、有奖征集活动的参与度高，有较强的转发分享意愿，那么就可以多设计这类活动，并实时收集用户的反馈和意见，为提高互动的体验度积累经验。

微博是叠加了内容与用户的双重聚合和双重连接体，既可以通过内容找到用户，也可以通过用户找到内容，还能通过内容找到内容、通过用户找到用户。内容与用户是微博的双翼，相互影响、相互作用，运营者一方面要借助内容凝聚用户、留住用户，另一方面，要通过与用户的互动扩大内容传播面，提升内容价值。

第二节　微信订阅号的编辑与运营

微信公众平台是由腾讯研发，基于移动终端的个人、企业和组织进行内容发布、服务管理和交流互动的超级平台。借助这一平台，个人、企业或者组织可以建立微信公众账号（包括订阅号、服务号、企业号），向特定群体发送文字、图片、语音、视频等。微信公众平台对外可用于新闻传播、宣传推广、用户服务、商务营销等，对内可实现组织传播、内部管理和服务。本节主要讲述向用户传递新闻、资讯内容的微信订阅号的编辑与运营。

一、微信平台与公众号构架

微信，是互联网公司腾讯于2011年开发的一款基于智能终端的即时通讯服务应用，提供朋友圈、微信群、消息推送等基本功能和“摇一摇”、“漂流瓶”、“看一看”、“搜一搜”、“扫一扫”、语音记事本、收藏、钱包等服务插件。目前微信已从移动端拓展到PC端。

根据腾讯在2017年发布的《2017年微信数据报告》，微信的日登录用户为9.02亿（2017年9月），日活跃用户为1.15亿，月活跃账号数为350万，日发送消息次数达380亿，朋友圈日发表视频次数达6 800万。在用户使用的微信功能中，“语音聊天”“发送图片”“查看朋友圈信息”“看新闻”是较为常用的功能，而在用户关注的微信公众号中，新闻媒体是用户关注较多的类型之一，占比26.43%，四分之一的用户会通过关注公众号来获得新鲜、有趣、热门的新闻消息。

随着腾讯将微信定位为“连接器”，微信也将公众号分为三大类型：订阅号、服务号和企业号。三者分工明确，侧重点不同：订阅号将人与信息连接，服务号将人与商品、服务连接，企业号将人与企业、组织连接。相辅相成、互为补充的三大类公众号构建起了微信作为连接器的一个体系。

二、微信的传播特点

微信的传播特点与微博具有一定的相似性，如传播主体多样化、自主化、圈群化，内容多媒体化，传播方式实时裂变等，但由于微信是以移动平台为运行环境，以手机终端为传播介质，以强关系连接为传播属性的，所以具有以下三个特点。

第一，以语音为特色的多媒体传播。手机作为一类通信工具，以语音通话为基本功能，这一功能被嫁接到微信平台后，就成为微信的传播特点。微信不仅支持一对一的语音离线对话、语音在线通话，而且支持多人语音群聊，支持语音与文字的转换。在用户日益“懒惰”的当下，方便快捷的语音取代了烦琐的文字输入，也降低了微信使用的门槛，让没有文字书写能力的人也可以使用这一通讯工具。在语音之外，还有短视频、微视频、视频直播、拟像符号、表情包、H5等多媒体传播手段，操作便利，简单易用，它们构成了微信独特的传播形态。

第二，以圈群为对象的病毒式传播。微信诞生的基础是依托于QQ好友和通讯录的强关系链，微信用户的朋友圈和微信群也是一种强关系链接网，其中的好友或者与用户有相同的兴趣、爱好，或者价值观相近，或者是线下的同学、朋友、同事、熟人，或者同属于新建立的有一定关系的群体。根据腾讯发布的《2017微信用户生态报告》，微信整体关系链进入稳定期，微信好友中的“泛好友”越来越多，兴趣资讯分享成为用户在朋友圈中的主要行为。也就是说，用户乐于将自己认为有价值的信息与圈群分享，也乐于从圈群里获取内容、点赞或评论。每一个用户都在自己的朋友圈和微信群里传播分享，使得信息传播数量呈几何式增长，且易产生病毒式传播效果。

第三，以推送为特征的精准传播。随着微信订阅号的出现，微信从最初的交互工具逐渐变为用户浏览新闻信息的主要场域。一般情况下，用户与订阅号之间是一种弱关系连接，订阅号很难获得精准的传播效果。微信将信息浏览设计为主动关注模式，这一方面需要订阅号主动推送，另一方面需要用户主动打开。这种主动关注的点击阅读模式不仅让用户不会排斥推送的信息，而且提高了用户打开、解码的几率。传播的精准度带动传播效度，成为微信传播的一大特点。

三、微信内容的编辑

微信以交流互动为主要功能，其内容属性偏弱，主要以多元化用户主体创建的订阅号为传播载体，在传播方式上属于一对多的封闭式大众传播。微信内容编辑的流程从设计、创建订阅号开始，随后涉及发布日常新闻资讯、制作订阅号栏目和互动内容、设计互动活动等方面的内容。

（一）创建订阅号

与微博账号一样，微信自带了基础功能，可添加功能插件以及推广、统计、设置等标准化模块（见表11–1）。用户进入微信开放后台，根据目标用户群和产品定位，确定订阅号名称和运营内容，提交相关资料和认证信息后，经微信服务提供商后台审核通过即可创建订阅号。

表11–1　微信主要模块及其构成描述

模块	构成描述
功能（可添加各种功能插件）	自动回复、自定义菜单、留言管理、投票管理、页面模板、原创声明、卡券功能、微信连Wi–Fi、自定义菜单
订阅号管理	消息管理、用户管理、素材管理
订阅号推广	广告主、流量主
数据统计	用户分析、图文分析、菜单分析、消息分析、接口分析、网页分析
基础设置	公众号设置、微信认证、安全中心、违规记录

由于使用标准化的创建模式，微信留给创建者的操作空间并不大，需要编辑的内容有：订阅号名称、介绍描述、欢迎页。

订阅号名称关乎形象和定位。微信提出的口号是“再小的个体，也有自己的品牌”，可以说，一个好听、好记的名称是品牌形象的重要组成部分。媒体机构的订阅号名称一般与母媒体同名，能够承接原品牌的公信力、信誉度和市场口碑，减少新名称的市场推广成本。个人或团队自媒体的订阅号，取名的方式较为多样化，可与个人品牌或公司品牌同名，如“吴晓波频道”“人民网舆情数据中心”，或者是从内容性质出发，如“最黑科技”“质化研究”，或者是着眼于意义或价值，如“爱的家园”“洞见”。总之，名称要有特色和创意，要有较高的辨识度，易于用户认知和记忆。

如果说订阅号名称是给用户的第一印象，那么功能介绍的描述则决定着用户是否关注和留存。按照微信的操作流程，用户关注的路径包括点击订阅号名称和扫描二维码，无论哪一种方式，都会首先弹出该订阅号的“详细资料”页，上面的“功能介绍”与“查看历史消息”对用户关注与否起决定性的作用。因此，创建订阅号时要高度重视“功能介绍”的描述和撰写，字数不宜太少或太多，要用简洁的语言描述清楚订阅号的定位、性质和主旨，达到引导用户关注的目的。图11-18中的“深圳交警”“平安北京”的功能介绍恐怕不会给用户留下任何印象。

图11-18 “深圳交警”“平安北京”账号的功能介绍

欢迎页是订阅号与用户直接交流的第三个窗口。用户点击“关注”后将会进入订阅号的欢迎页，页面上一般都有简短的文字介绍。这一内容也会影响到用户对订阅号的印象和体验。首先，欢迎页的内容不能混同于“功能介绍”，要把功能性质与欢迎的表达融为一体；其次，欢迎词的写作风格要与订阅号的定位一致，若订阅号偏生活内容，欢迎词可以轻松活泼，若订阅号偏专业内容，欢迎词可以稳重大气；再次，欢迎词不宜加入广告宣传内容或网址、热线电话等；最后，欢迎词的长度以半屏为宜，太短会让用户感觉诚意不足，太长用户也难以看完、难以记忆。

（二）日常新闻发布

微信推送的新闻资讯分为图文消息、图片库、语音和视频四类。后台管理系统为日常新闻发布提供了单图文消息和多图文消息的模板，在编辑制作这两种类型的消息时，还可以插入更多图片、语音和视频，制作出多媒体报道。

从微信后台提供的“素材管理”可以看到，单图文消息进行的是单篇文字新闻和图片的添加、编辑，可以对新闻的标题、作者、封面、摘要、正文和原文链接进行修改和维护（见图11–19）。标题重在简明扼要、突出重点；摘要以百字之内为宜，重在摘选文章的精华内容或能引发用户好奇心、求知欲的内容；封面是单图文消息编辑的重点，贴近文章内容、有视觉冲击力的图文封面能第一时间吸引用户的注意。标题、摘要和封面三位一体，相辅相成，最后要达到快速抓住用户、留住用户的目的。日常新闻发布的另一个样态——多图文消息就是添加和编辑多条单图文消息。微信允许发布的多图文消息最多为7—8条。条数的多少最终取决于订阅号的定位、性质和用户的需求。

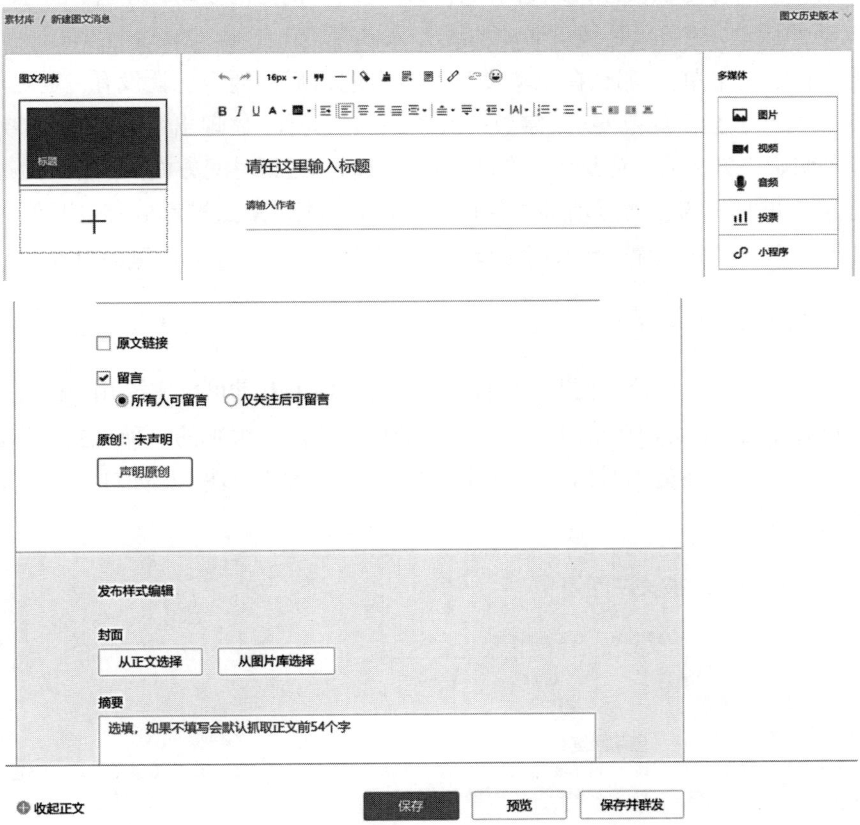

图11–19　微信订阅号图文信息编辑页面

（三）订阅号栏目设计

微信后台系统提供了自定义菜单，这是运营者的一个“机动武器”，运营者可以自由设置栏目，链接小程序、客户端或微店，放置精彩内容，提供互动等，比如《人民日报》订阅号底部就有“两会”“小程序”“夜读”三个菜单，人民网订阅号底部的菜单则是“悦读”“互动”“服务”。运营者通过“自定义菜单”满足用户在内容方面的延伸阅读与扩展阅读的需求。

自定义菜单也被称为微信版的导航，运营者可以根据新闻价值、时效、话题等随时添加、修改、编辑菜单；通过外链扩展微信订阅号的广度，赋予订阅号内容之外的产品、电商等服务属性；通过内链挖掘订阅号的深度，提供更丰富多彩的内容。“自定义菜单”也是编辑者、运营者编辑方针、思想、风格、自主权在菜单上的体现。

因此，如何设计菜单内容、每个菜单下该添加哪些内容、菜单名称多少字合适、多长时间更新一次菜单，是微信编辑的重点。

菜单内容一般设计为三种类型：即时实时内容、重点推荐内容和用户互动。即时实时内容是从时效性出发进行设置的，体现出公众号的新闻性和对热点新闻的及时关注；重点推荐内容一般为公众号原创内容，或是重点打造的精品，或是用户阅读量较高的热点内容，或是用户争议较大、评论数较多的内容，或是有特色的内容，能体现出公众号的编辑方向和思想；用户互动旨在调动用户的参与积极性，设计的内容可以是反响良好的互动性内容，也可以是希望用户参与的互动性活动，还可以是线下活动的线上入口等。

既然是“自定义菜单”，那么在菜单设计和点击进入后的内容上就没有一定之规，但在菜单字数和更新时间上会有规范要求：字数一般以2—4字为佳，体现出精炼、简约和突出主题的原则，或者是明确告知内容，或者是具有阅读的引导性。更新时间方面，已经成为过去时的新闻、已经超过截止时间的互动活动都要从栏目里及时撤掉，重点推荐内容也要保持一定的更新频次。如果是多级菜单，就更要及时更新、及时修改、及时推荐菜单里的内容了。

（四）互动内容与互动活动

在微信订阅号上，互动较为便利、易操作，运营者借助互动可以掌握用户的浏览行为，提升用户的活跃度。因此，设计互动内容与互动活动是微信内容编辑的一项重要工作。可以从两方面进行这项工作：一是运用微信后台系统里的“自动回复”模块（见图11-20），二是借助自定义菜单单独设置。

图11-20　微信后台里的“自动回复”模块

自动回复包括三个“回复”项：关键词回复、收到消息回复、被关注回复。关键词回复是微信订阅号建立关键词规则并编辑相应的内容，用户输入关键词后会自动收到内容的一种互动方式。关键词回复可以扩展用户阅读，并能将往期内容、历史内容多次传播。编辑关键词回复时首先需要注意字数限制，简洁明了的2—5个字词更便于用户输入，有时还可以用更简单的阿拉伯数字来设置。其次要考虑在哪些方面进行关键词设置及如何回复。设置问题或话题、引导用户下载、提供服务、提示用户点击菜单等，都可以纳入关键词设置。最后是及时添加关键词、调整关键词的位序。

被关注回复是指在用户关注订阅号之后发给用户欢迎词，旨在告知用户本订阅号的定位、性质、功能、服务内容等，让用户第一时间知晓并了解订阅号，拉近订阅号与用户的距离。被关注回复的内容一般最长为600字，包括插入的文字、声音、图片、视频、链接地址等。需要仔细斟酌介绍的撰写，内容长短、文字表述、用词用语、言辞口气等给用户留下的第一印象，关乎用户是继续关注还是取消关注。

收到消息回复是针对单篇文章或单个话题的一种互动，是一种能让用户直接参与内容的互动方式。这类互动需要用户在阅读文章或点击菜单时主动回应，文章和话题的吸引力决定了用户的活跃度与参与度。编辑在看到用户的回复或留言后要及时回馈，跟踪用户的诉求，解决用户在反馈中提出的问题。

此外，还可以利用自定义菜单设置互动内容和活动，或者是运营者邀请用户线上线下参与其策划的各种活动，如互联网研究前沿设置的CIS沙龙，包括沙龙预告、全景扫描、Deep Field Lab等（见图11–21），或者是在微信端的沟通中设置通道和窗口，方便用户快速找到运营者提出相关问题，如一席设置的联系我们，包括找到一席、想来现场、商务合作等（见图11–22）。

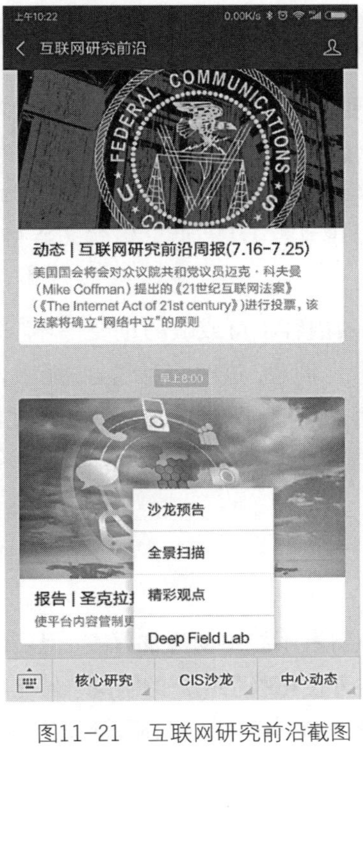

图11–21　互联网研究前沿截图

图11–22　一席截图

四、微信订阅号的运营

当前，微信订阅号的运营主要有三个方面：一是打造优质内容，二是吸引用户关注，三是建构运营模式，让订阅号产生社会与经济双重效益。三者之间相辅相成，相互影响。优质内容是用户关注的前提和条件，用户关注能激发运营者的内容生产与创作能量，而只有有了优质内容和用户关注，才能建构长效的、健康的、稳定的运营模式，产生相应的价值与效益。当然，运营模式又会反作用于内容和用户，为内容生产和用户推广提供基础和保障。

（一）打造优质内容

运营订阅号，优质内容是王道。这里所说的"优质内容"，既包括内容本身的选题价值、新闻价值、标题制作、题材运用、篇章结构、表达形式和文字词藻，还包括内容的版式设置、编排技巧和互动设计。

大多数的微信订阅号属于小众和分众传播，有自己的内容定位和目标用户。因此，在选题上要尽量避免一般性的话题和所谓的社会热点，要根据目标用户的阅读取向选择推送给用户的内容，专业性、垂直性内容更易于聚拢用户，也更利于内容生产和价值挖掘。至于选题的来源，除了依赖运营者的经验、阅历，还需要运营者关注每一天的用户阅读数据、转发和分享情况，从中发现有价值的选题和可以深度追踪的话题。

"蹭热点"是内容选题的一种取向，也被看作内容营销的一种有效方式。但是，"蹭热点"是一柄双刃剑，技巧高超的"蹭"能带来事半功倍的营销效果，僵化捆绑式的"蹭"不但无效、无益，还可能适得其反，产生负面效应。比如某地发生地震、洪水等自然灾难，面对沉浸在悲伤、痛苦之中的用户，如果蹭灾难的热点，用不合时宜的话题和内容来吸引用户关注，就会成为"消费灾难"的负面典型。

标题制作是打造优质内容的一个横断面，要求贴合用户阅读习惯和移动端阅读的特点，进行有针对性的制作。简洁、凝练是基本要求，情感切入、以事感人能引发共鸣，把握心理、设置悬念能吸引点击。需要注意的是，制作标题的前提是真实、准确，不能为了吸引用户断章取义、哗众取宠、夸大其词，"标题党"或许能一时提升点击量，带来短暂的流量，但从长远看，则是一种对品牌的伤害，不利于品牌的长期运营。

基于用户体验的版式设计和编排是打造优质内容不可或缺的重要一环。选择与主题相宜的版式类型、表现形式和方法，犹如搭积木般进行创意，进行多种组合，能激发用户的阅读兴趣，改善用户的视觉疲劳，延长用户的阅读时间，真正优化运营效果。在正文编排上，要求至少采用两种形式，或者是文字+图片，或者是文字+声音；对于长文章，还可适当加入小标题、图饰、重点提示符等，尽可能让用户易读并悦读。

（二）吸引用户关注

在微信公众平台的传播系统中，订阅号的运营者不能主动添加好友，但可以通过一定的推广手段和方式引导用户关注，通过一定的内容运营技巧吸引用户的眼球。虽然吸引用户关注较为被动，但一旦用户添加关注后，精准传播的效果就能体现。认知心理学研究表明：注意具有鲜明的选择性，用户对注意的信息是有意识的，用户主动关注订阅号，表明用户有意识地注意了订阅号的信息，也可以认为订阅号发布的信息是用户所需要的、感兴趣的、喜欢的。这样用户会花费更多的注意力去关注订阅号推送的内容。

如何影响和左右用户的关注呢？第一要做好订阅号的管理，包括定位、UI设计、栏目设置、功能插件、回复反馈等“基础设施”的配置。第二要做好日常运维更新，包括固定更新时间、频率、方式、形式和交互，统计分析用户的行为数据。第三要运用一定的推送技巧，比如研究合理的推送时间以及相应的推送内容。11：30—13：30一般为用户午饭和午休时间，用餐时或餐后查看信息、浏览新闻较多，可在这一时间段推送“硬”新闻、热点新闻；17：00—19：00为用户工作一天后的放松时间，易接受各类新闻资讯；21：00—22：00的睡前轻松时刻是阅读内容的最佳时机，但还是要以轻松愉悦的内容为主。第四要进行必要的市场推广来吸引用户关注，包括微信签到、活动奖励、注册有奖、邀请新用户积分等。

（三）建构运营模式，获得双赢

订阅号的基本作用是发布内容，因此，其运营模式大多围绕内容而展开，包括广告、用户付费、会员收费、电商导流、产品售卖、与第三方应用合作等。

微信订阅号的广告模式又分为直接广告、间接广告和原生内容广告。在微信订阅号上直接加载图文广告是一些商业性自媒体公号常用的做法。间接广告是指微信浏览量达到一定级别后，广点通、广告联盟等机构在其正文页智能匹配相应广告，并与订阅号分成收益。原生内容广告是一种新的广告模式，即将广告与内容有机结合，用讲故事的方式营销广告，类似传统媒体时代的软文，但又不露痕迹。

用户付费和会员收费都是建立在拥有一定数量的忠诚用户和拥有独家、优质内容的基础之上的。比如财新网搭建的内容付费墙，就是基于其长期运营所沉淀的专业、优质用户和一直秉承的独家、独立、独到的内容；罗辑思维能实现会员付费，也与其拥有的拥趸有关。

电商导流和第三方应用合作需要以订阅号的高流量为前提，一篇阅读量超过10万的文章不仅能吸引新用户，更能受到电商和第三方应用的青睐。产品售卖则是将订阅号与微会员、微活动、微官网、微签到、微应用、微客服、微场景、红包等连接，售卖与内容相关的产品。

无论使用哪种运营模式，微信订阅号基本都是以内容为依托深耕流量业务的，广告、用户、电商、产品都离不开流量基础。正是流量这一决定性因素，使得订阅号视流量为王，催生了“标题党”、迎合取悦用户的低俗内容。传播内容和思想的订阅号，必须要意识到新闻传播的导向责任，要在流量价值和社会效益之间把握平衡，处理好短期流量暴涨和长期口碑的关系。

附　录

相关数据新闻网站：

数据新闻网站（http://www.gapminder.org/）

美国数据门户网站(data.gov)

《纽约时报》数据新闻栏目upshot（https://www.nytimes.com/section/upshot）

《英国卫报》数据新闻博客（https://www.theguardian.com/news/datablog+technology/data-visualisation）

数据新闻中文网（http://djchina.org/）

财新网数据新闻栏目《数字说》（http://datanews.caixin.com/）

网易数据新闻频道《数读》（http://data.163.com/special/datablog/）

搜狐数据新闻频道《数字之道》（http://news.sohu.com/matrix/）

新华网数据新闻频道《数据》（http://www.xinhuanet.com/datanews/index.htm）

人民网图解新闻（http://opinion.people.com.cn/GB/364827/index.html）

第一财经数据可视化（http://dtcj.com/visualization）

在线H5制作工具网站：

iH5（http://www.ih5.cn）

秀米（http://xiumi.us）

易企秀（http://www.eqxiu.com/）

易派Epub360（http://www.epub360.com/）

初页（http://www.ichuye.cn/）

兔展（http://www.rabbitpre.com/）

MAKA（http://maka.im/）

在线H5新闻产品案例网站：

网易新媒体实验室（http://news.163.com/special/h5column/）

iH5媒体作品（http://www.ih5.cn/general-user/work-show）

中央厨房H5新闻（http://www.hubpd.com/ksh/）

图书在版编目(CIP)数据

网络与新媒体编辑运营实务/詹新惠著. --北京:中国传媒大学出版社,2019.4(2022.6重印)
(21世纪网络传播丛书.第二辑)
ISBN 978-7-5657-2402-2

Ⅰ.①网… Ⅱ.①詹… Ⅲ.①传播媒介—运营管理 Ⅳ.①G206.2

中国版本图书馆CIP数据核字(2018)第226735号

网络与新媒体编辑运营实务
WANGLUO YU XINMEITI BIANJI YUNYING SHIWU

著　　者	詹新惠		
策　　划	张　旭　李水仙		
责任编辑	赖红林		
特约编辑	陈　默		
封面设计	魏　东		
责任印制	李志鹏		
出版发行	中国传媒大学出版社		
社　　址	北京市朝阳区定福庄东街1号	**邮　　编**	100024
电　　话	86-10-65450528　65450532	**传　　真**	65779405
网　　址	http://cucp.cuc.edu.cn		
经　　销	全国新华书店		
印　　刷	三河市东方印刷有限公司		
开　　本	787mm×1092mm　1/16		
印　　张	18.75		
字　　数	445千字		
版　　次	2019年4月第1版		
印　　次	2022年6月第4次印刷		
书　　号	ISBN 978-7-5657-2402-2/G·2402	**定　　价**	66.00元